Kai-Michael Griese / Stefanie Bröring

Marketing-Grundlagen

Kai-Michael Griese
Stefanie Bröring

Marketing-Grundlagen
Eine fallstudienbasierte Einführung

Bibliografische Information der Deutschen Nationalbibliothek
Die Deutsche Nationalbibliothek verzeichnet diese Publikation in der
Deutschen Nationalbibliografie; detaillierte bibliografische Daten sind im Internet über
<http://dnb.d-nb.de> abrufbar.

Prof. Dr. Kai-Michael Griese (Professur für Marketing) und **Prof. Dr. Stefanie Bröring** (Professur für Food Chain Management) lehren Marketing an der Hochschule Osnabrück.

1. Auflage 2011

Alle Rechte vorbehalten
© Gabler Verlag | Springer Fachmedien Wiesbaden GmbH 2011

Lektorat: Barbara Roscher / Jutta Hinrichsen

Gabler Verlag ist eine Marke von Springer Fachmedien.
Springer Fachmedien ist Teil der Fachverlagsgruppe Springer Science+Business Media.
www.gabler.de

Das Werk einschließlich aller seiner Teile ist urheberrechtlich geschützt. Jede Verwertung außerhalb der engen Grenzen des Urheberrechtsgesetzes ist ohne Zustimmung des Verlags unzulässig und strafbar. Das gilt insbesondere für Vervielfältigungen, Übersetzungen, Mikroverfilmungen und die Einspeicherung und Verarbeitung in elektronischen Systemen.

Die Wiedergabe von Gebrauchsnamen, Handelsnamen, Warenbezeichnungen usw. in diesem Werk berechtigt auch ohne besondere Kennzeichnung nicht zu der Annahme, dass solche Namen im Sinne der Warenzeichen- und Markenschutz-Gesetzgebung als frei zu betrachten wären und daher von jedermann benutzt werden dürften.

Umschlaggestaltung: KünkelLopka Medienentwicklung, Heidelberg
Gedruckt auf säurefreiem und chlorfrei gebleichtem Papier
Printed in Germany

ISBN 978-3-8349-2717-0

Vorwort

In der wirtschaftswissenschaftlichen Literatur finden sich bereits viele Lehrbücher, die sich mit der Vermittlung der Grundlagen des Marketing beschäftigen. Auf die Frage, warum noch ein weiteres Buch hinzugefügt wird und welchen Mehrwert dieses Buch stiften soll, lässt sich folgendes sagen:

1. Studium: Das primäre Ziel dieses Buches ist es, individueller auf die Bedürfnisse der Studierenden der Hochschulen einzugehen. Als Folge des Bologna-Prozesses geben Module den Takt an der Hochschule vor. Oftmals müssen viele Inhalte in wenig Zeit in den neuen Bachelor- und Masterstudiengängen untergebracht werden. Vor diesem Hintergrund ist es die Zielsetzung und gleichzeitig das Alleinstellungsmerkmal des vorliegenden Buches, den Umfang der Studiendauer eines Semesters inhaltlich und konzeptionell abzubilden. Die ergänzenden Themen, die aufgrund des Umfanges nicht behandeln wurden (z.B. Non-Profit Marketing oder Industriegütermarketing), können je nach Bedarf separat dargestellt werden. Insofern besteht die Möglichkeit, Themen individuell aufbauend auf den Grundlagen, die in diesem Buch vermittelt werden, weiter zu vertiefen.

2. Transfer: Das Buch beinhaltet eine ausgewogene Mischung aus Theorie und Praxis. Ausgangspunkt eines jeden Kapitels ist immer eine konkrete praktische Rahmenbedingung eines Unternehmens. Diese Situation wird in den Ausführungen dann mit den theoretischen und methodischen Ansätzen verknüpft. Dadurch wird die Transferleistung von Theorie zur Praxis und vice versa für den Leser erleichtert. Die dazu ausgesuchten Unternehmen stammen aus verschiedenen Branchen und haben in ihren relevanten Märkten besondere Erfolge erreicht. Daher wurden sie für das vorliegende Buch gewählt. Dazu zählen u.a. Nestlé, TUI, Sparkasse, Beiersdorf, EDEKA oder Nike.

3. Perspektive: Die Leser sollen mit diesem Buch zum einen lernen, einen Markt zu verstehen und einzuschätzen. Darüber hinaus hat das Buch den Anspruch, dem Leser eine Gesamtsicht auf Basis von Unternehmenszielen zu vermitteln. Instrumente des Marketing-Mix werden daher nicht singulär dargestellt, sondern es werden immer wieder Bezüge zu den originären Wachstum- oder Kostenzielen hergestellt. So wird der Zielgruppe dieses Buches eine markt- und eine unternehmensorientierte Sichtweise vermittelt.

Auf Basis dieser drei Grundgedanken kann der Leser in weniger Zeit fokussierter, motivierter, leichter und nachhaltiger lernen. Dieser Logik entspricht sodann auch die Gliederung des Buches: Insgesamt ist das Buch in vier Kapitel aufgeteilt (siehe Abbildung).

Teil A: Einführung: Marketing im Unternehmen (Grundverständnis)

Teil B: Marketingplanung (Produktversprechen für ausgewählte Kunden formulieren)

Teil C: Marketing-Mix (Erlebbares Angebot für den Kunden entwickeln)

Teil D: Übungen zu den Inhalten (Lernziele des Buches selbstständig prüfen)

Abbildung: Darstellung der vier zentralen Bestandteile und Fragen des Buches

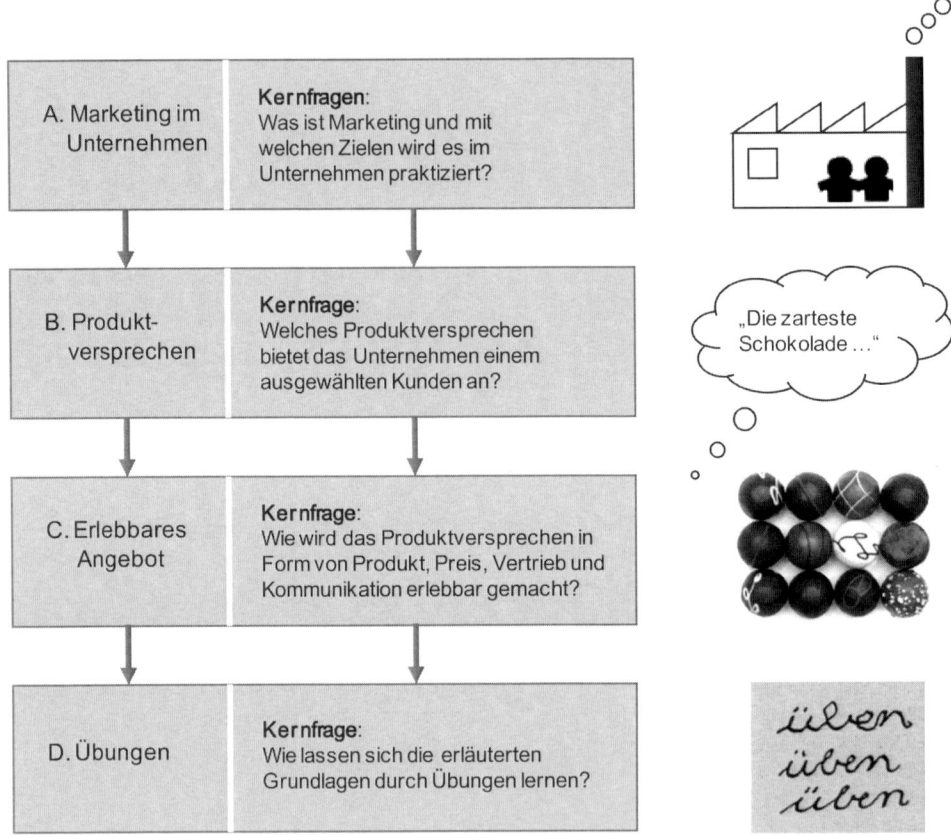

Im Teil A wird zunächst die Bedeutung des Marketing für das Unternehmen erläutert. Ziel ist es, ein gemeinsames Grundverständnis für die Lehre auf Basis dieses Buches zu erarbeiten. Dabei geht es im Kern um die Frage: „Was ist Marketing und mit welchen Zielen wird es im Unternehmen umgesetzt?"

Im Teil B wird das Marketing zunächst in das Unternehmen eingeordnet. Ferner werden die Themen vertieft, die insbesondere bei Beginn eines Marketingprozesses von Bedeutung sind. Das sind die Marketing-Planung, die Analyse des Kaufverhaltens der Konsumenten, der Marktforschungsprozess sowie die Segmentierung von Märkten. Ergänzend wird die Bedeutung von Marken beschrieben. Aufbauend auf diesen Erkenntnissen können Studierende folgende Kernfrage beantworten: „Welches Produktversprechen bietet das Unternehmen einem ausgewählten Kunden an?"

Der Teil C widmet sich dem klassischen Marketing-Mix und erläutert in diesem Kontext die vier Bestandteile. Einzelne Fallstudien helfen auch hier, das Verständnis für die Instrumente des Marketing-Mix zu verdeutlichen. Damit beschäftigt sich das Kapitel primär mit der Kernfrage: „Wie wird das in Kapitel B formulierte Produktversprechen in Form von Produkt, Preis, Vertrieb und Kommunikation für den Kunden erlebbar gemacht?"

Das Buch endet mit dem Teil D. Dieser umfasst eine Sammlung von konkreten Übungen. Die Beispiele helfen z.B. Studierenden, sich frühzeitig auf die Klausuren vorzubereiten. Damit steht abschließend die folgende Kernfrage im Mittelpunkt: „Wie lassen sich die erläuterten Grundlagen durch Übungen erlernen, prüfen und vertiefen?".

Kai-Michael Griese, Stefanie Bröring

Danksagung

Ein Lehrbuch entwickelt sich oftmals erst durch den Dialog zwischen Lehrenden und Studierenden. So gab es auch im Entstehungsprozess des vorliegenden Buches viele Vorgespräche und viele Ideen der beteiligten Personen. Erst auf diese Weise steht am Ende ein Werk, welches die vielseitigen Anforderungen der Lehrenden einerseits und der Praxistauglichkeit andererseits entgegenkommt.

Insofern gilt es, vielen Personen für ihre Unterstützung zu danken. Im Vorfeld sind hier die Professoren Sabine Eggers, Ulrich Enneking, Jürgen Franke und Oliver Roll zu nennen. Die langjährige Erfahrung und das Feedback der Kollegen haben insbesondere bei der Fokussierung auf die relevanten Themen sehr geholfen.

Des Weiteren gilt der Dank an die wissenschaftlichen Mitarbeiter Daniel Körber und Sabine Bornkessel, die sehr engagiert an diesem Buchprojekt mitgearbeitet haben. Darüber hinaus danken wir insbesondere Johannes Hogg. Er hat aus dem Blickwinkel der Praxis und der Lehre wertvolles Feedback zum Buch gegeben.

Ein besonderer Dank gilt unserer Hochschulleitung, dem Präsidenten Andreas Bertram und den Dekanen Marie-Luise Rehn und Andreas Frey, die dieses fakultätsübergreifende Buchprojekt für die Lehre konsequent unterstützt haben.

Letztendlich danken wir insbesondere Barbara Roscher, die als Cheflektorin des Gabler Verlages, mit ihren Kolleginnen Jutta Hinrichsen und Gabriele Singer, dieses Buchprojekt zusammen mit der Hochschule Osnabrück realisiert hat.

Inhaltsverzeichnis

Vorwort V

Danksagung VII

Teil A   Einführung 1

1 Einführung ins Marketing 3
1.1   Leitideen des Marketing 5
1.2   Merkmale und Ziele des Marketing 9
1.2.1   Merkmale des Marketing 9
1.2.2   Grundlegende Ziele des Marketing 10
1.3   Entwicklung des Marketing 12
1.3.1   Evolution des Marketingbegriffes 12
1.3.2   Vom Transaktions- zum Relationship Marketing 14
1.4   Charakterisierung von Märkten 16
1.4.1   Verschiedene Güterarten: Konsum-, Industriegüter und Dienstleistungen ... 16
1.4.2   Abgrenzung und Beschreibung von Märkten 18
1.5   Erwartungen an die Marketingethik 20
1.5.1   American Marketing Association 21
1.5.2   Deutscher Werberat 22

Teil B   Marketingprozesse und Marketingplanung 29

2 Planungsansatz im Marketing 31
2.1   Einordnung des Marketing in die strategische Unternehmensplanung 33
2.2   Phasen der strategischen Unternehmensplanung 36
2.2.1   Situationsanalyse 36
2.2.2   Mission eines Unternehmens 44
2.2.3   Strategische Ziele eines Unternehmens 44
2.2.4   Strategieformulierung: Wachstums- und Wettbewerbsstrategien 46
2.2.5   Aufstellung eines Marketing Plans 53
2.3   Kontrolle der Maßnahmen 56

3 Kaufverhalten der Konsumenten 61
3.1 Zentrale Fragen im Käuferverhalten 63
3.2 Träger und Typen von Kaufentscheidungen 64
3.3 Phasen des Kaufentscheidungsprozesses 66
3.4 S-O-R-Modell 69
3.5 Zentrale Bestimmungsfaktoren des Kaufverhaltens 71
3.5.1 Kulturelle Determinanten 72
3.5.2 Soziale Determinanten 73
3.5.3 Persönliche Determinanten 75
3.5.4 Psychische Determinanten und Prozesse 78
3.6 Bedeutung des Käuferverhaltens für die Bildung von Marktsegmenten 83

4 Marktforschung 91
4.1 Informationen für die Marketingplanung 93
4.2 Ablauf einer Marktforschungsstudie 95
4.3 Absatzprognosen für den relevanten Markt 107

5 Segmentierung und Positionierung 115
5.1 Prinzip der Segmentierung und Fokussierung 117
5.2 Segmentierung eines Marktes 118
5.3 Segmentauswahl und Segmentbearbeitungsstrategie 125
5.4 Segmentpositionierung 130

6 Markenmanagement 145
6.1 Marken und ihre Funktionen für das Unternehmen 147
6.2 Marken aus Perspektive des Kunden 150
6.3 Markenidentität und Markenimage 151
6.4 Unterschiedliche Markentypen (-eigner) 153
6.5 Strategische Markenentwicklung 155
6.6 Entwicklung der Markenarchitektur 158

Teil C Marketinginstrumente (Marketing-Mix) 167

7 Einführung Produktpolitik 169
7.1 Entscheidungsfelder der Produktpolitik 171
7.2 Nutzen und Komponenten eines Produktes 172
7.3 Produktlebenszyklus 175
7.4 Management bestehender Produkte 179
7.5 Management neuer Produkte 182
7.6 Integration von Kunden in die Produktpolitik 193

8 Einführung Preispolitik **201**
8.1 Rahmenbedingungen für die Preisfindung 203
8.2 Drei grundsätzliche Preispositionierungen 210
8.3 Drei Methoden der Preisfindung 211
8.4 Besonderheiten bei Preisstrategien in der operativen Preispolitik 216

9 Einführung Kommunikationspolitik **223**
9.1 Kommunikation im Wandel 225
9.2 Planung einer integrierten Kommunikationskampagne 226
9.3 Einflussgrößen der Kommunikation 244

10 Einführung Vertriebspolitik **251**
10.1 Rahmenbedingungen der Vertriebspolitik 253
10.2 Grundsatzentscheidungen im Vertriebssystem 253
10.3 Vertriebsprozess 261
10.4 Ausgewählte Instrumente zur Vertriebssteuerung 265

Teil D Klausurübungen **273**

11 Übungen zur Klausur **275**
11.1 Aufgabe der Klausuren 276
11.2 Klausurbeispiele mit Übungen 277

Stichwortverzeichnis 293

Autorenprofile 295

Teil A
Einführung

1 Einführung ins Marketing

Fallstudie: Nestlé S.A.

Stefanie Bröring/Kai-Michael Griese

Lernziele:

Das übergreifende Ziel dieses Kapitels ist es, ein gemeinsames Marketingverständnis zu entwickeln. Denn nur vor dem Hintergrund der Leitideen und grundlegenden Ziele des Marketing lassen sich die nachfolgenden Theoriebausteine verstehen.

1.1 Leitideen des Marketing 5

1.2 Merkmale und Ziele des Marketing 9

1.3 Entwicklung des Marketing 12

1.4 Charakterisierung von Märkten 16

1.5 Erwartungen an die Marketingethik 20

Fallstudie: Nestlé S.A.

Gründung:	1866
Unternehmenssitz:	Schweiz (Vevey)
Umsatz:	ca. 110 Mrd. CHF (2008)
Branche:	Lebensmittel
Mitarbeiter:	238.000 weltweit
Marken:	z.B. Nescafé, Nesquik, Buitoni, Maggi

Der Markt: Der Markt für Konsumgüter wurde im Jahr 2008 weltweit vor allem durch die fünf großen Konzerne Nestlé (CH), Procter & Gamble (USA), Unilever (GB/NL), Pepsico (USA) und Kraft Foods (USA) dominiert. Der Spitzenreiter Nestlé konnte im gleichen Jahr die Umsatzrendite um 7,2 Prozent steigern.

Das Unternehmen: Nestlé ist der größte Lebensmittelkonzern der Welt. Gleichzeitig ist es das größte Industrieunternehmen in der Schweiz insgesamt. 1866 gründete der Schweizer Apotheker Henri Nestlé das Unternehmen. 1867 war er in der Lage, ein lösliches Milchpulver zu produzieren. Dieses Pulver ließ sich als Muttermilchersatz bei Säuglingen verwenden und markiert die Gründerzeit des Unternehmens. Das Logo des Unternehmens basiert auf dem Wappen der Familie des Apothekers. Der Name des Unternehmens lässt sich ferner aus der Übersetzung des Familiennamens ableiten und bedeutet „kleines Nest".

Das Unternehmen verfügt nach eigenen Angaben über vier Wettbewerbsvorteile:

1. Dazu zählt zunächst das umfangreiche Produkt- und Markenportfolio. Nestlé kann als Nahrungsmittelhersteller mit seinen Produkten einen Konsumenten das ganze Leben lang „begleiten".
2. Ein weiterer Grund für den Erfolg sind laut Nestlé die Möglichkeiten der Forschung. Nestlé unterhält 23 Forschungszentren und ein umfangreiches Forschungsnetzwerk.
3. Nestlé ist weltweit tätig und besitzt darüber hinaus eine umfangreiche Kenntnis der Märkte.
4. Letztendlich definiert Nestlé den Erfolg über das Engagement und die Leidenschaft der Mitarbeiter in der Nestlé-Unternehmenskultur.

Das Produktportfolio: Aktuell wirbt das Unternehmen mit dem Slogan „Good Food, Good Life". Dieser Slogan verdeutlicht die grundsätzliche Fokussierung auf Produkte zur Ernährung. In Deutschland teilte sich der Umsatz 2008 von Nestlé z.B. im wesentlichen in die Kategorien Getränke (19 Prozent), Milch-, Diätprodukte und Speiseeis (18 Prozent), Fertiggerichte und Produkte für die Küche (43 Prozent), Tiernahrung (7 Prozent) und

Schokolade und Süßwaren (10 Prozent) auf. Nach Angaben des CEO, Paul Bulcke, im Jahre 2008 entwickelt sich Nestlé dabei seit Jahren *„von einem herkömmlichen Nahrungsmittel- und Getränkehersteller zu einem Unternehmen, das seine Produkte mit Mehrwert und Zusatzfunktionen, Stichwort Ernährung, Gesundheit und Wellness, anreichert."* Zu den Marken des Konzerns zählen z.B. Perrier, Purina, Alete, Beba, Bübchen, Caro, Nido, Nespresso, After Eight, Smarties, Power Bar, Nuts, KitKat, Häagen Dazs und Mövenpick.

Die folgenden Überlegungen werden nun anhand von Nestlé eine Einführung hinsichtlich der Leitideen und der besonderen Merkmale des Marketing geben. Ergänzend stehen u.a. die Entwicklungsstufen des Begriffs sowie das Thema Marketingethik im Mittelpunkt des Kapitel 1.

1.1   Leitideen des Marketing

Was ist eigentlich Marketing? Um sich der Antwort anzunähern, beginnen die Ausführungen mit einem Produktbeispiel von Nestlé. Dabei geht es zunächst um den Austauschprozess, der dabei zwischen Anbieter und Nachfrager stattfindet.

> **Fallstudie Nestlé:** Der Name der nun näher zu betrachtenden Produktlinie lautet: „Mövenpick-feine Eiscreationen". Diese Produktlinie wurde im Mai 2010 neu in den Markt eingeführt und gehört in die Produktkategorie „Conchiertes Premium Eis", welches von Nestlé mit folgenden Zusatznutzen beworben wird: „Vollendeter Genuss - und das bei weniger Fett als bisher!" Möglich ist dies durch ein neues, patentiertes Eis Conchier-Verfahren, bei dem das Eis länger und sorgfältig gerührt wird, während es allmählich gefriert.
>
> Für das einleitende Beispiel stellt dies Premium Produkt ein attraktives Angebot für den Kunden dar. Nestlé ist in diesem Beispiel der Anbieter einer Leistung in Form von hochwertigem Premium Eis, welche dem Kunden (Nachfrager) angeboten wird. Der Nachfrager ist in dem Beispiel „Frau E.", die sehr gerne Eis konsumiert, aber dabei gleichzeitig auf ihre Ernährung achtet und nicht zu viele Kalorien aus Fett aufnehmen möchte. Frau E. befindet sich an einem Samstag in einer Filiale eines Lebensmitteleinzelhändlers und findet die folgende Situation vor. Es befindet sich nur noch ein Produkt von „Mövenpick - feine Eiscreationen" im Tiefkühlregal, welches sie gerne probieren möchte, da es gleich zwei ihrer Bedürfnisse „Genuss" und „nicht zu viel Fett" befriedigen könnte. Ferner hat sie auch nur noch eine begrenzte Menge an Bargeld (4 Euro) dabei. Der Preis für das Produkt (500ml) beträgt 3,99 Euro. Sie kauft das Produkt. Generell gilt: Der Nachfrager (Frau E.) hat ein bestimmtes Bedürfnis und der Anbieter (Nestlé) hat eine Leistung, die er dem Nachfrager dafür anbietet.

Abbildung 1.1 Produktbeispiel von Mövenpick
(Quelle: http://presse.nestle.de (Sept. 2010))

Zwei grundlegende Prinzipien beeinflussen die sich anbahnende Transaktion in dem Beispiel von Nestlé. Diese bestimmen den Ausgleich zwischen Angebot und Nachfrage.

- **Gratifikationsprinzip**: Dieses Prinzip beschreibt Antriebskräfte beim Zustandekommen eines Austausches zwischen Anbieter und Nachfrager. Der Anbieter hat als Ziel, einen für ihn angemessenen Gegenwert für seine Leistung zu bekommen. Der Nachfrager hingegen hat das Ziel, sein Bedürfnis mit der Leistung bestmöglich zu befriedigen. In dem genannten Beispiel überlegt Frau E., ob der Preis für das Produkt einen angemessenen Gegenwert darstellt. Ferner überlegt sie, ob sie das Bedürfnis nach Eis auch durch Produkte anderer Anbieter befriedigen könnte.

- **Kapazitätsprinzip**: Dieses Prinzip beschreibt die natürlichen Grenzen im Rahmen der Transaktion. So hat der Anbieter evtl. nur eine begrenzte Leistung anzubieten oder der Nachfrager hat nur begrenzte finanzielle Mittel, um diese Leistung zu erwerben. In unserem Beispiel hat Frau E. genau 4 Euro verfügbar. Für den Kauf wäre damit gerade genug Geld vorhanden. Allerdings liegt eine angebotsseitige Kapazitätsbeschränkung vor, denn in dem Geschäft ist das Produkt nur noch einmal vorrätig. Frau E. sollte mit dem Austauschprozess nicht mehr zu lange warten.

In der Marketingwissenschaft bilden diese beiden Prinzipien eine wichtige theoretische Grundlage für weitere Überlegungen und Analysen. Daraus resultiert eine der Schlüsselfragen des Marketing: **Wie können Anbieter und Nachfrager ihren Nutzen mit gegebenen Kapazitäten im Rahmen dieser Austauschprozesse optimieren?** Die große Vielfalt an Marketingforschungsaktivitäten zeigt, dass dieser Austauschprozess und dessen vielfältige Facetten sehr umfangreich untersucht wurden und immer noch ein wichtiges Untersuchungsobjekt in Theorie und Praxis darstellen (z.B. Tests der Verbraucherakzeptanz bei der Einführung neuer Produkte). Die Leitidee des Austauschprozesses wurde im Laufe der Jahre weiterentwickelt und konkretisiert. Im Mittelpunkt der Betrachtung stehen heutzutage insbesondere (1) Wertbegriffe, (2) Unternehmen, (3) Kunden, (4) Wettbewerber sowie (5) weitere Stakeholder. Jeder dieser fünf Orientierungspunkte im Marketing kann für einen grundsätzlichen Schwerpunkt einer Leitidee im Marketing eines Unternehmens stehen (z.B. Kundenorientierung).

1. Wertorientierung

Eine Hauptaufgabe des Marketing ist es, zu identifizieren: was einen Wert für den Nachfrager darstellt, wie dieser Wert generiert werden kann und wie er kommuniziert werden muss, damit der Nachfrager diesen wahrnimmt und eine gewisse Kauf- und Preisbereitschaft gegenüber dem Angebot hat. Dabei unterscheidet sich der Wertebegriff aus Anbieter- und Nachfragersicht, wie die folgende Abbildung zeigt:

Abbildung 1.2   Aufteilung des Wertebegriffs aus Anbieter- und Nachfragersicht
(Quelle: Vgl. Volck, 1997, S. 13)

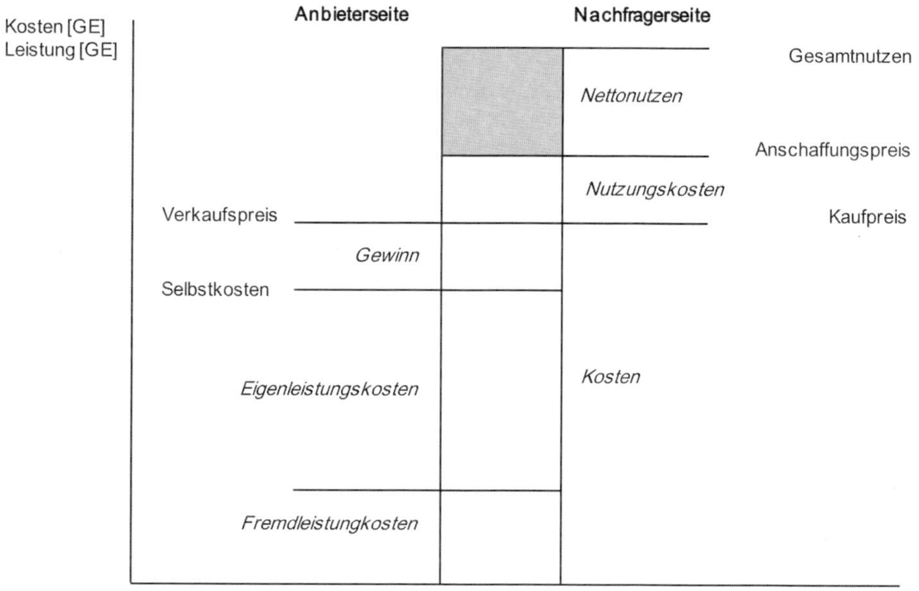

Die Leistung eines Produktes wird vom Nachfrager differenziert wahrgenommen. Hinsichtlich des Produktes erscheint zunächst der Kaufpreis. Dieser sollte jedoch unter dem Gesamtnutzen liegen, so dass der Nachfrager durch den Kauf des Produktes eine Nettonutzensteigerung erfährt. Dabei obliegt es dem Marketing eines Unternehmens, das Produkt so zu gestalten, dass es vergleichsweise geringe Nutzungskosten beim Nachfrager erzeugt und gleichzeitig zu einem hohen wahrgenommenen Nutzen führt. Denn nur wenn der Nutzen größer als der Kaufpreis ist, macht ein Kauf für den Nachfrager ökonomisch Sinn. Für das Marketing ergeben sich also verschiedenen Ansatzpunkte, im Vergleich zur Konkurrenz einen jeweils höheren Wert zu erzielen. Grundsätzlich können dabei **Kosten-**

ziele durch Kostenvorteile (Senkung der Selbstkosten) und **Wachstumsziele** durch Differenzierungsvorteile (Erhöhung des wahrgenommenen Nettonutzens) verfolgt werden.

2. Unternehmensorientierung

Bei dieser Perspektive stehen interne Ressourcen, Kapazitäten und Kompetenzen im Mittelpunkt der Betrachtung. Vereinfacht gesagt, stellt sich das Unternehmen hier die Frage, welche Leistungen es mit seinen bestehenden Ressourcen und Kompetenzen erfolgreich am Markt anbieten kann, bzw. wo es, um künftig auf Märkten bestehen zu können, Kompetenzen neu aufbauen muss oder Partner finden sollte. Die Unternehmensorientierung basiert auf dem Theorieansatz des „Resource-Based-View" begründet durch u.a. Edith E. Penrose im Jahre 1959.

3. Kundenorientierung

Die Kundenorientierung ist Teil der Marktorientierung (Vgl. Bröring, 2010) und bezeichnet die gesamte Ausrichtung des Marketing und aller Unternehmensprozesse auf den Kunden (Vgl. Bruhn, 2002). Interessen und Wünsche des Kunden werden somit als Leitlinie für das gesamte unternehmerische Handeln in den Vordergrund gestellt. Diese Leitidee ist insbesondere in „Käufermärkten" (Märkte mit Angebotsüberhang, so dass Käufer aufgrund von vielen potenziellen Anbietern eine größere Verhandlungsstärke haben) von großer Relevanz. Kundenorientierung ist die Grundlage für Kundenbindung (Vgl. Bruhn, 2001).

Dabei greifen Kundenorientierung und Wertorientierung eng ineinander. Geht es bei der Kundenorientierung um die gesamte Ausrichtung des Unternehmens am Kunden, so fokussiert die Wertorientierung auf die für den Kunden nutzenstiftende Leistung des Angebots eines Unternehmens.

4. Wettbewerbsorientierung

Hinter dieser kompetitiv ausgerichteten Leitidee verbirgt sich eine permanente Profilierung gegenüber dem Wettbewerb. Auf Basis der Wettbewerbsorientierung bemüht sich das Unternehmen, eine sich klar abgrenzende und differenzierende Positionierung am Markt zu erlangen. Ausdruck dieser Leitidee sind die Wettbewerbsstrategien begründet durch Micheal E. Porter, Institute of Competitive Strategy, Harvard Business School in den 80ern (Vgl. Porter, 1980).

5. Stakeholderorientierung

Diese Leitidee bezieht sich auf Gruppen, die indirekten oder direkten Einfluss auf das Unternehmen haben. Als Beispiele lassen sich Verbraucherverbände oder Politiker aufführen. Damit geht das Unternehmen sehr stark auf die gesellschaftlichen Gruppen außerhalb der Kunden und dem Wettbewerb ein und legt dort seinen Schwerpunkt. Geprägt wurde der Stakeholderansatz vor allem durch Freeman (1984). Insbesondere größere Konzerne haben in diesem Zusammenhang eigene Corporate Social Responsibility (CSR) Programme entwickelt, in denen sie ihre Verantwortung für z.B. Umweltschutz und soziale Belange zum Ausdruck bringen (siehe z.B. Nestlés CSR Initiativen unter www.creatingsharedvalues.org).

> **Fallstudie Nestlé:** Hinsichtlich der verschiedenen Leitideen finden sich im Leitbild des Konzerns Nestlé viele Hinweise auf das Grundverständnis des Marketing.
>
> „Unseren ehrgeizigen Anspruch haben wir in vier Worte gefasst: Good Food, Good Life. Diese Worte drücken aus, was wir Ihnen bieten wollen: Lebensqualität, die schmeckt und gesund ist!
>
> Auf diesem Weg legen wir allen Geschäftstätigkeiten folgende "Prinzipien" zugrunde:
> - Die Verbraucher stehen im Mittelpunkt unseres Handelns
> - Unsere Marken garantieren Qualität
> - Wir treiben Innovationen voran
> - Spitzenleistungen durch Spitzenmitarbeiter
> - Gemeinsam gewinnen
>
> Wir tragen gesellschaftliche Verantwortung."
>
> (Quelle: www.nestle.de (Juli 2008))

1.2 Merkmale und Ziele des Marketing

1.2.1 Merkmale des Marketing

Hinsichtlich der Merkmale des Marketing orientieren sich die weiteren Überlegungen primär an der American Marketing Association (AMA), die mit über 30.000 Mitgliedern zu den weltweit größten Marketingvereinigungen zählt. Das AMA Board of Directors definiert Marketing wie folgt: "Marketing is the activity, set of institutions, and processes for creating, communicating, delivering, and exchanging offerings that have value for customers, clients, partners, and society at large. *(Approved October 2007)*". Diese Definition lässt sich in drei Facetten untergliedern:

1. "Marketing is the activity, set of institutions and processes ..."

Die erste Facette beschreibt Marketing zum einen als Funktion in einer Institution sowie die dazu gehörigen Prozesse, um konkrete Aktivitäten zu entwickeln. Aufgrund der vielfältigen Zielgruppen (customer, clients, partners and society at large) kommt dem Marketing zum anderen aber auch eine unternehmens- bzw. marktübergreifende Bedeutung zu. Meffert et al. (2008) lehnen sich hier eng an die AMA an und sprechen in diesem Kontext vom Marketing als *duales Führungskonzept*.

Danach ist Marketing als Leitbild des Managements und gleichzeitig auch als Unternehmensfunktion im Unternehmen zu sehen. Insgesamt betrachtet ist Marketing marktorientierte Unternehmensführung (Vgl. Meffert et al., 2008).

2. "... for creating, communicating, delivering, and exchanging offerings ..."

Die zweite Facette fasst das Angebot bzw. die Leistung gegenüber dem Nachfrager zusammen. Damit sind die Entwicklung, Umsetzung sowie die Kontrolle der Angebote, aber auch die Kommunikation und der physische Vertrieb, gemeint.

3. "... that have value for customer, clients, partners, and society at large."

Die dritte Facette charakterisiert einen Wert bzw. Nutzen („that have value"), der für die Zielgruppe mit dem jeweiligen Angebot geschaffen wird. Die Zielgruppe erstreckt sich auf Kunden, Auftraggeber, Partner sowie die Gesellschaft insgesamt. Hier spiegelt sich auch die in Abschnitt 1.1 dargestellte Wertorientierung als Leitlinie des Marketing wider. Insgesamt hat die Definition der AMA die klassische Auffassung des Marketing geprägt, so definiert Meffert (2000, S. 8) Marketing als: „... Planung, Koordination und Kontrolle aller auf die aktuellen und potenziellen Märkte ausgerichteten Unternehmensaktivitäten. Durch eine dauerhafte Befriedigung der Kundenbedürfnisse sollen die Unternehmensziele verwirklicht werden."

1.2.2 Grundlegende Ziele des Marketing

Marketing ist wie aus den Definitionen deutlich wird kein Selbstzweck, sondern leitet sich aus den Unternehmenszielen ab. Um die Ausrichtung der marktorientierten Unternehmensführung besser zu verdeutlichen, wird die Mittel-Zweck Bindung zwischen Marketingaktivitäten und Unternehmenszielen im Folgenden exemplarisch dargestellt. Dabei konzentriert sich die Betrachtung auf zwei zentrale Ziele des Unternehmens: Das sind zum einen Wachstums- und zum anderen Kostenziele. Beide Ziele werden in den einzelnen Kapiteln des Buches später immer wieder aufgegriffen.

1. Wachstumsziele des Marketing

Die Wachstumsziele beziehen sich primär auf das Wachstum eines Unternehmens im Markt. Wachstum kann sich dabei auf den Umsatz (z.B. Umsatzsteigerung um 10 Mio. Euro) bzw. das verkaufte Volumen (z.B. Steigerung um 4 Tonnen) beziehen und wird gemessen in einer Ausweitung des Marktanteils des Unternehmens im relevanten Markt. Wachstumsziele können sich jedoch auch auf Renditeziele (Wachstum der Umsatzrendite, des Deckungsbeitrags (DB I)) beziehen.

Eine beispielhafte Marketingaktivität für die Umsetzung von Wachstumszielen könnte z.B. im Rahmen der Produktpolitik erfolgen, indem eine Produktinnovation neu am Markt eingeführt wird. Mit dieser Aktivität könnten sich nicht nur Absatz und Umsatz deutlich verbessern (z.B. von 25 auf 27,3 Mio. Euro). Auch der Erfolg (Gewinn) kann über einen höheren DB I gesteigert werden, da es dem Unternehmen gelingt, mit der Innovation das Preisniveau anzuheben.

	Status	mit Aktivität
Volumen (in Tonnen)	21.365	23.459
Umsatz in Mio. Euro	25,0	27,3
Handelspanne in Prozent	26,6	26,6
DB I	6,65	7,26
Gewinn in Mio. Euro	1,0	1,1

2. Kostenziele des Marketing

Kostenziele beziehen sich hingegen in erster Linie auf die Erhöhung des Ertrags durch Kostensenkung. Auch hier geht es letztendlich um die Steigerung unternehmerischen Erfolges (Gewinns). Im Gegensatz zu Preis und Menge (Stellschrauben für die Erreichung von Wachstumszielen), stehen hier die Kosten im Fokus. Denn durch die Reduzierung der Kosten, ist es das Ziel, den Deckungsbeitrag zu steigern.

Auch hier bietet das Marketing viele Möglichkeiten, Kostenziele des gesamten Unternehmens umzusetzen: Z. B. plant ein Unternehmen, durch die Vereinheitlichung aller Verpackungen in Europa in einem Produktsegment Kosten zu sparen. Mit dieser Aktivität würde sich der DB I durch gesunkene Herstellkosten verbessern und damit der Gewinn ebenfalls leicht verbessern (z.B. 1,0 auf 1,1 Mio. Euro).

	Status	mit Aktivität
Volumen (in Tonnen)	21.365	21.365
Umsatz in Mio. Euro	25,0	25,0
Handelsspanne in Prozent	26,6	26,6
DB I	6,65	7,27
Gewinn in Mio. Euro	1,0	1,1

Die folgende Abbildung visualisiert Wachstums- und Kostenziele eines Unternehmens. Es wird deutlich, dass ein Unternehmen im Vergleich zur Ausgangssituation über verschiedene Ansätze Wachstum erzielen kann. In Szenario 1 lässt sich über eine Erhöhung der Konsumentenakzeptanz eine höhere Preisbereitschaft erreichen.

In Szenario 2 ist der Markt gewachsen, dabei stellt sich die Frage, wie das Unternehmen zum Gesamtmarkt steht (Marktanteilsverschiebung). Durch die Verfolgung von Kostenzielen (Szenario 3) können Unternehmen vor allem die Marge verbessern (wenn die Kostenersparnis nicht über eine Preissenkung an den Kunden weitergegeben wird).

Fallstudie Nestlé: Im Jahr 2009 konnte Nestlé ein organisches Wachstum von 4,1 Prozent (EBIT-Marge 14,6 Prozent - EBIT = engl. *earnings before interest and taxes*) erzielen. Daraus lässt sich ableiten, dass der Gewinn deutlich stärker als der Umsatz gesteigert werden konnte. Insgesamt verfolgt Nestlé mit seinem Ziel als weltweit führender Anbieter für Ernährung, Gesundheit und Wellness vor allem klare Wachstumsziele. Herunter gebrochen auf das einzelne Produkt, sollen diese Ziele durch starke einzigartige Marken mit der damit einhergehenden höheren Preisbereitschaft erreicht werden.

(Quelle: Vgl. Nestlé Annual Report 2009)

Abbildung 1.3   Möglichkeiten zur Erreichung von Wachstums- und Kostenzielen

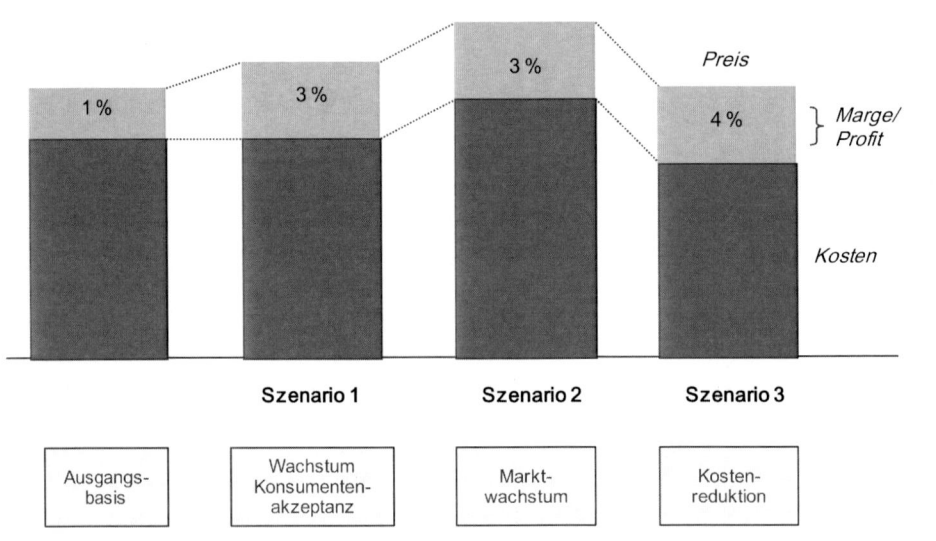

Abschließend ist hier festzuhalten, dass Wachstums- und Kostenziele in der unternehmerischen Praxis nicht eindeutig voneinander zu trennen sind. Denn auch die Erreichung von Wachstumszielen, führt bei einer gestiegenen Produktionsmenge über die Fixkostendegression zu einer Senkung der Stückkosten. Wichtig ist in diesem Zusammenhang auch die übergeordnete Unternehmensstrategie, die im Kapitel 2 weiter vertieft wird.

1.3   Entwicklung des Marketing

1.3.1   Evolution des Marketingbegriffes

Historisch betrachtet, begann einer der ersten Schritte zur Erforschung des Marketing im Jahr 1902. In diesem Jahr fand der erste Marketing-Kurs an der University of Illinois statt. Kurze Zeit später erscheint der Begriff des Marketing in einer Veröffentlichung von Sparkling (1906). Einige Jahre später schreibt Coperland (1920) erstmalig über sogenannte Marketing Probleme. 1927 erscheint dann bereits mit „Principles of Marketing" eine erste umfangreiche Darstellung des Marketing von Beckmann et al.. Der Begriff Marketing findet in den 60er Jahren auch nach Deutschland und ersetzt Schritt für Schritt den Begriff der Absatzwirtschaft und des reinen Verkaufes. In dieser Zeit beginnt sich auch der Marketing-Mix mit den Instrumenten Preis, Produkt, Distribution und Kommunikation zu etablieren. Die folgende Abbildung von Homburg/Krohmer (2006) zeigt zentrale Entwicklungsschritte der weiteren Differenzierung des Fachgebiets Marketing in Deutschland.

Insgesamt kann festgestellt werden, dass die Entwicklung des Marketingbegriffes über die Zeit deutlich breiter geworden ist. Wurde um 1900 noch nur über den Absatz, den reinen Verkauf, bei dem die Transaktion des Güteraustausches im Vordergrund stand, gesprochen, so erstreckt sich der heutige Marketingbegriff vom Marketing-Mix über die gesamte marktorientierte Unternehmensführung inkl. aller Beziehungen zum Kunden (Relationship Marketing). Aktuell wird dabei intensiv die „Wertorientierung" eines Unternehmens diskutiert. Deutlich erkennbar ist insgesamt eine starke Professionalisierung im Marketing. Der Strukturwandel hin zu weniger dafür jedoch größeren Marktteilnehmern hat z.B. im Lebensmitteleinzelhandel zu einer Machtverschiebung geführt, die die einzelne Kunden-Lieferantenbeziehung immer wichtiger hat werden lassen.

Abbildung 1.4 Evolution des Marketingbegriffs
(Quelle: In Anlehnung an Homburg/Krohmer, 2006, S. 8.)

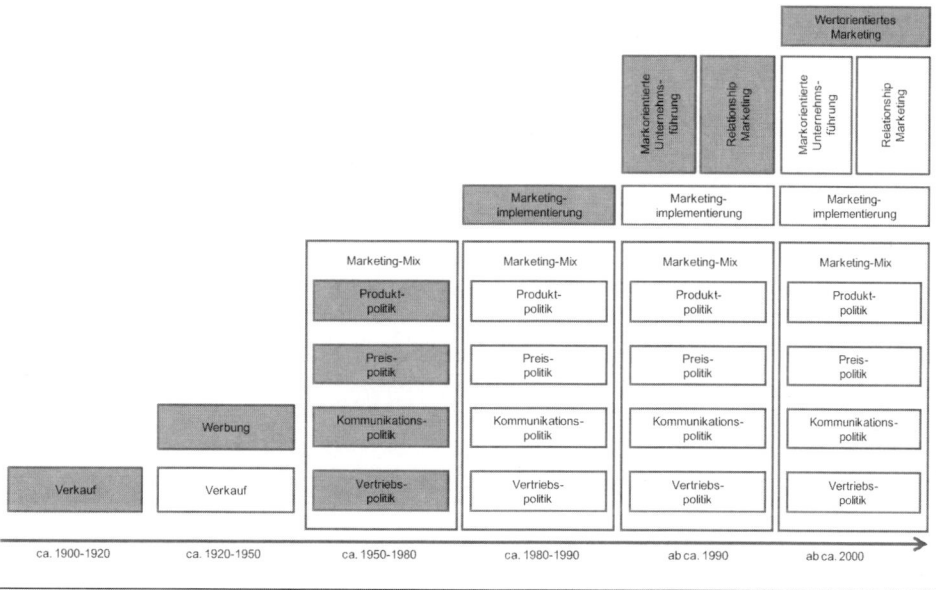

Fallstudie Nestlé: Die Entwicklung des Marketing spiegelt sich auch in der Lebensmittelindustrie wider. Lebensmittelhersteller haben im Laufe der letzten 40 Jahre zunehmend mit immer weniger aber größeren Händlern zusammen gearbeitet, die ihre Ware in den Supermärkten weiter verkauft haben. Durch die fortschreitende Konsolidierung des Handels wuchs dessen Marktmacht stetig an.

Für Lebensmittelhersteller wie Nestlé wurden die Verhandlungen infolge der steigenden Einkaufsmacht des Handels schwieriger. Der Kundenbindung und der langfristigen Pflege der Kundenbeziehung im Rahmen des Relationship Marketings ist somit eine immer größere Bedeutung beigemessen worden.

1.3.2 Vom Transaktions- zum Relationship Marketing

Wie die Entwicklungsstufen des Marketingbegriffes in der obigen Abbildung veranschaulichen, ist die einzelne Kundenbeziehung parallel zur marktorientierten Unternehmensführung ein immer wichtigerer Bestandteil des Marketing geworden. Dabei steht die Kundenbindung im Fokus der Kundenbeziehung, wobei die Gründe in einer generell stark abnehmenden Kundenloyalität gesehen werden können.

Kunden haben eine sehr hohe Wechselbereitschaft von „Lieferant" zu „Lieferant" entwickelt, was mitunter auf eine gestiegene Preistransparenz sowie auf eine immer gleichförmigere Produktqualität zurückzuführen ist (Vgl. Bruhn, 2001; Helmke et al., 2008). Gleichzeitig haben Unternehmen feststellen müssen, dass die Kosten für Kundenakquise immer weiter steigen. Zielsetzung muss es also sein, bestehende Kunden zu halten.

Die Ausgestaltung der Kundenbeziehung und ihre Umsetzung über gezielte Kundenbindungsprogramme (z.B. Lufthansa Miles & More) sind also vermehrt in den Mittelpunkt von Marketingaktivitäten gerückt.

So hat auch der Begriff des Relationship Marketing für Wissenschaft und Praxis seit Anfang der 80er Jahre stark an Bedeutung gewonnen. Während das Transaktionsmarketing die Anbahnung und den Ablauf einzelner Austauschprozesse mit dem Kunden zum Ziel hat (siehe Beispiel: 3,99 Euro gegen 500 g Eis), hat das Relationship Marketing die gesamte Kundenbeziehung im Fokus (Wie viel des Produktes konsumiert Frau E. im Monat? Wo kauft Frau E. ein? Welche Sorte bevorzugt sie? Ist sie zufrieden mit dem Produkt? Welche anderen Produkte könnten von Interesse für Frau. E. sein?).

Im Gegensatz zum kurzfristigen Transaktionsmarketing befasst sich das Relationship Marketing mit der Steuerung der langfristigen Kundenbeziehung (Vgl. folgende Abbildung). Dies erfordert unternehmensseitig einige Kompetenzen, wie z.B. die organisatorische Verankerung der Kundenorientierung im gesamten Unternehmen. Darüber hinaus stellt das Relationship-Marketing hohe Anforderungen an den Marketing-Mix – eröffnet aber auch viele Möglichkeiten, um das Angebot aufgrund der besseren Kenntnis über den Kunden möglichst kundenindividuell auszugestalten.

Abbildung 1.5 Unterschiede zwischen Transaktions- und Relationship Marketing
(Quelle: Vgl. in Anlehnung an Bruhn, 2001)

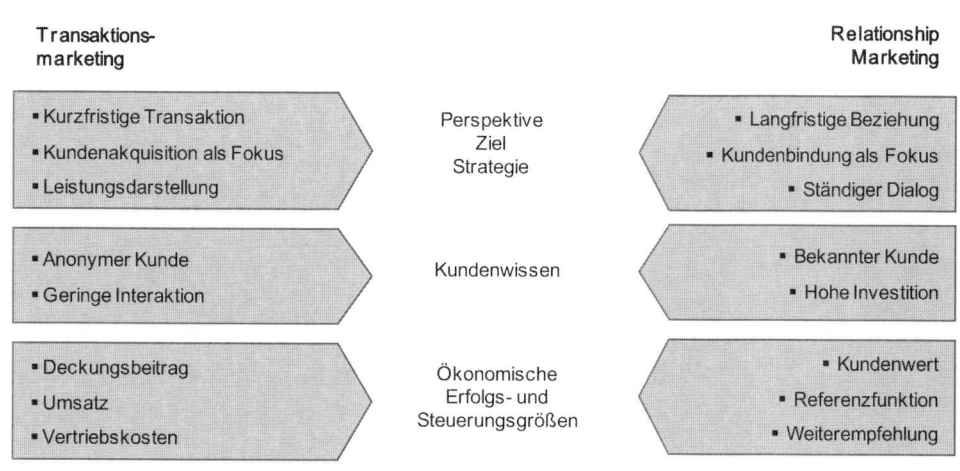

Im Kern ist das Unternehmen im Relationship Marketing bemüht, den Kunden und seine Bedürfnisse besser kennenzulernen, um so eine Beziehung aufbauen zu können. Denn das Ziel ist es, Wechselbarrieren zu errichten, so dass der Kunde langfristig an ein Unternehmen gebunden wird. Dieser ganzheitliche Ansatz wird in Unternehmen über ein Customer Relationship Management (CRM) umgesetzt.

Dabei versteht man unter einem CRM die unternehmensweite Umsetzung der Kundenorientierung, mit dem Ziel eines systematischen, langfristigen, profitablen und individualisierten Managements der einzelnen Kundenbeziehungen (Vgl. Bruhn/Homburg, 2003). In diesem Zusammenhang sei auch darauf hingewiesen, dass die erfolgreiche Etablierung eines Relationship Marketing oftmals eine geeignete IT-Struktur nötig macht. In der Praxis findet man daher verschiedene sog. CRM-Software Anbieter (z.B. Microsoft Dynamics), die komplexe Kundeninformationen, wie z.B. Daten über den Kunden und sein Verhalten strukturiert zugänglich machen.

Ein solches CRM-System ermöglicht es einem Unternehmen, die gesamten kundenbezogenen Daten strukturiert zu erfassen und im Unternehmen selber zu verorten. Darauf aufbauend können dann Kundenbindungsmaßnahmen (z.B. besonderes Beratungsangebot) erfolgen und das Management der einzelnen Kundenbeziehung kann individualisierter erfolgen. Der Kunde fühlt sich gut betreut und seine Wechselbereitschaft zu einem anderen Anbieter sinkt.

Hinsichtlich der in obiger Abbildung dargestellten ökonomischen Erfolgs- und Steuerungsgrößen sei angemerkt, dass das Relationship Marketing neben den klassischen Kennzahlen auch weichere Faktoren, wie die Referenzfunktion eines Kunden oder aber die

Weiterempfehlung einer Firma durch den Kunden einbezieht. Darüber hinaus spielt im Relationship Marketing der Kundenwert auch Customer Lifetime Value (CLV) als Ausdruck für die Profitabilität eines Kunden für die einzelnen Perioden der Geschäftsbeziehung eine besondere Rolle.

Dabei wird der Kapitalwert des Kunden (d.h. der Barwert aller kumulierten Deckungsbeiträge, die ein Unternehmen mit einem Kunden erzielen kann) berechnet, um die gesamte Kundenbeziehung wirtschaftlich zu betrachten (Vgl. Homburg/Krohmer, 2006).

Fallstudie Nestlé: Auch Nestlé hat sich seit der erstmaligen Vermarktung von „Henri Nestlés Kindermehl" im Jahre 1867 sehr stark in punkto Relationship Marketing entwickelt. Gab es früher den anonymen Kunden an der Kasse, über den weder Handel noch der Hersteller Nestlé viele Informationen hatte, bietet Nestlé in vielen Unternehmensbereichen heute eine starke Interaktion mit dem Konsumenten.

Zu nennen ist hier bspw. das Maggi-Kochstudio, welches mittlerweile in fünf deutschen Städten individuelle Kochkurse bietet, um die Kundenbeziehung zu pflegen. Auch können Konsumenten hier Mitglied werden und erhalten über die Website einen Zugang zu einem eigenen geschützten Bereich.

Weiterhin ist die Interaktion und der Informationsaustausch mit Konsumenten über Nestlés Angebot „Ernährungscoach" möglich. Auf dieser Plattform kann der Konsument unter Angabe spezieller ernährungsphysiologisch relevanter Daten kostenlos seine Ernährung mit Hilfe eines persönlichen Coaches planen.

1.4 Charakterisierung von Märkten

1.4.1 Verschiedene Güterarten: Konsum-, Industriegüter und Dienstleistungen

Je nach Branche unterscheiden sich die Austauschprozesse in den Märkten und damit auch das Marketing, welches in diesen Märkten gestaltet wird. Das liegt vor allem an den teilnehmenden Institutionen sowie den Güterarten. Die nun folgenden Ausführungen erläutern kurz die drei zentralen Austauschsituationen. Es handelt sich hierbei um den Austausch bei:

1. Konsumgütern
2. Investitionsgütern
3. Dienstleistungen

1. Konsumgüter

Konsumgüter befriedigen menschliche Bedürfnisse unmittelbar. Je nach der Dauer der Verwendung wird des Weiteren in Verbrauchs- (Lebensmittel) und Gebrauchsgüter (Uhren, Autos) unterschieden. Käufer dieser Güter sind Einzelpersonen oder private Haushalte. Konsumgüter werden dabei direkt einer konsumtiven Verwendung zugeführt. Sie unterliegen also nicht einer gewerblichen Nutzung sondern werden vom Käufer (Konsumten) direkt ge- oder verbraucht.

Wichtig ist in diesem Zusammenhang auch die Erforschung des Konsumentenverhaltens, um z.B. neue Konsumgüter erfolgreich in den Markt einzuführen. In der Marketingforschung lässt sich bei den Konsumgütern auf die längste Historie an Untersuchungen zurückgreifen. Die folgende Abbildung skizziert dazu drei verschiedene Typen von Konsumgütern.

Tabelle 1.1   Verschiedene Arten von Konsumgütern
(Quelle: Vgl. Kotler et al., 2007, S. 628)

Convenience Goods	Shopping Goods	Speciality Goods
Konsumgüter, die ohne größeres Zögern und mit geringer Informationssuche und Preisvergleich gekauft werden	Konsumgüter, deren Kauf nach Beurteilung und Vergleich von Alternativen in Bezug auf Preis-/Leistungs-verhältnis, Qualität erfolgt	Konsumgüter, die einzigartige Eigenschaften (auch Marken) haben, welche zu hoher Informationsbeschaffung und Budgetbelastung führen
z.B. Lebensmittel des täglichen Bedarfes	z.B. Haushaltsgeräte	z.B. Kauf eines bestimmten Kinderwagens – bspw. der Marke Bugaboo

2. Investitionsgüter

Investitionsgüter werden von Betrieben zur Herstellung weiterer Güter eingesetzt. Auf diese Weise dienen diese Güter nur mittelbar zur Befriedigung menschlicher Bedürfnisse. Entsprechend sind die Käufer auch in der Regel Unternehmen, aber auch Verbände oder die öffentliche Verwaltung (Vgl. Backhaus/Voeth, 2007). Im Gegensatz zu oftmals als Massenprodukten charakterisierten Konsumgütern sind Investitionsgüter in der Regel durch einen hohen Individualisierungsgrad gekennzeichnet.

Das ist z.B. eine individuell angefertigte Maschine für einen besonderen Herstellungsprozess bei einem Kunden. Da die Nachfrager Unternehmen sind, die mit den erworbenen Investitionsgütern weitere Güter für eine andere Nachfrage produzieren, wird im Investitionsgütermarketing auch von einer abgeleiteten Nachfrage gesprochen. Gegenüber dem Konsumgütermarketing, welches sich vor allem an Massenmärkte richtet, konzentriert sich das Investitionsgütermarketing eher auf einzelne und klar identifizierbare Kunden. Dem Management von Kundenbeziehungen kommt hier also eine sehr große Bedeutung zu.

3. Dienstleistungen

Dienstleistungen sind immaterielle und nicht lagerfähige Leistungen, die häufig erst zum Zeitpunkt des Verbrauchs erzeugt werden (z.B. Teilnahme bei einer Schulung). Der Kunde ist ferner selbst Bestandteil der Leistung (z.B. Friseur, Beratung bei der Bank). Dabei haben Dienstleistungen auch einen Service (z.B. Autoreparatur) und investiven (Unternehmensberatung) Charakter. Aufgrund der besonderen Merkmale der Dienstleistung, etabliert sich im Dienstleistungsmarketing zunehmend eine Ausweitung des Marketing-Mix (Vgl. Meffert/Bruhn, 2006).

Wird bei Konsumgütern mit den 4 P's (Product, Price, Promotion, Place) der Marketing-Mix beschrieben, setzt sich bei Dienstleistungen zunehmend eine Erweiterung des Marketing-Mix um die Personal-, Ausstattungs- und Prozesspolitik durch. Damit soll der Tatsache Rechnung getragen werden, dass insbesondere den Ressourcen bei der Erstellung von Dienstleistungen eine größere Rolle als bei Konsumgütern zukommt. Die 4 P's werden im Kapitel C später ausführlicher erläutert.

Fallstudie Nestlé: Nestlé ist primär ein Produzent von Konsumgütern und konzentriert sich dabei auf Lebensmittel. Bei Nestlé befinden sich im Produktsortiment vor allem Güter des täglichen Bedarfs, also sog. Convenience Goods. Dabei ist der Begriff nicht mit dem Konsumententrend hin zu Convenience Foods (einfache Zubereitung) zu verwechseln. Als Käufer tritt Nestlé auch auf Märkten für Industriegüter auf, z.B. Kauf von Produktionsanlagen oder Inhaltsstoffen für Lebensmittel.

1.4.2 Abgrenzung und Beschreibung von Märkten

Märkte als Ziel- und Bezugsobjekt des Marketing lassen sich nach verschiedenen Kriterien unterscheiden. Zunächst einmal stellt sich die Frage, welches der für ein Unternehmen relevante Markt ist, auf denen es seine Wachstums- oder Kostenziele zu realisieren beabsichtigt. Beantworten lässt sich diese Frage über die Marktabgrenzung des *relevanten Marktes*. Ein relevanter Markt ist also derjenige, auf dem ein Unternehmen seine Güter anbieten möchte. Märkte können nach Produkten (z.B. Markt für Lebensmittel), Nachfragern (z.B. Markt der vermögenden Senioren) oder Bedürfnissen (z.B. Markt für Schlankheitsprodukte) abgegrenzt werden. Ist der relevante Markt abgegrenzt, so stellt sich die Frage nach der Machtverteilung auf dem Markt. Danach kann man Märkte in *Käufer- und*

Verkäufermärkte unterteilen. Ist das Angebot größer als die Nachfrage, so haben die Käufer eine größere Auswahl an Herstellern und somit eine größere Verhandlungsmacht, man spricht von Käufermärkten. Andersherum hat der Verkäufer eine bessere Machtposition, wenn sein Gut am Markt nur begrenzt vorhanden ist und es also mehr Nachfrager als Angebot gibt. Heute sind die meisten Märkte als Käufermärkte zu charakterisieren, weshalb der Kundenbeziehung und dem Aufbau der Kundenbindung im Sinne des Relationship Marketing eine hohe Bedeutung zukommt. Eine weitere wichtige Aufgabe des Marketing ist im Kontext der Marktforschung auch die Charakterisierung von Märkten hinsichtlich *Größe und Marktanteile,* dazu sollen im Folgenden die wichtigsten Kennzahlen erläutert werden (Vgl. folgende Abbildung). Insgesamt sind diese von großer Bedeutung, um die Marktattraktivität eines Marktes einschätzen zu können. Folgende mengen- oder wertmäßige Strukturbegriffe sind zu unterscheiden:

Abbildung 1.6   Beziehung zwischen Marktpotenzial, Marktvolumen und Marktanteil

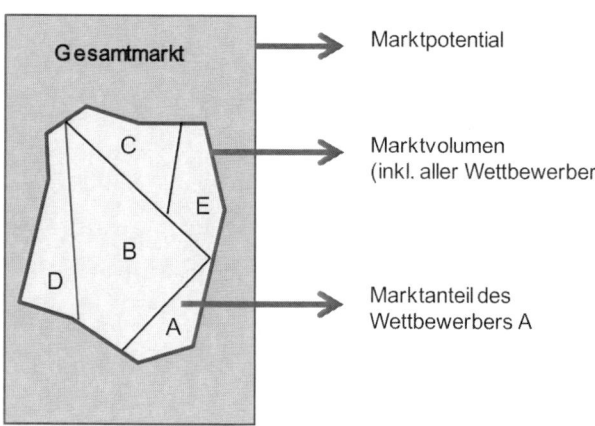

- **Marktpotenzial**: Aufnahmefähigkeit eines Marktes bis zur Marktsättigung (z.B. Absatz an Babynahrung weltweit, wenn alle Kinder diese von ihren Eltern bekämen). Das Marktpotenzial kann sich z.B. durch demographische Entwicklungen verändern.

- **Marktvolumen**: Das Marktvolumen bezeichnet den gesamten Absatz oder Umsatz einer Branche inkl. aller Wettbewerber an einem bestimmten Stichtag (z.B. gesamter Absatz aller Hersteller von Babynahrung betrug in Deutschland im Jahr 2009 ca. x Mio. Tonnen, der Umsatz lag bei ca. x Mio. Euro).

- **Marktanteil**: Der Marktanteil eines Unternehmens drückt das Verhältnis des Absatzes/Umsatzes des Unternehmens zum Marktvolumen (mengen- oder wertmäßig) aus (z.B. der Umsatz der Fa. Nestlé im Bereich Babynahrung zum Marktvolumen des Marktes für Babynahrung).

- **Relativer Marktanteil**: Der relative Marktanteil spiegelt das Verhältnis des Marktanteils eines Unternehmens zum Marktanteil des stärksten Wettbewerbers wieder (rel. Marktanteil der Firma D = Marktanteil D/Marktanteil C).

> **Fallstudie Nestlé:** Für Nestlé sind verschiedene Märkte relevant. Werden die einzelnen Geschäftsbereiche betrachtet, so ist Nestlé nicht nur auf den Märkten für Lebensmittel sondern auch auf dem Markt für Tiernahrung aktiv.
>
> Der für Nestlé relevante Markt ist allerdings nur der für Heimtiere nicht etwa für Nutztiere zur Produktion tierischer Lebensmittel. Hinsichtlich der Machtverteilung auf Märkten ist sowohl der Lebensmittelmarkt als auch der Markt für Tiernahrung von einem Angebotsüberhang geprägt. Es handelt sich also um Käufermärkte, in denen die Nachfrager eine gute Machtposition haben. Allerdings schafft Nestlé es bei einzelnen Produkten durch Produktdifferenzierung (z.B. Nespresso), der alleinige Anbieter eines Premiumproduktes zu sein.

1.5 Erwartungen an die Marketingethik

Wie im obigen Abschnitt beschrieben sind Wachstum- und Kostenziele zwei grundlegende Ziele im Marketing. Insbesondere um Wachstumsziele zu erreichen, versuchen Unternehmen die Bedürfnisse ihrer Zielgruppe konsequent durch relevante Angebote zu befriedigen. Wenn die Angebote in Anspruch genommen, d.h. die Produkte gekauft werden, erreicht das Unternehmen seine Wachstumsziele.

Leider folgen nicht alle Unternehmen und deren Mitarbeiter dieser Idee. Immer wieder nutzen Unternehmen durchaus fragwürdige Methoden, um Käufer für Angebote zu gewinnen. Diese fragwürdigen Methoden können für den Käufer negative Auswirkungen haben. Im Rahmen der Bankenkrise kam es z.B. zu Klagen gegen Bankberater, die ihre Kunden scheinbar nicht angemessen hinsichtlich der Risiken von Bankanlagen beraten haben. Hier stellt sich die Frage nach der Verantwortung, die Unternehmen im Rahmen des Austauschprozesses haben.

Was dürfen Unternehmen im Rahmen ihrer Marketingplanung und -aktivitäten machen und was nicht? Die Marketingethik nimmt sich der Fragestellung dieser gesellschaftlichen Verantwortung an. Ausgangspunkt der Ethikfrage war die öffentliche Diskussion in den USA Ende der 60er Jahre über die möglichen negativen Wirkungen des Marketing. Ausgangsbasis waren u.a. Fälle irreführender Werbung und Datenschutzprobleme.

Im Mittelpunkt der Marketingethik stehen die Ansprüche der Marktteilnehmer gegenüber den Unternehmen, die Angebote am Markt platzieren. Die folgenden Institutionen beschäftigen sich mit Fragen der Marketingethik und geben auch konkrete Empfehlungen für das Marketing bzw. die Marketing-Kommunikation.

1.5.1 American Marketing Association

In der Präambel hat sich die American Marketing Association (AMA) selbst verpflichtet, eine Reihe von ethischen Normen und Werten für ihre Mitglieder einzuhalten. Diese Präambel repräsentiert die Meinung der Gemeinschaft und dient als Grundlage für Entscheidungen und Maßnahmen im Marketing.

Die Vorgaben sollten gleichzeitig die gesellschaftliche Verantwortung der AMA u.a. gegenüber Konsumenten, Investoren, öffentlichen Gruppen und Unternehmen klarstellen. Folgende ethische Werte werden von der AMA gefordert:

ETHICAL VALUES

1. **Honesty** – to be forthright in dealings with customers and stakeholders. To this end, we will:

   - Strive to *be truthful* in all situations and at all times.
   - *Offer products of value* that do what we claim in our communications.
   - *Stand behind our products* if they fail to deliver their claimed benefits.
   - *Honor our* explicit and implicit *commitments* and promises.

2. **Responsibility** – to accept the consequences of our marketing decisions and strategies. To this end, we will:

   - Strive to *serve the needs* of customers.
   - *Avoid using coercion* with all stakeholders.
   - *Acknowledge the social obligations* to stakeholders that come with increased marketing and economic power.
   - Recognize our special *commitments to vulnerable market segments* such as children, seniors, the economically impoverished, market illiterates and others who may be substantially disadvantaged.
   - Consider environmental stewardship in our decision-making.

3. **Fairness** – to balance justly the needs of the buyer with the interests of the seller. To this end, we will:

   - *Represent products in a clear way* in selling, advertising and other forms of communication; this includes the avoidance of false, misleading and deceptive promotion.
   - *Reject manipulations* and sales tactics that harm customer trust.
   - *Refuse to engage in price fixing*, predatory pricing, price gouging or "bait-and-switch" tactics.
   - Avoid knowing participation in conflicts of interest.
   - Seek to *protect the private information* of customers, employees and partners.

4. **Respect** – to acknowledge the basic human dignity of all stakeholders. To this end, we will:

   - *Value individual differences* and avoid stereotyping customers or depicting demographic groups (e.g., gender, race, sexual orientation) in a negative or dehumanizing way.
   - *Listen to the needs of customers* and make all reasonable efforts to monitor and improve their satisfaction on an ongoing basis.
   - Make every effort to understand and *respectfully treat buyers, suppliers, intermediaries* and distributors from all cultures.
   - *Acknowledge the contributions of others*, such as consultants, employees and coworkers, to marketing endeavors.
   - Treat everyone, including our competitors, as we would wish to be treated.

5. **Transparency** – to create a spirit of openness in marketing operations. To this end, we will:

   - Strive to *communicate clearly* with all constituencies.
   - *Accept constructive criticism* from customers and other stakeholders.
   - Explain and take *appropriate action regarding significant product or service risks*, component substitutions or other foreseeable eventualities that could affect customers or their perception of the purchase decision.
   - *Disclose list prices* and terms of financing as well as available price deals and adjustments.

6. **Citizenship** – to fulfil the economic, legal, philanthropic and societal responsibilities that serve stakeholders. To this end, we will:

   - Strive to *protect the ecological environment* in the execution of marketing campaigns.
   - *Give back to the community* through volunteerism and charitable donations.
   - Contribute to the overall betterment of marketing and its reputation.
   - *Urge supply chain members to ensure that trade is fair* for all participants, including producers in developing countries."

(Vgl.: AMA, 2009)

1.5.2 Deutscher Werberat

Der Deutsche Werberat ist eine Vereinigung von über 40 seitens des Zentralverbands der deutschen Werbewirtschaft (ZAW) vertretenen Organisationen. Dazu zählen u.a. werbende Firmen, Werbeagenturen, Medien und die Forschung. Mitglieder aus diesen Gruppen werden alle drei Jahre vom ZAW-Präsidium in den deutschen Werberat gewählt. Der Werberat hat sich die Aufgabe als Ziel gesetzt, die kommerzielle Kommunikation selbst zu regulieren. Der Grund dafür ist die Annahme des Werberates, dass die Gesetze (z.B. Verbot irreführender Werbung) nicht alle Lebensbereiche des Menschen regeln können, um diese in der Rolle als Verbraucher angemessen zu schützen. Ferner existiert im Hinblick auf die weniger vom Verbraucher akzeptierte Kommunikation keine adäquate Regelung im Falle eines Konfliktes.

Der Deutsche Werberat versucht sicher zu stellen, dass die von Unternehmen kommerziell entwickelte Kommunikation auch eine gesellschaftliche Akzeptanz erhält. So versucht der Werberat sicher zu stellen, dass die kommerzielle Kommunikation ihrer Aufgabe im Rahmen der sozialen Marktwirtschaft auch gerecht wird. Der Deutsche Werberat ist damit vor allem eine Plattform, bei der sich der Verbraucher gegen Kommunikation auf z.B. Plakaten, via TV Spots, Online-Kommunikation wehren kann. Mit diesem Angebot für ein Konfliktmanagement versteht sich der Werberat als ein Mittler zwischen Verbraucher und Unternehmen. Grundlage der Diskussion im Falle eines Konfliktes sind freiwillige Regeln für die Gestaltung der Kommunikation. In der Fassung von 2007 umfassen diese folgende Bestandteile:

„Werbung in Deutschland unterliegt gesetzlichen und darüber hinaus von der Wirtschaft freiwillig festgelegten Grenzen. Angesichts der Vielzahl bestehender und sich neu ergebender Möglichkeiten der werbenden Ansprache sowie vielfältiger und sich ständig verändernder Lebenssachverhalte kann Verstößen gegen diese Grundregeln nicht in jedem Fall mit speziellen Verhaltenskodizes für jeden konkreten Sachverhalt begegnet werden. Kommerzielle Kommunikation hat die allgemein anerkannten Grundwerte der Gesellschaft und die dort vorherrschenden Vorstellungen von Anstand und Moral zu beachten. Sie muss stets von Fairness im Wettbewerb und Verantwortung gegenüber der Gesellschaft getragen sein. Insbesondere darf Werbung das Vertrauen der Verbraucher nicht missbrauchen und mangelnde Erfahrung oder fehlendes Wissen nicht ausnutzen, Kindern und Jugendlichen weder körperlichen noch seelischen Schaden zufügen, keine Form der Diskriminierung anregen oder stillschweigend dulden, die auf Rasse, Abstammung, Religion, Geschlecht, Alter, Behinderung oder sexuelle Orientierung bzw. die Reduzierung auf ein sexuelles Objekt abzielt, keine Form gewalttätigen, aggressiven oder unsozialen Verhaltens anregen oder stillschweigend dulden, keine Angst erzeugen oder Unglück und Leid instrumentalisieren, keine die Sicherheit der Verbraucher gefährdenden Verhaltensweisen anregen oder stillschweigend dulden.

Bei der Beurteilung einer Werbemaßnahme berücksichtigt der Deutsche Werberat

- das *Leitbild* des durchschnittlich informierten und verständigen Verbrauchers, der den von der Werbung angesprochenen Verkehrskreisen angehört
- die *Tonalität* und *Themenvielfalt* in den redaktionellen Teilen der Medien als Ausdruck gesellschaftlicher Realität
- den *Charakter des die Werbung verbreitenden Mediums*
- die *Situation*, in der der Verbraucher mit der Werbung konfrontiert wird."

(Quelle: www.werberat.de (Juli 2010))

Die Diskussion sowie die Entscheidungen hinsichtlich der Beschwerdefälle werden primär über einen Chatroom im Internet geführt. Insgesamt hat der Werberat bis ca. 15.600 Fälle bearbeitet (Status: 13.7.2010). Bei ca. 2.370 beanstandeten Fällen wurde die Werbung durch die Firmen korrigiert. Bei lediglich 92 Vorgängen hat der Werberat eine öffentliche Rüge ausgesprochen. Diese Rüge gilt als Sanktion, um das Unternehmen zu Veränderungen zu bewegen. Das entspricht laut Werberat einer Durchsetzungsquote von 96 Prozent.

Fallstudie Nestlé: Nestlé hat als Hersteller von sensiblen Produkten, wie Babynahrung, hinsichtlich ethischer Normen Besonderheiten aufzuweisen. So wurde dem Konzern in den 70er Jahren vorgeworfen, mit äußerst aggressiven Methoden in der Vermarktung zu arbeiten. Angeblich wollte das Unternehmen Mütter dazu bewegen, keine Muttermilch mehr zu verwenden. In der Konsequenz bestand z.B. die Gefahr, dass die Mütter von den Produkten des Konzerns abhängig wurden.

Heutzutage kommuniziert der Konzern in seinen Unternehmensgrundsätzen (Dritte Ausgabe, September 2004) klare Regeln für den Umgang mit dem Thema Gesundheit sowie der Ernährung von Säuglingen. Der folgende Text zitiert zentrale Passagen aus den Grundsätzen:

„Gesundheit und Ernährung von Säuglingen

Als Henri Nestlé vor mehr als 130 Jahren seine Milchnahrung für Kinder entwickelte, rettete er damit das Leben eines Säuglings, der nicht gestillt werden konnte. Nestlés Erfindung deckte den Bedarf an einer ernährungswissenschaftlich sicheren und nahrhaften Alternative zur Muttermilch. Heute stellt Nestlé dank ihrer Forschungs- und Entwicklungstätigkeit qualitativ hoch stehende Produkte im Bereich der Säuglingsanfangsnahrung her, die verwendet werden können, wenn eine Alternative zum Stillen erforderlich ist; außerdem produziert Nestlé Ergänzungsnahrung (Beikost/Folgenahrung) erster Güte.

Henri Nestlé bestand jedoch darauf, dass jede Mutter, die dazu in der Lage ist, ihr Kind selbst stillen sollte. Dieser Grundsatz bildet auch heute noch das Fundament der Unternehmenspolitik von Nestlé und er entspricht auch den Zielsetzungen des Internationalen Kodex für die Vermarktung von Muttermilch-Ersatzpräparaten der Weltgesundheitsorganisation (WHO – International Code of Marketing of Breast-Milk Substitutes), den die Weltgesundheitskonferenz im Jahre 1981 angenommen hat.

Dieser internationale Verhaltenskodex erkennt das Bestehen eines legitimen Marktes für Säuglingsanfangsnahrung an und gibt Empfehlungen an Regierungen dazu ab, wie die Vermarktung solcher Produkte geregelt sein sollte. Daher gilt:

- Nestlé fördert und unterstützt das Stillen als den besten Start ins Leben;

- Das Unternehmen betreibt Forschung und Entwicklung mit dem Ziel der ständigen Verbesserung der Produkte im Bereich Säuglingsanfangsnahrung, wenn eine sichere Alternative zum Stillen erforderlich ist;

Nestlé stellt sicher, dass die Vermarktung seiner Säuglingsanfangsnahrung die jeweiligen nationalen gesetzlichen Anforderungen und Regelungen genau erfüllt und den anderen von den Behörden zur Umsetzung der Ziele und Grundsätze des Internationalen Kodex ergriffenen Maßnahmen entspricht.

Nestlé ist ein Gründungsmitglied der International Association of Infant Food Manufacturers (IFM), die mit dem Ziel gegründet wurde, den Dialog der Wirtschaft mit der Weltgesundheitsorganisation und den Regierungen zu erleichtern und hohe ethische Vermarktungsprinzipien für die Säuglingsnahrungsindustrie zu fördern."

Dieses Beispiel von Nestlé zeigt, wie stark sich das gesamte Unternehmen Nestlé seiner ethischen Verantwortung insbesondere im Bereich der Babynahrung bewusst ist und gezielt Maßnahmen ergreift, um weltweite Standards zu etablieren und zu fördern.

Anregungen zum Nach- und Weiterdenken

Fragen:

1. Gehen Sie auf die Homepage des Unternehmens Nestlé und betrachten sie die Prinzipien des Unternehmens. Welches Grundverständnis hat Nestlé vom Marketing?

2. Wie sehen Sie die Verbindung von Kosten- bzw. Wachstumszielen und dem Ansatz des Relationship Marketing? Wo können über Relationship Marketing Kosten- und wo Wachstumsziele erreicht werden?

3. Welche Unterschiede sehen Sie im Relationship Marketing im Konsumgüterbereich im Vergleich zum Industriegütergeschäft?

Quellenhinweise:

American Marketing Association (2009): The American Marketing Association updates Industry's Statement of Ethics, Press Release, Chicago, IL, Feb. 17th, 2009

Backhaus, K., Voeth, M. (2007): Industriegütermarketing, 8. Auflage, München

Becker, J. (1998): Marketing-Konzeption, München

Beckmann, T.N., Maynard, H.H., Davidson, W.R. (1927): Principles of Marketing, 1st ed., New York

Bröring, S. (2010): Moving towards market orientation in agrifood chains - challenges for the feed industry , in: Lindgren, A. and Hingley, M. (Eds.) Market oriented? The metamorphosis of Food and Agricultural Production and Marketing, Gower Farnham,UK, S. 53-68

Bruhn, M./Homburg, C. (2003): Handbuch Kundenbindungsmanagement. Strategien und Instrumente für ein erfolgreiches CRM, Wiesbaden

Bruhn, M. (2002): Integrierte Kundenorientierung. Implementierung einer kundenorientierten Unternehmensführung, Wiesbaden

Bruhn, M. (2001): Relationship Marketing: Das Management von Kundenbeziehungen, München

Coperland, M.T. (1920): Marketing Problems, New York

Deutscher Werberat: www.werberat.de (Juli 2010)

Freeman, R. E. (1984): Strategic Management, A Stakeholder Approach, Pitman

Güldner, I. (2007): Marketingethik: Grundlagen, Konzepte, Chancen, 1. Auflage, Saarbrücken

Helmke, S., Uebel, M. F., Danglmaier, W. (2008): Effektives Customer Relationsship Management, 4. Auflage, Wiesbaden

Homburg, C, Krohmer, H. (2006): Marketingmanagement: Strategie-Instrumente-Umsetzung-Unternehmensführung, 2. Auflage, Wiesbaden

Kotler, P., Armstrong, G., Saunders, J., Wong, V. (2007): Grundlagen des Marketing, 4. Auflage, München

Kuß, A. (2009): Marketing-Theorie. Eine Einführung, 1. Auflage, Wiesbaden

Lovelock, C./ Wirtz, J. (2006): Services Marketing,. People, Technology, Strategy, 6. Auflage, Pearson Education

McCarthy, J. (1960): Basic Marketing, A Managerial Approach, 1th ed., Homewood, Illinois

Meffert, H., Bongartz, M. (2000): Marketing. Grundlagen marktorientierter Unternehmensführung, Konzepte – Instrumente – Praxisbeispiele, 9. Auflage, Wiesbaden

Meffert, H., Burmann, C., Kirchgeorg, M. (2008): Marketing – Grundlagen marktorientierter Unternehmensführung. Konzepte – Instrumente – Praxisbeispiele, 10. Auflage, Wiesbaden

Meffert, H., Bruhn, M. (2006): Dienstleistungsmarketing, Grundlagen, Konzepte, Methoden, 5. Auflage, Wiesbaden

Nieschlag, R., Dichtl. E., Hörschgen, H. (2002): Marketing, 19. Auflage, Berlin

Penrose, E.T. (1959): The Theory of the Growth of the Firm, White Plains

Porter, M.E. (1980): Competitive Strategy: Techniques for analyzing industries and competitors, New York

Sparkling, S.E. (1906): Introduction to Business Organization, New York

Volck, S. (1997): Die Wertkette im Prozessorientierten Controlling, Wiesbaden

Walsh, G., Klee, A., Kilian, T. (2009): Marketing: Eine Einführung auf der Grundlage von Case Studies, Heidelberg

Informationen über Nestlé und den Wettbewerb

Gamma, W., Rösch, M. (2008): „Die Richtung stimmt, aber es braucht Tempo"; in Finanz und Wirtschaft, 23.04.2008

Kotler, P., Keller, K.L., Bliemel, F. (2007): Marketing-Management: Strategien für wertschaffendes Handeln, 12. Auflage, München

Markt- und Unternehmensinformationen:

    Geschäftsberichte: www.nestlé.com (September 2010)

    Produktinformation: www.nestlé.de (Februar 2010)

    "food-service" / "gv-praxis": www.cafe-future.net (September 2009)

Teil B
Marketingprozesse und Marketingplanung

2 Planungsansatz im Marketing

Fallstudie: TUI

Stefanie Bröring/Kai-Michael Griese

Lernziele:

Das übergreifende Ziel ist es, die Planungsprozesse im Unternehmen allgemein und die Rolle des Marketing grundsätzlich zu verstehen. Das Kapitel ermöglicht es dem Leser, den gesamten Planungsprozess von der strategischen Umfeldanalyse bis hin zur Aufstellung eines operativen Marketing-Plans nachzuvollziehen.

2.1 Einordnung des Marketing in die strategische Unternehmensplanung 33

2.2 Phasen der strategischen Unternehmensplanung 36

2.3 Kontrolle der Maßnahmen 56

Fallstudie: TUI AG

Gründung:	1968
Unternehmenssitz:	Deutschland (Hannover)
Umsatz:	ca. 21,9 Mrd. (2007)
Branche:	Tourismus, Freizeit, Schifffahrt
Mitarbeiter:	68.500 weltweit (2007)
Marken:	z.B. TUI Schöne Ferien, Robinson Club, Airtours

Der Markt: Weltweit ist die Reiseindustrie von 1995-2008 im Wert um durchschnittlich 4,1 Prozent gewachsen. Dabei gewinnt insbesondere der Internetvertrieb (z.B. Expedia in Deutschland) immer mehr an Bedeutung. Parallel sinkt der Anteil des Vertriebs über traditionelle Reisebüros kontinuierlich. Vor besonderen Herausforderungen steht der Markt durch die Low-Cost-Airlines (z.B. Ryanair), die in den vergangenen Jahren, insbesondere mit Hilfe des Onlinevertriebs, ständig gewachsen sind. Bezogen auf die touristischen Umsätze ist in diesem dynamischen Umfeld die TUI AG in Europa der Marktführer. Es folgen die Konzerne Thomas Cook, Carnival und die REWE Gruppe.

Das Unternehmen: Ein wichtiger Grund für die Marktführerschaft der TUI AG ist das große Leistungsspektrum. Die TUI AG konzentriert sich dabei primär auf die drei Geschäftsbereiche TUI Travel, TUI Hotels & Resorts und TUI Kreuzfahrten. Alle drei Bereiche zusammen bilden die „World of TUI". Genau dieses breite Leistungsspektrum ist aber auch die große Herausforderung für den Konzern. Die Komplexität des Angebotsportfolios ist sehr hoch und muss entlang der touristischen Wertschöpfungskette entwickelt werden.

Das Leistungsportfolio: Das Leistungsportfolio der TUI ist sehr breit, so dass die Marktbearbeitung über verschiedene Wege erfolgt. Dies sind zunächst die unabhängige Reisebüros aber auch die drei Vertriebsgesellschaften der TUI Deutschland GmbH. So erfolgt die Sicherung des Marktes über die TUI Leisure Travel GmbH, TUI interactive GmbH und TUI 4U GmbH. Dabei unterliegt das Angebot der TUI den besonderen Merkmalen von Dienstleistungen. Somit hat der Vertrauensaufbau in die Marke TUI für das Unternehmen eine besondere strategische Bedeutung.

Gerade aufgrund der hohen Komplexität, die sich hinter der Marke TUI verbirgt, ist das Unternehmen ein gutes Beispiel für die große Bedeutung von Planungsprozessen. Die nun folgenden Ausführungen erläutern dazu die Rolle des Marketing als duales Führungskonzept und stellen die einzelnen Planungsschritte bis hin zur Aufstellung eines Marketing-Plans dar.

2.1 Einordnung des Marketing in die strategische Unternehmensplanung

Bevor die weiteren Ausführungen die Planungsprozesse im Marketing erläutern, erfolgt im Abschnitt 2.1 zunächst eine Einordnung des Marketing in die Planungsprozesse von Unternehmen. Dazu finden sich in der Literatur sehr unterschiedliche Ansichten. Während einige Autoren die Bedeutung des Marketing als sehr universell betrachten (z.B. „Marketing als Leitprinzip für alle Aktivitäten"), positionieren andere das Marketing sehr abgegrenzt in Teilbereichen des Unternehmens als Unternehmensfunktion (z.B. „Marketing soll das Markenimage verbessern").

Beide Ansätze zusammengenommen spiegeln das duale Führungskonzept des Marketing wider: Marketing als Leitbild aller Handlungsweisen und Marketing als Unternehmensfunktion, welche operative Aufgaben wie die der Imageverbesserung verfolgt (Meffert, 2000).

Um die weitere Einordnung der Rolle des Marketing als duales Führungskonzept vorzunehmen, unterteilt die folgende Abbildung das Unternehmen zunächst in drei Ebenen. Auf jeder dieser drei Ebenen werden unterschiedliche Ziele und Strategien formuliert. Dabei besteht eine Mittel-Zweck Bindung über die drei Ebenen hinweg. Das bedeutet, dass ein Ziel auf der Funktionsebene (z.B. auf der Ebene Marketing besteht das Ziel: Imageverbesserung) immer dem Zweck der Erfüllung der Ziele auf nächst höherer Hierarchieebene (z.B. Umsatzwachstum der SGE 1) entspricht (Siehe zur Vertiefung des strategischen Management auch Welge/Al-Laham, 2008).

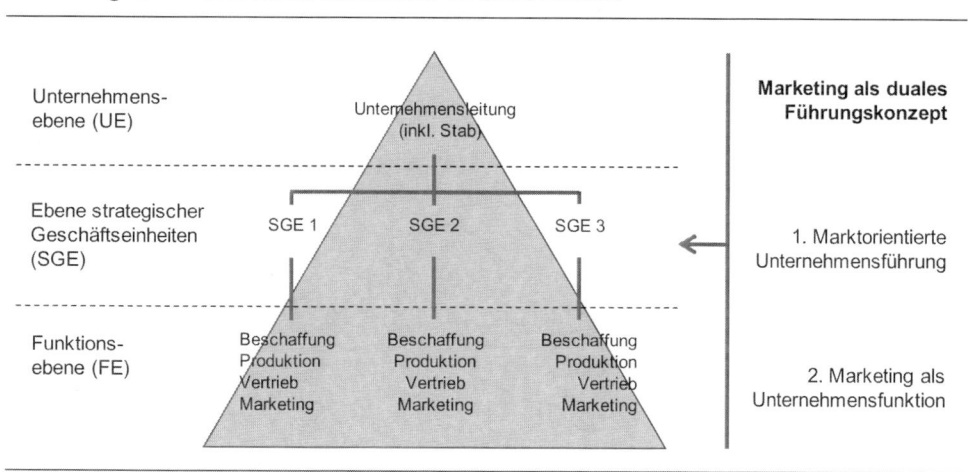

Abbildung 2.1 Drei Hierarchieebenen im Unternehmen

1. Ebene der Unternehmensleitung (Unternehmensstrategie): Auf der Ebene der Unternehmensleitung geht es vor allem um Entscheidungen über das Gesamtunternehmen und die Abgrenzung und Auswahl der relevanten strategischen Geschäftsfelder (SGF) und Geschäftseinheiten (SGE). Der Unterschied zwischen einer SGF und SGE erschließt sich aus der jeweiligen Perspektive: Spricht man von SGF, so liegt eine Außenbetrachtung zugrunde. Dabei wird das strategische Geschäftsfeld im dreidimensionalen Raum anhand der Dimensionen Kundenbedürfnisse, zugrunde liegende (Produktions-) Technologie und Kundenregion in einem dreidimensionalen Raum abgegrenzt. Nun muss das Unternehmen entscheiden, wie viele dieser Felder es bearbeiten will. Aufbauend auf dieser Außensegmentierung der SGFs muss das Unternehmen nun eine Innensegmentierung seiner eigenen Aktivitäten vornehmen. Im Mittelpunkt steht folgende Frage: Welche SGFs werden intern durch welche strategischen Geschäftseinheiten bearbeitet? Zunächst muss ein Unternehmen dazu eine einheitliche Definition seiner SGEs vornehmen. Als Abgrenzungskriterien für SGEs gelten dabei (Vgl. Welge/Al-Laham, 2008):

- **Eigenständigkeit**: Die SGE hat eigene Ziele, Strategien sowie einen eigenständigen Planungsprozess als Teil des Gesamtplanungsansatzes eines Unternehmens.

- **Marktaufgabe**: Die SGE ist als eigenständiger Wettbewerber auf dem Markt wahrnehmbar und bedient ein eigenes Kundensegment.

- **Erfolgspotenzial**: Die SGE trägt eine eigene Ergebnisverantwortung und bildet damit einen eigenen Abrechnungskreis.

Hierzu sei noch angemerkt, dass eine sehr feine Abgrenzung verschiedener SGFs sicherlich aus Gründen der Marktbearbeitung sinnvoll sein kann. Mit der zunehmenden Anzahl an abgegrenzten SGF und ihrer getrennten Bearbeitung in verschiedenen SGEs steigt jedoch auch die Komplexität. Unternehmen müssen viele SGEs mit eigener Planung und Abrechnung parallel führen. Dieser Zielkonflikt zwischen einer möglichst „feinen" SGF-Abgrenzung für eine sehr spezifische Anpassung der Strategie an die speziellen Marktanforderungen eines SGF und der damit verbundenen Komplexitätszunahme wird auch als „**Dilemma der strategischen Segmentierung**" bezeichnet (Vgl. Welge/Al-Laham, 2008).

2. Geschäftsfeldebene (Geschäftsfeldstrategie): Nachdem die SGFs und SGEs nun insgesamt definiert sind, wird für jedes SGF ein eigener Planungsprozess erarbeitet. Eine SGE kann man dabei als „Unternehmen im Unternehmen" ansehen, die das jeweilige SGF nach ihrem eigenen strategischen Plan bearbeitet. Die strategische Marketingplanung findet ihre Anwendung somit vor allem in den von der Unternehmung abgegrenzten strategischen Geschäftsfeldern bzw. deren strategischen Geschäftseinheiten (SGE) (Ebene 2). Bezogen auf Abbildung 2.1 findet somit für jedes der drei strategischen Geschäftsfelder ein eigener strategischer Planungsprozess statt. Dabei sollte sich die Strategieentwicklung in der SGE zwar an den Erfordernissen des jeweiligen Geschäftsfeldes orientieren, darf aber die Interessen der Gesamtunternehmung nicht vernachlässigen. Um diese Zielkonformität sicherzustellen, werden die SGE Strategien der einzelnen Einheiten in Strategiesitzungen gegeneinander abgeglichen. Die einzelnen SGE Strategien werden dabei auf ihren Erfolgsbeitrag (Gewinnbeitrag) überprüft und ggf. angepasst. Hierbei spielt die im Folgenden zu erläuternde Portfoliobetrachtung eine besondere Rolle.

3. Funktionsebene (Funktionsbereichsstrategie): Auf dieser Ebene werden Entscheidungen getroffen, die sich auf einzelne Funktionsbereiche des Unternehmens z.B. Produktion, Absatz, Marketing, Personal, Beschaffung etc. beziehen. Diese Entscheidungen leiten sich aus den Unternehmenszielen ab, so kann ein Unternehmen bspw. seine Kostenziele über das Beschaffungsziel „Einsparung der Energiekosten um 10 Prozent" weiter konkretisieren und umsetzen. Das Marketing in seiner Rolle als Unternehmensfunktion formuliert auf dieser Ebene Ziele, die sich aus den SGE Zielen ableiten. So können Wachstumsziele sich in Zielen über die Bekanntheit von Produkten auf Marketingebene niederschlagen. Umgesetzt werden diese Ziele dann über die Kommunikationsstrategien und –maßnahmen. Dabei schlagen sich die Marketingmaßnahmen wieder in einzelnen Plänen nieder. Hierzu wird auch dann das Marketingbudget (z.B. Ausgaben für Kommunikation und Verkaufsförderung) festgelegt.

Fallstudie TUI: Die folgenden Ausführungen zeigen weitere Beispiele anhand der TUI AG auf, um die verschiedenen Ebenen der strategischen Planung besser zu verdeutlichen.

Unternehmensebene: Vor einiger Zeit wurde von der Führungsebene der TUI AG entschieden, das Geschäftsfeld „Kreuzfahrten" zu bearbeiten. Im Jahr 2009 startete erstmals der Kreuzfahrtdampfer „Mein Schiff".

Geschäftsfeldebene: Ein Geschäftsfeld der TUI AG sind die Hotels & Ressorts, dazu gehören auch die Clubs. Um diese Ebene zu bearbeiten, betreibt das Unternehmen z.B. den Robinson oder den TUI Schöne Ferien Club.

Funktionsebene: Die Funktion Marketing betreut verschiedene Marken. Eine sehr erfolgreiche Marke ist „TUI Schöne Ferien". Innerhalb dieser Marke werden bestimmte Funktionen genutzt, um das Produkt zu vermarkten (z.B. Vertrieb über Reisebüros, Kommunikationskampagnen).

Insgesamt ist festzuhalten, dass vielfältige Überschneidungen zwischen den Ebenen der Unternehmensstrategie und der Geschäftsfeld- bzw. Marketingstrategie existieren. Zum einen wird im Rahmen des Marketing die Grundlage für viele strategische Entscheidungen geliefert (z.B. Zielgruppendefinition, Produktangebot). Auf der anderen Seite sind einzelne grundsätzliche Strategien zur Bearbeitung von Märkten ein Arbeitsergebnis (z.B. Positionierung), welches auch von zentraler Bedeutung für die Unternehmensplanung ist.

Aufgrund dieser übergreifenden Schnittstellen, wird mit der Disziplin Marketing entsprechend seiner Rolle als duales Führungskonzept immer wieder das übergreifende Führungsprinzip für das ganze Unternehmen verbunden. In der Praxis sind die Vertreter des Marketing daher häufig auch eine Schnittstelle für die Zusammenarbeit der unterschiedlichen Funktionen (z.B. Logistik, Produktion) im Unternehmen.

2.2 Phasen der strategischen Unternehmensplanung

Nach der erfolgten Einordnung des Marketing in die unternehmerischen Planungsprozesse soll der Planungsprozess nun genauer betrachtet werden. Unternehmerische Planungsprozesse sind Teil des strategischen Managements von Unternehmen (Vgl. Welge/Al-Laham, 2008) und können dabei auf verschiedenen Ebenen (Unternehmensebene, SGE-Ebene, Funktionsebene) erfolgen und verschiedene Zeiträume (i.d.R. fünf bis siebenjährige Mittelfristplanung oder Jahresplanung) umfassen. Unternehmen stellen eine strategische Planung auf, um ihre Wachstums- und Kostenziele umzusetzen.

Einerseits werden Umsätze und Erträge geplant, die dann gemeinsam mit u. U. geplanten Kreditlinien in der Liquiditätsplanung die Grundlage (Mittelherkunft) für die Investitionsplanung (Mittelverwendung) darstellt. Idealerweise kann ein Großteil des unternehmerischen Wachstums dabei aus dem laufenden Cash Flow finanziert werden, so dass der Kreditfinanzierung nur eine untergeordnete Rolle zukommt. Als Teil des Gesamtplanungsansatzes von Unternehmen finden sich ferner auf der Funktionsebene einzelne Pläne (z.B. Investitionsplanung zur Sicherung der Produktionskapazitäten im Funktionsbereich „Produktion"). Im Funktionsbereich des Marketing werden sodann Marketingpläne erstellt, die wiederum eine Feingliederung entsprechend der Marketinginstrumente enthalten z.B. Teilpläne für das Produktprogramm oder die Kommunikation.

Sowohl der unternehmerische Gesamtplanungsansatz als auch die Planung einzelner Produktprogramme laufen dabei nach dem gleichen Grundmuster „Analyse, Mission, Ziel, Strategie, Maßnahmen und Kontrolle" ab. Die folgende Abbildung skizziert die zentralen sechs Phasen.

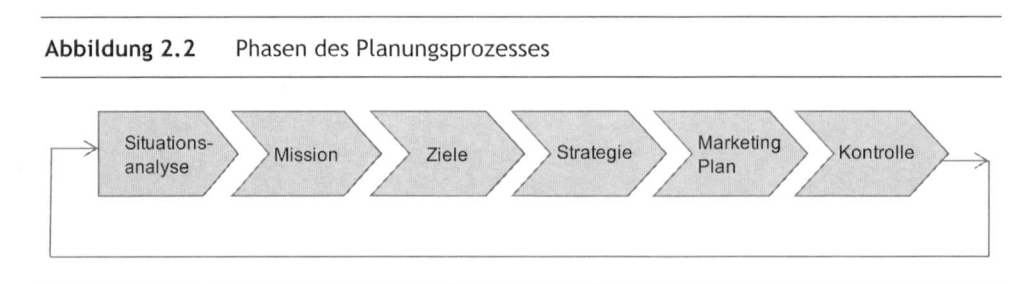

Abbildung 2.2   Phasen des Planungsprozesses

Situationsanalyse → Mission → Ziele → Strategie → Marketing Plan → Kontrolle

2.2.1 Situationsanalyse

Dieser Abschnitt beschäftigt sich zunächst mit der strategischen Situationsanalyse. Bevor die strategischen Ziele bzw. die daraus resultierende Mission, Strategie und umzusetzende Maßnahmen formuliert werden, wird die derzeitige und zukünftige Situation betrachtet. Dabei spricht man vom Strategie-Audit, welches sowohl eine *externe Umfeldanalyse* als auch eine *interne Unternehmensanalyse* des Unternehmens selbst und seiner Position in der Wertschöpfungskette umfasst. Dieses strukturierte Vorgehen basiert auf verschiedenen Methoden (siehe folgende Tabelle). Ausgewählte Bestandteile der externen und internen Analyse sollen im Folgenden dargestellt werden.

Tabelle 2.1 Objekte und Methoden der externen und internen Situationsanalyse

	Externe Analyse	Interne Analyse
Untersuchungs-objekte	• Umfeld: (gesellschaftliche, rechtliche, technologische Veränderungen) • Branche • Konkurrenz	• Ressourcen und (Kern-) Kompetenzen • Wertkette des Unternehmens
Methoden	• Szenario-Techniken • Branchenstrukturanalyse • Konkurrenzanalyse • Strategische Gruppen • SW(OT)-Analyse	• Kernkompetenzanalyse (VRIO-Schema) • Wertkettenanalyse • Portfoliotechniken • (SW)OT-Analyse

1. Methoden der externen Analyse von Unternehmen

a. Branchenstrukturanalyse

Idee: Eine mögliche Grundlage für die Analyse von Branchen basiert auf der Branchenstrukturanalyse bzw. auf dem in der unteren Abbildung dargestellten „Fünf-Kräfte-Modell" von Porter (1980). Eine der Grundannahmen des Modells ist es, dass die Attraktivität einer Branche von fünf Kräften des Wettbewerbs determiniert wird. Finden sich in einer Branche sehr starke Wettbewerbskräfte, dann ist sie weniger attraktiv. Sind hingegen die Wettbewerbskräfte sehr gering, ist die Attraktivität einer Branche hoch.

Ablauf und Bestandteile: Zu den fünf Kräften zählen zum einen die *potenziellen Wettbewerber*, die in einen Markt eintreten könnten. Zum anderen spielt die *Verhandlungsmacht der Lieferanten* eine Rolle. Je nach Größe und Konzentration auf Seiten der Lieferanten ergibt sich eine Machtsituation, die die Branche beeinflusst. Lieferanten z.B. knapper Rohstoffe haben eine hohe Verhandlungsmacht. Darüber hinaus wird das Unternehmen durch sogenannte *Ersatzprodukte* bedroht.

Diese Produkte stellen als Substitution für das betreffende Angebot ebenfalls eine Gefahr dar (Beispiele für Substitutionsprodukte sind Margarine und Butter, Skype und klassische Telefonie). Ferner ist viertens die *Verhandlungsmacht der Abnehmer* der Produkte zu nennen. Letztendlich existiert eine Rivalität zwischen den existierenden *Wettbewerbern in der Branche*, die das Unternehmen unter Druck setzen können (z.B. Preiskämpfe).

Abbildung 2.3 Fünf-Kräfte-Modell zur Branchenstrukturanalyse
(Quelle: Vgl. Porter, 1980, S. 4)

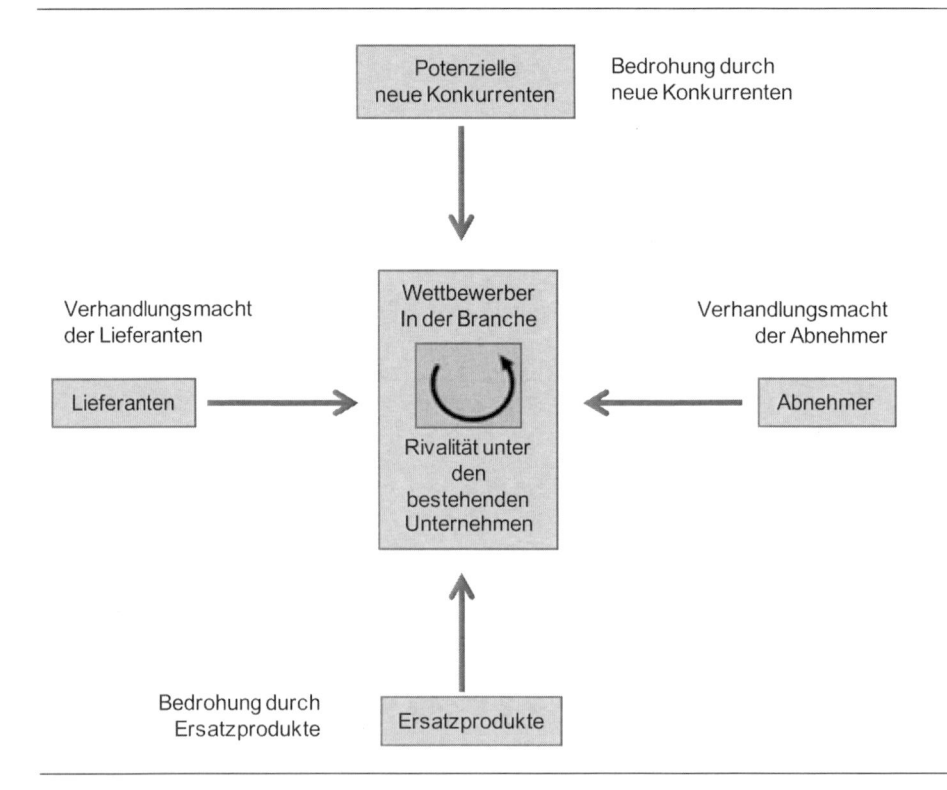

Kritische Betrachtung: Insgesamt stellt die Branchenstrukturanalyse nach Porter einen sehr umfassenden Bezugsrahmen dar, um die verschiedenen Wettbewerbskräfte zu betrachten. Insbesondere, wenn ein Markteintritt in eine für das Unternehmen neue Branche angestrebt wird, können Aussagen über die Attraktivität eines Markteintritts abgeleitet werden. Allerdings sei hier angemerkt, dass nicht alle Unternehmen in einer Branche sich auf ähnlichem Rentabilitätsniveau bewegen. Diese Rentabilitätsunterschiede sind auf Unternehmensspezifika (z.B. Ressourcenstärke) zurückzuführen. Das bedeutet, dass den Gegebenheiten des Unternehmens selbst eine ebenso große Rolle zukommt, um individuell zu beurteilen, wie mit den Wettbewerbskräften umgegangen werden kann. Eine rein externe Sichtweise ist also nicht ausreichend, so dass eine Situationsanalyse immer externe und interne Methoden umfassen sollte.

b. Konkurrenzanalyse

Idee: Die Konkurrenzanalyse dient als Teil der externen Analyse dazu, Daten zu sämtlichen Stärken und Schwächen der heutigen und potenziellen Konkurrenten zu erheben. Dabei sollten nicht nur die stärksten Hauptwettbewerber sondern auch kleinere Anbieter mit betrachtet werden, um Rückschlüsse auf Ursachen evtl. vorliegender Wettbewerbsvorteile aufzudecken.

Ablauf und Bestandteile: In erster Linie stellt die Wettbewerbsanalyse eine Bestandsaufnahme des aktuellen Status eines Unternehmens dar. Interessant sind jedoch auch die zukünftigen Ziele und Strategien, welche die künftige Position der Wettbewerber und damit indirekt auch des eigenen Unternehmens bestimmen. Dazu werden verschiedene Checklisten herangezogen, die zahlreiche Kriterien abfragen. Diese richten sich je nach Branche und umfassen u.a. oftmals (Vgl Welge/Al-Laham, 2008):

- **Marketingressourcen und –fähigkeiten:**
  - Art und Breite der Produkte und des Produktprogrammes
  - Anteil der Neuproduktentwicklungen
  - Markenportfolio und Markenstärke
  - Stabilität der Abnehmerbeziehungen
  - Kommunikationsstärke und Image des Unternehmens

- **Produktionsressourcen und Forschungspotenzial:**
  - Auslastung und Flexibilität sowie Standardisierungsmaß
  - Grad der Rückwärtstintegration und Wertschöpfung
  - Kosten der Rohstoffversorgung
  - Schutzfähigkeit des technischen Know Hows (Patente)

- **Finanzkraft und Rentabilität:**
  - Entwicklung von Bilanz und Gewinn- und Verlustrechnung
  - Verzinsung des Kapitals und des Cashflows
  - Möglichkeiten der Finanzierung und des Wachstums
  - Umsatzrendite einzelner Produktgruppen

- **Managementpotenzial und –fähigkeiten:**
  - Qualität der Führungskräfte und Mitarbeiter
  - Personalkosten
  - Weiterbildungsangebote
  - Managementinformationssysteme

Kritische Betrachtung: Grundsätzlich stellt die Wettbewerbsanalyse ein einfaches Werkzeug im Bereich der Umweltanalyse dar. Allerdings hängt die Aussagefähigkeit sehr stark von der Qualität und der Zugänglichkeit der Daten ab. Im zweiten Schritt müssen diese vom Management richtig interpretiert werden.

Beides stellt oftmals eine Herausforderung dar. Die Ergebnisse dieser externen Analysen fließen dann häufig in weitergehende Analysen ein. Eine dieser klassischen Analysemethoden bei der Entwicklung eines strategischen Plans ist z.B. die SWOT-Analyse (Analyse der Stärken und Schwächen bzw. Chancen und Risiken). Dabei werden Ergebnisse der externen und internen Analyse integriert.

2. Methoden der internen Analyse von Unternehmen:

a. Kernkompetenzanalyse

Idee: Eine wichtige Aufgabe des Strategie Audits zu Beginn des Planungsprozesses ist neben der Analyse der externen Umwelt, auch die Bestimmung der unternehmenseigenen Ressourcen und Kompetenzen im Rahmen der internen Analyse. Denn eine genaue Kenntnis des eigenen Ressourcen- und Kompetenzprofils ist essentiell für den Auf- und Ausbau nachhaltiger Wettbewerbsvorteile und die Gestaltung des Unternehmenswachstums für die Zukunft. Diese unternehmensbezogene Sichtweise geht zurück auf den „Resource-Based-View" (Vgl. Penrose, 1959). Dieser fokussiert auf die Ressourcen (materielle Bestandteile, z.B. gutes Vertriebsnetz, effiziente Produktion) und Fähigkeiten (immaterielle Bestandteile, z.B. Kundenorientierung) eines Unternehmens.

Ablauf und Bestandteile: Im Rahmen der internen Situationsanalyse dient die Kernkompetenzanalyse dazu, solche Ressourcen und Fähigkeiten des Unternehmens zu identifizieren (Vgl. Prahalad/Hamel, 1990), die einen signifikanten Beitrag zum *Kundennutzen* liefern, das Unternehmen von der Konkurrenz abheben (*Einzigartigkeit*) und eine *Transferierbarkeit* auf neue Produkte und Problemlösungen erlauben.

Dazu dient ferner das von Barney (1997) etablierte **VRIO-Schema**, welches Kernkompetenzen durch vier Fragestellungen identifiziert:

- **Value:** Ermöglicht die Ressource oder Fähigkeit das Unternehmen auf externe Chancen oder Risiken zu reagieren? *(Frage nach dem Wert)*

- **Rareness:** Wie viele andere Unternehmen haben ähnlich wertvolle Ressourcen oder Fähigkeiten? *(Frage nach der Einzigartigkeit)*

- **Imitability:** Haben Firmen, die diese Ressource oder Fähigkeit nicht besitzen, einen hohen Aufwand, diese zu erlangen? *(Frage nach der Einfachheit zu Imitieren)*

- **Organization:** Kann die Organisation des Unternehmens das volle Potenzial dieser Ressource oder Fähigkeit ausschöpfen? *(Frage nach der Organisation)*

Kritische Betrachtung: Die Beantwortung dieser Fragen ermöglicht lediglich eine erste Einschätzung darüber, welche Ressourcen Kernkompetenzen sein könnten. Oftmals sind Ressourcen nicht klar eingrenzbar bzw. weisen Interdependenzen zu anderen Ressourcen auf. Dabei sei jedoch angemerkt, dass eine detaillierte Aufstellung der Ressourcen und Fähigkeiten zur Identifikation von Kernkompetenzen sehr hilfreich ist, um das eigene Kompetenzprofil zu schärfen bzw. sich dessen zunächst einmal bewusst zu werden. Schlussendlich dient das VRIO-Schema auch dazu, die Stärken und Schwächen des Unternehmens zu identifizieren, welche dann in die SWOT-Analyse eingehen.

b. Portfolioanalyse

Idee: Die Portfolioanalyse bietet eine weitere Möglichkeit, die Situation des Unternehmens zu analysieren und bezieht sich dabei auf das gesamte Geschäftsportfolio. Damit sind alle Geschäftsfelder eines Unternehmens gemeint. Ziele einer Portfolioanalyse sind insb.:

- Steuerung: Hilfestellung bei der Steuerung von Geschäftsaktivitäten im Unternehmen
- Bearbeitung: Ansätze zur optimalen Bearbeitung von Märkten
- Abgleich: Kalibrierung von Marktchancen und Fähigkeiten eines Unternehmens

Ein Ansatz zur Analyse und Beurteilung von Portfolios ist mittels der *Marktwachstums-/Marktanteils-Matrix* der Boston Consulting Group (BCG) möglich. Dieses Werkzeug wurde von Bruce D. Henderson entwickelt (1968). Er war Mitbegründer der Unternehmensberatung BCG.

Ablauf und Bestandteile: Mittels zwei Dimensionen (Marktwachstum und Relativer Marktanteil) beschreibt die BCG-Matrix vier Wachstumstypen. Der relative Marktanteil beschreibt die Stärke des Unternehmens. Mit dem Marktwachstum wird die Attraktivität des jeweiligen Marktes charakterisiert. Auf diese Weise lassen sich verschiedene strategische Geschäftseinheiten (SGE) eines Unternehmens hinsichtlich ihrer Stärke und Zukunftsattraktivität bewerten. Die einzelnen SGEs sind hinsichtlich ihrer spezifischen Marktanteils- und Marktwachstumskennzahlen in der Matrix zu positionieren. Der rel. Marktanteil errechnet sich dabei aus dem Verhältnis des Marktanteils der SGE zum Marktanteil des größten Wettbewerbers.

Das Marktwachstum spiegelt dabei die prozentuale Zuwachsrate des Marktvolumens wieder (Vgl. Kap A) und lässt sich aus dem *Lebenszykluskonzept* ableiten. Danach lassen sich Märkte in vier Phasen einteilen (Einführungs-, Wachstums-, Reife- und Degenerationsphase). Somit weisen junge Branchen (z.B. die der Smartphones) eine sehr hohe Wachstumsrate auf wohingegen reife Märkte, die einen hohen Sättigungsgrad vorweisen, nur wenig bis gar nicht mehr wachsen (z.B. Markt für Getränke in Deutschland). Die Bedeutung der einzelnen SGEs wird über die Größe der Kreisfläche dargestellt, die sich proportional zu dem jeweiligen Anteil einer SGE am gesamten Umsatz des Unternehmens verhält.

Für die Interpretation des Portfolios ist es zunächst wichtig, dass die Achsendimension „rel. Marktanteil" vom Unternehmen direkt beeinflussbar ist, wobei die Dimension „Marktwachstum" nur indirekt beeinflussbar ist. Grundsätzlich liegt dieser Portfoliobetrachtung die Annahme zugrunde, dass ein hoher relativer Marktanteil bzw. eine hohe Marktwachstumsrate positiv mit der Rentabilität einer SGE korreliert („Je größer, desto besser"!).

Dabei unterliegt der Dimension „rel. Marktanteil" das Konzept der *Erfahrungskurve*, welches auf dem empirisch nachgewiesenen Phänomen beruht, dass die Stückkosten eines Produktes um 20-30 Prozent zurückgehen, wenn es zu einer Verdoppelung der kumulierten Produktionsmenge (Erfahrung) kommt (Henderson, 1974). Ein hoher relativer Marktanteil ist somit ein Indiz für eine im Vergleich zum Wettbewerb starke Kostenposition einer SGE durch sog. Erfahrungskurveneffekte. Für weitere Schritte lassen sich ausgehend von der Positionierung einer SGE in einer der vier Felder *Normstrategien* ableiten, die eine Empfehlung für die jeweilige strategische Stoßrichtung einer SGE liefern:

Abbildung 2.4 Marktwachstums-/Marktanteils-Matrix

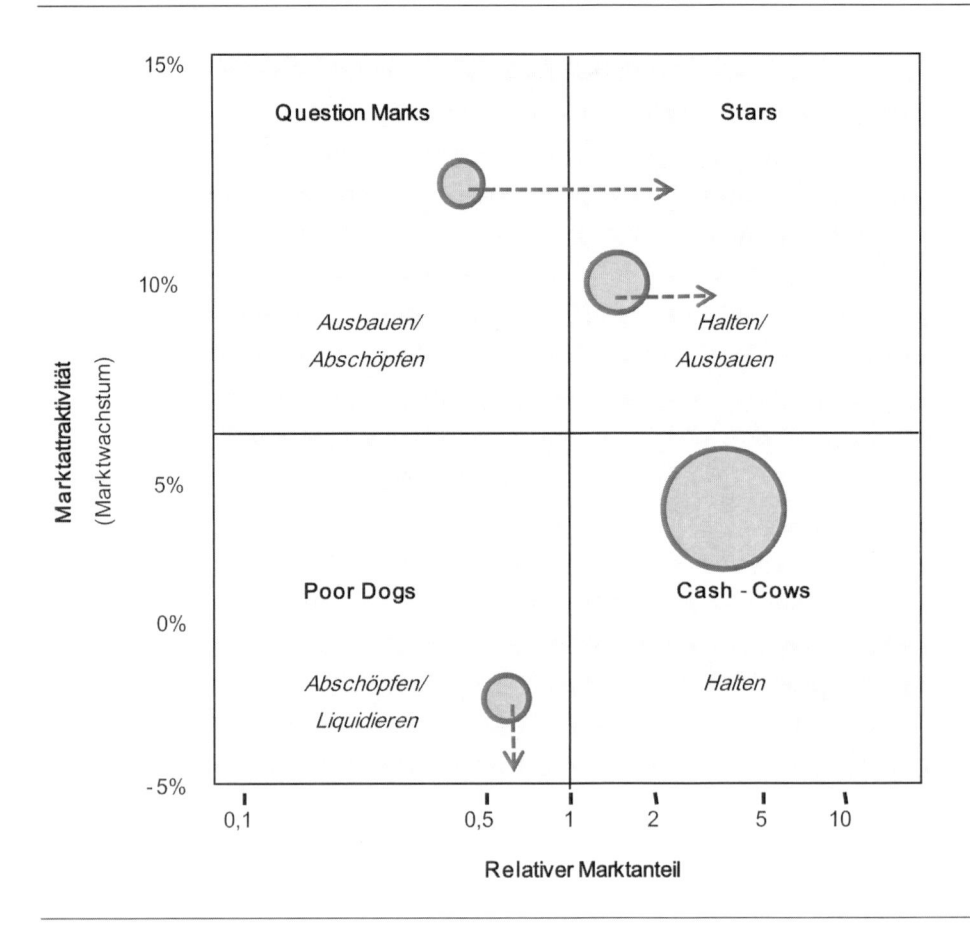

Für **Questions Marks** gilt dabei, dass diese über Investitionen in den Marktanteil zu Stars ausgebaut werden (Finanzmittel werden verbraucht) oder aber aufgelöst werden sollten. Im Gegensatz dazu sollten **Poor Dogs** verkauft oder liquidiert werden, da sie mit einem geringen rel. Marktanteil (schlechte komparative Kostenposition) in einem schrumpfenden Markt wenig zum Erfolg beitragen. Handelt es sich bei der SGE jedoch um den Typ **Cash Cow,** die über ihren hohen rel. Marktanteil einen Wertbeitrag liefert, so sollte diese weiterhin gehalten und „gemolken" werden (Freisetzung von Finanzmitteln). Schließlich sind SGEs mit überdurchschnittlichem Marktwachstum und hohem Marktanteil, **Stars,** solche, die weiter ausgebaut werden müssen, da sie die Geschäfte der Zukunft darstellen. Über einen längeren Zeithorizont betrachtet, verändern sich die SGEs im Rahmen ihres Lebenszyklusses (z.B. werden Stars irgendwann aufgrund des abschwächenden Marktwachstums zu Cash Cows). Insgesamt gilt dabei, dass das Gesamtportfolio eines Unternehmens eine ausgewogene Mischung von Finanzmittelfreisetzenden und -verbrauchenden Geschäftseinheiten aufweisen sollte.

Kritische Betrachtung: Die Portfolionanalyse bietet eine wichtige Grundlage, um einen Überblick über die Attraktivität verschiedener SGEs zu bekommen und Handlungsempfehlungen für deren Weiterentwicklung abzuleiten. Allerdings beruht sie auf einigen Annahmen, die durchaus kritisch zu hinterfragen sind. So stellt sich die Frage, ob SGEs, deren rel. Marktanteil gering ist, zwangsläufig auch eine schlechtere Wettbewerbsposition haben. Erfolgreiche Nischenanbieter widerlegen dies. Insgesamt muss also immer eine Einzelfallprüfung erfolgen, Normstrategien lassen sich also nicht schematisch ableiten (Vgl. Welge/Al-Laham, 2008).

c. Zusammenführung der externen und internen Analyse (SWOT-Analyse)

Idee: Die Ergebnisse der externen und internen Situationsanalyse werden in der SWOT-Analyse zusammengeführt. Dabei steht die Abkürzung SWOT für Strengths (Stärken), Weaknesses (Schwächen), Opportunities (Chancen) und Threats (Risiken). Dabei sind Chancen und Risiken (OT) der externe Teil der Umfeldanalyse, wohingegen sich Stärken und Schwächen (SW) aus der internen Unternehmensanalyse ableiten.

Ablauf und Bestandteile: Die in dem Strategie-Audit generierten Informationen werden in der SWOT-Analyse verdichtet und damit in wenigen erfolgskritischen Faktoren zusammengefasst und i.d.R. graphisch in einer SWOT-Matrix dargestellt. In einem zweiten Schritt werden strategische Handlungsempfehlungen aus der Matrix abgeleitet, um intern die Stärken zu stärken bzw. die Schwächen zu schwächen, oder aber externe Möglichkeiten mit internen Stärken abzugleichen.

Fallstudie TUI: Die folgenden Ausführungen geben dazu einige Beispiele anhand der TUI Travel PLC.

Stärken (S): Marktführer im Veranstaltersegment, ausgezeichnete Vertriebsstruktur in Deutschland	**Chancen (O):** Demografische Veränderungen (mehr ältere Menschen), Verbrauchertrends (z.B. Individualisierung), wachsender Vertriebskanal Internet
Schwächen (W): Zu breite Abdeckung des Tourismusmarktes durch ein teilweise sehr umfangreiches Produktprogramm, Komplexitätskosten	**Risiken (T):** Weltwirtschaftskrise führt zu mehr Sparen, Billiganbieter erschweren die Konkurrenz

Tabelle 2.2   SWOT-Analyse am Beispiel der TUI Travel PLC

Kritische Betrachtung: Aufgrund ihrer Einfachheit ist die SWOT-Analyse in der unternehmerischen Praxis weit verbreitet. Sie ermöglicht einen guten Überblick und Abgleich über die Stärken und Schwächen eines Unternehmens. Auch wird sie dazu herangezogen, um

Strategien abzuleiten, mit denen die internen Schwächen in Stärken umgewandelt werden, oder um externe Chancen mit den eigenen Stärken wahrnehmen zu können (Vgl. Homburg/Krohmer, 2006).

2.2.2 Mission eines Unternehmens

Die Mission ist vereinfacht formuliert die Definition des Unternehmenszwecks. Eine ausformulierte Mission sollte u.a. folgende Fragen beantworten: Welche Branche ist für das Unternehmen relevant? Welche Kunden bzw. Kundengruppen hat das Unternehmen? Welchen Zweck verfolgen die Tätigkeiten des Unternehmens? Zu welcher Unternehmensart gehört das Unternehmen? Kotler et al. (2007, S.89) schlagen in diesem Kontext folgende Eigenschaften vor. Demnach sollte eine Mission:

- „realistisch und trotzdem visionär,
- maßgeschneidert, unternehmensspezifisch,
- auf besonderer Kompetenz des Unternehmens beruhend,
- motivierend und begeisternd sein".

Die Formulierung der Mission hat aufgrund ihrer visionären Ausrichtung dadurch auch einen Einfluss auf die Formulierung der strategischen Ziele. Besitzt ein Unternehmen bereits eine Mission, so muss das Unternehmen regelmäßig überprüfen, ob diese Mission auch in der Zukunft relevant ist. Im Rahmen der Situationsanalyse werden dafür die notwendigen Daten ermittelt. Das ist z.B. die Attraktivität der Mission für Kunden und den Markt insgesamt.

> **Fallstudie TUI:** Die Mission der TUI Travel (eine SGE der TUI AG) heißt z.B. *„Wir schaffen außergewöhnliche Reiseerlebnisse"*. Diese anspruchsvolle Mission hat als Vorgabe, dass die Reisen des Konzerns aus Sicht des Konsumenten als außergewöhnliche Erlebnisse wahrgenommen werden. Die folgenden Ausführungen am Beispiel der TUI orientieren sich an der TUI Travel PLC. Nach Angaben von Volker Böttcher, Vorsitzender der Geschäftsführung TUI Deutschland (2009), wurde diese Mission beispielsweise 2009 bei der Produktgestaltung berücksichtigt: *„Unser Credo, bei der Produktgestaltung auf Qualität und Exklusivität zu setzen, haben wir auch im Sommer 2009 konsequent umgesetzt. Nur so können wir unseren Kunden außergewöhnliche Reiseerlebnisse bieten."*

2.2.3 Strategische Ziele eines Unternehmens

Ein weiterer Bestandteil der Unternehmensplanung sind die strategischen Ziele. Die Ziele beschreiben eine Umsetzung der Mission in messbare strategische Zielvorgaben. Das ist die Ableitung einer Hierarchie von Zielen aus der Mission, die sowohl Unternehmensziele als auch speziellere Marketingziele vereinen. Aus diesen Marketingzielen lassen sich wiederum auch konkrete Marketingmaßnahmen entwickeln.

Ziele können also auf verschiedenen Hierarchieebenen (Unternehmensziele, SGE-Ziele, Funktionsbereichsziele) unterschieden werden, wobei die Ziele jeweils kongruent zueinander sind, d.h. die Erfüllung eines Funktionsbereichsziels trägt zur Erfüllung des SGE-Ziels bei.

> **Fallstudie TUI:**
>
> Mission: „Wir schaffen außergewöhnliche Reiseerlebnisse"
>
> Strategische Unternehmensziele: Entwicklung von Angeboten, die in neuen Marktsegmenten Wachstum ermöglichen (Umsatzziel: x Prozent Gewinnerhöhung)
>
> Marketingziel: Erhöhung des Marktanteils auf x Prozent innerhalb der nächsten 2 Jahre in dem definierten Marktsegment
>
> Marketing Maßnahme: Einführung einer neuen Marke in einem Wachstumssegment

Die detaillierte Formulierung von Zielen ist in diesem Kontext von zentraler Bedeutung. Die Gründe dafür liegen zum einen in der Motivationsfunktion sowie zum anderen in der Steuerungs- und Kontrollfunktion. Eine Operationalisierung der Ziele wird in der Regel folgendermaßen dargestellt.

- *Zielinhalt*: Was soll erreicht werden? (z.B. Steigerung der Umsatzrendite)
- *Zielausmaß*: In welchem Umfang soll das Ziel erreicht werden? (z.B. 2 Prozent)
- *Zielsegment*: In welchem Segment soll das Ziel erreicht werden? (z.B. Pauschalreise)
- *Zielgebiet*: In welchem Gebiet soll das Ziel erreicht werden? (z.B. Nordamerika)
- *Zielperiode*: Bis wann soll das Ziel erreicht werden? (z.B. innerhalb von 12 Monaten)

Bei der Formulierung der Ziele sind die Beziehungen der Ziele untereinander zu berücksichtigen. Denn Ziele können unterschiedlich auf einander wirken: Sie können in folgender Wechselwirkung zueinander stehen:

- *komplementär* (sich wechselseitig unterstützend),
- *gegenläufig* (gegenseitige Beeinträchtigung, es kommt zum Zielkonflikt),
- *indifferent* (ohne Einfluss aufeinander).

So können Wachstumsziele, die zunächst mit höheren Finanzierungskosten einhergehen, kurzfristig gegenläufig zu Kostenzielen sein, aber langfristig komplementär zu diesen sein. Da es langfristig über eine gesteigerte Produktionsmenge wiederum zur Stückkostensenkung über Erfahrungskurveneffekte und eine Verteilung der Fixkosten (Fixkostendegression) kommt. Die **Marketingziele** (als Funktionsbereichsziele) eines Unternehmens lassen sich wiederum in drei grundsätzliche Typen einteilen (Vgl. folgende Tabelle): Dabei richten sich *potenzialbezogene Marketingziele* auf den potenziellen Markterfolg, der sich durch das Drehen an den richtigen „Stellschrauben" einstellt. Dahingegen beziehen sich *markterfolgsbezogene Marketingziele* auf solche Zielgrößen, die den Markterfolg realisieren. Darunter werden z.B. konkrete Marktanteilsziele definiert, um Potenzial, welches durch die Erreichung der Potenzialbezogenen Ziele (z.B. Steigerung des Bekanntheitsgrades) geschaffen wird, abzuschöpfen. Schließlich handelt es sich bei *wirtschaftlichen Marketingzielen* um solche, die einen direkten Bezug zur Gewinn- und Verlustrechnung des Unternehmens haben. Insgesamt leiten sich die Marketingziele aus den übergeordneten Unternehmenszielen ab, sind also kein Selbstzweck sondern i.d.R. komplementär zu den Wachstums- und/oder Kostenzielen des Unternehmens.

Tabelle 2.3 Systematisierung der Marketingziele eines Unternehmens
(Quelle: Vgl. Homburg/Krohmer, 2006, S. 436)

Potenzialbezogene Marketingziele	Markterfolgsbezogene Marketingziele	Wirtschaftliche Marketingziele
z.B. Bekanntheitsgrad, Image, Kundenzufriedenheit	z.B. Absatz, Marktanteil, Preisniveau	z.B. Umsatz, Deckungsbeitrag, Marketingkosten, Umsatzrendite

2.2.4 Strategieformulierung: Wachstums- und Wettbewerbsstrategien

Nach erfolgreicher Zielbestimmung geht es im folgenden Schritt darum, Ziele durch geeignete Strategien umzusetzen. Dabei ist eine Strategie das Bindeglied zwischen Zielen und Maßnahmen und bietet einen langfristigen Orientierungsrahmen für das zukünftige Handeln. Ebenso wie Ziele sind Strategien auf verschiedenen Hierarchieebenen unterscheidbar. So gibt es Unternehmens-, SGE- und Marketingstrategien, auch hier gilt eine Mittel-Zweck-Beziehung. Eine Marketingstrategie sollte in letzter Konsequenz also die Umsetzung der Gesamtunternehmensstrategie fördern. In der Literatur werden viele verschiedene Strategieansätze unterschieden. Im Folgenden soll einerseits auf die **Wachstumsstrategien** abgeleitet aus der Ansoff-Matrix (Vgl. Ansoff, 1966) und andererseits auf die **Wettbewerbsstrategien** nach Porter (1980) eingegangen werden.

1. Wachstumsstrategien nach Ansoff

Der Wirtschaftswissenschaftler Igor Ansoff (1918-2002) ist einer der Mitbegründer des Strategischen Managements und hat in den 60er Jahren die sog. „Ansoff-Matrix", auch Produkt/Markt- Matrix genannt, für die Ableitung von Wachstumsstrategien entwickelt. In der Matrix werden die Achsen „Märkte" (neue und bestehende) und „Produkte" (neue und bestehende) verwendet. In der Kombination entstehen so vier Felder, die die unterschiedlichen Wachstumsstrategien für das Unternehmen beschreiben (siehe folgende Abbildung). Die auf diese Weise entstandenen vier Felder stellen strategische Wachstumsoptionen für das Unternehmen dar. Besteht Potenzial für ein Unternehmen, in einem der vier Felder zu wachsen, kann das Unternehmen das in seiner strategischen Planung entsprechend berücksichtigen (z.B. Fokus auf Marktdurchdringung). Im Folgenden werden vier grundsätzliche Wachstumsstrategien aus der Ansoff-Matrix abgeleitet:

Abbildung 2.5 Produkt-Markt-Matrix von Ansoff
(Quelle: Vgl. Ansoff, 1966, S. 13)

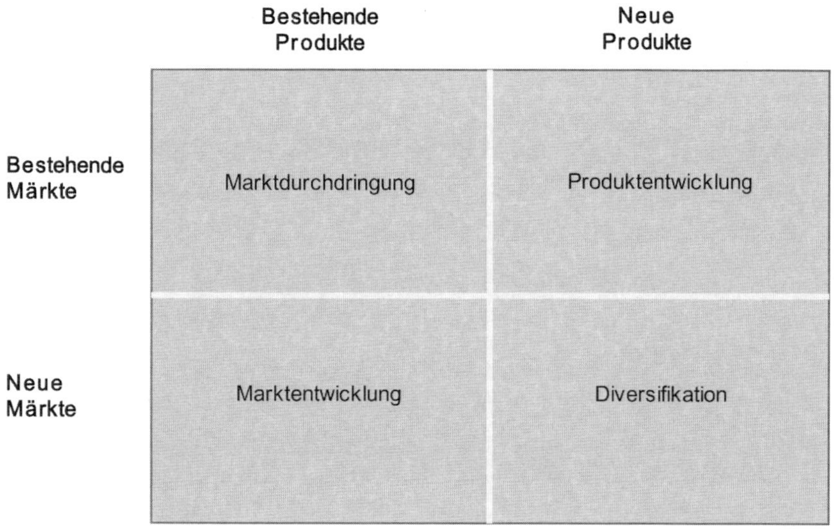

	Bestehende Produkte	Neue Produkte
Bestehende Märkte	Marktdurchdringung	Produktentwicklung
Neue Märkte	Marktentwicklung	Diversifikation

- **Marktdurchdringung:** Die Marktdurchdringung als Wachstumsstrategie beschreibt die Möglichkeit, für das Unternehmen in einem bestehenden Markt mit bestehenden Produkten zu wachsen. Dabei sollen mögliche Potenziale im Markt ausgeschöpft werden.
- **Marktentwicklung:** Bei der Strategie der Marktentwicklung werden mit bestehenden Produkten neue Märkte anvisiert. Das kann z.B. durch eine Internationalisierungsstrategie erfolgen.
- **Produktentwicklung:** Die Produktentwicklung hingegen beschreibt die Stoßrichtung,

in einem bereits bestehenden Markt mit neuen Produkten erfolgreich zu sein. Basis dieser Strategie sind z.B. Innovationen oder die Ausdehnung existierender Produktlinien.

- **Diversifikation:** In diesem Fall stehen bei der Wachstumsstrategie neue Märkte mit neuen Produkten im Mittelpunkt der strategischen Ausrichtung.

Bei allen dieser vier möglichen strategischen Stoßrichtungen für die Realisierung von Wachstumszielen ist die Frage nach den bestehenden Kernkompetenzen sehr wichtig. Im Mittelpunkt steht dabei die Frage, inwiefern bestehende Ressourcen und/oder Fähigkeiten auf neue Märkte oder Produkte übertragen werden können (Vgl. Kernkompetenzanalyse als Teil der internen Situationsanalyse). Hier ist es für Unternehmen sehr wichtig, mögliche Kompetenzlücken relativ früh zu erkennen, um diese entweder selber zu erwerben oder aber um geeignete Kooperationspartner zu finden (Vgl. Prahalad/Hamel, 1990).

Fallstudie TUI:

Marktdurchdringung: Der Konzern TUI bearbeitet auch den Markt der Ferienhäuser in Europa. Eine mögliche Wachstumsstrategie innerhalb dieses Marktsegmentes könnte es sein, den Marktanteil auszubauen und mehr neue Kunden zu gewinnen.

(Quelle: www.inar.de - November 2008)

Marktentwicklung: Die TUI besitzt einen großen Marktanteil in den Zielgebieten am Mittelmeer. Eine mögliche internationale Strategie könnte der Ausbau des russischen und ukrainischen Marktes sein, um auch in diesen Zielgebieten zu wachsen.

(Quelle: www.tui-group.com - März 2010)

Produktentwicklung: Im letzten Jahr entwickelte die TUI ein neues Hotelkonzept mit dem Namen Sensimar. Mit diesem Produkt werden mit einem neuen Produkt in einem bestehenden Markt Wachstumsziele anvisiert.

(Quelle: www.hotel-experten.de - November 2009)

Diversifikation: Als Beispiel für Diversifikation lässt die Ankündigung des Kaufes der kanadischen Reederei CP Ships anführen. Für 1,7 Milliarden Euro sollte das Unternehmen übernommen werden. Ziel war es, zu den größten Container Schifffahrtgesellschaften weltweit aufzusteigen. Die Transaktion eröffnet TUI zusätzliche Wachstumsperspektiven. „Unser vergrößertes Schifffahrtsgeschäft wird hervorragend positioniert sein, um am langfristigen Wachstum in der Containerschifffahrt zu partizipieren." (Vgl. Frenzel, 2005).

---

2. Wettbewerbsstrategien nach Porter

Ein weiterer Ansatz für die Strategieentwicklung wurde in den 80er Jahren von Micheal E. Porter, Harvard Business School, entwickelt. Er fokussiert dabei auf Wettbewerbsstrategien.

Grundgedanke seines Ansatzes ist, dass Unternehmen langfristig nur mit entsprechenden Wettbewerbsvorteilen erfolgreich sein können. Dabei stellt Porter folgende Anforderungen an Wettbewerbsvorteile: Wettbewerbsvorteile sollten für den *Abnehmer ein wichtiges Merkmal* sein und müssen *durch den Kunden wahrnehmbar* sein. Darüber hinaus sollte der Wettbewerbsvorteil auch *dauerhaft bestehen* können. Letztendlich muss der Vorteil auch einen deutlichen *Beitrag zur Erreichung von Marketingzielen* ermöglichen. Zur Erzielung eines Wettbewerbsvorteils auf der Geschäftsfeldebene schlägt Porter folgende Normstrategien vor. Diese basieren im Kern auf drei Stoßrichtungen. Das sind **Differenzierung, Kostenführerschaft** und **Fokussierung**. Die folgende Abbildung verdeutlicht diese generischen Strategien. Auf der horizontalen Achse ist die Art des Wettbewerbsvorteils beschrieben. Das kann ein Leistungs- oder Kostenvorteil sein. Auf der vertikalen Achse ist das strategische Zielobjekt integriert, auf welches sich das Angebot bezieht. Dieses kann sich auf einen Teilmarkt oder auf den Gesamtmarkt erstrecken. Aus dieser Aufteilung ergeben sich insgesamt vier verschiedene Felder. Das obere linke Feld charakterisiert die **Differenzierungsstrategie**, die auch Qualitätsführerschaft genannt wird. Das Unternehmen bietet hier einen Leistungsvorteil gegenüber dem Wettbewerb an und bezieht sich mit dem Angebot auf den Gesamtmarkt (z.B. VW Golf).

Abbildung 2.6 Wettbewerbsstrategien nach Porter
(Quelle: Vgl. Porter, 1980, S. 39)

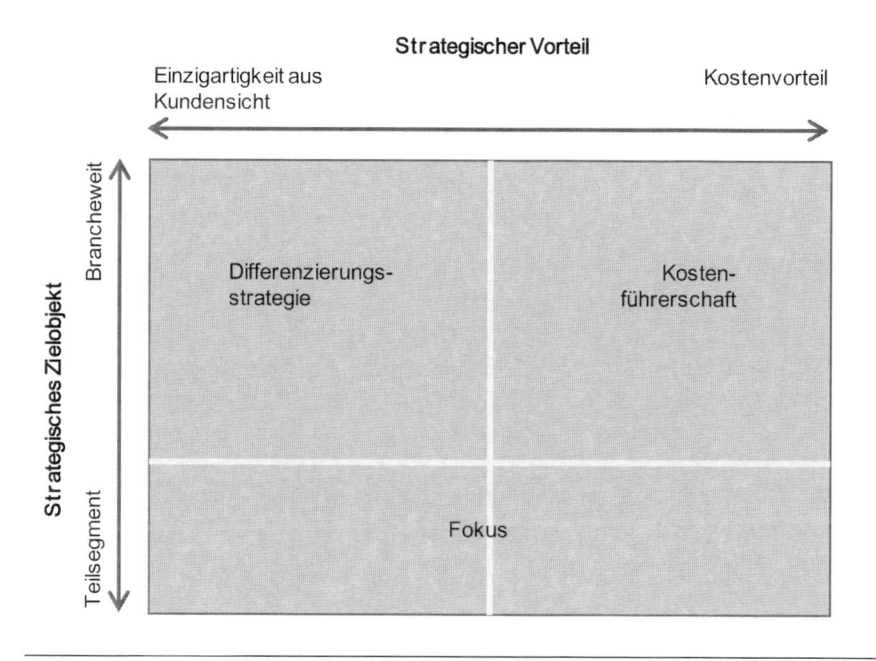

Im Rahmen einer **Kostenführerschaftsstrategie** wird dagegen zwar der Gesamtmarkt angesprochen, jedoch basiert der Wettbewerbsvorteil auf einem Kostenvorteil. Dieser Kostenvorteil ermöglicht es dem Unternehmen auch, aggressive Preise am Markt umzusetzen (z.B. HUK Kraftfahrzeugversicherung). Die **Fokusstrategie** fokussiert bei der Marktabdeckung nur auf einen Teilmarkt und bietet in diesem Markt entweder einen Leistungsvorteil oder aber einen Kostenvorteil gegenüber dem Wettbewerb an.

Nachdem ein Unternehmen nun im Rahmen der Formulierung seiner Marketingstrategie die grundsätzliche Wachstums- und Wettbewerbsstrategie festgelegt hat, wird diese weiter konkretisiert. Dabei wird die Marketingstrategie über die **Segmentierung des Marktes** und die **Positionierung** des Unternehmens im Markt (z.B. als Kostenführer) weiter konkretisiert.

1. Segmentierung des Marktes (Definition des relevanten Marktsegmentes)
2. Positionierung (für das ausgewählte Marktsegment)

1. Segmentierung des Marktes:

Marktsegmentierung wird definiert als die Aufteilung eines Marktes in unterschiedliche Käufergruppen. Diese Käufergruppen haben unterschiedliche Bedürfnisse, Eigenschaften und Verhaltensweisen. Aufgrund dieser Tatsache erfordern bestimmte Segmente auch andere Produkte (z.B. Senioren). Innerhalb eines Marktsegments sollte sich dementsprechend eine Gruppe von Konsumenten befinden, die in ähnlicher Weise auf eine Reihe von Marketing-Stimuli reagieren. Dabei ist Segmentierung im Sinne einer gezielten Kundenansprache dann erfolgreich, wenn die verschiedenen Segmente untereinander möglichst heterogen, und intern möglichst homogen sind. Typische Kriterien für eine Marktsegmentierung sind geographische, demographische, psychographische und verhaltensorientierte Merkmale (Vgl. hierzu auch Freter, 2006). Das Thema Segmentierung wird später im Abschnitt zur Marktsegmentierung und -positionierung weiter vertieft und daher an dieser Stelle nur skizziert.

> **Fallstudie TUI:** Am Beispiel der TUI ist die Aufteilung in die Marktsegmente Pauschal- und Individualreisen denkbar. Bei einer Pauschalreise bietet ein Veranstalter ein Bündel von Reiseleistungen zu einem einheitlichen Gesamtpreis an (z.B. zwei Wochen Türkei „alles inklusive"). Im Gegensatz zur Pauschalreise bucht der Kunde bei der Individualreise einzelne Reiseleistungen separat. Dabei handelt es sich primär um die Aufteilung der Marktsegmente auf Basis verhaltensbezogener Merkmale. Die Nutzenerwartung an die beiden Urlaubsarten ist sehr unterschiedlich. Bei der Pauschalreise fällt für den Kunden in der Regel wenig Planungsaufwand an. Dadurch wird in der Urlaubsvorbereitung wenig Zeit benötigt.
>
> Bei der Individualreise geschehen die Ereignisse im Urlaub oft sehr spontan und damit wenig geplant. Der Kunde hat dadurch mehr Planungsaufwand aber auch mehr Freiheiten, den Urlaub sehr individuell zu gestalten.

2. Positionierung

Die Positionierung beschreibt aus Perspektive des jeweiligen Kunden eines Unternehmens eine relevante, verständliche und klar abgegrenzte Position des Angebots gegenüber dem Wettbewerb. Die folgende Tabelle zählt dazu einige Slogans von bekannten Marken auf. Aus der Formulierung lassen sich Rückschlüsse auf die Positionierung ziehen.

Wenn eine Marke eine Positionierung besitzt, die aus Perspektive des Kunden eine subjektiv empfundenen Wettbewerbsvorteil besitzt, lässt sich in Anlehnung an Reeves (1970) von einem USP (Unique Selling Proposition) sprechen. Eine Positionierung mit einem zentralen Wettbewerbsvorteil kann auf unterschiedliche Weise entstehen.

Tabelle 2.4   Slogans von bekannten Unternehmen

Marke	Slogan mit Hinweisen auf die Positionierung
Allianz	Hoffentlich Allianz. → 2003 - z.B. Sicherheit und Vertrauen
Apple	Think different →2001 - z.B. Innovative Ausrichtung
Ebay	3...2...1...meins! →2003 - z.B. besonderes Kauferlebnis
Danone	Gutes kann so gesund sein. → 2003 - z.B. hochwertige Qualität
Nokia	Connecting People. →1994 - z.B. soziale u. technische Funktion
Red Bull	Red Bull verleiht Flüüügel → 1998 - z.B. stärkende Wirkung.
VISA	Und das Leben läuft leichter. →2008 - z.B. umfangreicher Komfort

Mögliche Quellen von Wettbewerbsvorteilen sind z.B.: eine besondere Ressource oder Fähigkeit im Unternehmen, die die Produktion eines überlegenen Produkt ermöglicht. Dazu gehört auch ein besserer Zugriff auf Rohstoffe oder auf das Distributionsnetz, bessere Organisation, Finanzkraft (z.B. durch eine bessere Kostenstruktur) (Vgl. VRIO-Schema in der internen Situationsanalyse).

Fallstudie TUI: Der Slogan (2008) für die Produktlinie der Dachmarke TUI heißt: „TUI Schöne Ferien. Sie haben es sich verdient". Dieser Slogan gibt Hinweise auf die Selbstbelohnung, die der Kunde durch die Leistung der TUI bekommt.

In der Internetkommunikation wird diese Aussage durch das Testimonial Joachim Löw begleitet. Der Bundestrainer Joachim Löw liegt dort in einem Sonnenstuhl und genießt seinen verdienten Urlaub.

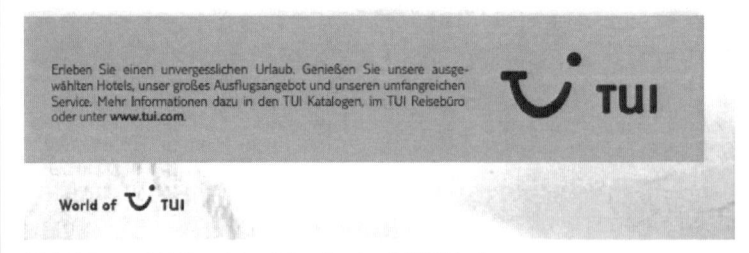

Abbildung 2.7 Joachim Löw in der TUI Werbung
(Quelle: TUI Deutschland, 2010)

2.2.5 Aufstellung eines Marketing Plans

Bezogen auf die Gesamtunternehmensplanung findet nun die konkrete Planung der Maßnahmen auf Unternehmens-, SGE-, und Funktionsbereichseben statt. Dabei ist zwischen strategischem Marketing und operativem Marketing zu unterscheiden. Während im strategischen Marketing die Ausrichtung des Unternehmens bzw. einer gesamten SGE im Fokus steht, so bezieht sich das operative Marketing auf die Funktionsbereichsebene des Marketing (Vgl. Kuß/Tomczak, 2004).

Wie untenstehender Abbildung zu entnehmen ist, unterscheiden sich strategische und operative Planung in Bezug auf den Zeithorizont, ein **strategischer Marketing Plan** wird i.d.R. für eine 3-5 Jahresspanne entworfen. Dabei werden die inhaltlichen Vorgaben der Marketingstrategie in ein in sich konsistentes Gerüst aus Zielen, Aktivitäten und Budgets überführt.

Abbildung 2.8 Abgrenzung von strategischer und operativer Marketingplanung
(Quelle: Vgl.in Anlehnung an Homburg/Krohmer, 2006, S. 1207)

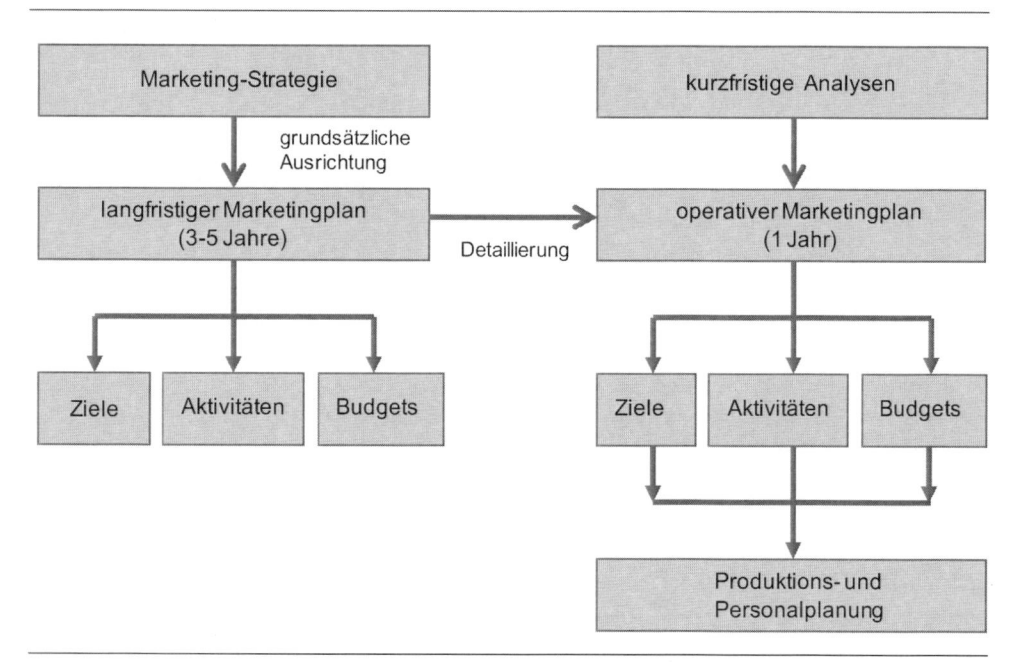

Der **operativen Marketing Plan** weist eine deutlich kürzere Orientierung auf und dient der weiteren Konkretisierung und Detaillierung des strategischen Marketingplans. Hier wird die aus den Zielen abgeleitete Marketingstrategie in konkrete Maßnahmen übersetzt. Damit stellt dieser Plan auch die Implementierung der jeweiligen Marketingstrategie im Marketing-Mix sicher.

Das Konzept des **Marketing-Mix** wurde in den 50er und 60er Jahren entwickelt und weiter vertieft (Vgl. z.B. McCharty, 1960). Er umfasst zum einen die praktische Umsetzung der Positionierung, die sich wiederrum aus der festgelegten Strategie ableitet (Vgl. Wachstums- und Wettbewerbsstrategien). Zum anderen setzt der Marketing-Mix auch die in der Positionierung festgelegte Differenzierung vom Wettbewerb um.

Nur wenn alle Elemente konsequent auf der Positionierung basieren, wird der Marketing-Mix aus Sicht des Kunden am Ende auch als glaubwürdig angesehen. Wenn die Positionierung auf besonders hochwertige Qualität für Besserverdienende Zielgruppen ausgerichtet ist, dann müsste sich in der Regel auch der Preis eher an einer Hochpreispolitik orientieren.

Insgesamt bestimmt also die Marketingstrategie als Handlungsrahmen die Ausgestaltung des Marketing-Mix. Die zentralen Eckpfeiler des Marketing-Mix sind: Produkt, Promotion, Preis und die Platzierung (Distribution). Die vorab formulierte Positionierung muss sich in jedem dieser vier P's widerspiegeln. Aus Perspektive des Unternehmens sind das:

- *Product: (Produkt)*   z.B. Verpackung, Design, Qualität
- *Price: (Preis)*   z.B. Rabatte, Preisaktionen
- *Promotion: (Kommunikation)*   z.B. Werbung, Öffentlichkeitsarbeit
- *Place: (Distribution)*   z.B. Anzahl der Vertriebskanäle

Bei der weiteren Vertiefung des Marketing-Mix bzw. der 4 P's in den nachfolgenden Kapiteln werden die deutschen Begriffe verwendet. Das sind Produkt, Preis, Kommunikation und die Distribution. Aus Perspektive des Kaufinteressenten sind die vier P's auch als vier K's zu bezeichnen:

- Produkt: *Käuferbedürfnisse* und –wünsche
- Preis: *Kosten für den Käufer*: Anschaffung und Folgekosten
- Kommunikation: *Kommunikationsbedarf* über das Produkt
- Distribution: *Komfort*: Wie leicht kann ich das Produkt erwerben?

Fallstudie TUI: Als Beispiel für die TUI sei an dieser Stelle ein hochwertiger Urlaub auf den Malediven genannt. Die folgenden Ausführungen beschreiben das Produkt anhand der vier P's:

„Starwood Hotels & Resorts ist mit mehr als 950 Häusern in über 100 Ländern eine der größten und exklusivsten Hotelgesellschaften der Welt – und damit ein wichtiger Partner von TUI Premium, wenn es um Ihre schönsten Tage des Jahres geht. Im TUI Premium Programm finden Sie die schönsten Resorts der Starwood Familie – jede dieser Adressen zeichnet sich durch ihren ganz persönlichen Charakter aus, mit einer Gemeinsamkeit: Sie alle bieten höchsten Komfort und besten Service."

Produkt:	TUI Premium (Submarke der TUI) Malediven für 6 Tage mit Halbpension am 13.03.2010
Promotion:	Das Produkt wird z.B. im Internet beworben.
Preis:	ab 4176Euro
Platzierung:	z.B. Internetportal der TUI (www.tui.com) oder im Reisebüro

Für die Jahresplanung im Marketing werden neben der Situation, die Ziele des Unternehmens, die Strategie sowie die konkreten Maßnahmen (z.B. Verkaufsaktionen, Einführung neuer Produkte) definiert. In der Regel finden sich in den Jahresplänen 3-5 Schwerpunkte, die besonders wichtig für den Erfolg der Planung sind. Darüber hinaus enthält dieser Plan auch Budgets für die einzelnen Funktionen innerhalb des Unternehmens.

Überblickshalber greift der jährlich aufzustellende operative Marketing Plan oftmals Elemente der strategischen Planung auf Unternehmensebene von der übergeordnete Situationsanalyse, den Marketingzielen und der daraus abgeleiteten Marketingstrategie wieder auf. So wird die Mittel-Zweck Bindung der Marketingmaßnahmen deutlich (beispielhaft siehe dazu folgende Tabelle von Kotler et al, 2007).

Tabelle 2.5 Bestandteile eines Marketing Plan
(Quelle: Vgl. Kotler et al., 2007, S. 112)

Marketingplan für die Strategische Geschäftseinheit „xy" für das Jahr 2010	
Situationsanalyse	Ergebnisse des Strategieaudits mit detaillierten Informationen zur externen (Marktpotenzial, -wachstum, Markttrends, Wettbewerbersituation) und internen (Kompetenzen, Produktprogramm, Absatzwege und –partner).
SWOT – Analyse	Produktprogramm bezogene Analyse der externen Möglichkeiten und Risiken sowie internen Stärken und Schwächen.
Marketingziele	Abgeleitet aus den Unternehmenszielen werden Marketingziele aufgestellt.
Marketingstrategie	Zur Erreichung der festgelegten Ziele werden nun Marketingstrategien formuliert (Wachstums- und Wettbewerbsstrategien).
Marketingmaßnahmen (Marketing-Mix)	Um die Marketingstrategien zu implementieren, werden gezielte Maßnahmen, die sich auf den gesamten Marketing-Mix beziehen festgelegt.
Marketingbudget	Innerhalb der Budgetplanung werden die mit dem Marketingplan verfolgten Umsatz, Ertrags-, und Aufwandsziele definiert.
Kontrolle	Maßnahmen zur Zielerreichung werden festgelegt (z.B. halbjährliche Prüfung, ob Planabweichungen vorliegen, um frühzeitig Korrekturschritte einzuleiten).

2.3 Kontrolle der Maßnahmen

Im Kontext der Kontrolle (Marketing Controlling) werden die Marketingpläne regelmäßig daraufhin überprüft, ob die Umsetzung zielgerecht erfolgt. Neben den übergeordneten Wachstums- und Kostenzielen werden vor allem einzelne Maßnahmen im Controlling auf ihre Zielerreichung hin betrachtet.

Werden Abweichungen vom ursprünglichen Plan festgestellt, besteht die Möglichkeit, rechtzeitig Maßnahmen zu ergreifen. Dem Marketing Controlling kommt in diesem Zusammenhang eine Steuerungsfunktion zu. Dadurch ist es auch primär das Ziel des Marketing Controllings, die Effizienz zu erhöhen. Grundlage dabei ist eine angemessene Informationsversorgung, auf deren Grundlage dann Entscheidungen getroffen werden.

Um seiner Steuerungsfunktion gerecht zu werden, setzt sich das Marketing Controlling in der Praxis aus verschiedenen Komponenten zusammen. Ein Bestandteil ist beispielsweise das **Preis- und Erlöscontrolling**. Hier werden einzelne Preisstrategien beleuchtet und im Hinblick auf den Effekt auf den Erlös analysiert. Ferner existieren **Werbewirkungsanalysen**, die sich mit der Wirkung der Kommunikation beschäftigen und einzelne Kommunikationsinstrumente betrachten.

Das **Vertriebscontrolling** beschäftigt sich mit der Effektivität und Effizienz der Vertriebsprozesse und -maßnahmen. Dazu zählen neben den Deckungsbeiträgen pro Kunde auch die Kosten einzelner Vertriebsmaßnahmen. Ebenso existieren verschiedene Instrumente, um externe Entwicklungen auf dem Markt (z.B. Verschiebung von Marktanteilen) und den Wettbewerb regelmäßig zu überprüfen.

Übergreifend eignen sich **Marketingkennzahlensysteme** (z.B. Umsatzrendite, Marktanteil, DB/Segment), um die verschiedenen Komponenten zusammen zu fassen und z.B. in einem Cockpit darzustellen. Aufgrund der verschiedenen Komponenten, die in ein derartiges Kennzahlensystem einfließen, kommt dem Marketing Controlling häufig auch eine Koordinationsaufgabe zu (Für eine Vertiefung des Marketing Controllings siehe Reinecke/Tomczak, 2006).

Die in diesem Kapitel dargestellten Ausführungen zur strategischen Unternehmensplanung finden sich in dieser Form vor allem bei Großunternehmen mit verschiedenen SGEs wieder. Nichtsdestotrotz ist ein strategischer Planungsprozess auch für Kleine und Mittelständische Unternehmen (KMUs) wie auch für sich in Gründung befindliche Unternehmen nötig.

Anregungen zum Nach- und Weiterdenken

Fragen:

1. Warum sollte sich die Unternehmensleitung von der TUI AG die Zeit nehmen, einen strategischen Plan aufzustellen? Wo liegen die Unterschiede der strategischen und der operativen Marketingplanung?

2. Das Unternehmen TUI gibt ein Marketing-Audit in Auftrag. Warum ist es wichtig, dass solch eine Analyse vor allem die relativen, nicht nur die absoluten Stärken und Schwächen des Unternehmens aufzeigt?

3. Das Unternehmen TUI muss feststellen, dass z.B. der Absatz bei einer exklusiven Luxusreise im Pauschalreisesegment, einer seiner wichtigen Produktlinien, stagniert. Offensichtlich nähert sich dieser Markt einem Sättigungszustand. Welche Wachstumsstrategien kann das Unternehmen jetzt für diese Produktlinie anwenden?

Quellenhinweise:

Ansoff, I.H. (1957): Strategies for diversification, in: Harvard Business Review (09/10), S. 113-124

Ansoff, I.H. (1966): Management-Strategie, München

Ansoff, I.H. (1988): Corporate Strategy, 4. Auflage, New York

Barney, J. B. (1997): Gaining and Sustaining Competitive Advantage, 2nd Edition, Upper Saddle River

Freter, H. (2006): Marktsegmentierung, in: Wirtschafts-Lexikon: Das Wissen der Betriebswirtschaftslehre, Stuttgart, S. 3842-3850

Homburg, C, Krohmer, H. (2006): Marketingmanagement: Strategie-Instrumente-Umsetzung-Unternehmensführung, 2. Auflage, Wiesbaden

Henderson, B. D. (1968): Logic of Business Strategy, Cambridge

Henderson, B. D. (1974): Die Erfahrungskurve in der Unternehmensstrategie, Frankfurt a. M.

Kotler, P., Armstrong, G., Sauders, J., Wong, V. (2007): Grundlagen des Marketing, 4. Auflage, München

Kuß, A., Tomczak, T. (2004): Marketingplanung: Einführung in die marktorientierte Unternehmens- und Geschäftsfeldplanung, 4. Aufl., Wiesbaden

McCarthy, J. (1960): Basic Marketing: A Managerial Approach, Homewood

Meffert, H., Burmann, C., Koers, M. (2005): Markenmanagement - Identitätsorientierte Markenführung und praktische Umsetzung. Mit Best Practice-Fallstudien; 2. Auflage, Wiesbaden

Penrose, E.T. (1959): The Theory of the Growth of the Firm, White Plains

Porter, M.E. (1980): Competitive Strategy: Techniques for Analyzing Industries and Competitors, New York

Porter, M.E. (1985): Competitive Advantage: Creating and Sustaining Superior Performance, New York

Prahalad, C.K, Hamel, G. (1990): The Core Competence of the Corporation, in: Harvard Business Review, Vol. 68, No.3, S. 79-91

Schäffer, U., Weber, J. (2005): Bereichscontrolling: Funktionsspezifische Anwendungsfehler, Methoden und Instrumente, Stuttgart

Reeves, R. (1970): Reality in advertising, New York

Reinecke, S., Tomczak, T. (2006): Handbuch Marketingcontrolling: Effektivität und Effizienz einer Marktorientierten Unternehmensführung, 2. Auflage, Wiesbaden

Welge, M.K., Al-Laham, A. (2008): Strategisches Management. Grundlagen – Prozess – Implementierung, 5. Auflage, Wiesbaden

Informationen über TUI:

Böttcher, V. (Rede 2009), Vorsitzender der Geschäftsführung, TUI Deutschland GmbH, Programm-Präsentation, am 8. November 2008 in Agadir

Böttcher, V. (Rede 2009), Vorsitzender der Geschäftsführung, TUI Deutschland GmbH, Programm-Präsentation, am 4. November 2008 in Jamaika

Laufer, J., Stier, B. (2005): Von der Preussag zur TUI. Wege und Wandlungen eines Unternehmens 1923-2003, Essen

Lambertz, M. (2005): Management von komplexen Portfolios – Markenführung in der World of TUI; Meffert, H., Burmann, C., Koers, M. (Hrsg.): Markenmanagement - Identitätsorientierte Markenführung und praktische Umsetzung. Mit Best Practice-Fallstudien; 2. Auflage, S. 693–714, Wiesbaden

Markt- und Unternehmensinformationen:

    www.tui.com (April 2010)

    www.tui-group.com (April 2010)

3 Kaufverhalten der Konsumenten

Fallstudie: Henkel AG & Co. KgaA

Stefanie Bröring/Kai-Michael Griese

Lernziele:

Das übergreifende Ziel ist es, das Kaufverhalten des Konsumenten zu verstehen, um darauf aufbauend Marktsegmente zu identifizieren und gezielt anzusprechen.

3.1 Zentrale Fragen im Käuferverhalten 63

3.2 Träger und Typen von Kaufentscheidungen 64

3.3 Phasen des Kaufentscheidungsprozesses 66

3.4 S-O-R-Modell 69

3.5 Zentrale Bestimmungsfaktoren des Kaufverhaltens 71

3.6 Bedeutung des Käuferverhaltens für die Bildung von Marktsegmenten 83

Fallstudie: Henkel AG & Co. KGaA

Gründung:	1878 (Henkel AG & Co. KGaA)
Unternehmenssitz:	Düsseldorf
Umsatz:	ca. 13,6 Mrd. Euro (2009)
Branche:	Konsumgüter
Mitarbeiter:	ca. 51.300 (2009)
Marken:	z.B. Spee, Terra ACTIV, Persil, Schwarzkopf, Bref

Der Markt (2005): Der größte Anbieter auf dem deutschen Wasch- und Reinigungsmittelmarkt ist das Unternehmen Henkel. Dabei dominiert das Unternehmen mit ca. 45 Prozent Marktanteil den Waschmittelmarkt. Auf Platz zwei befindet sich mit ca. 21 Prozent Marktanteil das Unternehmen Procter & Gamble (z.B. Ariel, Dash). Die Unilever-Tochter Lever-Fabergé befindet sich u.a. mit ihren Marken Sunil und Coral auf Platz drei und hält damit 11 Prozent des Marktes. Danach folgt Colgate-Palmolive, die z.B. mit den Marken Ajax oder Softlan erfolgreich sind.

Das Unternehmen Henkel: Der Leitsatz des Unternehmens lautet „A Brand like a Friend". Mit diesem Leitsatz unterstreicht das Unternehmen seine Bemühungen, „das Leben der Menschen leichter, besser und schöner zu machen" (www.henkel.de, April 2010). Das Unternehmen gliedert sich dabei in drei zentrale Unternehmensbereiche: Wasch-/Reinigungsmittel, Kosmetik-/Körperpflege und Adhesive Technologies (Klebfilme).

Marken der Firma Henkel: Eine sehr lange Tradition hat die Marke Spee Colour im Hause Henkel. So wurde *Spee*, dessen Name für **Spe**zial-Entwicklung steht, Ende der 60er Jahre zunächst in der ehemaligen DDR eingeführt. Heute ist Spee die Nr. 3 im deutschen Markt und steht für „*Farben schonen zum kleinen Preis, eben die schlaue Art zu waschen*". Das Preis-Leistungsverhältnis wie der Schutz der Farben steht hier im Fokus. Neu im Portfolio ist die Marke *Terra ACTIV*. Sie wurde im Unternehmensbereich Wasch-/und Reinigungsmittel im Herbst 2008 im deutschen Markt eingeführt. Als Verkaufsargument wird insbesondere die Kombination „Bio + Kraft" in den Vordergrund gestellt. Die Inhaltsstoffe der Produkte basieren auf nachwachsenden Rohstoffen. Auf diese Weise ist das Unternehmen Henkel bestrebt, nachhaltig zu wirtschaften und endliche Ressourcen zu schonen.

3.1 Zentrale Fragen im Käuferverhalten

Bei allen Aktivitäten des Marketing, z.B. bei der Ausgestaltung der Marketingstrategie und ihrer Implementierung im Marketing-Mix steht das Käuferverhalten im Mittelpunkt des Interesses. Warum? Erst eine genaue Kenntnis des Käuferverhaltens ermöglicht es, die Wirkung von Marketinginstrumenten genau einschätzen zu können und damit Käufer- und Marktpotenziale zu bestimmen. Somit stehen folgende zentrale Fragen im Fokus der Analyse des Käuferverhaltens:

- Wer kauft? *Träger von Kaufentscheidungen*
- Wie wird gekauft? *Typus der Kaufentscheidung und Kaufentscheidungsprozess*
- Wo wird gekauft? *Einkaufsstättenwahl*
- Warum wird gekauft? *Bestimmungsfaktoren des Kaufverhaltens*

Die Klärung der oben dargestellten zentralen Fragen steht seit langem im Mittelpunkt der empirischen Käuferverhaltensforschung als Teil der Marktforschung. Dabei weist die Forschung einen hohen Anwendungsbezug für das operative Marketing auf. Die Ergründung des Kaufverhaltens kann u.a. in folgenden Bereichen des operativen Marketing zur Anwendung kommen (Vgl. Foscht/Swoboda, 2007):

- Als Grundlage für die Marktsegmentierung, um das Zielsegment zu identifizieren und richtig anzusprechen,
- Verstehen der psychischen Prozesse, die zum Verhalten von Käufern führen,
- Erarbeitung von Grundlagen für die Kundenbindung und
- Integration von Kunden in Unternehmensprozesse, z.B. Berücksichtigung des Kaufverhaltens bei der Entwicklung neuer Produkte.

Fallstudie Henkel: Zentrale Fragen des Käuferverhaltens stellen sich auch für die Positionierung der Produkte Spee und Terra ACTIV, um den Marketing-Mix so auszugestalten, dass das jeweilige Zielsegment richtig angesprochen wird. So ist der Träger der Kaufentscheidung nicht nur zu identifizieren, vielmehr muss sein Kaufverhalten genauestens untersucht werden. Als Ergebnis dieser Analyse steht dann die gesamte Positionierung des Produktes. Dabei steht Spee für „die schlaue Art zu waschen"- bietet dabei Qualität zu einem guten Preis und Terra steht für „Bio und Kraft" bei einer Betonung der Ressourcenschonung.

Es werden also unterschiedliche Kundengruppen angesprochen, die ein unterschiedliches Kaufverhalten vorweisen. Ausgehend von der Analyse des Käuferverhaltens ist der gesamte Marketing-Mix beider Produkte auch deutlich unterschiedlich gestaltet. Bezogen auf die Preispolitik ist Spee anders positioniert als Terra ACTIV. Auch die gesamte Kommunikation ist bei beiden Produkten deutlich unterschiedlich, um die verschiedenen Kundensegmente anzusprechen.

Abbildung 3.1: Spee-Produktbeispiel mit „Spee-Fuchs: die schlaue Art zu waschen"
(Quelle: Henkel, 2010)

Im Folgenden sollen die zentralen Fragen im Käuferverhalten näher betrachtet werden, um so von den Trägern und Typen von Kaufentscheidungen über den Kaufentscheidungsprozess zu den einzelnen Bestimmungsfaktoren des Kaufverhaltens zu gelangen. Ziel ist es schließlich, den komplexen Sachverhalt der Kaufentscheidung von Konsumenten zu durchdringen, um dessen Bedeutung für die Ausgestaltung des Marketing-Mix zu verinnerlichen.

3.2 Träger und Typen von Kaufentscheidungen

In der Betrachtung des Kaufverhaltens stellt sich zunächst die Frage, wer der Entscheider ist. Träger von Kaufentscheidungen können *Konsumenten* (private Personen) oder aber *Organisationen* (vor allem Unternehmen, aber auch staatliche Institutionen) sein. Neben der Differenzierung von Kaufentscheidungen nach ihrem Träger stellt sich die Frage nach der Anzahl der bei der Kaufentscheidung beteiligten Personen (siehe folgende Abbildung).

Ist nur eine Person Träger der Kaufentscheidung, spricht man von *individuellen Kaufentscheidungen*. Im Gegensatz dazu werden *kollektive Kaufentscheidungen* von mehreren Personen getragen. Beide Kriterien zusammengenommen, Träger und Anzahl der Entscheidenden, führen zu der in Tabelle 3.1 dargestellten Matrix, aus der sich vier Grundtypen von Kaufentscheidungen ableiten lassen.

Tabelle 3.1 Grundtypen von Kaufentscheidungen
(Quelle: Vgl. Foscht/Swoboda, 2007, S. 11)

	Individuell	Kollektiv
Konsument	Individuelle Kaufentscheidungen von Privatpersonen *(Konsumentenentscheidung)*	Kaufentscheidungen in privaten Haushalten *(Familienentscheidungen)*
Organisation	Individuelle Kaufentscheidungen in Organisationen *(Einkäuferentscheidungen)*	Kollektive Kaufentscheidungen in Organisationen *(Gremienentscheidungen/ Buying Center)*

Fallstudie Henkel: Insgesamt lassen sich die Grundtypen am Beispiel von Henkel bzw. der Marke Spee wie folgt charakterisieren.

Individuelle Kaufentscheidungen von Konsumenten: Dies ist der klassische Fall im Marketing von Konsumgütern und steht somit auch im Fokus der Konsumentenverhaltensforschung. Beispiel: ein Konsument entscheidet sich bei Rewe für das Produkt Spee.

Kollektive Kaufentscheidungen von privaten Haushalten: Bei diesem Typ entscheiden mehrere Familienmitglieder gemeinsam. Beispiel: Mutter und Tochter entscheiden sich gemeinsam für Spee.

Individuelle Kaufentscheidung in Organisationen: Hier entscheidet ein Mitglied einer Organisation allein über einen Kauf. Beispiel: Der Einkäufer in einer Großwäscherei entscheidet über einen Einkaufskontrakt mit Henkel.

Kollektive Kaufentscheidungen in Organisationen: Bei diesem Typ wird eine Kaufentscheidung gemeinsam von einem Gremium getragen. Beispiel: Das Einkaufsteam der Edeka entscheidet halbjährlich gemeinsam über die Konditionen und die Menge der einzukaufenden Waschmittel (u.a. auch Spee von Henkel).

Im Folgenden liegt der Fokus dieses Kapitels auf den Kaufentscheidungen von Konsumenten (Zur Vertiefung der Kaufentscheidung von Organisationen siehe Backhaus, 2006).

3.3 Phasen des Kaufentscheidungsprozesses

Kaufentscheidungsprozesse laufen nicht einheitlich ab. Erst eine Kenntnis der Güterkategorie und der damit verbundenen Kaufentscheidungstypen erlaubt es, den eigentlichen Kaufentscheidungsprozess zu beschreiben. Im Folgenden soll daher zunächst auf die *Güterkategorien* und *Kaufentscheidungstypen* eingegangen werden, bevor dann ein *Kaufentscheidungsprozess* näher dargestellt wird.

1. Güterkategorien

Um die Phasen des Kaufentscheidungsprozesses zu beschreiben, ist es zunächst nötig festzustellen, dass es verschiedene Güterkategorien gibt. Denn die Kaufentscheidungsprozesse sind abhängig von der Güterkategorie.

Tabelle 3.2 Güterkategorien von Konsumgütern
(Quelle: Vgl. Kotler et al., 2007, S. 628)

Convenience Goods	Shopping Goods	Speciality Goods
Konsumgüter, die ohne größeres Zögern und mit geringer Informationssuche und Preisvergleich gekauft werden	Konsumgüter, deren Kauf nach Beurteilung und Vergleich von Alternativen in Bezug auf Preis-/Leistungsverhältnis, Qualität erfolgt.	Konsumgüter, die einzigartige Eigenschaften (auch Marken) haben, welche zu hoher Informationsbeschaffung und Budgetbelastung führen.
z.B. Lebensmittel des tägl. Bedarfes	z.B. Haushaltsgeräte	z.B. Kauf eines bestimmten Kinderwagens – bspw. der Marke Bugaboo

2. Kaufentscheidungstypen

Wie in der obigen Tabelle dargestellt ist, unterscheiden sich Kaufentscheidungen im Hinblick auf die verschiedenen Gütertypen. Während Convenience Goods einen eher impulsiven Charakter haben, liegt bei Speciality Goods eine komplexere Kaufentscheidung zu Grunde. Das Kaufentscheidungsverhalten von Konsumenten kann also danach unterschieden werden, wie stark diese kognitiv kontrolliert wird vs. eher emotional reaktiv abläuft.

Die *kognitive Kontrolle* umschreibt dabei das Ausmaß der gedanklichen Auseinandersetzung mit der Kaufentscheidung. Danach werden folgende Typen nach zunehmender kognitiver Kontrolle unterschieden (Vgl. Weinberg, 1981):

- *Impulsive Kaufentscheidungen*: schwach kognitiv kontrolliert, eher emotional gesteuert, z.B. bei sog. „Impulsartikeln" wie Schokoriegeln an der Kasse.

- *Habitualisierte Kaufentscheidungen*: Gewohnheitsentscheidung mit geringem kognitivem Anteil, z.B. der morgendliche Kauf einer Zeitung beim Bäcker.

- *Limitierte Kaufentscheidungen*: Entscheidung basiert auf Erfahrungen mit bestimmten Produkten, z.B. gezielte, begrenzte Suche nach ein oder zwei bewährten Haarpflegemitteln, die der Konsument bereits kennt.

- *Extensive Kaufentscheidungen*: Besonders hohe kognitive Beteiligung hervorgerufen durch hohen Informationsbedarf des Konsumenten, z.B. Kauf einer Lebensversicherung.

Im Zusammenhang mit limitierten Kaufentscheidungen, bei denen der Konsument geplant und überlegt handelt und solche Produktalternativen heranzieht, die er schon kennt, kommt dem „*evoked set*" eine besondere Bedeutung zu. Das „evoked set" bezogen auf eine Produktkategorie z.B. Waschmittel besteht aus wenigen Marken, die dem Konsumenten bekannt sind. Es bildet sich aus der Bewertung früherer Käufe, stellt also einen Erfahrungsschatz dar, und vereinfacht die Kaufentscheidung, da der Konsument dann nicht mehr verschiedene Produktalternativen vergleicht, sondern bevorzugt aus dem „evoked set" wählt.

3. Phasen des Kaufentscheidungsprozesses

Auf Basis der verschiedenen Güterarten und der damit verbundenen unterschiedlichen Typen von Kaufentscheidungen lassen sich auch unterschiedlich ausgeprägte Kaufentscheidungsprozesse identifizieren. Dabei durchläuft der Kunde, bevor es zur Kaufentscheidung kommt, verschiedene Phasen. Generell werden dabei folgende fünf Phasen unterschieden (a-e), die sich in drei Hauptphasen zusammenfassen lassen:

- Vorkaufsphase a. Wahrnehmung des Bedarfs
  b. Informationssuche
- Kaufphase c. Bewertung von Alternativen
  d. Kaufentscheidung
- Nachkaufphase e. Verhalten in der Nachkaufphase

Idealtypisch laufen diese fünf Phasen sequentiell ab, wobei es zu Überlappungen kommen kann.

Abbildung 3.2 Fünf Phasen des Kaufentscheidungsprozesses
(Quelle: Vgl. Kotler et al., 2007, S. 335)

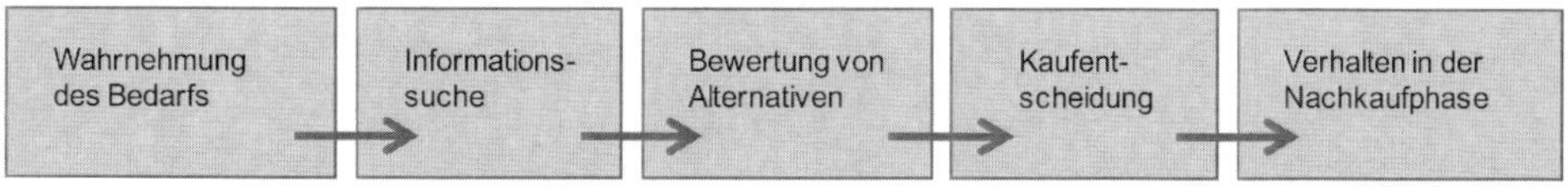

Wahrnehmung des Bedarfs → Informationssuche → Bewertung von Alternativen → Kaufentscheidung → Verhalten in der Nachkaufphase

Die obige Abbildung beschreibt diesen generellen Kaufentscheidungsprozess. Dabei sei angemerkt, dass sich der Entscheidungsprozess bei impulsiven Kaufentscheidungen nicht derart komplex darstellt. Der in der Abbildung dargestellte Prozess spiegelt somit eher den Kauf von „Speciality Goods" mit hoher kognitiver Kontrolle (extensive Kaufentscheidung) wieder.

> **Fallstudie Henkel:** Am Beispiel von Terra ACTIV soll der Kaufverhaltensprozess wie folgt dargestellt werden. Hierbei wird angenommen, dass es sich um eine extensive Kaufentscheidung handelt.
>
> *Wahrnehmung des Bedarfs:* In der ersten Phase wird sich der Konsument seinem Mangel bewusst und registriert den konkreten Bedarf. Auslöser kann ein externer (z.B. Werbung) oder interner (z.B. neue persönliche Zielsetzung) Stimuli sein. Die wahrgenommene Diskrepanz zwischen der aktuellen und der erwünschten Situation ist Auslöser für die nächste Phase. Bei dem Beispiel Terra ACTIV wird an dieser Stelle exemplarisch angenommen, dass der Konsument für sich persönlich herausfindet, dass umweltverträgliches Reinigen für ihn besonders wichtig ist. Der Konsument hat eine überdurchschnittliche Preisbereitschaft für Waschmittel, die besonders umweltschonend sind. Der Kauf eines Waschmittels ist für ihn also kein Gewohnheitskauf, sondern das Ergebnis eines eher extensiven Kaufentscheidungsprozesses.
>
> *Informationssuche:* Bei der Informationssuche beschäftigt sich der Konsument mit den am Markt verfügbaren Produkten. In dieser Phase der erhöhten Aufmerksamkeit analysiert der Konsument z.B. das Produkt oder die Dienstleistung inkl. des Herstellers sowie zugängliche neutrale Quellen (z.B. Stiftung Warentest), die helfen, das Angebot zu beurteilen. Falls er noch keine persönliche Erfahrung mit einem angemessenen Produkt gemacht hat, erkundigt sich der Konsument auch in seinem Umfeld nach Referenzen (Arbeitskollegen, Nachbarn etc.). Am Markt findet der Konsument nun verschiedene Marken, die sein Bedürfnis stillen können. Das sind z.B. die Marken FROSCH, KLAR oder die Marke Terra ACTIV.
>
> *Bewertung von Alternativen:* Bei der Bewertung der Alternativen bemüht sich der Konsument nun herauszufinden, welche der gefundenen Marken das Bedürfnis am besten befriedigen. Dazu vergleicht er die verschiedenen Attribute der Angebote. Je nach Persönlichkeit läuft dieser Vergleichsprozess sehr unterschiedlich ab. Der eine Konsument legt beispielsweise mehr Wert auf das Image und den Namen des Produktes. Der andere Konsument ist wiederum preissensibler und stellt den Preis in den Mittelpunkt der Betrachtung. In dieser Fallstudie nutzt der Konsument bereits Produkte des Unternehmens Henkel. Als er herausfindet, dass auch das neue Produkt Terra ACTIV zum Unternehmen Henkel gehört, ist das Vertrauen in die Produktleistung so hoch, dass er sich für das Produkt entscheidet.
>
> *Kaufentscheidung:* Wenn jetzt keine weiteren Störfaktoren den Kauf beeinflussen, dann kauft der Konsument das Produkt. Bei dem Beispiel Terra ACTIV könnte ein Störfaktor z.B. der hohe Preis des Produktes in einem Geschäft (situativer Faktor) oder die Haltung

> anderer Personen sein. Beispielsweise äußern sich die Verantwortlichen von Greenpeace sehr kritisch über die Werbeaussagen der Marke Terra ACTIV. Einige Vertreter dieser Institution behaupten, dass Henkel für seine Terra ACTIV Produkte kein Öl mit dem Prädikat „Nachhaltig" nutzt (Quelle: www.greenpeace-magazin.de (April 2010)). In diesem Beispiel halten weder der Preis, noch die Kommunikation von Greenpeace den Konsumenten ab und er kauft das Produkt in einem Supermarkt.
>
> *Verhalten in der Nachkaufphase:* Ist der Konsument in der Nachkaufphase mit dem Produkt zufrieden und es kommen keine Zweifel an der Entscheidung auf, so kann es zum einen zu weiteren Käufen des gleichen Produktes kommen. Zum anderen sind aber auch Käufe weiterer Produkte denkbar. Der Konsument würde dann ggfs. nicht nur Terra ACTIV für die Wäsche, sondern ein anderes Produkt aus dem Sortiment für das Geschirr in der Küche verwenden. Hervorgerufen durch die hohe Zufriedenheit kann es zur Bindung des Konsumenten an das Produkt kommen und der Konsument empfiehlt das Produkt ggf. weiter.

Parallel zum Kaufentscheidungsprozess kann auch die *Einkaufsstättenwahl* (Wo kaufe ich ein?) nach ähnlichem Muster ablaufen (Vgl. Meffert, 1998). Insgesamt ist festzustellen, dass es sich bei dieser Fünf-Phasen-Darstellung um ein sog. Totalmodell handelt, welches darauf abzielt, den gesamten Entscheidungsprozess des Konsumenten von der ersten Wahrnehmung des Bedarfs bis hin zum Verhalten in der Nachkaufphase darzustellen. Darüber hinaus hat die Kaufverhaltensforschung auch zahlreiche Partialmodelle (Teilmodelle) hervorgebracht, die nur eine bestimmte Teilphase des Kaufentscheidungsprozesses untersuchen. Von diesen Modellen soll im Folgenden das S-O-R-Modell vorgestellt werden.

3.4 S-O-R-Modell

Eine der wichtigsten Fragen im Marketing betrifft die Reaktion des Kunden auf konkrete Marketingaktivitäten. Lehnt der Kunde das Produkt ab? Aufgrund welcher Argumente findet der Kunde das Produkt gut oder weniger gut? Was empfindet der Kunde, wenn die Kommunikation für ein Produkt wahrgenommen wird? Warum gefällt einem Kunden das Produkt vom Wettbewerb möglicherweise besser?

Nicht nur für das operative Marketing und der damit verbundenen Gestaltung des Marketing-Mix ist die Frage nach der Reaktion auf Marketingaktivitäten von Bedeutung. Auch auf Unternehmensebene wird oftmals kritisch gefragt, „Was bringt das Ganze?" Dies ist bedingt durch die teils sehr hohen Investitionsaufwendungen für Marketingmaßnahmen. Es wird also häufig auch die Frage nach dem ROI (Return on Investment) der Marketinginvestitionen (z.B. Investition in die Erschließung eines neuen Kundensegments) gestellt, was zu Deutsch die Frage nach der Rendite des eingesetzten Kapitals ist. Dadurch hat in der Wissenschaft und bei Unternehmen das S-O-R-Modell in den vergangenen Jahren an Bedeutung gewonnen.

In diesem sehr vereinfachten Modell geht es um die Frage, wie ein Stimulus (S) auf den Kunden bzw. Organismus (O) genau wirkt und welche Response (R) der Organismus in der Folge auf den Stimulus zeigt. Das S-O-R-Modell zählt damit zu den verhaltenswissenschaftlichen, sog. behavioristischen, Ansätzen. Bei diesem Ansatz wird das konkrete Verhalten von Kunden und Unternehmen im Rahmen des Austauschprozesses vertiefend betrachtet. Dazu zählen z.B. Kaufentscheidungsprozesse, die Wirkung von Marketingmaßnahmen aber auch die Typologisierung von Kundentypen. Ausgehend vom klassischen S-O-R-Modell, bei dem die Stimuli zunächst nur zu beobachtbaren Reaktionen führten, der Organismus also als nicht beobachtbare „Black Box" verstanden wurde, stellt die nachfolgende Abbildung auch Details zum Organismus dar. Diese Betrachtungsweise basiert auf einem neobehavioristischen Erklärungsansatz. Grundlage dafür ist die Annahme, dass zunächst messbare und beobachtbare Variablen existieren und das Kaufverhalten beeinflussen. In diesem Zusammenhang sind auch intervenierende Variablen zugelassen, die sich nur indirekt über Indikatoren empirisch erfassen lassen.

Abbildung 3.3 Neobehavioristisches S-O-R-Modell
(Quelle: Vgl. Kroeber-Riel/Weinberg, 2003, S. 325 ff.)

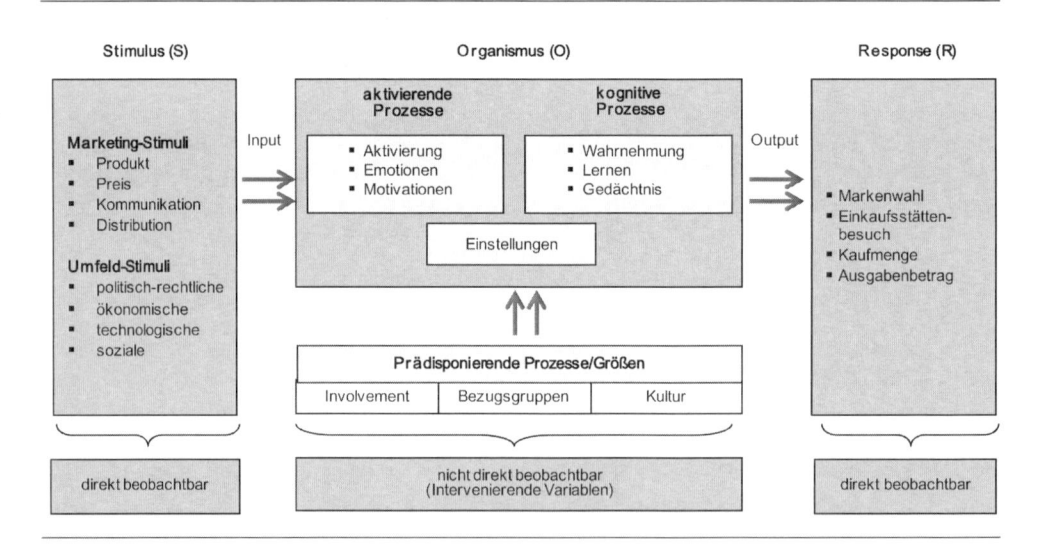

Stimulus (S)		Organismus (O)			Response (R)
Marketing-Stimuli • Produkt • Preis • Kommunikation • Distribution **Umfeld-Stimuli** • politisch-rechtliche • ökonomische • technologische • soziale	Input →	**aktivierende Prozesse** • Aktivierung • Emotionen • Motivationen	**kognitive Prozesse** • Wahrnehmung • Lernen • Gedächtnis	Output →	• Markenwahl • Einkaufsstättenbesuch • Kaufmenge • Ausgabenbetrag
		Einstellungen			
		↑↑			
		Prädisponierende Prozesse/Größen Involvement | Bezugsgruppen | Kultur			
direkt beobachtbar		nicht direkt beobachtbar (Intervenierende Variablen)			direkt beobachtbar

Das neobehavioristische S-O-R-Modell besteht also aus direkt beobachtbaren Stimuli (Marketing-Mix), die auf den nicht direkt beobachtbaren Organismus mit seinen individuellen aktivierenden und kognitiven Prozessen wirken. Ergebnis ist eine wiederum direkt beobachtbare Reaktion z.B. der Kauf eines Produktes. Dabei unterteilen sich die nicht beobachtbaren intervenierenden Variablen in Prozess-Konstrukte (aktivierende und kognitive) und sog. prädisponierende Prozesse. Letztere bestehen bereits vor dem Eingang eines Stimulus (z.B. die kulturelle Zugehörigkeit). Im folgenden Kapitel sollen diese zentralen Bestimmungsfaktoren (intervenierende Variablen) des Kaufverhaltens, die das individuelle Verhalten des Organismus erklären, näher erläutert werden.

3.5 Zentrale Bestimmungsfaktoren des Kaufverhaltens

Der Kaufentscheidungsprozess eines Konsumenten (Vgl. „O" im S-O-R-Modell) wird durch sehr vielfältige Faktoren beeinflusst. Ausgehend von einer verhaltenswissenschaftlichen Erklärung des Käuferverhaltens lassen sich die Einflussfaktoren auf das individuelle Kaufverhalten eines Konsumenten in vier Bereiche unterteilen:

1. Kulturelle Determinanten
2. Soziale Determinanten
3. Persönliche Determinanten
4. Psychische Determinanten

In folgendem Schalenmodell werden diese Bestimmungsfaktoren des Kaufverhaltens, die sich jeweils aus mehreren Determinanten zusammensetzen, dargestellt.

Abbildung 3.4 Schalenmodell des Kaufverhaltens
(Quelle: Vgl. Foscht/Swoboda, 2007, S. 33)

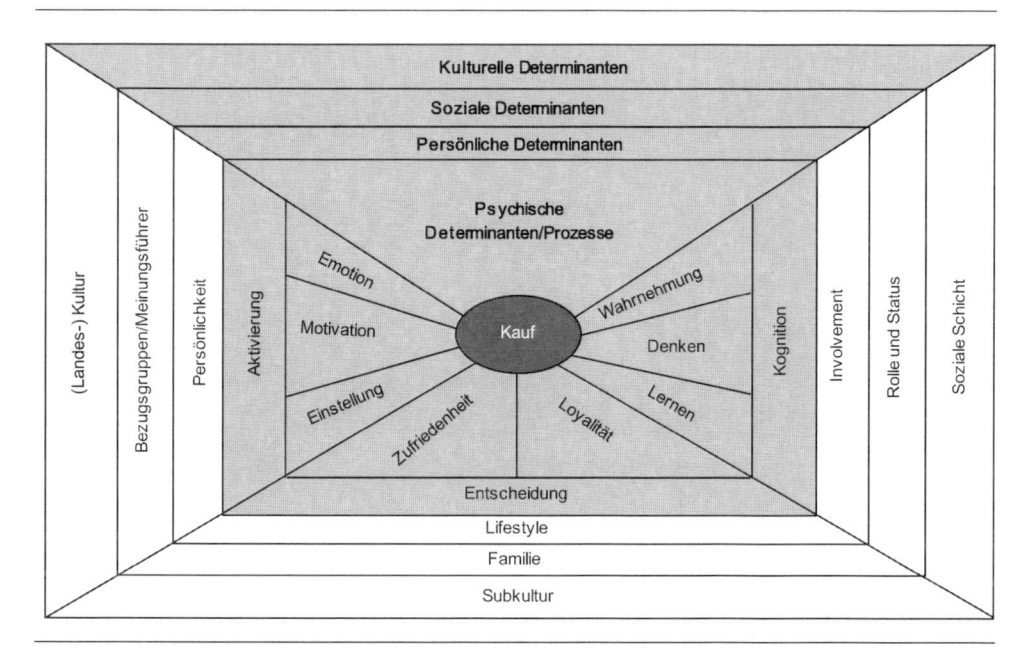

Insgesamt sei angemerkt, dass es in der Kaufverhaltensforschung eine Vielzahl verschiedener Einflussfaktoren gibt. Das in obiger Abbildung dargestellte Schalenmodell bietet eine gute Orientierung, um das Kaufverhalten eines Konsumenten zu erläutern. Ausgehend von der äußeren Schale „Kulturelle Determinanten" werden die einzelnen tiefergehenden Einflüsse bis hin zu den individuellen psychischen Determinanten und Prozessen, die schlussendlich zum Kauf oder Nicht-Kauf führen, dargestellt.

3.5.1 Kulturelle Determinanten

Zu den kulturellen Determinanten gehören neben der *(Landes-) Kultur* auch ggf. die *Subkultur* und die *soziale Schicht*, der ein Konsument angehört.

1. Kultur

Der Begriff Kultur bezieht sich auf eine Gruppe von Menschen. Diese Mitglieder in einer Kultur haben eine Vielzahl von übereinstimmenden Verhaltensmustern. Das sind z.B. grundlegend erlernte und übereinstimmende Werte, Bedürfnisse, Einstellungen und Verhaltensweisen innerhalb einer sozialen Einheit. In diesen sozialen Einheiten finden sich vergleichbare Verhaltens- und Denkmuster, die durch Symbole erworben und weitergegeben werden. Dabei können sich die sozialen Einheiten auf ein Unternehmen, eine Region oder aber auch auf die gesamte Landeskultur beziehen, die für die Mitglieder einer sozialen Einheit prägend ist (Vgl. Foscht/Swoboda, 2007; Hofstede, 1993).

Die besondere Herausforderung für das Marketing ist zum einen das Verstehen einer Kultur insgesamt und zum anderen die Prognose des Wertewandels. Letzteres ist vor allem bei der Bearbeitung von internationalen Märkten sowie der Entwicklung von neuen Produkten von großer strategischer Relevanz.

2. Subkultur

Der Begriff der Subkultur beschreibt hingegen eine kleinere Untergruppe innerhalb einer Kultur. Die Gruppe teilt gemeinsame Lebenserfahrungen und -situationen sowie ein gemeinsames Wertesystem (z.B. unterschiedliche Nationalitäten, Religionen, ethnische Gruppen oder geografische Regionen). Das ist insbesondere interessant für Nischenanbieter. Die folgende Grafik zeigt exemplarisch den Anteil und damit die Bedeutung von Konsumenten mit Migrationshintergrund in Deutschland.

Bei einer Betrachtung des Migrationshintergrunds ausländischer Mitbürger fällt auf, dass die höchste Zahl aus der Türkei und Italien stammt. Im Marketing findet sich eine Vielzahl von Aktivitäten, die für eigene Subkulturen entwickelt wurden. So wurde von der Marke SEAT eine Kommunikationskampagne eigens für die türkischen Mitbürger in Deutschland konzipiert.

Das Ziel war es, u.a. die besonderen Bedürfnisse und Einstellung in dieser Subkultur gezielter und damit erfolgreicher anzusprechen. Dahinter verbirgt sich das Projekt „SEAT Türkçe Konuşuyor" (SEAT spricht türkisch). In dem gleichen Rahmen wurde auch eine separate türkische Website entwickelt. Seit 2005 ist dort die Kommunikation inkl. des Kunden-Service in türkischer Sprache verfügbar.

Abbildung 3.5 Anzahl Konsumenten mit Migrationshintergrund und Herkunft 2008
(Quelle: Statista, 2010)

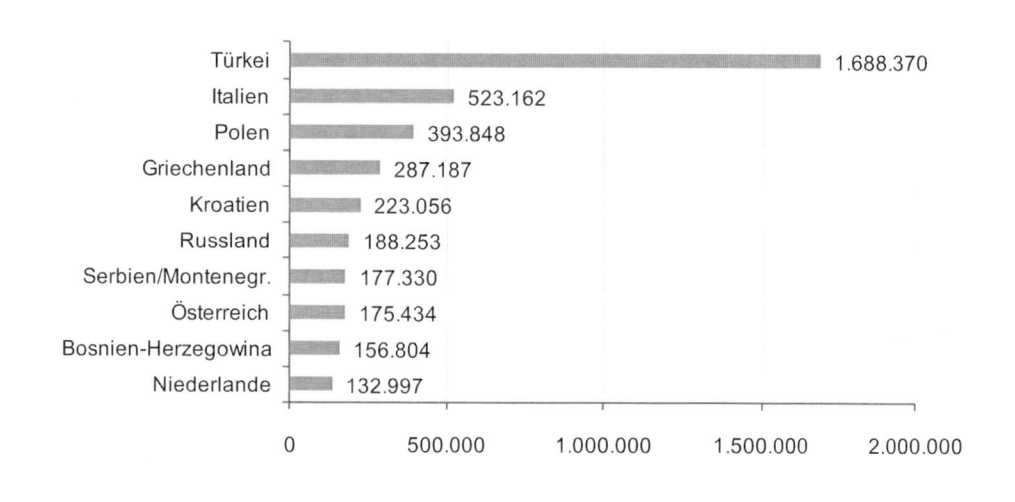

Land	Anzahl
Türkei	1.688.370
Italien	523.162
Polen	393.848
Griechenland	287.187
Kroatien	223.056
Russland	188.253
Serbien/Montenegr.	177.330
Österreich	175.434
Bosnien-Herzegowina	156.804
Niederlande	132.997

3. Soziale Schicht

Die soziale Schicht umfasst Personen mit gleichem Status, die sich durch gleiche Merkmale wie Beruf, Herkunft, Einkommen, Besitz u.a. auszeichnen (Vgl. Nieschlag et al., 2002). Damit ist die soziale Schicht ein zeitlich relativ stabiler Teil einer Gesellschaft. Diese Gesellschaft und deren jeweilige Mitglieder besitzen ähnliche Werte, Interessen und Verhaltensweisen. Diese werden i.d.R. nicht über ein einziges Merkmal, z.B. Einkommen, sondern als Kombination verschiedener Kriterien wie z.B. Beruf, Einkommen, Ausbildung, Vermögen etc. festgelegt. Klassensysteme und der Anteil der jeweiligen Schichten variiert je nach Wohlstand des Landes. Auch die Gebundenheit des Konsumentenverhaltens an die soziale Schicht unterscheidet sich zwischen verschiedenen Ländern.

3.5.2 Soziale Determinanten

Soziale Determinanten des Käuferverhaltens umfassen einmal die jeweiligen *Bezugsgruppen*, zu denen der Konsument sich zugehörig fühlt, desweiteren die *Familie* des Konsumenten und die *Rolle bzw. Statusausprägungen* des Konsumenten.

1. Bezugsgruppen

Bewusst oder unterbewusst bilden sich soziale Gruppen innerhalb von Konsumenten. Charakteristisch für eine soziale Gruppe ist ein Zusammengehörigkeitsgefühl. Das sind zum einen *Primärgruppen*, zu denen neben Freunden und Nachbarn auch die Familie zählt. Zum anderen sind das die *Sekundärgruppen*, die ein eher formal begründetes Verhältnis zueinander haben. Dazu lassen sich Gewerkschaften oder religiöse Gruppen beispielhaft anführen. Im Marketing ist es weiterhin wichtig, Bezugsgruppen in Zugehörigkeitsgruppen und Referenzgruppen zu unterscheiden. *Zugehörigkeitsgruppen* sind dabei Gruppen, denen ein Individuum selber angehört (i.d.R. sind dies die Primärgruppen und/oder Sekundärgruppen). Von ihnen geht ein direkter Einfluss auf das Käuferverhalten aus. *Referenzgruppen* sind Gruppen, nach denen ein Konsument sein Verhalten ausrichtet. Dabei kann der Konsument selber Bestandteil der Referenzgruppe sein, dann besteht Deckungsgleichheit zwischen Zugehörigkeits- und Referenzgruppe.

Die Referenzgruppe dient dem Konsumenten weiterhin als indirekter oder direkter Vergleichspunkt. Bei der Einstellungs- und Verhaltensbildung nehmen die Personen Bezug darauf. Referenzpunkt für einen Zehnjährigen könnte z.B. der Basketballspieler Dirk Nowitzky sein. Dabei haben die jeweiligen Gruppen auch Einfluss auf die Prägung von Lebensstilen inkl. der Verhaltensmuster. Beeinflusst werden Überzeugungen oder Selbstbild einer Person. Aus Sicht des Unternehmens ist dabei insbesondere die Markenwahl von Bedeutung.

Abbildung 3.6 Gruppeneinfluss auf das Kaufverhalten
(Quelle: Vgl. Kotler et al., 2007, S. 315)

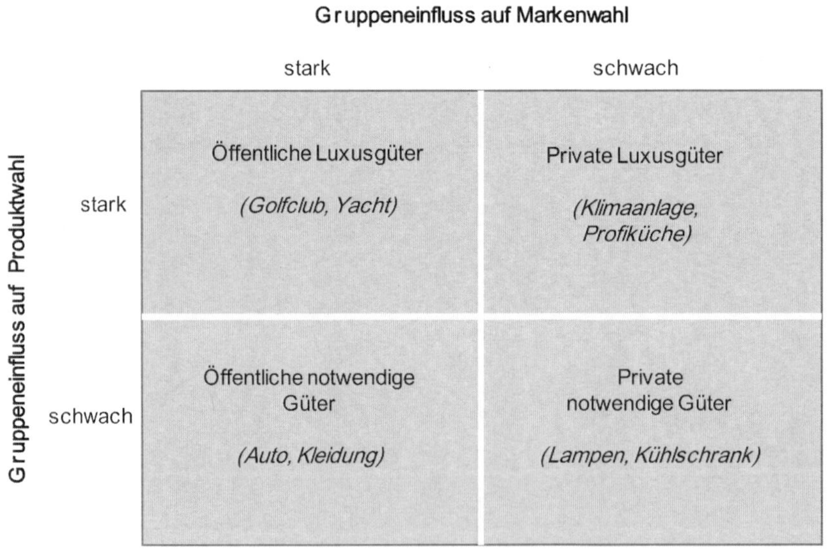

Gruppeneinfluss auf Markenwahl

Gruppeneinfluss auf Produktwahl		stark	schwach
	stark	Öffentliche Luxusgüter (Golfclub, Yacht)	Private Luxusgüter (Klimaanlage, Profiküche)
	schwach	Öffentliche notwendige Güter (Auto, Kleidung)	Private notwendige Güter (Lampen, Kühlschrank)

Die obige Abbildung verdeutlicht die unterschiedlichen Intensitätsgrade des Gruppeneinflusses auf Produkt- und Markenwahl, wobei auf der vertikalen Achse der Gruppeneinfluss auf die Produktwahl und auf der horizontalen Achse der Gruppeneinfluss auf die Markenwahl dargestellt ist. In den entstehenden vier Feldern sind vier verschiedene Güter aufgeführt, die beispielhaft aufzeigen, welche Art von Gütern hier häufig vorzufinden ist.

Eine weitere Referenzfunktion geht von einzelnen Personen aus, die in einem Spezialgebiet Meinungsführer sind. Diese Meinungsführer (z.B. führende Ärzte) haben einen großen persönlichen Einfluss auf die Meinungsbildung und somit indirekt auch auf das Kaufverhalten. Insgesamt haben Meinungsführer oftmals eine Verstärkerfunktion und bringen mittels ihrer Autorität Glaubwürdigkeit in Kommunikationsansätze von werbenden Firmen z.B. Dr. Best Zahnpflegeprodukte (Vgl. Foscht/Swoboda, 2007).

2. Familie

Die Familie oder Lebenspartner-Familie ist für den Konsumenten eine zentrale soziale Gemeinschaft. Das ist zum einen die Herkunftsfamilie, in der der jeweilige Konsument aufgewachsen ist. Zum anderen ist es die Familie, die der Konsument später selbst gründet. Im Rahmen von Kaufentscheidungen beeinflusst der Austausch beider Familienarten auch den Kaufentscheidungsprozess. Dieser Einfluss ist je nach Produktkategorie sehr unterschiedlich. Ein Beispiel für die gegenseitige Beeinflussung in der Familie ist z.B. der Kauf von Autos. So nehmen Kinder und Jugendliche, obwohl sie erst in vielen Jahren ein Auto kaufen werden, bereits deutlichen Einfluss auf die Kaufentscheidung ihrer Eltern. Beim Kauf eines Autos, beträgt der durchschnittliche Mitbestimmungsgrad 20 Prozent (Vgl. Kotler et al., 2007).

3. Rolle und Status

Rolle und Status werden durch die Position des Konsumenten in der Gesellschaft bestimmt. Denn zu jeder beruflichen und gesellschaftlichen Position gehören bestimmte Verhaltensweisen, die vom Träger dieser Position erwartet werden. Dabei kann die Rolle das gesamte Verhalten des Konsumenten verschieden stark durchdringen. Insgesamt hat die soziale Rolle einen Einfluss auf das Kaufverhalten von Konsumenten, denn es bestehen Erwartungen an den Konsumenten, die sich aus seiner Rolle herleiten lassen (Vgl. Foscht/Swoboda, 2007).

Beruf und die finanzielle Situation ermöglichen ferner erst eine bestimmte Rolle, ihren Status und das damit verbundene Kaufverhalten. Denn, ob ein Konsument in der Lage ist, sich ein bestimmtes Produkt zu kaufen, hängt in der Regel mit seinem Beruf bzw. seiner finanziellen Situation zusammen. In der Konsequenz fokussieren sich Unternehmen, die Luxusprodukte anbieten, auch auf bestimmte Berufsbilder (z.B. Rechtsanwälte, Ärzte, Manager, Unternehmer).

3.5.3 Persönliche Determinanten

Die persönlichen Determinanten bezeichnen neben der *Persönlichkeit* auch die Konstrukte *Lifestyle* und *Involvement* (Grad der Ich-Beteiligung bei der Kaufentscheidung).

1. Persönlichkeit

Mit der Persönlichkeit sind die psychologischen Besonderheiten der Konsumenten gemeint. Die Persönlichkeit stellt dabei einen Grundrahmen dar, in welchem sich Kaufverhaltensmuster abspielen. In der Psychologie haben sich verschiedene Persönlichkeitsmodelle herausgebildet, die auf unterschiedlichen Eigenschaften (z.B. Extroversion, Verlässlichkeit, Gewissenhaftigkeit, emotionale Stabilität, Offenheit) beruhen. Je nach Ausprägung der Persönlichkeitseigenschaften, ist auch mit relativ stabilen oder unvorhersehbaren Reaktionen auf Marketingstimuli zu rechnen. Unternehmen nutzen die Persönlichkeit von Konsumenten zum Beispiel in der Kommunikation. So werden in der Werbung für einige Biere bewusst Situationen ausgewählt, die gesellige Personen im Umkreis mit anderen Menschen zeigen.

Darüber hinaus besteht beim Selbstbild (Bild, das eine Person von sich selber hat) die Annahme, dass die Produkte, die der Kunde kauft, dazu dienen, die Persönlichkeit angemessen darzustellen. Nach Karmasin (2007) sind nicht nur die Produkte als Botschaften für den Konsumenten von Bedeutung. Sie sind auch von Bedeutung für die Bildung und Festigung eines Selbstbildes. Denn Produkte ermöglichen dem Individuum seiner Persönlichkeit entsprechend, die Erzeugung eines vermeintlich einzigartigen und unverwechselbaren Selbstbildes. So spiegelt die Verwendung der Premium-Tiernahrung von SHEBA beispielsweise seitens des Konsumenten die Botschaft wider, besonders fürsorglich mit der Katze umzugehen.

2. Lifestyle

Das Konstrukt des Lifestyles oder Lebensstils umfasst neben den Werten noch weitere Facetten des Konsumentenverhaltens. In dem Lebensstil eines Konsumenten spiegeln sich bestimmte Lebensschemata und Verhaltensmuster wider. Dabei steht der Begriff des Lebensstils für eine Zugehörigkeit zu bestimmten Klassen sowie Mustern der Persönlichkeit. Dieses drückt sich durch bestimmte Meinungen, Aktivitäten oder Interessen aus.

Eine aktuelle Studie, die sich mit den verschiedenen Lebensstilen beschäftigt, trägt den Titel „Lebensstile 2020" und wird vom Zukunftsinstitut herausgegeben. Gemäß dieser Studie unterliegen künftige Lebensstile einer hohen Wandlung und Dynamik:*„60-Jährige stürmen mit ihren Snowboards die Pisten. Mittzwanziger legen sich einen Schrebergarten zu und Schüler gründen in ihrer Freizeit nebenbei Millionen-Unternehmen. Der Megatrend Individualisierung fegt mit gewaltiger Macht über die modernen Lebensbiographien."* (www.zukunftsinstitut.de (August 2010)). Mit Hilfe von zwölf verschiedenen Typologien werden Konsumenten in ihrem Verhalten charakterisiert. Als ein Beispiel für eine Typologie wird die „Latte-Macchiato-Familie" genannt. Diese Familie hat bereits Kinder bekommen, möchte aber trotzdem die Genusskultur sowie die sozialen Bindungen nicht verlieren. In diesem Kontext wird diese Familie auch als urbanhedonistische Familie bezeichnet.

3. Involvement

Das Involvement stellt eine spezielle Form der Aktivierung eines Konsumenten dar. Es wird auch als Grad der „Ich-Beteiligung" am Kaufentscheidungsprozess bezeichnet. Insgesamt bezeichnet das Involvement die zielgerichtete Form der Aktivierung des Konsumenten zur Suche, Aufnahme, Verarbeitung und Speicherung von Informationen (Vgl. Trommsdorff, 2004). Es können verschiedene Ausprägungen von Involvement unterschieden werden. Je nachdem, ob ein Konsument hohes oder geringes Interesse an einem Produkt oder einer Marke hat, kann eine Einteilung in *High* und *Low Involvement* erfolgen. Der Prozess, der zur Kaufentscheidung führt, ist jeweils sehr unterschiedlich. Besitzt der Kunde ein hohes Involvement an einem Produkt oder einer Dienstleistung, bemüht er sich aktiver um den Informationserwerb bzw. die Informationsverarbeitung. Besitzt ein Kunde ein geringes Involvement, ist auch sein Aktivitätsgrad im Kaufprozess sowie die Komplexität des Entscheidungsprozesses insgesamt deutlich geringer ausgeprägt (siehe folgende Abbildung).

Abbildung 3.7 Involvement und Kaufverhalten
(Quelle: Kotler et al., 2007, S. 332)

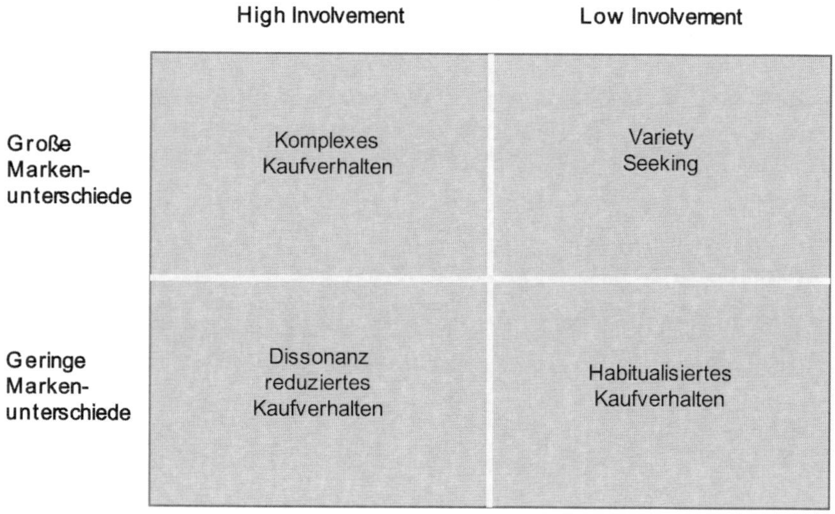

	High Involvement	Low Involvement
Große Markenunterschiede	Komplexes Kaufverhalten	Variety Seeking
Geringe Markenunterschiede	Dissonanz reduziertes Kaufverhalten	Habitualisiertes Kaufverhalten

Die obige Darstellung beschreibt vier unterschiedliche Involvement-Typen bei Kaufentscheidungen. Dabei wird hohes oder geringes Involvement zusätzlich je nach Marktsituation differenziert betrachtet. Je nachdem, ob in einem bestimmten Markt große oder weniger große Unterschiede zwischen den angebotenen Marken existieren, wird das Involvement noch einmal unterteilt. Auf diese Weise entstehen vier Arten der Kaufentscheidung.

- **Komplexes Kaufverhalten:** In dieser Situation existieren große Unterschiede zwischen den einzelnen Marken am Markt (z.B. Digitalkameras) und gleichzeitig ist der Konsument sehr hoch involviert. Im Rahmen der Informationssuche ist der Konsument an den detaillierten Ausstattungs- und Leistungsmerkmalen interessiert und vergleicht diese markenübergreifend.

- **Dissonanz reduzierendes Kaufverhalten:** Für den Konsumenten lassen sich zwischen den am Markt angebotenen Marken kaum Unterschiede identifizieren (z.B. Wandfarbe weiß). Dadurch dass der Kunde keine Unterschiede erkennt, gewinnen andere Aspekte (z.B. Preis) eine größere Bedeutung. Sollte der Kunde nach dem Kauf dann Nachteile entdecken, kann Unzufriedenheit über die getroffene Entscheidung entstehen (Nachkauf-Dissonanz).

- **Variety Seeking:** Variety Seeking beschreibt ein Konsumentenverhalten, das durch den regelmäßigen Wechsel von Marken zu charakterisieren ist (z.B. Schokolade). Der Kunde ist möglicherweise an den Marken bzw. dem Markt interessiert, aber er wechselt grundsätzlich bei Bedarf einfach die Marke. Er sucht Abwechslung und Vielfalt.

- **Habitualisiertes Kaufverhalten:** Das Habitualisierte Kaufverhalten eines Konsumenten spiegelt alltägliche Gewohnheitskäufe mit niedrigem Involvement und geringer Informationssuche wider (z.B. Lebensmittel des täglichen Bedarfes). Der Kunde ist hier nur gering an den Marken interessiert und darüber hinaus finden sich am Markt auch nur Marken, die wenige Unterschiede bei Leistungsmerkmalen aufweisen.

Für die Ausgestaltung des Marketing-Mix hat das Konstrukt Involvement eine große praktische Bedeutung: So sollten Unternehmen beachten, ob das Involvement eines Konsumenten bezogen auf das zu vermarktende Produkt eher hoch oder gering ist. Liegt ein hohes Involvement vor, so kann dieses genutzt werden, um die Konsumenten gezielt anzusprechen.

Auch können Unternehmen versuchen, das Involvement eines Konsumenten bzgl. eines Produktes gezielt zu beeinflussen (Vgl. Homburg/Krohmer, 2006). Z.B. kann auf die Umweltverträglichkeit eines Produktes hingewiesen werden – zusätzlich kann in der Werbung auf Nachhaltige Wirtschafssysteme (z.B. Initiative Greenpalm in der Kommunikation von Terra ACTIV) hingewiesen werden.

3.5.4 Psychische Determinanten und Prozesse

Die psychischen Determinanten bzw. Prozesse sind Bestandteil des neobehaviouristischen Ansatzes, welcher die Basis des S-O-R-Modells darstellt. Grundsätzlich wird hier in *aktivierende* und *kognitive* Prozesse unterschieden, die durch die jeweilige Zufriedenheit und Loyalität des Konsumenten ergänzt werden (Vgl. Foscht/Swoboda, 2007).

1. Aktivierende Prozesse und Zustände umfassen dabei neben der *Aktivierung* als neurophysiologischen Zustand des Konsumenten auch die individuellen Zustände *Emotion, Motivation* und *Einstellung*.

a. Aktivierung

Der Begriff der Aktivierung charakterisiert eine Erregung des zentralen Nervensystems, die den Körper in den Zustand der Leistungsbereitschaft versetzt. Da das Gehirn Informationen im menschlichen Organismus in einer gewissen Priorität behandelt, besitzen derartige Aktivierungszustände teils große Bedeutung für die Handlungsweisen von Konsumenten. Aktivierung stellt also zunächst die Voraussetzung für alle Antriebsprozesse - also jegliche menschliche Handlung - dar und ist somit auch für das Kaufverhalten essentiell. Sie versorgt den Organismus mit Energie und versetzt ihn in einen Zustand der Leistungsfähigkeit und –bereitschaft.

Wie in der folgenden Abbildung dargestellt, bestehen je nach Aktivierungsgrad verschiedene Leistungsniveaus. Dabei gilt, je höher das allg. Aktivierungsniveau, desto effizienter die Informationsaufnahme und Verarbeitung.

Im Marketing allgemein und der Kaufverhaltensforschung im Speziellen stellt sich nun die Frage, welche Vorgänge aktivierend auf den Konsumenten wirken, in dem sie einen Zustand innerer Erregung und Spannung auslösen.

Abbildung 3.8   Beziehung zwischen Aktivierung und Leistung
(Quelle: Vgl. Kroeber-Riel/Weinberg, 2003, S. 79)

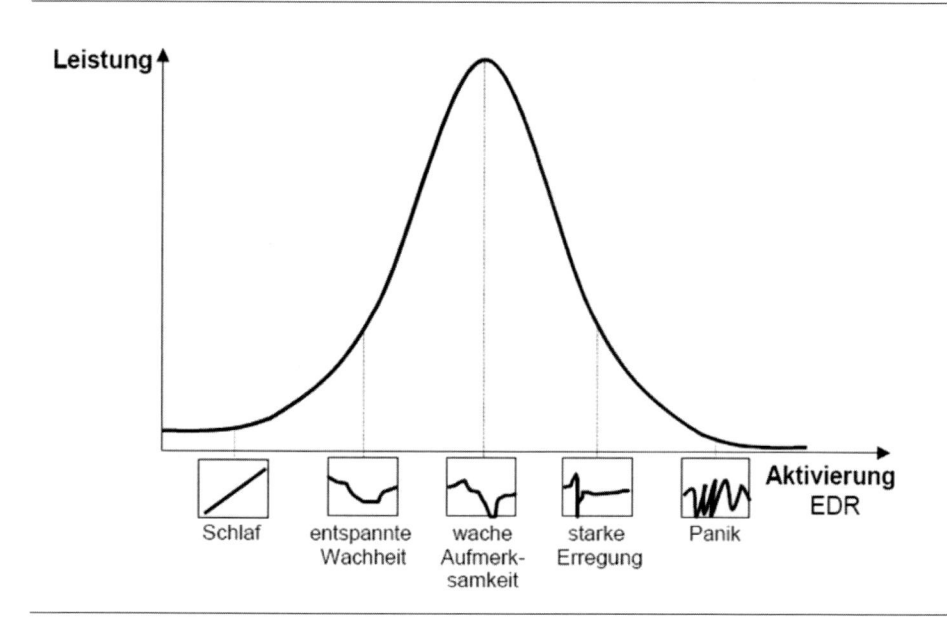

Für das Marketing und damit die Ausgestaltung des Marketing-Mix ist es von Bedeutung, dass ein Kommunikationselement mit einer höheren aktivierenden Wirkung zu einer höheren Informationsverarbeitung führt. Jedoch muss dies nicht zwangsläufig zu einem höheren Kommunikationserfolg führen.

Die aktivierende Wirkung von Plakaten erklärt sich oftmals über kognitive Reize, bei denen es z.B. zu kognitiven Konflikten kommt, und über emotionale Reize (z.B. über Kinder, Haustiere). Darüber hinaus können auch physische Reize wie Farben, Gerüche oder Töne aktivierend auf den Konsumenten wirken.

b. Emotion

Emotionen sind das „trojanische Pferd", um Konsumenten zu erreichen. Sie sind innere Erregungszustände, die vom Konsumenten als angenehm oder unangenehm empfunden werden. Dabei sind Emotionen das Resultat aus Aktivierung und einer Interpretation (Vgl. Kroeber-Riel/Weinberg, 2003; Foscht/Swoboda, 2007).

Emotionen (z.B. Freude, Überraschung, Zorn, Kummer) manifestieren sich ferner als Aktivierungszustände und lassen sich auf drei Verhaltensebenen untersuchen. Das sind zum einen neurophysiologische Vorgänge (z.B. Blutdruck, Herzfrequenz etc.) und zum anderen die beobachtbare Erlebnisebene (Mimik, Gestik, Stimme). Ferner lassen sich Emotionen auf der subjektiven Ebene bestimmen (z.B. Erfassung anhand sprachlicher Angaben). Dem Konsumenten wird hier unterstellt, dass er in der Lage ist, seine Emotionen bewusst wahrzunehmen und das auch entsprechend zu äußern. In der Kommunikationspolitik des Marketing stellen emotionale Reize (z.B. das Kindchenschema) ein klassisches Instrument dar, um Konsumenten zu aktivieren. Eine genaue Kenntnis der Emotionen der jeweiligen Zielgruppe ist dabei entscheidend für den Kommunikationserfolg.

c. Motivation

Es besteht weitgehend Einigkeit darüber, dass die Motivation, bzw. das Bedürfnis eines Kunden, Anhaltspunkte darüber gibt, warum ein Kunde ein bestimmtes Produkt kauft oder nicht. Dabei richtet die Motivation das Verhalten des Kunden auf ein bestimmtes Objekt hin aus. Damit stellt die Motivation den Beweggrund bzw. die inneren Antriebskraft für die konkrete Aktion dar.

Die Motive hingegen beschreiben die grundsätzliche Bereitschaft eines Kunden für das konkrete Kaufverhalten. Motive sind eher längerfristig vorhanden und sind insofern der konkreten und aktuellen Motivation für einen Kauf vorgelagert. Es sind somit eher grundsätzliche Neigungen und Bestrebungen.

d. Einstellungen und persönliche Werte

Einstellungen eines Konsumenten beschreiben ein Denkmuster hinsichtlich eines konkreten Meinungsgegenstandes (z.B. gegenüber der Marke Spee von Henkel). Diese Denkmuster werden auch als Prädispositionen beschrieben. Das ist die innere Bereitschaft auf einen Stimulus im Rahmen des S-O-R-Modells zu reagieren. Diese Reaktion ist je nach Einstellung z.B. eine Ablehnung oder eine positive Reaktion. Einstellungen sind relativ konstante Bewertungen im Hinblick auf Produkte und Dienstleistungen.

Je positiver die Einstellung gegenüber einem Produkt ist, desto höher die Wahrscheinlichkeit, dass der Kunde das Produkt kauft. Einstellungen besitzen *affektive* Komponenten (z.B. Gefühl gegenüber einer Marke), *kognitive* Komponenten (z.B. Wissen über eine Marke) und *konative* Komponenten (z.B. Bereitschaft eine Marke zu erwerben).

Im Vergleich zu den Einstellungen eines Konsumenten, von denen tausende existieren, finden sich nur relativ wenige persönliche *Werte*, vor allem übergreifende, globale Werte. Dabei sind Werte auch langfristig stabiler. Vergleichbar den Einstellungen stehen Werte für eine bestimmte Auffassung. Diese Auffassung beeinflusst das Handeln des Konsumenten, da diese festlegt, was der Konsument für wichtig hält oder was nicht. Darüber hinaus geben Werte vor, was der einzelne Konsument grundsätzlich anstreben soll.

Fallstudie Henkel: Im Marketing-Mix des Unternehmens Henkel finden sich bezogen auf das Produkt Spee Colour verschiedene aktivierende Prozesse wieder. Zunächst wird das Qualitätsbewußtsein „Schutz von Farben, die gleichzeitg bunt strahlen" durch das Waschen mit Spee Colour befriedigt. Darüberhinaus wird der Konsument angesprochen, der ein ausgeprägtes Kostenbewußtsein hat, d.h. gegenüber Waschmitteln nur eine begrenzte Preisbereitschaft besitzt, also „schlau wäscht".

Abbildung 3.9 Kommunikation der Marke Spee von Henkel
(Quelle: Henkel, 2010)

Die Marke Terra hingegen verfolgt eine andere Kommunikationsstrategie. Hier steht die Natürlichkeit und Nachhaltigkeit im Vordergrund. Es ist anzunehmen, dass der Zielkonsumt des Produktes Terra ACTIV ein höheres Bedürfnis nach Produkten hat, welche Ressourcen schonend sind. Seine Motivation und Einstellung wird kognitiv aktivierend durch folgenden Claim angesprochen: „Topleistung auf Basis nachwachsender Rohstoffe. Die neue Qualität: Bio + Kraft".

2. Kognitive Prozesse und Zustände basieren auf der kognitiven (gedanklichen) Kontrolle des Kaufverhaltens und setzen sich zusammen aus den Konstrukten *Wahrnehmung, Denken* und *Lernen*. Dabei bezieht sich der Teilprozess Wahrnehmung auf die Informationsaufnahme, gefolgt von der Informationsverarbeitung im Teilprozess Denken und dem Teilprozess Lernen, der die Informationsspeicherung beschreibt.

a. Wahrnehmung (Informationsaufnahme)

Jeder Kunde nimmt Alltagssituationen unterschiedlich wahr. Entsprechend dieser Wahrnehmung ist auch das Verhalten hinsichtlich des Kaufs von Dienstleistungen und Produkten sehr unterschiedlich. Ein Ergebnis ist die selektive Wahrnehmung. Ein Grund ist z.B. der unterschiedliche Bedarf nach Statussymbolen. Bei dieser selektiven Verzerrung werden Informationen in Anlehnung an die persönliche Bedeutung abgewandelt. Das betrifft auch die Erinnerung. Informationen werden selektiv erinnert, wenn sie persönlichen Erfahrung oder Einstellungen des Kunden stärker entsprechen. Aufgrund dieser vielfältigen Verzerrung bei der Wahrnehmung werden damit Informationen sehr unterschiedlich interpretiert. Gerade in einer Zeit, in der die Konsumenten z.B. in der Werbung unter einer starken Reizüberflutung leiden, ist das von besonderer Bedeutung für Unternehmen. Der Wahrnehmungsprozess ist ein wichtiger Filter, um überhaupt zu dem Kunden durchzudringen.

b. Denken (Informationsverarbeitung)

Denken ist der Prozess der Informationsverarbeitung. Im Gegensatz zur Wahrnehmung, die einen Prozess der Informationsaufnahme darstellt, ist der Prozess „Denken" nicht unbedingt auf Reize aus der Umgebung angewiesen. Vor diesem Hintergrund definiert Trommsdorff (2004, S. 279) das Denken als „...*Prozess der Beurteilung, Ordnung, Abstraktion und Weiterentwicklung von Wahrnehmungen"*. Dabei wird bestehendes Wissen neu verknüpft. Das aus dem Denkvorgang entstandene, neue Wissen kann dabei eine verdichtete Information, ein Werturteil oder aber ein Verhaltensanstoß (wie z.B. eine Kaufentscheidung) sein.

c. Lernen (Informationsspeicherung)

Mit den Erfahrungen, die ein Konsument in seinem „Konsumentenleben" macht, ändert er auch sein Verhalten. Das am häufigsten diskutierte Prinzip ist das der klassischen Konditionierung. Grundlage der klassischen Konditionierung ist die Hypothese des automatisierten Reagierens auf Umweltreize. Der Mensch besitzt dabei ungelernte Reflexreaktionen. Treten parallel zu diesen Reflexen neutrale Reize auf, kann irgendwann eine Verknüpfung von Reiz und Reflex stattfinden. Von Unternehmen wird diese Art der Konditionierung z.B. in der Werbung genutzt. Ein Produkt (z.B. Biermarke Becks) wird immer wieder mit einem bestimmten Umfeld (z.B. Segelschiff) präsentiert. Irgendwann denkt der Kunde bei dem jeweiligen Produkt automatisch an die regelmäßig dargestellte Umgebung, obwohl er ggfs. nur das Produkt sieht. Probiert der Konsument das Produkt aus und das Produkt schmeckt dann tatsächlich nach herber Frische, wird er in der Annahme bestätigt. Lernen kann also eine Veränderung des Verhaltens bewirken und auf Erfahrung beruhen. Dabei repräsentiert es die Vorgänge der Informationsspeicherung (Vgl. Solomon, 2004).

Ein weiterer Ansatz, um den Lernprozess des Konsumenten besser zu verstehen, ist die Theorie des sozialen Lernens. Der Konsument beobachtet dabei das Umfeld in Form anderer Konsumenten. Auf Basis dieser Verhaltensweisen sowie der möglichen Konsequenzen der Person, die beobachtet wird, zieht der Konsument dann seine persönlichen Schlüsse. Beispielsweise beobachtet ein Konsument z.B. dass viele Personen ein neues Produkt (z.B. iPhone von Apple) erwerben und damit sehr zufrieden sind. Für diesen Konsument könnte das als Lerneffekt bedeuten, dass er auch ein solches Produkt kaufen wird. Weitere Prinzipien (z.B. elementare empirische Lerntheorien) werden zunächst nicht betrachtet.

3.6 Bedeutung des Käuferverhaltens für die Bildung von Marktsegmenten

Wie eingangs erwähnt, besteht eine der Hauptmotivationen für die Kaufverhaltensforschung darin, Marktsegmente zu definieren, die untereinander heterogen sind, intern aber eine möglichst homogene Reaktion auf die Stimuli des Marketing-Mix zeigen. Die über bestimmte Segmentierungskriterien gebildeten Segmente reagieren also unterschiedlich auf die Stimuli des Marketing-Mix (z.B. Kommunikationsstrategien). Dabei erlaubt eine genaue Kenntnis der Unterschiede eine möglichst gezielte Ansprache und Bearbeitung der einzelnen Segmente. Die oben dargestellten, zentralen Bestimmungsfaktoren des Käuferverhaltens bieten eine Fülle an Kriterien, welche sich zur Segmentierung heranziehen lassen. Für Unternehmen geht es vor dem eigentlichen Schritt der Segmentierung zunächst darum, einen relevanten Markt aus dem Gesamtmarkt abzugrenzen und diesen vertiefend zu beschreiben. Möglich ist das z.B. auf Basis der Verhaltensunterschiede unterschiedlicher Konsumentengruppen. Der relevante Markt spiegelt auch gleichzeitig das relevante Marktvolumen wider. Ist der relevante Markt abgegrenzt, kann das Unternehmen diesen im nächsten Schritt in einzelne Segmente unterteilen (siehe folgende Abbildung).

Abbildung 3.10   Relevanter Markt im Gesamtmarkt und die Aufteilung in Segmente

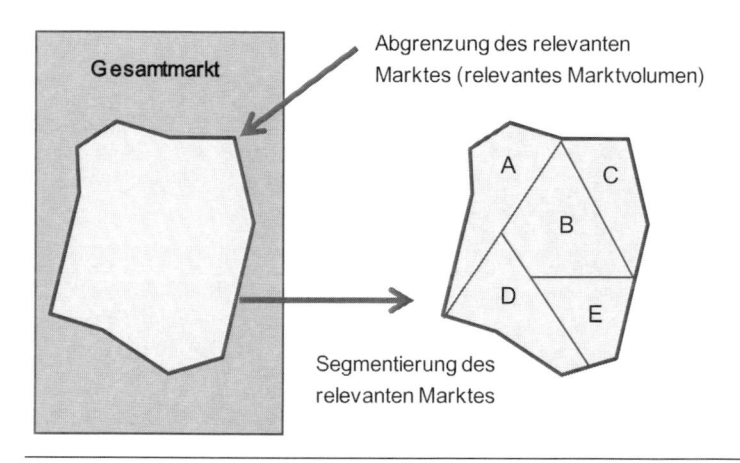

Einer der bekanntesten Ansätze der Segmentierung von Zielgruppen in Deutschland sind die **Sinus Milieus**, die vom gleichnamigen Sinus Institut betreut und weiterentwickelt wurden. Die soziokulturelle Landkarte der Sinus Milieus ist der Marketingforschung seit vielen Jahre auch als „Kartoffelgrafik" bekannt (siehe folgende Abbildung). Das Institut mit Sitz in Heidelberg versucht mit diesem Instrument, die Alltagswirklichkeit der Menschen und den soziokulturellen Wandel im Hinblick auf Märkte, Zielgruppen sowie Trends abzubilden. Unternehmen aus den Bereichen Konsum, Kultur, Ökologie, und Politik greifen auf diesen Ansatz zur Erklärung des Konsumentenverhaltens zurück. Als Kriterien zur Abgrenzung der sozialen Milieus werden u.a. die Lebensziele, das Gesellschaftsbild, die Freizeitgestaltung, die Wunsch- und Leitbilder für das Leben sowie grundsätzliche Lebensstile verwendet. Auf Basis dieser Kriterien stehen in der obigen Übersicht vor allem zwei Dimensionen im Mittelpunkt der Beschreibung. Das ist zum einen die soziale Lage. Diese wird aufgeteilt in Oberschicht/Obere Mittelschicht, die Mittlere Mittelschicht und die Untere Mittelschicht/Unterschicht. Auf der anderen Achse ist die Grundorientierung beschrieben. Dazu zählen z.B. die traditionellen Werte, die Modernisierung oder die Neuorientierung. In der Kombination entstehen so 10 Cluster, mit denen sich Kunden beschreiben lassen. Dazu zählen die „Bürgerliche Mitte" oder die „Hedonisten". Die folgende Tabelle skizziert in Verbindung mit den Bildern die einzelnen Cluster. Für die hier angeführte Fallstudie „Terra ACTIV" ist die Zielgruppe der LOHAS von großer Bedeutung. Das Sinus Institut hat diese Zielgruppe in Verbindung mit den Sinus Milieus vertiefend analysiert.

Abbildung 3.11 Sinus Milieus
(Quelle: Vgl. Sinus Sociovision (2010)

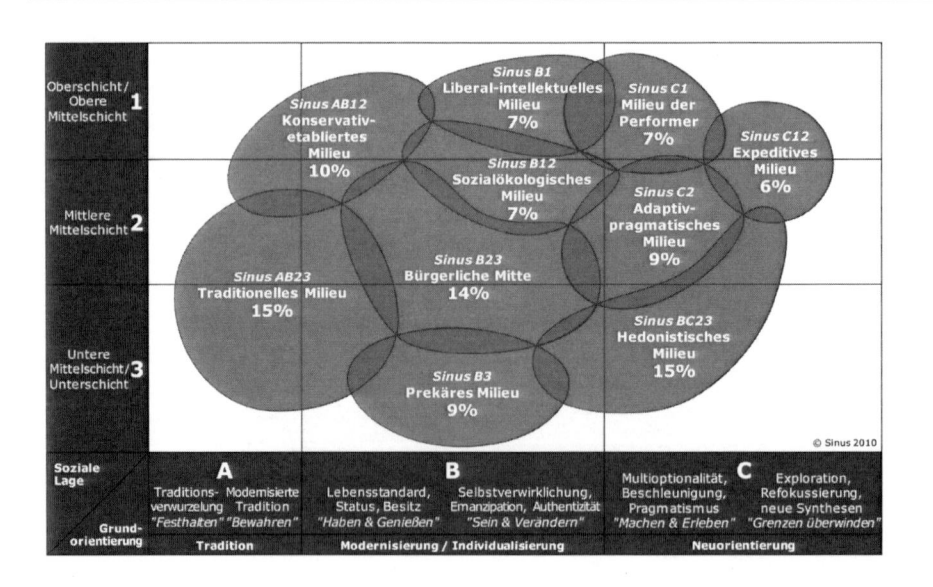

Tabelle 3.3 Erläuterung der zehn Sinus Milieus
(Quelle: Vgl. Sinus Sociovision (2006))

Gesellschaftliche Leitmilieus		
Sinus B1 (Etablierte)	10%	Das selbstbewusste Establishment: Erfolgs-Ethik, Machbarkeitsdenken und ausgeprägte Exklusivitätsansprüche
Sinus B12 (Postmaterielle)	10%	Das aufgeklärte Nach-68er-Milieu: Liberale Grundhaltung, postmaterielle Werte und intellektuelle Interessen
Sinus C12 (Moderne Performer)	10%	Die junge, unkonventionelle Leistungselite: intensives Leben – beruflich und privat, Multi-Optionalität, Flexibilität und Multimedia-Begeisterung.
Traditionelle Milieus		
Sinus A12 (Konservative)	5%	Das alte deutsche Bildungsbürgertum: konservative Kulturkritik, humanistisch geprägte Pflichtauffassung und gepflegte Umgangsformen
Sinus A 23 (Traditionsverwurzelte)	14%	Die Sicherheit und Ordnung liebende Kriegs-/Nachkriegsgeneration: verwurzelt in der kleinbürgerlichen Welt bzw. in der traditionellen Arbeiterkultur
Sinus SB2 (DDR-Nostalgische)	4%	Die resignierten Wende-Verlierer: Festhalten an preußischen Tugenden und altsozialistischen Vorstellungen von Gerechtigkeit und Solidarität
Mainstream-Milieus		
Sinus B2 (Bürgerliche Mitte)	15%	Der statusorientierte moderne Mainstream: Streben nach beruflicher und sozialer Etablierung, nach gesicherten und harmonischen Verhältnissen
Sinus B3 (Konsum-Materialisten)	12%	Die stark materialistisch geprägte Unterschicht: Anschluss halten an die Konsum-Standards der breiten Mitte als Kompensationsversuch sozialer Benachteiligungen
Hedonistische Milieus		
Sinus C2 (Experimentalisten)	9%	Der individualistische neue Bohéme: Ungehinderte Spontaneität, Leben in Widersprüchen, Selbstverständnis als Lifestyle-Avantgarde
Sinus BC3 (Hedonisten)	11%	Die Spaß-orientierte moderne Unterschicht/ untere Mittelschicht: Verweigerung von Konventionen und Verhaltenserwartungen der Leistungsgesellschaft

Die LOHAS: Das Akronym LOHAS steht für „Lifestyle of health and sustainability" und wurde im Jahr 2005 aus den USA „importiert". In einer Studie mit dem Unternehmen Karmakonsum hat Sinus Sociovision die Zielgruppe der LOHAS im Jahr 2009 sehr ausführlich analysiert und beschrieben. Die LOHAS werden häufig im Rahmen des „strategischen Konsums" diskutiert. Die Gruppe dieser Menschen ist ausgesprochen inhomogen. Ferner ist ihr Verhalten teilweise völlig unkonventionell.

Laut dieser Studie besitzen LOHAS eine hohe Tendenz zur Selbstbestimmung sowie zum kritischen Einkauf. Diese Menschen besitzen das Bewusstsein, mit dem Kauf von Produkten auch das Angebot am Markt zu bestimmen. Eine positive Haltung gegenüber dem Versuch Gesundheit und Genuss zu kombinieren steht im Vordergrund. Beispielhafte Aussagen der LOHAS:

- 78 Prozent der Befragten sagten, dass „Genießen und umweltbewusstes Leben kein Widerspruch sind."
- 58 Prozent der Befragten sagten: „Ich kaufe keine Produkte, wenn ich weiß, dass sie die Umwelt verschmutzen."

Gemäß einer Analyse von Sinus Sociovision betrug die Anzahl der LOHAS im Jahr 2009 ca. 10 Prozent aller Menschen in Deutschland. Weitere 10 Prozent werden zu einem sogenannten Randsegment dieser Zielgruppe gezählt. Der größte Anteil dieser Menschen lebt in Süddeutschland.

Als Beispiele zählen Tübingen, Ingolstadt, Freiburg, Würzburg, Ludwigsburg, Erlangen, Konstanz und Heidelberg zu den wichtigsten Städten. Im Norden sind z.B. Münster, Potsdam und Bergisch Gladbach relevant. Übertragen auf die Sinus Milieus finden sich die LOHAS vor allem in folgenden Segmenten: Postmaterielle (38 Prozent), Etablierte (18 Prozent) und Moderne Performer (14 Prozent).

Fallstudie Terra ACTIV: Die Positionierung der Marke Terra ACTIV erfüllt sehr viele Ansprüche, die für die Zielgruppe der LOHAS relevant sind. Im Folgenden werden dazu einige Beispiele aus werblicher Kommunikation der Marke aufgeführt (z.B. Online 21.04.2010).

Beispiel 1: Aussagen zum Waschen

„Kraftvolles Waschen und Reinigen auf Basis nachwachsender Rohstoffe. Die Waschmittel und Reiniger von Terra ACTIV sorgen für perfekte Sauberkeit im ganzen Haus – und das mit besonderer Umweltverträglichkeit. So erreichen Sie dank neuartiger Formel kraftvolle Reinigung und strahlenden Glanz."

Beispiel 2: Aussagen zu nachwachsenden Rohstoffen

„Kraft und Natur in neuer Qualität. Mit Terra ACTIV ist es den Henkel-Forschern gelungen, Top-Leistung und Umweltverträglichkeit zu vereinen. Das Geheimnis: Bio + Kraft. Die Aktivsubstanzen der Reinigerserie basieren zum überwiegenden Teil auf nachwachsenden Rohstoffen. Das schont fossile Ressourcen und macht Terra ACTIV zu einem perfekten Helfer für alle Bereiche des Haushalts."

Bei dem ausgewählten Beispiel der LOHAS könnte das z.B. ein Bedürfnis nach Selbstverwirklichung sein. Durch das gezielte Kaufen von Produkten mit besonderer Nachhaltigkeit besteht für den Kunden die Chance, seinen eigenen Wunsch hinsichtlich einer ökologischeren Welt zu realisieren. Dahinter verbergen sich seitens des Konsumenten grundsätzliche Werte, die er für wünschenswert hält.

Anregungen zum Nach- und Weiterdenken

Fragen:

1. Je nach Produkttyp finden sich sehr unterschiedliche Verhaltensweisen von Konsumenten. Beschreiben und erörtern Sie Unterschiede im Konsumentenverhalten beim Kauf folgender Produkte: die CD eines bekannten Sängers, ein Notebook, ein paar Laufschuhe und schließlich Cornflakes.

2. Betrachten Sie das S-O-R-Modell des Kaufentscheidungsprozesses. Könnte dieser Ansatz Ihrer Ansicht nach dazu beitragen, wirkungsvolle Marketingstrategien zu entwickeln, um Kunden zu gewinnen und zu binden? In wieweit ist dieses Modell universell anwendbar?

3. Sie sollen eine Kommunikationskampagne für einen Softdrink von Coca Cola entwickeln. Welche Information erscheint Ihnen dazu wertvoller: Statistiken über die Bevölkerungsentwicklung oder Studien über Lebensstil und Kaufverhalten? Erläutern Sie an Beispielen, wie Sie diese beiden Arten von Information verwenden würden.

Quellenhinweise:

Backhaus, K. (2006): Industriegütermarketing, 7. Auflage, München

Foscht, T. ,Swoboda, B. (2007): Käuferverhalten. Grundlagen – Perspektiven – Anwendungen, Wiesbaden

Hofstede, G. (1993): Interkulturelle Zusammenarbeit, Wiesbaden

Homburg, C./Krohmer, H. (2006): Marketingmanagement, 2. Auflage, Wiesbaden

Karmasin, H. (2007): Produkte als Botschaften. Konsumenten, Marken und Produktstrategien, 4. Auflage, Landsberg

Kotler, P., Armstrong, G., Sauders, J., Wong, V. (2007): Grundlagen des Marketing, 4. Auflage, München

Marketing Konferenz (2009): „Powerzielgruppe" LOHAS, Unterlagen der 1. new ethics Marketing Konferenz am 24. und 25. November 2009 in Oberursel

Meffert, H., Burmann, C., Koers, M. (2005): Markenmanagement - Identitätsorientierte Markenführung und praktische Umsetzung. Mit Best Practice-Fallstudien; 2. Auflage, Wiesbaden

Kroeber-Riel, W., Weinberg, P., Groeppel-Klein, A. (2008): Konsumentenverhalten, 8. Auflage, München

Nieschlag, R., Dichtl, E,, Hörschgen, H. (2002): Marketing, 19. Auflage, Berlin

Solomon, M. (2004): Consumer Behaviour, 6. Auflage, Upper Saddle River

Trommsdorff, V. (2004): Konsumentenverhalten, 6. Auflage, Stuttgart

Walsh, G., Klee, A., Kilina, T. (2009): Marketing. Eine Einführung auf der Grundlage von Case Studies, Heidelberg

Weinberg, P. (1981): Das Entscheidungsverhalten der Konsumenten. Paderborn, München, Wien, Zürich

Zukunftsinstitut (2010): Informationen zur Studie (www.zukunftsinstitut.de) August 2010

Informationen über Henkel und den Wettbewerb:

Mattmüller, R. (2006): Integrativ-Prozessuales Marketing: Eine Einführung. Mit durchgehender Schwarzkopf & Henkel-Fallstudie, 3. Auflage, Wiesbaden

Markt- und Unternehmensinformationen:

    www.greenpeace-magazin.de (April 2010)

    www.henkel.de (April 2010)

    www.terra-ACTIV.de (April 2010)

    www.spee.de (September 2010)

4 Marktforschung

Fallstudie: Sparkasse (DSGV)

Kai-Michael Griese

Lernziele:

Das übergreifende Ziel ist es, den Verlauf einer Marktforschungsstudie sowie mögliche Konsequenzen der Ergebnisse grundsätzlich zu verstehen.

4.1 Informationen für die Marketingplanung 93

4.2 Ablauf einer Marktforschungsstudie 95

4.3 Absatzprognosen für den relevanten Markt 107

Fallstudie: Sparkasse

Gründung:	Erste Formen von Sparkassen entstanden gegen ca. 1750 (Deutscher Sparkassenverband seit 1884)
Unternehmenssitz:	Berlin (DSGV - Deutschen Sparkassen- und Giroverbandes)
Bilanzsumme:	1.073 Mrd. Euro (2009)
Branche:	Banken und Sparkassen
Mitarbeiter:	ca. 251.000 (2008) in 431 Sparkassen (2009)
Marke:	Sparkasse

Der Markt: Werden alle Sparkassenverbände als Einheit betrachtet, zählt die Sparkasse zu einer der führenden Organisationen im Markt der Finanzinstitute. Im Wettbewerb steht die Sparkasse als öffentlich-rechtliches Institut u.a. mit der Deutschen Bank, der HypoVereinsbank und der Commerzbank, die allesamt zu den größten Instituten in Deutschland zählen.

Das Unternehmen: Im Rahmen der Positionierung verstehen sich die Sparkassen als Qualitätsanbieter. Dieser Anspruch soll mittels einer persönlichen Betreuung realisiert werden. In der konkreten Umsetzung in der Kunde-Bank-Beziehung bedeutet das, dass der persönliche Ansprechpartner in der Sparkasse seinen Kunden und der Kunde seinen Ansprechpartner kennt.

Das Leistungsportfolio: Der DSGV ist der Dachverband der Sparkassen-Finanzgruppe und wird im Weiteren stellvertretend für konkrete Beispiele einzelner Sparkassen genannt. Unter dem Dach des DSGV waren 2009 neben 431 Sparkassen auch sieben Landesbanken-Konzerne, zehn weitere Landesbausparkassen sowie insgesamt zwölf Erstversicherergruppen und eine Vielzahl anderer Finanzdienstleistungsunternehmen integriert. Neben der Interessenvertretung der Sparkassen-Finanzgruppen legt die DSGV-Gruppe die strategische Ausrichtung fest und organisiert den Prozess der Willensbildung. Darüber hinaus sind unter dem Dach der DSGV einige Bildungseinrichtungen angesiedelt. Das sind z.B. die Hochschule der Sparkassen Finanzgruppe oder die Deutsche Sparkassen-Akademie.

Die Produktangebote der Sparkasse richten sich an Privat- und Firmenkunden. Für Privatkunden werden neben dem klassischen Konto (z.B. Girokonto, Online-Banking) vor allem Kredite (z.B. Privatkredit, Diskredit), Sparangebote (z.B. Sparbuch, Sparkassenbrief), Produkte zum Vermögensaufbau (z.B. Festverzinsliche Wertpapiere, Aktien), Altersvorsorgeprodukte (z.B. Riester-Rente) und Angebote zum Wohnen und Bauen (z.B. Bausparen, Baufinanzierung) offeriert. Das Produktangebot an Firmenkunden richtet sich in erster Linie an Firmen aus dem Mittelstand. Am Beispiel der Sparkasse erläutern die folgenden Überlegungen nun die Grundlagen der Marktforschung. Dazu werden neben der Bedeutung von Informationen, der Marktforschungsprozess sowie die Möglichkeiten von Absatzprognosen skizziert.

4.1 Informationen für die Marketingplanung

Für die Planung und die Umsetzung von Marketingstrategien brauchen Unternehmen angemessene Informationen. Das sind vor allem Informationen über Kunden, Wettbewerber und die Vertriebsstrukturen. In den letzten Jahren haben die Informationsmengen deutlich zugenommen. Je mehr Informationen erhältlich waren, desto mehr stieg auch der Bedarf nach einem professionellen Umgang mit dieser Vielfalt an Daten. Damit stellt sich zunächst die Frage: Was sind eigentlich die richtigen Informationen?

Diese „richtigen" Informationen werden von Unternehmen zunehmend nicht nur als Input für eine Entscheidung, sondern auch als Investition gesehen. Der Grund dafür ist die Tatsache, dass die Investition in relevante Informationen sich als entscheidender Wettbewerbsvorteil auszahlen kann. Insofern ist es verständlich, dass die Unternehmen nicht nach mehr Informationen fragen, sondern nach Informationen mit sehr hoher Qualität.

Als Beispiel für einen langfristigen Wettbewerbsvorteil durch Informationen, sei die Tiernahrungsmarke CESAR genannt. Die Marke CESAR gehört zum Unternehmen Mars Inc. Das Unternehmen benötigte damals u.a. aktuelle Marktdaten, um die Kunden besser zu verstehen. Dazu wurde eine umfangreiche Marktforschungsstudie durchgeführt. Erst durch eine neuartige Marktsegmentierung, die durch die durchgeführte Marktforschungsstudie entstanden war, wurde eine Nische im Markt für eine neue Zielgruppe entdeckt. Dank dieser Information wurde das Premium Produkt CESAR später für diese Zielgruppe konzipiert. Mit dem entwickelten Produkt konnte das Unternehmen viele Jahre das Premium Segment dominieren und sich gegenüber dem Wettbewerb behaupten.

Die **Marktforschung** wird danach definiert als systematische Gewinnung, Aufarbeitung und Interpretation von hochwertigen Informationen. Diese Informationen dienen dem Unternehmen dazu, Entscheidungen im Rahmen der Marketingplanung zu treffen und damit langfristige Wettbewerbsvorteile zu erzielen.

> **Fallstudie Sparkasse:** Für Sparkassen existiert z.B. ein Bedarf nach Informationen über einzelne Produkte. So ist beim Vertrieb von Altersvorsorgeprodukten von Bedeutung, wie viele Personen überhaupt als Zielgruppe für die Sparkasse relevant sind. Darüber lassen sich dann mit Prognosemethoden konkrete Umsatzgrößen für einzelne Produktsortimente ableiten.

Die Herausforderung für Unternehmen spiegelt sich dabei zunächst in der Gestaltung eines Marketing-Informationssystems (MIS) wider. Das bedeutet: Auf Basis welcher Organisationsstruktur werden Informationen gesammelt, entsprechend den Anforderungen für Entscheidungen analysiert und weiter aufbereitet? Die folgende Abbildung verdeutlicht ein mögliches Informationssystem für das Marketing. Zum besseren Verständnis wird die folgende Abbildung im Kontext der Erläuterung in zwei zentrale Bestandteile unterteilt.

Abbildung 4.1 Teilbereich des Informationssystem im Unternehmen
(Quelle: Vgl. Kotler et al., 2007, S. 404)

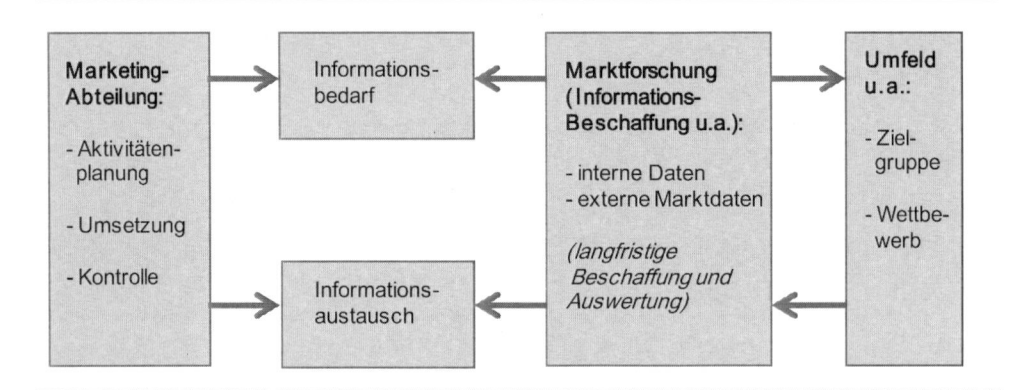

```
┌─────────────────┐      ┌──────────────┐      ┌──────────────────┐      ┌──────────────┐
│ Marketing-      │ ───▶ │ Informations-│ ◀─── │ Marktforschung   │ ───▶ │ Umfeld       │
│ Abteilung:      │      │ bedarf       │      │ (Informations-   │      │ u.a.:        │
│                 │      └──────────────┘      │ Beschaffung u.a.)│      │              │
│ - Aktivitäten-  │                            │                  │      │ - Ziel-      │
│   planung       │                            │ - interne Daten  │      │   gruppe     │
│                 │                            │ - externe Markt- │      │              │
│ - Umsetzung     │                            │   daten          │      │ - Wettbe-    │
│                 │                            │                  │      │   werb       │
│ - Kontrolle     │ ───▶ │ Informations-│ ◀─── │ (langfristige    │ ◀─── │              │
│                 │      │ austausch    │      │ Beschaffung und  │      │              │
└─────────────────┘      └──────────────┘      │ Auswertung)      │      └──────────────┘
                                               └──────────────────┘
```

Diese zwei Bestandteile des Informationssystems werden im Unternehmen in der Regel durch die Abteilungen Marketing und Marktforschung repräsentiert.

1. Marketingabteilung: Die Marketingabteilung wird in der Abbildung (siehe oben) durch das linke Feld dargestellt. Diese Abteilung beschäftigt sich u.a. mit der Analyse, Planung, Durchführung, Organisation und Kontrolle von Marketingaktivitäten. Meist ist es auch diese Abteilung, die kurzfristige Marktforschungsstudien initiiert bzw. den konkreten Bedarf an aktuellen Informationen äußert. Ziel ist es häufig, die Marketingaktivitäten und deren Wirkung auf den Konsumenten besser zu verstehen.

2. Marktforschungsabteilung: Im dritten Feld von links der obigen Abbildung findet sich die Abteilung im Unternehmen, die sich mit der Informationsbeschaffung und -aufbereitung beschäftigt. In der Regel wird diese Abteilung entsprechend Marktforschungsabteilung genannt. Dort erfolgt die Aufzeichnung von unternehmensinternen Informationen (z.B. Historie einzelner Produkte).

Ferner gehen hier regelmäßig externe Detailinformationen aus den Märkten und von den Kunden ein. Darüber hinaus wird von dieser Abteilung aus die mittel- bis langfristige Marktforschung gesteuert. Letztendlich erfolgt hier die übergreifende Zusammenführung und Auswertung von Informationen sowie die Berichterstattung an andere Abteilungen.

Zusammenarbeit der beiden Abteilungen: Zwischen der Abteilung Marketing und der Abteilung Marktforschung erfolgt eine gemeinsame Festlegung des Informationsbedarfs. Mit Hilfe von Informationsstrukturen (z.B. regelmäßige Standardberichte, Präsentationen, Workshops, projektbezogene Diskussionen) lässt sich der Informationsaustausch zwischen den beiden Abteilungen angemessen sicher stellen. Gegenüber der Marketingabteilung ist die Marktforschungsabteilung der wichtigste Kontakt zum Verbraucher im Unternehmen.

Im rechten Feld der Übersicht findet sich das Umfeld des Marketing. Die zentralen Aspekte beziehen sich auf die Zielgruppen des Unternehmens, die Vertriebswege, Konkurrenzunternehmen, die Meinung der Öffentlichkeit sowie die Kräfte des sozial-politischen Umfeldes. Das sind die externen Untersuchungsobjekte für die Analyse eines Marktes. Neben konkreten Marketingaktivitäten beschäftigt sich die Abteilung der Marktforschung auch mit allgemeinen Entwicklungen des öffentlichen Umfeldes (z.B. Trends).

> **Fallstudie Sparkasse:** Die Marketingabteilungen der Sparkasse beschäftigen sich mit konkreten Aktionen für die Gewinnung von Neukunden oder der Pflege von Bestandskunden. Bei der DSGV heißt diese Funktion z.B. „Marketing/Kommunikation". In einem Interview bestätigte dessen Leiter Lothar Weissenberger, dass z.B. das Ziel für 2009 sei, wieder Marktanteile zurückzugewinnen.
>
> Ebenso finden sich bei der Sparkasse Marktforschungsabteilungen, die sich mit den oben beschriebenen Aufgaben beschäftigen. So ist einer der Schwerpunkte der existierenden Abteilungen das Thema Kundenbindung. Im Fokus der vertiefenden Analyse stehen Kunden, die den Kontakt mit den Sparkassen abgebrochen haben.
>
> In der Folge werden konkrete Marketingaktivitäten zur Kundenrückgewinnung umfangreich analysiert. Gerade vor dem Hintergrund der globalen Finanzkrise, die zu zahlreichen Insolvenzen geführt hat, scheinen Privatkunden aktuell wieder verstärkt in den Mittelpunkt der Analysen dieser Abteilungen zu rücken. Für Sparkassen ergeben sich mit Hilfe der Marktforschung übergreifend vor allem folgende Möglichkeiten:
>
> - Chancen und Risiken am Markt verstehen
> - Ansatzpunkt für konkrete Maßnahmen entdecken
> - Überprüfung von neu entwickelten Marketingmaßnahmen
> - Kontrolle und Optimierung dieser Maßnahmen.

4.2 Ablauf einer Marktforschungsstudie

Die folgenden Überlegungen beschäftigen sich nun mit der Frage, wie ein Marktforschungsprozess gestaltet werden kann. Dazu wird der Prozess exemplarisch in vier Schritte unterteilt (siehe folgende Abbildung).

Auf Basis dieser vier Schritte wird der Verlauf einer konkreten Marktforschungsstudie skizziert und allgemeine Besonderheiten bzw. Fragen der Marktforschung anhand der Fallstudie Sparkasse thematisiert.

Abbildung 4.2 Vier Schritte des Marktforschungsprozess
 (Quelle: Vgl. Kuß/Eisend, 2010; Berekhoven et al., 2009; Kotler et al., 2007)

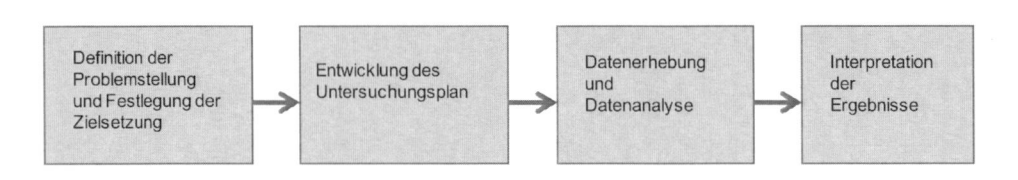

```
Definition der          Entwicklung des         Datenerhebung        Interpretation
Problemstellung    →    Untersuchungsplan   →   und              →   der
und Festlegung der                              Datenanalyse         Ergebnisse
Zielsetzung
```

1. Definition von Problemstellung und Festlegung der Zielsetzung

Die Problemdefinition steht am Anfang der Überlegungen, sollte möglichst präzise sein und aus enger Zusammenarbeit zwischen Marketing-Manager und Marktforschung entstehen.

> **Fallstudie Sparkasse:** Zur Erläuterung der Definition einer Problemstellung der Sparkasse wird exemplarisch eine empirische Untersuchung verwendet, die sich mit jüngeren Zielgruppen im Alter von 18 bis 25 Jahren von Banken und Sparkassen beschäftigte. Diese Zielgruppe ist für Sparkassen strategisch von großer Bedeutung, da in dieser Phase des Lebens häufig Kunde-Bank-Beziehungen entstehen, die ein Leben lang halten.

Abbildung 4.3 Angebot der Sparkasse Chemnitz für junge Zielgruppen
 (Quelle: Zanger/Griese, 2000, S.318)

Für die Marketing Aktivitäten bedeutet das: Wenn die Sparkasse die Kunden in diesem Alter gewinnen bzw. zu treuen Kunden machen kann, besteht eine hohe Chance, den ganzen Lebenszyklus des Kunden zu begleiten. Die obige Abbildung zeigt exemplarisch eine der ersten Aktivitäten von Sparkassen eigens für junge Zielgruppen.

Zum Zeitpunkt der Problemdefinition lag eine Vielzahl von Hinweisen vor, dass insbesondere Emotionen den Prozess der Kundenzufriedenheit bei der jüngeren Zielgruppe stark beeinflussen. Kundenzufriedenheit ist ein zentraler Einflussfaktor auf die Kundenbindung. Sind die Kunden sehr zufrieden, bleiben sie auch eher Kunde bei einer Sparkasse und setzen ihre Kunde-Bank-Beziehung fort. Daher war der grundsätzliche Zusammenhang von Emotionen und Kundenzufriedenheit bei der Studie von Interesse.

Ferner wurden in der Problemstellung Kunden über einen längeren Zeitraum betrachtet. Daher standen in der Untersuchung primär Emotionen im Mittelpunkt, die seitens des Kunden auch über einen längeren Zeitpunkt personenbedingt konstant vorzufinden sind. Das sind sogenannte emotionale Dispositionen des Kunden. So gibt es Kunden, die grundsätzlich ihre Geschäftsbeziehungen etwas emotionaler erleben als andere.

Basierend auf diesen Vorüberlegungen stand im Zentrum der Marktforschungsstudie somit die folgende Problemstellung: Inwiefern beeinflussen die emotionalen Dispositionen des jungen Kunden die Kundenzufriedenheit? Je nach Ergebnis könnten die Sparkassen diese Erkenntnis im Rahmen der Marketingplanung berücksichtigen.

Die grundsätzliche Arbeitshypothese lautete: Die personenbedingten Emotionen haben signifikanten Einfluss auf die Kundenzufriedenheit. Aus der Problemstellung leitete sich das Ziel der Marktforschungsstudie ab. Das theoretische Ziel war es, den Zusammenhang von personenbedingten emotionalen Dispositionen und der Kundenzufriedenheit zu klären. Als praxisorientiertes Ziel wurde die Ermittlung von Ansatzpunkten für die Gestaltung von Kundenbeziehungen mit 18- bis 25-jährigen Bankkunden fixiert.

Ein wichtiger Teil zu Beginn eines Marktforschungsprozesses ist die Festlegung der grundlegenden Zielsetzung und damit verbundenen Forschungsstrategie. Hier wird die Frage gestellt, ob eine ganz neue Struktur untersucht, eine bestehende lediglich beschrieben, oder aber nach Wirkungszusammenhängen geforscht werden soll. Je nach Problemstellung und Zielausrichtung der Marktforschungsstudie eignen sich jeweils bestimmte Forschungsausrichtungen um diese Fragestellungen zu bearbeiten. Drei grundsätzliche Forschungsdesigns sind denkbar:

a. Explorative Forschung

Die explorative Forschung ist relevant, falls wenig Vorinformationen und Kenntnisse über das Forschungsproblem vorliegen, es also keine bestehende Struktur gibt. Dieser Ansatz dient zunächst der Sammlung grundlegender Informationen zum besseren Verständnis des Untersuchungsgegenstands und zur Ableitung erster Hypothesen. Häufig wird dann mit

Experteninterviews gearbeitet. Diese sind recht offen gestaltet, um erstmalig Strukturen und relevante Variablen zu entdecken.

b. Deskriptive Forschung

Das Ziel der deskriptiven Forschung ist eine umfassende Beschreibung der Markttatbestände und Zusammenhänge (z.B. Marktpotenzial für ein neues Produkt, Demografie und Einstellungen der Zielgruppe). Diese Stoßrichtung der Marktforschung hilft allgemeine Fragen genauer zu beschreiben, über die bereits erste Informationen vorliegen. Hier stehen oftmals Häufigkeitsangaben im Rahmen der deskriptiven Statistik im Vordergrund.

c. Ursachen-/Wirkungsforschung

Bei der Ursachen-/Wirkungsforschung findet eine Überprüfung von im Vorfeld formulierten Hypothesen hinsichtlich konkreter Ursache-Wirkungs-Zusammenhänge statt. Beispielsweise wird hier geprüft, ob das Kaufverhalten einer Zielgruppe auf ganz bestimmte Eigenschaften eines Produktes zurückzuführen ist. Hierzu sind größere Stichproben nötig, da statistische Verfahren, die eine Normalverteilung annehmen, sonst nicht angewandt werden können.

Häufig kommen auch alle drei Zielsetzungen zum Einsatz, denn die explorative Forschung kann Hypothesen generieren, die dann wiederum in der Ursache-/Wirkungsforschung (z.B. über Kausalanalysen oder Conjoint-Verfahren) geprüft werden. Wichtig dabei ist, dass das Erhebungs- und Untersuchungsdesign diesen Zielsetzungen jeweils entspricht.

> **Fallstudie Sparkasse:** In der zuvor beschriebenen Problemstellung bzw. der Zielsetzung der Marktforschungsstudie für die Sparkasse wurden bereits Emotionen und der Konstrukt der Kundenzufriedenheit genannt. Eine erste Konkretisierung der Emotionen lag auch bereits vor. Es handelt sich primär um personenbedingte Emotionen, die längerfristig beim Kunden vorhanden sind.
>
> Aufgrund dieser Situation wurde als vertiefendes Forschungsdesign der Schwerpunkt der Deskriptiven Forschung ausgewählt. Der Zusammenhang zwischen personenbedingten Emotionen und der Kundenzufriedenheit sollte genauer beschrieben werden und war der Bestandteil der weiteren Überlegungen.

2. Entwicklung eines Untersuchungsplans

Im Rahmen des Untersuchungsplans werden zunächst die existierenden Informationen beschrieben. Ferner erfolgt bei Bedarf nach weiteren Informationen eine Festlegung einer Datenerhebungsmethode, der relevanten Datenerhebungsinstrumente und der relevanten Stichprobe für die Untersuchung, um die nötigen Information zu generieren.

a. Informationsbedarf: Dazu zählt die Festlegung des konkreten Informationsbedarfs für eine Fragestellung. Beispiel: Ein Produkt verkauft sich in letzter Zeit nicht mehr erfolgreich. Dann gilt es Daten zu sammeln, die diese Entwicklung angemessen begründen können. Um den Informationsbedarf zu decken, kann ein Unternehmen Sekundär- oder Primärdaten verwenden.

- Sekundärdaten: Dies sind Informationen, die bereits zur Verfügung stehen und zur Beantwortung der Problemstellung gesammelt werden. Dazu stehen interne und externe Quellen zur Verfügung. Vorteile von Sekundärdaten sind z.B.: relativ kostengünstig, schnell verfügbar (z.B. Anforderung von existierenden Studien), hilfreich, die Problemstellung zunächst zu erfassen sowie einzuschätzen, und sie dienen zur Orientierung für primäre Daten, die dann noch erhoben werden.

- Primärdaten: Bei Bedarf kommt es zur Primärerhebung in der Marktforschung. Primärdaten sind erhobene Informationen, die speziell für die Fragestellung ermittelt werden müssen. Das ist dann der Fall, wenn die Sekundärdaten die konkrete Fragestellung nicht beantworten können. Je nach Ansatz der Datenerhebung, lässt sich die Ermittlung von Primärdaten auf qualitative oder quantitative Weise durchführen.

Die qualitative Ausrichtung bedingt eine relativ kleine Stichprobe und erhebt Informationen, die nicht standardisiert sind. Aufgrund dieser Tatsache werden bei der Auswertung häufig interpretative Methoden verwendet. Mögliche Befragungsmethoden sind Einzelinterviews oder Gruppendiskussionen. Die quantitative Erhebung basiert auf einer größeren Stichprobe, um mögliche statistische Besonderheiten zu analysieren. Durch die großen Stichproben wird versucht, Zusammenhänge möglichst repräsentativ zu beschreiben.

Fallstudie Sparkasse: Im konkreten Fall der Sparkasse findet sich eine Vielzahl von Informationen zur Problemstellung. So wurde das Konstrukt der Kundenzufriedenheit in den vergangenen Jahren in der Theorie und in der Praxis sehr ausführlich untersucht. Das gilt ebenso für Emotionen. Insbesondere in der Konsumentenverhaltensforschung findet sich eine Vielzahl von Ansätzen zur Analyse von Emotionen im Entscheidungsprozess. Aufgrund dieser Informationsdichte konnten im Vorfeld sehr konkrete Hypothesen auf Basis von Sekundärdaten formuliert werden. Um diese Hypothese zu beweisen, werden im zweiten Schritt Primärdaten erhoben.

Entscheidet sich ein Unternehmen für eine primäre Erhebung sind einige grundsätzliche Entscheidungen zu treffen. Dazu zählen die Frage des methodischen Ansatzes, die Form der Datenerhebung sowie die Entscheidung über den Stichprobenplan.

b. Methodischer Ansatz: An dieser Stelle wird entschieden, ob eine Beobachtung (von Personen, Handlungen, Situationen), eine Befragung (strukturiert/standardisiert oder offen) oder das Experiment der relevante methodische Ansatz ist. Diese Entscheidung muss unter

Berücksichtigung der zuvor definierten Zielsetzung und des sich daraus ergebenden Forschungsdesign erfolgen (z.B. eignet sich ein Experteninterview nicht für eine kausalanalystische Methode der Erforschung von Ursache-/Wirkungszusammenhängen des Kaufverhaltens.).

c. Form der Datenerhebung: Die folgenden Überlegungen skizzieren verschiedene Methoden der Kontaktaufnahme bei der Informationssammlung und –aufbereitung. Das sind die persönliche, schriftliche, telefonische und die online Befragung.

- *Persönliche Befragung (Face-to-Face):* Bei der persönlichen Befragung wird die zu befragende Person z.B. persönlich aufgesucht oder direkt auf der Straße befragt. Häufig findet die Befragung auch in der Privatwohnung des Befragten oder am beruflichen Standort des Interviewers statt. Ein wichtiger Vorteil ist der große Umfang an Informationen, der sich gerade anhand von längeren persönlichen Befragungen generieren lässt.

- *Telefonische Befragung:* Bei dieser Befragung wird die Person am Telefon befragt. Dazu steht dem Interviewer in der Regel ein Computer-System zu Verfügung (CATI = Computer Assisted Telephone Interview) zur Verfügung. Ein großer Vorteil der Telefonbefragung ist die Geschwindigkeit, mit der auf diese Weise Informationen erhältlich sind.

- *Schriftliche Befragung:* Bei der schriftlichen Befragung wird der zu befragenden Person der Fragebogen postalisch zugesendet. Der Fragenbogen wird in der Regel dann ausgefüllt und wieder zurückgesendet. Besondere Vorteile ergeben sich z.B. durch die geringen Kosten, die durch eine schriftliche Befragung erzeugt werden. Allerdings muss man hier eine relativ große Grundgesamtheit anschreiben, um eine geeignete Stichprobengröße (i.d.R. min 100, um eine Normalverteilung anzunehmen) zu erzielen. Denn Rücklaufquoten liegen bei vielen Befragungen deutlich unter 25 Prozent.

- *Online Befragung:* Im Rahmen der Online Befragung werden die Personen im Internet befragt. Dazu werden häufig Fragebögen auf einem Server gespeichert und dann online von der Person direkt aufgefüllt. Die Vorteile der Online Befragung lassen sich u.a. durch die Schnelligkeit, die geringen Kosten und die Einfachheit begründen.

Neben den genannten vier Methoden zur Informationssammlung gewinnt die Erhebung von Informationen im Rahmen der Gehirnforschung an Bedeutung. Aufgrund dieser Tatsache skizzieren die folgenden Ausführungen neuere Ansätze der Neuropsychologie.

Exkurs: Neuere Ansätze der Neuropsychologie

In den letzten 10 Jahren wurden enorme Fortschritte im der Neuropsychologie erzielt. Bestandteil der Neuropsychologie sind Ansätze der Neurowissenschaften und der Psychologie. Im Rahmen der dazugehörigen Hirnforschung wurden Erkenntnisse gewonnen, die das Verhalten der Menschen sowie deren Entscheidungen besser erklären können. Insbesondere das Zusammenspiel zwischen emotionalen und kognitiven Prozessen konnte so besser erklärt werden.

Eine wichtige Grundlage für die Neuropsychologie sind computertomographische Verfahren. Ein bildgebendes Verfahren ist z.B. die funktionale Magnet Resonanz Tomographie (fMRT). Durch dieses teure und aufwendige Verfahren ist es möglich, die Stoffwechselaktivität des Gehirns und deren Veränderungen messbar zu machen sowie visuell darzustellen. Die folgende Abbildung zeigt exemplarisch eine Aufnahme eines Gehirns. Sichtbar sind verschiedene Regionen des Gehirns.

An einigen Bereichen sind Stellen des Gehirns in diesen Fällen stärker aktiviert als andere. Aus diesen stärker aktivierten Zonen lassen sich u.a. Aussagen ableiten, welche Gehirnbereiche z.B. bei der Informationsverarbeitung eines Internetbanners beteiligt sind. Durch das Wissen, welche Gehirnbereiche wiederum für bestimmte Aufgaben zuständig sind, lassen sich dann auch Reaktion z.B. im Belohnungszentrum direkt ablesen und interpretieren.

Abbildung 4.4 Querschnitt eines Gehirns in der Hirnforschung
(Quelle: Vgl. Gröppel-Klein, 2010)

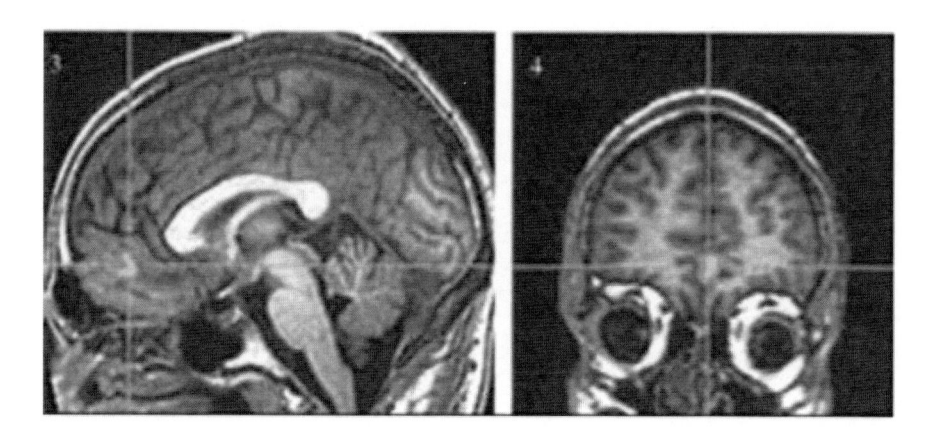

Das „Neuromarketing" bedient sich Erkenntnisse der Gehirnforschung und versucht darauf aufbauend das Marketing effizienter zu gestalten. Das betrifft insbesondere indirekte und direkte Effekte bzw. Vorgänge im Gehirn. Grundlage ist die Annahme, dass sich zwei unterschiedliche Systeme für die Informationsverarbeitung im Gehirn unterschieden lassen. Das sind ein implizites und ein explizites System. Das implizite System funktioniert beim Menschen automatisch bzw. unbewusst.

Das explizite System arbeitet hingegen bewusst und wird zur Lösung von konkreten Aufgaben benötigt. Im Hinblick auf das Käuferverhalten wird danach häufig auch die Wirkung von Marketingeffekten in explizite und implizite Effekte differenziert. Da der Großteil der Kaufentscheidungen implizit bedingt ist, wurde diesem System in der Vergangenheit viel Aufmerksamkeit geschenkt.

Da die oben beschriebenen bildgebenden Verfahren sehr teuer sind, kommen häufig auch sogenannte Reaktionsmethoden alternativ zum Einsatz. Die sind grundsätzlich günstig und leichter für tägliche Aufgaben nutzbar. Der Proband wird bei diesen Verfahren im Rahmen von Aufgaben gebeten eine von zwei Tasten zu drücken. Für die Analyse ist die Geschwindigkeit von Bedeutung, mit der der Proband die Taste drückt. Erfolgt eine schnelle Reaktion wird diese als Implizit bezeichnet. Der Proband hat diese Taste automatisch, ohne die Entscheidung kontrolliert zu durchdenken, gedrückt. Liegt hingegen eine längere Reaktionszeit vor, wird von einem eher kontrollierten bzw. durchdachten Einfluss gesprochen.

Fallstudie Sparkasse: Bei dem ausgewählten Sparkassenbeispiel entschieden sich die Verantwortlichen der Sparkasse für eine standarisierte, postalische Befragung. Das lag zum einen daran, dass bei der Sparkasse eine gute Adressbasis für Befragungen vorlag. Darüber hinaus sollte die grundsätzliche Hypothese durch die Befragung quantitativ bewiesen werden. Letztendlich gab es auch finanzielle Rahmenbedingungen die für eine postalische Befragung sprachen.

d. Stichprobenplan: Die Stichprobe beschreibt einen Teil der Grundgesamtheit der Zielgruppe. Diese wird für die Untersuchung ausgesucht, um die relevante Zielgruppe insgesamt abzubilden. Die zentralen Fragen sind: Wer wird befragt? Wie groß wird die Stichprobe? Mit welchem Verfahren wird die Stichprobe erhoben bzw. „gezogen"? Für die Auswahl der Stichprobe existieren unterschiedliche Verfahren. Exemplarisch werden an dieser Stelle zwei zufallsorientierte Verfahren vorgestellt. Das sind die einfache und die geschichtete Zufallsauswahl.

Bei der **einfachen Zufallsauswahl** besteht für jedes Element der Grundgesamtheit die gleiche Wahrscheinlichkeit, ein Element der Stichprobe zu werden. Bei der geschichteten **Zufallsauswahl** wird im Rahmen der Stichprobenziehung die relevante Grundgesamtheit zunächst in mehrere „Schichten" bzw. Teilgesamtheiten aufgeteilt. Das sind z.B. Männer und Frauen oder Studenten und Schüler. Erst im nächsten Schritt wird dann eine Zufallsstichprobe aus jedem Teilsegment gezogen.

Fallstudie Sparkasse: Die Stichprobenziehung bei der Untersuchung mit der Sparkasse erfolgte über eine einfache Zufallsauswahl. 1000 zufällig ausgewählte Kunden der Sparkassen wurden angeschrieben. Diesen Kunden der Sparkasse blieben insgesamt acht Wochen Zeit, den Fragenbogen zu beantworten (Rücklauftermin).

3. Datenerhebung und Datenanalyse

Im Schritt drei erfolgt nun die eigentliche Datenerhebung und die Analyse der Daten. Meist werden aus Perspektive des Unternehmens an dieser Stelle externe Markforschungsinstitute zur Umsetzung integriert. U.a. in der Konsumgüterindustrie zählen die GfK-Gruppe sowie AC NIELSEN GmbH in Nürnberg zu großen Anbietern derartiger Leistungen. Die GfK (Gesellschaft für Konsumforschung) ist das größte deutsche Marktforschungsinstitut.

a. Erhebungsdesign: Hier erfolgt die Gestaltung des konkreten Erhebungsinstrumentes. Das ist z.B. die Festlegung des Interviewleitfadens oder eines Fragebogens. Als Beispiel sei an dieser Stelle der standardisierte Fragebogen aufgeführt.

Im Rahmen der Entwicklung eines Fragebogens sind verschiedene Entscheidungen zu treffen. Das betrifft z.B. die Frageinhalte. Handelt es sich eher um Sach- oder Kontrollfragen? Eine weitere Entscheidung betrifft die Frageformate: Wird die zu befragende Person mit einer offenen oder geschlossenen Fragestellung konfrontiert?

- *Frageformate:* Bei der Formulierung der Fragen gilt es möglichst einfach, neutral und eindeutig zu formulieren. Große Bedeutung hat auch die Reihenfolge. An welcher Stelle im Fragebogen wird der zu befragenden Person welche Frage gestellt. Letztendlich ist auch die äußere Gestaltung von Bedeutung. Ist die Textgröße angenehm zu lesen oder wirkt der Absender vertrauenerweckend. Darüber hinaus bietet sich im Kontext von offenen und geschlossenen Fragestellungen die Möglichkeit an, mit verschiedenen Fragetechniken zu arbeiten. Die folgende Tabelle 4.1 zeigt beispielhaft verschiedene Beispiele für offene Fragestellungen.

- *Skalierung:* Von zentraler Bedeutung ist ferner die Skalierung, auf der die Antwort des Probanden differenziert wird. Die folgenden Ausführungen zeigen beispielhaft drei verschiedene Ansätze zur Skalierung. Das ist die Ja-/Nein Skala, die Likert Skala und das Semantische Differential.

Ja-/Nein Skala:	Der Befragte kann nur mit ja oder nein antworten. Mögen Sie die Marke Nutella? Ja? Nein?
Likert Skala:	Der Befragte muss hier auf einer Skala den Grad der Zustimmung eintragen. Beispiel: Die Marke Nutella ist mir sympathisch? „1 = stimme voll und ganz zu" bis „5 = stimme überhaupt nicht zu"
Semantisches Differential:	Bei einem semantischen Differential handelt es um eine bipolare Skala. Danach handelt es sich um zwei Extremaussagen. Beispiel: Die Marke Nutella ist gesund? „1 = sehr gesund" bis „6 = sehr ungesund".

Tabelle 4.1 Beispiele für offene Fragestellungen

Beispiel für offene Fragen:	Kurzbeschreibung:	Anwendungsbeispiele:
Projektive Frage	Der Kunde wird aufgefordert, eigene Ansichten auf eine vorgegebene Situation zu projizieren.	Wie würde ein Sparkassenplanet ausschauen? Wer lebt dort? Wie sehen die Häuser aus?
Satzergänzungsfrage	Der Kunde erhält einen vollständigen Satz und soll die fehlende Stelle ergänzen.	Die Sparkasse bietet vor allem ..... an.
Bildergänzungsfrage	Dem Kunden wird ein Bild gezeigt. Über der abgebildeten Person ist eine Sprechblase abgebildet, die der Kunden füllen soll.	Zwei Personen unterhalten sich über die Sparkasse und der zufriedene Kunden sagt: ...
Assoziationsfrage	Der Kunde wird aufgefordert, seine Assoziationen zu nennen.	An was denken Sie, wenn Sie das Wort Sparkasse hören?

Fallstudie Sparkasse: Die besondere Herausforderung bei der Untersuchung der Sparkasse war die Messung der Emotionen. Neben der physiologischen Messung (z.B. Messung der Herzfrequenz) und der Beobachtung des Ausdrucksverhaltens (z.B. Mimik) stand die subjektive Erlebnismessung (z.B. Selbstbeobachtung des Probanden über erlebte Emotionen) als Methode zur Diskussion.

Für die Sparkasse wurde die subjektive Erlebnismessung innerhalb eines Fragebogens gewählt. Dazu wurde ein semantisches Differential verwendet. Dabei werden Personen in der ausgewählten postalischen Befragung gebeten, sich an bestimmte Situationen zu erinnern bzw. zu vergegenwärtigen. Im Anschluss geben diese Personen dann schriftlich Auskunft, wie oft und intensiv sie (auf einer 6-Skalierung) bestimmte Emotionen in den jeweiligen Situationen empfunden haben.

Beispiel aus dem Fragebogen: „Gefühle spielen im Alltagsleben oft eine große Rolle. Sie können in vielfältiger Art und Weise auf den Menschen einwirken. Wie ist das bei Ihnen? Unten sehen Sie dazu eine Liste mit verschiedenen Empfindungen. Wie oft haben Sie diese Empfindungen in Ihrem Alltagsleben?

Bei der Messung der Kundenzufriedenheit wurden Personen gefragt, welche Erwartungen sie im Vorfeld an eine Dienstleistung haben. Im Anschluss wurden sie dann gefragt, ob diese Erwartungen erfüllt wurden bzw. ob sie damit auch zufrieden waren.

Nach acht Wochen Rücklaufzeit wurde mit 309 zurückgesendeten Fragebögen eine Quote von 30,9 Prozent erreicht. Zur Prüfung der Repräsentativität wurden u.a. das Alter und das Geschlecht herangezogen und diskutiert. 61,4 Prozent waren im Alter von 18 bis 25 Jahren. 38,4 Prozent bildeten die Vergleichsgruppe, die älter als 25 Jahre war. 55 Prozent waren weiblich und 45 Prozent männlich.

	„sehr oft					nie
Interesse	(1)	(2)	(3)	(4)	(5)	(6)
Kummer	(1)	(2)	(3)	(4)	(5)	(6)
Überraschung	(1)	(2)	(3)	(4)	(5)	(6)
Furcht	(1)	(2)	(3)	(4)	(5)	(6)
Zorn	(1)	(2)	(3)	(4)	(5)	(6)
Abscheu	(1)	(2)	(3)	(4)	(5)	(6)
Schüchternheit	(1)	(2)	(3)	(4)	(5)	(6)
Freude	(1)	(2)	(3)	(4)	(5)	(6)
Geringschätzung	(1)	(2)	(3)	(4)	(5)	(6)
Schuldgefühle	(1)	(2)	(3)	(4)	(5)	(6)"

(Quelle: Vgl. Griese, 2002, S. 258)

b. Gütekriterien: Um die Vergleichbarkeit von gewonnenen Informationen zu erhöhen, wurden sogenannte Gütekriterien entwickelt. Diese sollen die Standarisierung von den Inhalten der Untersuchung sicher stellen. Je höher die Gütekriterien sind, desto höher ist der Grad der Standarisierung einer Untersuchung. Drei zentrale Kriterien sind die Objektivität, die Reliabilität und die Validität.

- *Objektivität:* Wird das Ergebnis einer Untersuchung nicht durch die Verantwortlichen der Erhebung beeinflusst, wird von einer hohen Objektivität gesprochen. Das bedeutet, die Durchführung, Auswertung sowie die Interpretation ist nicht durch die Verantwortlichen der Untersuchung beeinflusst worden und kann auch von Dritten repliziert werden.

- *Reliabilität:* Die Reliabilität beschreibt die Zuverlässigkeit der verwendeten Methode. Eine hohe Reliabilität wird dann konstatiert, wenn eine Wiederholung einer Untersuchung mit vergleichbaren Rahmenbedingungen auch vergleichbare Ergebnisse ermittelt.

- *Validität:* Bei der Validität handelt es sich um ein Gütekriterium, dass den Grad der Genauigkeit beschreibt, mit dem eine Untersuchung einen bestimmten Sachverhalt messen kann. Deswegen wird bei Validität auch von der Gültigkeit einer Untersuchung gesprochen.

c. **Auswertungsdesign**: Mit Hilfe des Auswertungsdesigns erfolgt die detaillierte Auswertung der erhobenen Informationen. Die Art des Auswertungsdesign ist eng verknüpft mit dem Untersuchungsdesign. Wichtige Ansätze zur statistischen Auswertung der Informationen sind die univariaten, die bivariaten und die multivariaten Verfahren.

- *Univariate Verfahren:* Das ist eine deskriptive Form einer Analyse, bei der nur eine Variable betrachtet wird. Dazu zählt z.B. die Häufigkeitsverteilung. Als Beispiel sei die Aufteilung der Geschlechter im Hinblick auf die Teilnahme einer Untersuchung genannt: 46 Prozent einer Umfrage waren männlich und 54 Prozent der Teilnehmer waren weiblich.

- *Bivariate Verfahren:* Im Vergleich mit den univariaten Verfahren werden bei den bivariaten Verfahren zwei Variablen betrachtet. Als Beispiel sei an dieser Stelle eine Korrelationsanalyse von den Variablen Preis und Absatz genannt. So korreliert die Höhe des monatlichen Preises einer Versicherung meist mit der Höhe des Absatzes des Produktes.

- *Multivariate Verfahren*: Mit Hilfe der multivariaten Verfahren werden mehrere Variablen gleichzeitig analysiert. Die parallele Betrachtung unterschiedlicher Variablen ermöglicht es so, komplexere Abhängigkeitsstrukturen zu identifizieren. Eine Methode ist die Clusteranalyse. Mittels dieser Analyse werden Eigenschaften auf Ähnlichkeiten hin untersucht und daraufhin Gruppen (Cluster) gebildet.

4. Interpretation der Ergebnisse

Die zentrale Herausforderung am Ende der Marktforschungsstudie ist die Interpretation der Informationen. Da sich Ergebnisse in der Regel auf unterschiedliche Weise interpretieren lassen, sollten die vorliegenden Daten ausführlich und gemeinsam mit allen Verantwortlichen diskutiert werden.

Dabei ist es die Herausforderung, die wesentlichen Ergebnisse aus der Vielzahl an ermittelten Daten herauszufiltern. Diese werden in Unternehmen meist in Form einer „Management Summary" auf wenigen Seiten aggregiert dargestellt. Erst so sind klare Entscheidungen am Ende oft möglich. Ob dann aus den Ergebnissen auch konkrete Empfehlungen abgeleitet werden, liegt primär im Verantwortungsbereich der Marketingverantwortlichen.

> **Fallstudie Sparkasse:** Auf der Basis der ermittelten Daten ließen sich sehr unterschiedliche Erkenntnisse für die Marketing Planung ableiten.
>
> a.) Je häufiger und intensiver ein Sparkassenkunde in der Kunde-Bank-Beziehung positive Emotionen (z.B. Freude) in der Kundenbeziehung empfindet, je höher sind seine Erwartungen sowie seine Kundenzufriedenheit ausgeprägt. Bei Zielgruppen im Alter von 18- bis 25-jährigen zeigt sich dabei eine Besonderheit. Junge Zielgruppen scheinen den Prozess der Kundenzufriedenheit weniger kognitiv zu verarbeiten.

Das bedeutet, für junge Zielgruppen sind Emotionen bei der Entstehung von Kundenzufriedenheit von größerer Bedeutung.

b.) Interessante Erkenntnisse ergab die Untersuchung auch hinsichtlich des Wechselverhaltens. Junge Kunden im Alter von 18- bis 25 Jahren sind deutlich wechselbereiter bzw. offener für einen Wechsel der Sparkasse oder der Bank als ältere Kunden.

c.) Bedingt durch die Erkenntnisse der Marktforschungsstudie wurden u.a. folgende Empfehlungen gegenüber der Sparkasse ausgesprochen:

- vermehrte Marketing Maßnahmen gegen das Wechselverhalten 18- bis 25-jähriger Bankkunden entwickeln

- stärkere Integration von Emotionen im Rahmen des Kundenwertmanagements und des Controllings ganz allgemein

- umfangreiche Erlebnisstrategien beim Umgang mit 18- bis 25-jährigen aufgrund der Bedeutung von Emotionen bei der Entstehung von Kundenzufriedenheit

- weitere Überprüfung von Emotionen im interkulturellen Kontext, um mögliche Besonderheiten verschiedener Nationalitäten zu ermitteln.

4.3 Absatzprognosen für den relevanten Markt

Eine Möglichkeit, die gewonnenen Erkenntnisse einer Marktforschungsstudie in absatzwirksame Aussagen zu übertragen, sind Absatzprognosen. Diese Prognosen basieren in der Regel auf Annahmen einer bestimmten Marktgröße bzw. Marktentwicklung. Je nach Prognose werden so je nach Unternehmensziel bestimmte Marktanteile angestrebt. Die folgenden Ausführungen erläutern die Entwicklung von Absatzprognosen anhand von drei Schritten:

1. Markteingrenzung
2. Auswahl der Prognosemethode
3. Wahl der Funktionstypen zur Berechnung von Umsatzprognosen

1. Markteingrenzung

Damit stellt sich die Frage: Was ist eigentlich der Markt? Die Frage wurde bereits im Kapitel A und im Kapitel im Rahmen des Kaufverhaltens erläutert. Für die weitere Betrachtung wird der relevante Markt für ein Produkt oder Dienstleistung zunächst mit der Gesamtzahl aller Käufer gleichgesetzt, die das Angebot dann tatsächlich kaufen würden. In Anlehnung an das vorherige Kapitel zum Kaufverhalten wurde der Markt bereits in einzelne Segmente unterteilt.

Alle Unternehmen, die Produkte auf diesem Markt bzw. in diesen Segmenten anbieten, beschreiben die Branche (inkl. Wettbewerber) des Angebots (z.B. Branche der Computerhersteller). Sobald dieser relevante Markt eingegrenzt ist, helfen klassische Kennzahlen zur Beschreibung eines Marktes (siehe folgende Abbildung). Das sind z.B.:

- Markt- bzw. Segmentvolumen (wertmäßig oder mengenmäßig)
- Markt- bzw. Segmententwicklung bzw. Marktpotenzial (z.B. Fünf-Jahres-Prognose für das Marktvolumen)
- Verteilung der Marktanteile des eigenen Angebots und der Wettbewerber im Segment
- Struktur der Kunden in einzelnen Segmenten (z.B. Alter, Lebensstil, Beruf etc.)

Abbildung 4.5   Umsatzprognose nach Segmenten

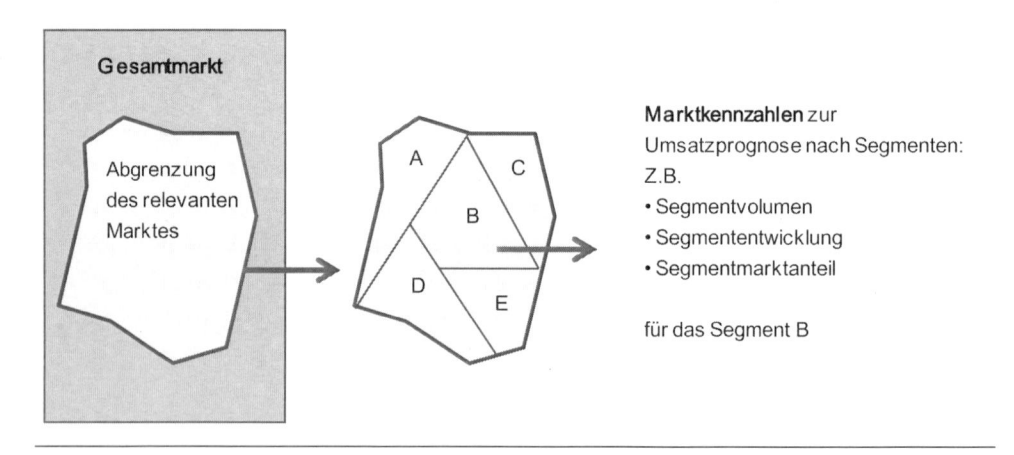

Marktkennzahlen zur Umsatzprognose nach Segmenten:
z.B.
- Segmentvolumen
- Segmententwicklung
- Segmentmarktanteil

für das Segment B

2. Wahl der Prognosemethode

Die Prognose über die zukünftigen Nachfrager sowie zur Einschätzung des relevanten Marktes lassen sich mit unterschiedlichen Methoden ermitteln. Grundsätzlich stehen drei Ansätze zur Auswahl:

a. Befragung: Was sagen Kunden oder Experten?
b. Testmarkt: Wie verhalten sich Kunden im Testmarkt?
c. Rückblick: Was haben Kunden in der Vergangenheit getan?

Diese drei Ansätze sollen im Folgenden kurz dargestellt werden:

a. Befragung von Kunden oder Experten:

„Was Personen sagen" kann z.B. bei der Einschätzung vom zukünftigen Umsatz für eine Dienstleistung relevant sein. Mit Hilfe der Befragung von Experten, die schon oft Umsatzentwicklungen für die Zukunft geschätzt haben und den jeweiligen Markt sehr gut kennen, lassen sich teils zuverlässige Prognosen ableiten.

b. Testmarkt zur Beobachtung des Kaufverhaltens:

„Was Personen tun" kann z.B. bei neuen Produkten eine erste Orientierung geben. Einer der Testmärkte befindet sich in einer Kleinstadt in Rheinland-Pfalz mit dem Namen Haßloch. Dort betreibt die Nürnberger Gesellschaft für Konsumforschung (GfK) seit 1986 einen Testmarkt. Es besteht hier die Möglichkeit, Getränke, Duschgel oder Konfitüre usw. mit knapp 3 Tsd. Haushalten zu testen. Diese Anzahl an Haushalten (von insgesamt 10 Tsd. in Haßloch) ermöglicht einen regelmäßigen Blick in den Einkaufswagen der Konsumenten. Die Käuferstruktur ist in Anlehnung an die deutsche Bevölkerung repräsentativ ausgewählt.

c. Rückblick zur Analyse des bisherigen Kaufverhaltens:

Bei „Was Personen getan haben" können Verkaufsdaten der letzten fünf Jahre das Kaufverhalten widerspiegeln. Insbesondere bei Neuprodukten könnte von Interesse sein, wie viel Umsatz neue Produkte im Durchschnitt in den ersten sechs Monaten nach Einführung am Markt erwirtschaften. Für den Konsumgütermarkt bietet z.B. das Nürnberger Marktforschungsinstitut GfK auf Basis von Zeitreihenanalysen verschiedensten Formen der Auswertung für diese Fragestellung an.

3. Funktionstypen zur Berechnung von Umsatzprognosen

Die Berechnung von Umsatzprognosen erfolgt in der Regel abhängig von zwei Perspektiven. Das ist zum einen die Perspektive der **allgemeinen Marktentwicklung**, in der das Produkt vom Unternehmen positioniert wird. In diesem Fall wird davon ausgegangen, dass die Entwicklung des Marktes auch die Entwicklung des Produktes in gleicher Weise determiniert.

Wächst der Markt um 5 Prozent, existiert die Prämisse, dass sich auch für das Produkt ein Umsatzwachstum von 5 Prozent erzielen lässt. Zum anderen, wird die Umsatzentwicklung abhängig von der **Wettbewerbsfähigkeit** des **Produktes** gemacht, für das die Prognose erstellt werden soll. Ist das Produkt beispielsweise aus Sicht des Kunden attraktiver als die Produkte vom Wettbewerb? Dann können sich die Prognosen von der allgemeinen Marktentwicklung lösen. Das Wachstum könnte in diesem Fall höher als die Marktentwicklung sein.

Ferner lassen sich **kurzfristige** und **langfristige Umsatzprognosen** unterscheiden. Kurzfristige Prognosen beziehen sich in der Regel auf eine Periode (z.B. eine Woche, 1-3 Monate).

Das ist z.B. für die kurzfristige Planung von Produktionskapazitäten von Bedeutung. Mit der Information, wie viele Produkte kurzfristig verkauft werden, lässt sich z.B. die Personal- oder die Materialplanung für die Produktion optimieren. Zur Berechnung werden meist die Mittelwerte der letzten Planungsperioden genutzt.

Diese geglätteten Durchschnittswerte sind die Basis für die Berechnung der folgenden Planungsperiode. Langfristige Berechnungen von Umsatzprognosen werden seitens des Unternehmens in der Regel auf Basis von bestimmten Gesetzmäßigkeiten durchgeführt. Die folgende Abbildung zeigt dazu drei unterschiedliche Funktionstypen.

Abbildung 4.6 Drei Funktionstypen zur Berechnung von Umsatzprognosen
(Quelle: Vgl. Meffert et al., 2008, S.178)

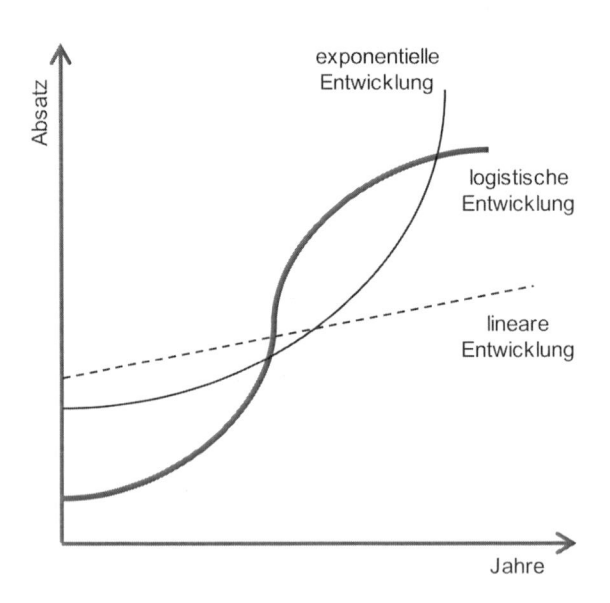

Die Anwendung dieser Funktionstypen bezieht sich im Rahmen der folgenden Erklärung exemplarisch auf die Produktentwicklung in Abhängigkeit zur Marktentwicklung.

- Lineare Entwicklung: Existiert z.B. die Erfahrung, dass ein Markt, in dem ein Produkt verkauft wird, jedes Jahr um zwei Prozent wächst, so werden meist lineare Annahmen für die Umsatzentwicklung eines Produktes getroffen. Eine sehr stabile Entwicklung zeigte z.B. der weltweite Tourismusmarkt. Über viele Jahre hinweg entwickelte sich der Markt mit einem kontinuierlichen Wachstum von 3-4 Prozent.
- Exponentielle Entwicklung: Diese Entwicklung ist besonders für „junge" Märkte interessant, die gerade entstehen. Diese Märkte sind durch ein hohes Wachstum gekennzeichnet. Ein Markt mit hohem Wachstum war lange Jahre der Mobilfunk-Markt. Durch

die geringe Anzahl von Handy-Besitzern, erhöhten sich die Anzahl der Kunden und damit die Größe des Marktes einige Jahre mit zweistelligen Wachstumsraten.

- Logistische Entwicklung: Die logistische Entwicklung für ein Produkt ist häufig in Märkten anzufinden, die einer Marktsättigung entgegen streben. Die Entwicklung beginnt bei der Einführung eines Produktes am Markt und endet mit der Phase der Sättigung am Markt.

Fallstudie Sparkasse: Am Beispiel der Sparkasse folgt nun exemplarisch eine Berechnung der Nachfrage für Neukunden von Girokonten (Produktdimension) pro Jahr für einen „relevanten" Markt. An einigen Schritten im Prozess liegen konkrete Anhaltspunkte (z.B. Studien) vor. Bei Phasen der Prognose werden Annahmen getroffen. Der relevante Markt wird dabei zunächst nur für ein Jahr (zeitliche Dimension) und die Konsumenten berechnet, die sich im Alter von 18 Jahren in Deutschland (räumlich-regionale Dimension) befinden.

Wird kurzfristig angenommen, dass durchschnittlich ca. 700 Tsd. Babys geboren werden (Statistisches Bundesamt Wiesbaden, 2009) und setzen diese Zahl mit der Anzahl junger Menschen, die jedes Jahr Ihren 18ten Geburtstag feiern, gleich, so würden sich rechnerisch ca. 700 Tsd. neue potenzielle Kunden ergeben.

Des Weiteren gehen die Überlegungen davon aus, dass ca. 25 Prozent dieser potenziellen Konsumenten auch Interesse an einer Kunde-Bank-Beziehung mit der Sparkasse haben. Damit ergibt sich zunächst ein erstes Potenzial in Höhe von 175 Tsd. Konsumenten für ein Girokonto. Wie viele Konsumenten davon später auch in tatsächliche Kunden konvertiert werden können, ist entsprechend von den Maßnahmen und der Berechnung potenzieller Kunden abhängig.

Bei einer langfristigen Betrachtungsweise in Verbindung mit dem Rückgang der Geburtenrate, ließe sich von einer logistischen Entwicklung ausgehen. Die Anzahl der potenziellen Neukunden und damit die Größe des Marktes würde für das Produkt Girokonto so langfristig zurückgehen.

Anregungen zum Nach- und Weiterdenken

Fragen:

1. Sie arbeiten für ein Unternehmen, das Premium Schokolade in Deutschland produziert und über eigene Filialen vertreibt. Das Unternehmen möchte überprüfen, ob die Vertriebskommunikation in den eigenen Filialen in Deutschland auch angemessen der Premium Positionierung praktiziert wird. Entwickeln Sie dazu einen Vorschlag für eine Marktforschungsstudie!

2. Eine Kosmetikfirma möchte herausfinden, für wie viele Kunden ein neu entwickeltes Deodorant in Frage kommt. Entwickeln Sie eine Absatzprognose für den deutschen Markt!

3. Eine Hochschule in Osnabrück möchte von ihren Studenten wissen, welche Bedeutung der Standort bei der Wahl Ihres Studienortes hat. Entwickeln Sie einen Untersuchungsplan und begründen Sie ihren Vorschlag!

Quellenhinweise:

Altobelli, C.F. (2009): Marktforschung: Methoden - Anwendungen – Praxisbeispiele, Stuttgart

Baier, G. (2000): „Cash Corner" – Die Jugendgeschäftsstelle der Sparkasse Chemnitz, in: Zanger, C., Griese, K.-M. (Hrsg.): Beziehungsmarketing mit jungen Zielgruppen, S. 289-306

Berekoven, L. Eckert, W., Ellenrieder, P. (2009): Marktforschung: Methodische Grundlagen und praktische Anwendung, 12. Auflage, Wiesbaden

Broda, S. (2006): Marktforschungs-Praxis: Konzepte, Methoden, Erfahrungen, Wiesbaden

Herrmann, A., Homburg, C., Klarmann, M. (2007): Handbuch Marktforschung: Methoden - Anwendungen – Praxisbeispiele, 3. Auflage, Wiesbaden

Kotler, P., Armstrong, G., Sauders, J., Wong, V. (2007): Grundlagen des Marketing, 4. Auflage, München

Kuß, A., Eisend, M. (2010): Marktforschung. Grundlagen der Datenerhebung und Datenanalyse, 3. Auflage, Wiesbaden

Meffert, H., Burmann, C., Koers, M. (2005): Markenmanagement - Identitätsorientierte Markenführung und praktische Umsetzung. Mit Best Practice-Fallstudien; 2. Auflage, Wiesbaden

Meffert, H., Burmann, C., Kirchgeorg, M. (2009): Marketing Arbeitsbuch. Aufgaben – Fallstudien – Lösungen, 10. Auflage, Wiesbaden

Scheier, C., Held, D. (2009): Was Marken erfolgreich macht. Neuropsychologie in der Markenführung, 2. Auflagen, Freiburg, Berlin, München

Walsh, G., Klee, A., Kilian, T. (2009): Marketing. Eine Einführung auf der Grundlage von Case Studies, 1. Auflage, Berlin, Heidelberg

Informationen über die Sparkassen:

Baston, J., Wendt, C.C. (2009): Erfolgreich mit Zielkundenstrategien. In die Zukunft investieren. In: SPARKASSEN MARKT März/April, S. 18-21

Duttenhöfer, S., Keller, B., Braun, U., Rossa, H. (2010): Handbuch Kommunikationsmanagement: Anforderungen und Umsetzungen aus Agenturen, Banken, Sparkassen und Versicherungen

Griese, K.-M. (2002): Der Einfluss von Emotionen auf die Kundenzufriedenheit. Ansätze für ein erfolgreiches Customer Relationship Marketing mit 18- 25jährigen Bankkunden, Wiesbaden

Haasis, H. (2010): Statement des Präsidenten des Deutschen Sparkassen- und Giroverbands anlässlich der Bilanzpressekonferenz am 17. März 2010 in Frankfurt am Main

Markt- und Unternehmensinformationen:

    www.direktbank-marketing.de/blog/finanzwerbung/-sparkassen-

    marketing-2009/(Feb. 2009)

    www.dsgv.de (April 2010)

    www.sparkassen.de (Mai 2010)

5 Segmentierung und Positionierung

Fallstudie: NOKIA

Kai-Michael Griese

Lernziele:

Das übergreifende Ziel des vorliegenden Kapitels ist es, die drei zentralen Schritte der Segmentierung von Märkten und der resultierenden Fokussierung auf ausgewählte Segmente zu verinnerlichen.

5.1 Prinzip der Segmentierung und Fokussierung 117

5.2 Segmentierung eines Marktes 118

5.3 Segmentauswahl und Segmentbearbeitungsstrategie 125

5.4 Segmentpositionierung 130

Fallstudie: NOKIA Corporation

Gründung: 1865
Unternehmenssitz: Espoo, Finnland
Umsatz: ca. 41 Mrd. Euro (2009)
Branchen: Telekommunikation, Laptops und Netzwerktechnik
Mitarbeiter: ca. 124.000 (2009)
Marke: Nokia

Der Markt: Der weltweite Marktführer Nokia erzielte 2009 einen weltweiten Umsatz von 1,26 Mrd. Geräten (zuvor 1,14 Mrd.), dennoch betrug der Marktanteil 34 Prozent. Zentraler Wettbewerber von Nokia ist der Hersteller Samsung. Der Hersteller erreichte 2009 einen Marktanteil in Höhe von 19,5 Prozent. Der koreanische Hersteller hat in Deutschland bei Prepaid- und Vertragskunden einen Marktanteil von 36 Prozent erreicht. Nokia besitzt in diesem Segment 29 Prozent (GfK Dezember 2009). Im Marktsegment der Smartphones, der „High-Tech-Telefone", steht Nokia z.B. im Wettbewerb zu Apple mit dem Produkt iPhone. Auf Platz drei und vier befinden sich Motorola und LG. Daraufhin folgt Sony Ericsson.

Das Unternehmen Nokia: Die Ursprünge des Unternehmens gehen auf das Jahr 1886 zurück. In diesem Jahr wurde das Unternehmen von Fredrik Idestam in Finnland gegründet. Damals produzierte das Unternehmen unter anderem Gummistiefel, Fernseher, Toilettenpapier und Fahrradreifen. Heutzutage ist Nokia vor allem ein Telekommunikationskonzern.

Die derzeitige Unternehmensvision von Nokia *„connecting people"* besagt, dass jeder mit jedem, wenn er möchte, in Verbindung stehen kann. Nokia unterstützt dieses Bedürfnis und konzentriert sich auf das Internet und den Handymarkt. Besonderen Fokus legt das Unternehmen dabei auf das Thema Nachhaltigkeit. In Anlehnung an den Dow Jones Index für Nachhaltigkeit, ist die Nokia Corporation aktuell das nachhaltigste Technologie-Unternehmen der Welt.

Das Leistungsportfolio: Das Angebot von Nokia basiert im Wesentlichen auf Mobiltelefonen und den Mini-Laptops sowie weiterer Software und Zubehör, die auf der entwickelten Hardware Anwendung finden. Das Unternehmen selbst betont die Ergebnisse der Produkte bzw. die besondere Vielfalt an Erlebnissen, die durch die Verwendung von Musik-, Navigations-, Video-, TV-, Spiel- und Fotografiefunktionen erzeugt werden. Darüber hinaus bietet Nokia Produkte, Lösungen und Dienste für Kommunikationsnetzwerke. Am Beispiel von Nokia wird im Folgenden die Bedeutung der Segmentierung und der Positionierung erläutert. Im Mittelpunkt stehen dabei die drei Schritte von der Segmentierung, zur Auswahl eines relevanten Segmentes und der Entwicklung einer angemessenen Positionierung für das zuvor ausgewählte Segment.

5.1 Prinzip der Segmentierung und Fokussierung

Im vorherigen Abschnitt zum Thema Konsumentenverhalten wurde unter anderem der relevante Markt als erster Rahmen für die Marketingplanung beschrieben. Auf Basis dieser allgemeinen Beschreibung des Marktes lassen sich für Unternehmen erste Geschäftspotenziale für die Planung ableiten. Der nun folgende Schritt der Marktsegmentierung und Fokussierung baut auf diesen Erkenntnissen auf. Es wird nun verdeutlicht, wie ein zuvor abgegrenzter Markt, sich nun differenzierter beschreiben lässt. Diese Differenzierung und damit verbundene detaillierte Beschreibung der Marktsegmente ist notwendig, um die Bedürfnisse des relevanten Marktes besser zu verstehen und eine zielgerichtete Bearbeitung einzelner Marktsegmente zu ermöglichen. Grundlage ist ein dreistufiges Vorgehen, bei dem drei zentrale Fragen im Mittelpunkt stehen (siehe folgende Abbildung).

1. Relevante Segmentierung: Welche Segmente sind am Markt anzufinden?
2. Relevantes Segment: Welche Segmente sind für das Unternehmen relevant?
3. Relevantes Angebot: Wie sieht ein relevantes Angebot für das ausgewählte Segment aus?

Abbildung 5.1 Drei grundlegende Schritte der Segmentierung

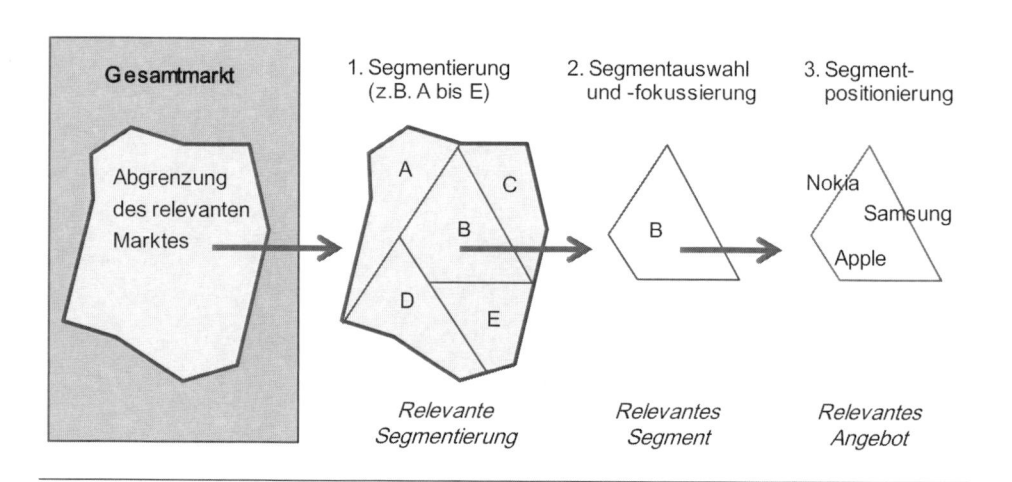

- **Segmentierung:** Im ersten Schritt gilt es, den relevanten Gesamtmarkt in separate Käufergruppen zu unterteilen. Basis dieser Unterteilung sind zum Beispiel unterschiedliche Bedürfnisse oder Verhaltensweisen des Kunden. Eine häufig anzufindende Aufteilung ist zum Beispiel eine Unterteilung in einen Markt für Premium Kunden und einen für preissensible Kunden. Aus einer großen undifferenzierten Masse an Kunden lassen sich auf diese Weise praktikable und handhabbare Segmente für den Marketingplanungsprozess herausarbeiten.

- **Segmentauswahl** (Fokussierung): Sobald der Gesamtmarkt in bearbeitbare Segmente aufgeteilt wurde, kann das Unternehmen Segmente heraussuchen, die für die Ziele des Unternehmens attraktiv sind. Basis für die Entscheidung kann beispielsweise die Profitabilität einzelner Segmente sein. Ebenso sind jährliche Wachstumsentwicklungen der mögliche Grund für die Fokussierung auf einzelne Segmente.

- **Segmentpositionierung:** Wenn die gewünschten Segmente ausgewählt sind, gilt es die Frage zu beantworten, mit welcher Positionierung und welchem konkreten Angebot die ausgewählten Segmente bearbeitet werden. Letzteres betrifft die Frage, wie ein konkreter Marketing-Mix gestaltet sein muss, damit die Kunden für das ausgewählte Segment damit auch angesprochen werden.

Alle drei Schritte bauen aufeinander auf und werden im Folgenden u.a. anhand der Fallstudie Nokia skizziert.

5.2 Segmentierung eines Marktes

Eine Marktsegmentierung ist die Aufteilung des Marktes in separate Käufergruppen. Jede einzelne Käufergruppe ist heterogen zu anderen Gruppen, aber möglichst homogen innerhalb der einzelnen Gruppe. Diese Gruppen besitzen unterschiedliche Bedürfnisse, Wünsche, Eigenschaften, Nutzenvorstellungen von Produkten oder Verhaltensweisen. Diese Tatsache erfordert unterschiedliche Produkte und einen differenzierten Marketing-Mix. Idealerweise würde jeder einzelne Kunde ein maßgeschneidertes Marketing-Programm erhalten.

Für jeden Kunden würde im Unternehmen ein individuelles Controlling aufgebaut usw. In der Regel ist eine derartige, individuelle Ausrichtung vor allem aus Kostengründen aber nicht möglich. Aus diesem Grund versuchen Unternehmen breite Käufergruppen mit vergleichbarem Bedarf zu identifizieren. Um zunächst den Gesamtmarkt in einzelne Marktsegmente aufzuteilen, bieten sich verschiedene Segmentierungskriterien an.

1. Segmentierungskriterien

Die folgenden Überlegungen konzentrieren sich dabei zunächst auf Konsumgüter und vier Merkmale, die sich als Segmentierungskriterien nutzen lassen. Diese Kriterien sind:

a. Geografische Merkmale
b. Soziodemografische Merkmale
c. Psychografische Merkmale
c. Verhaltensorientierte Merkmale

Die folgenden Überlegungen erläutern die einzelnen Segmentierungs-Merkmale. Anhand von konkreten Beispielen werden in diesem Kontext mögliche Ausprägungsformen verdeutlicht.

a. Geografische Merkmale

Die geographischen Merkmale orientieren sich an der räumlichen Struktur eines Landes. Dazu zählt z.B. die Unterteilung in Großregionen. In Deutschland sind das meist die verschiedenen Bundesländer Bayern, Hessen, NRW usw. Ein weiteres Merkmal ist die Größe der Städte und Gemeinden. Damit verbunden lassen sich Aussagen über eher ländliche oder eher städtische Marktsegmente entwickeln. Neben der räumlichen Struktur zählen zu den geographischen Merkmalen aber auch die physische Beschaffenheit eines Landes oder einer Stadt. Welches Klima findet sich vor Ort? Ist es außergewöhnlich heiß oder überdurchschnittlich kalt? Ferner betrifft es die Frage wie die Menschen vor Ort leben. Wie ist z.B. grundsätzlich der Raum für das menschliche Leben ausgeprägt? Wie viel Platz hat eine Person zum Leben?

Abbildung 5.2   Einwohnerzahl der 10 größten Städte in Deutschland
(Quelle: Vgl. Statisches Bundesamt in Wiesbaden (2007))

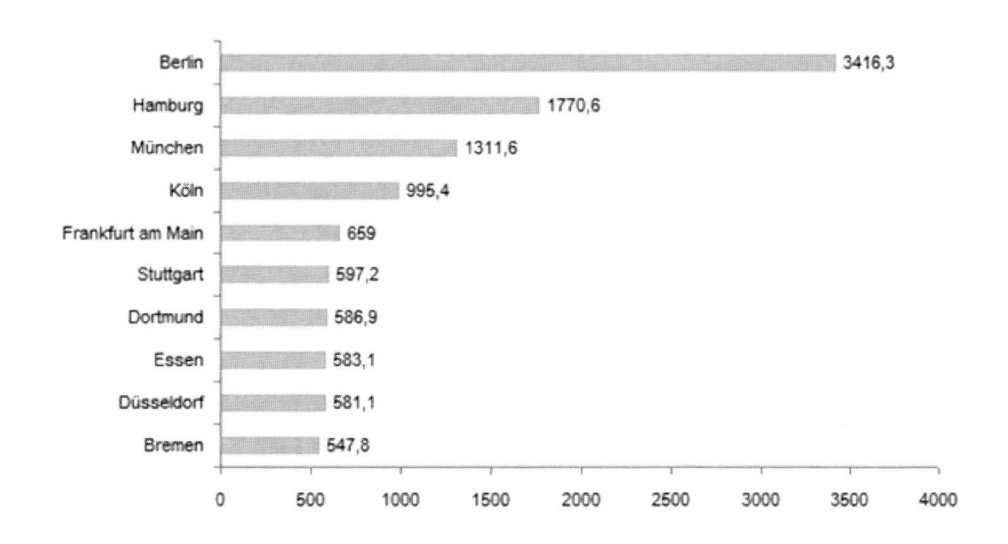

Stadt	Einwohner (in Tsd.)
Berlin	3416,3
Hamburg	1770,6
München	1311,6
Köln	995,4
Frankfurt am Main	659
Stuttgart	597,2
Dortmund	586,9
Essen	583,1
Düsseldorf	581,1
Bremen	547,8

Weitere Beispiele:

Bundesländer:	z.B. Bayern, Südwesten mit Baden-Württemberg, Rheinland-Pfalz, Hessen, Westen mit Nordrhein-Westfalen
Siedlungsdichte:	z.B. Dorf, Kleinstadt, Mittelstadt, Großstadt, Ballungsraum
Klimaverhältnisse:	z.B. kaltes oder warmes Klima

Die obige Abbildung zeigt die Einwohneranzahl von den zehn größten Städten in Deutschland. Für die Marketingplanung können diese Informationen z.B. für die Konzeption von Vertriebsnetzen für einzelne Marktsegmente von Bedeutung sein.

b. Soziodemografische Merkmale

Zu den soziodemographischen Merkmalen zählen z.B. das Geschlecht, die Bildung, das Alter, der Beruf, die Kaufkraft und die Staatszugehörigkeit. Trotz vieler Diskussionen in der Literatur, über die Aussagekraft von demographischen Merkmalen, zählen diese noch immer zu den wichtigsten. Das liegt daran, dass sich daraus viele Bedürfnisse des Kunden hinsichtlich der Produkte ableiten lassen.

Die folgende Tabelle zeigt exemplarisch zehn Bundesländer in Verbindung mit deren Kaufkraft.

Tabelle 5.1 Kaufkraft von ausgewählten Bundesländern
(*Quelle: Vgl. GfK GeoMarketing, GfK Kaufkraft (2009)*)

Rang 2009:	Bundesland:	Kaufkraft 2009 je Einwohner / Jahr:	Kaufkraftindex je Einwohner (Bundesdurchschnitt = 100):
1	Bayern	20.571 €	108,6
2	Hessen	20.424 €	107,8
3	Baden-Württemberg	20.283 €	107,1
4	Hamburg	20.139 €	106,3
5	Nordrhein-Westfalen	19.234 €	101,5
6	Schleswig-Holstein	19.214 €	101,4
7	Rheinland-Pfalz	18.956 €	100,1
8	Niedersachsen	18.537 €	97,8
9	Saarland	17.729 €	93,6
10	Bremen	17.408 €	91,9

Weitere Beispiele:

Lebensalter: z.B. unter 6 Jahre, 6-11, 12-19, 20-34, 35-49, 50-64, über 65 Jahre

Position im
Lebenszyklus: z.B. alleinlebend, jung/ als Paar lebend ohne Kinder, jung/ verheiratet und Kleinkind im Haushalt, mittleres Alter/ verheiratet, Personen/alleinlebend oder als Paar

Haushaltseinkommen: z.B. niedriges, mittleres oder hohes Haushaltseinkommen

Berufliche Tätigkeit: z.B. Kaufmännischer/ handwerklicher Beruf, Angestellter, Arbeiter, Beamter, Landwirt, Rentner oder Pensionär, Student, Vollzeitbeschäftigte, Teilzeitbeschäftigte, Beschäftigte nach 325-Euro-Regelung, Arbeitslose

Schulabschluss: z.B. Hauptschule, Realschule, Fachschule, Gymnasium/Abitur, Fachabitur, Fachhochschulabschluss, Universitätsabschluss

c. Psychografische Merkmale

Die psychographischen Merkmale geben z.B. Auskunft über Persönlichkeitsmerkmale. Das ist die Werteorientierung eines Kunden oder deren Lebensziele. Von besonderer Bedeutung sind dabei die Einstellungen. Häufig lassen sich auf Basis einer Einstellung Rückschlüsse auf das potenzielle Kaufverhalten hinsichtlich eines Produkts gewinnen.

Hat ein Kunde beispielsweise eine positive Einstellung gegenüber einer bestimmten Automarke, so ist die Wahrscheinlichkeit hoch, dass er das Produkt bei gegebenen weitere Rahmenbedingungen (z.B. Finanzkraft) auch kaufen wird. Um kaufverhaltensrelevante Aussagen zu generieren, werden bei der Marktsegmentierung Einstellungen in der Regel in Kombination mit weiteren Merkmalen betrachtet. Weitere Beispiele:

Freizeitgewohnheiten: z.B. Kunstinteressierte, Marathonläufer, Wassersportler

Lebensstil: z.B. Karriereorientierte, Freizeitorientierte, Familienorientierte

Persönlichkeit: z.B. Gesellige, Zurückhaltende, Autoritäre

Ein Beispiel einer Segmentierung stammt von der Schober Information Group (siehe folgende Abbildung). Diese basiert auf einer Lifestyle Segmentierung und wurde mit den Ergebnissen der Studie „German Travelle´s Profile" kombiniert. In dieser Studie zum Thema Tourismus wurden 300.000 deutsche Haushalte u.a. über die persönlichen Reisevorlieben befragt. Dazu wurden u.a. Lebensstile, Freizeitgewohnheiten und insbesondere das Reiseverhalten analysiert. Die folgende Abbildung zeigt die zentralen Gruppierungen die daraus entstanden sind. Dabei werden die Befragten grundsätzlich in sechs Hauptgruppen unterteilt. Das sind die „Weltoffenen Etablierten", die „Bodenständigen", die „Aktive Mitte der Gesellschaft", die „Innovativen Aufsteiger", die „Materiell Orientierten Arbeiter und Angestellte" sowie die „Konsumeinsteiger". Für eine Detailbetrachtung lassen sich diese Segmente noch einmal in 63 Feinsegmente gliedern. So lässt sich das Segment der „Innovativen Aufsteiger" z.B. in 15 Feintypen aufteilen. Anhand dieser feineren Untersegmente sind Aussagen über die Freizeitgestaltung, Fernsehgewohnheiten oder körperliche Aktivitäten möglich. Unternehmen können basierend auf diesen Lifestyle-Typen ihre Produkte und Marken entwickeln. Das bedeutet, sie analysieren auf Basis der ermittelten Segmente den Kunden und richten die Produktentwicklung auf relevante Segmente und deren Bedürfnisse aus. Für die Tourismusindustrie ermöglichen sich auf Basis dieser Segmentierung vielfältige Aussagen als Grundlage für die Marketingplanung. Das sind z.B. folgende Aspekte: Bevorzugt ein bestimmtes Segment die Kreuzfahrt als Lieblingsreise? Welche Sportarten werden von einem Segment im Urlaub gerne gemacht? Welche Zeitschriften lesen Personen in den Segmenten, die Städtereisen unternehmen?

Abbildung 5.3 Lifestyle Segmentierung von der Schober Information Group
(*Quelle: www.schober.co.at (2007)*)

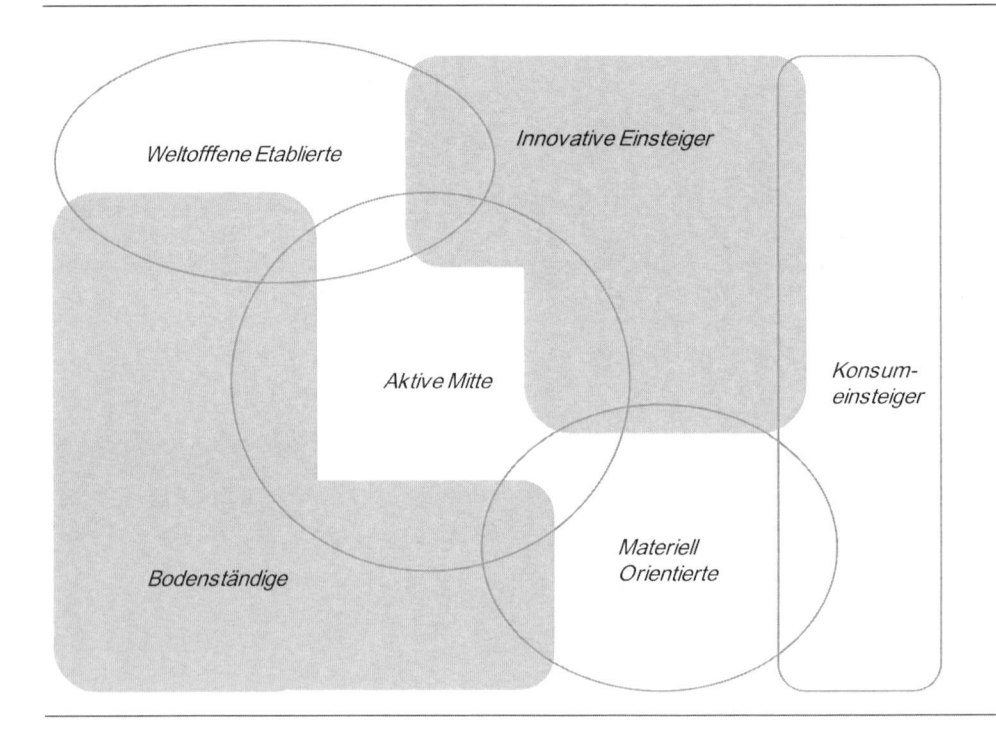

- Weltofffene Etablierte
- Innovative Einsteiger
- Aktive Mitte
- Konsumeinsteiger
- Bodenständige
- Materiell Orientierte

d. Verhaltensorientierte Merkmale

Die verhaltensorientierten Merkmale beschreiben z.B. das Verhalten im Hinblick auf die Loyalität oder die Treue eines Kunden zu den Produkten. Wie häufig werden Produkte im Jahr gekauft? In welchen Mengen erwirbt der Kunde die Produkte? Gibt es Besonderheiten bei der Verpackungsgröße, die bevorzugt werden? Für die Kommunikationsplanung lassen sich aus diesen Merkmalen auch Aussagen über das Informationsverhalten gewinnen. Das sind z.B. folgende Fragen: Welche Medien werden konsumiert? Zu welcher Uhrzeit am Tag werden Informationen aufgenommen? Gleichzeitig können diese Merkmale Auskunft darüber geben, wann ein Kunde ein Produkt im Lebenszyklus kauft. Handelt es sich z.B. bei dem Käufer um einen innovativen Kunden, der stets als Erster eine Produktneuheit kauft. In dieser Funktion besitzt er aufgrund seines Verhaltens eine gewisse Meinungsführerschaft in seinem Umfeld.

Segmentierung eines Marktes 123

Abbildung 5.4 Unterschiedliche Webtypen
(Quelle: Vgl. Focus Communication Networks 13.0)

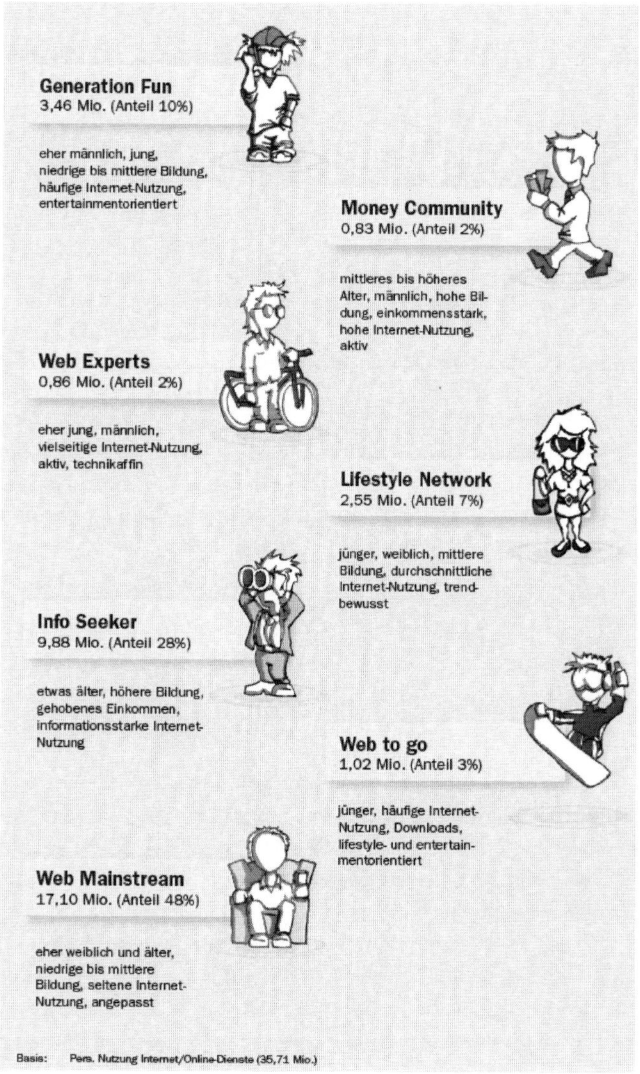

Generation Fun
3,46 Mio. (Anteil 10%)

eher männlich, jung, niedrige bis mittlere Bildung, häufige Internet-Nutzung, entertainmentorientiert

Money Community
0,83 Mio. (Anteil 2%)

mittleres bis höheres Alter, männlich, hohe Bildung, einkommensstark, hohe Internet-Nutzung, aktiv

Web Experts
0,86 Mio. (Anteil 2%)

eher jung, männlich, vielseitige Internet-Nutzung, aktiv, technikaffin

Lifestyle Network
2,55 Mio. (Anteil 7%)

jünger, weiblich, mittlere Bildung, durchschnittliche Internet-Nutzung, trendbewusst

Info Seeker
9,88 Mio. (Anteil 28%)

etwas älter, höhere Bildung, gehobenes Einkommen, informationsstarke Internet-Nutzung

Web to go
1,02 Mio. (Anteil 3%)

jünger, häufige Internet-Nutzung, Downloads, lifestyle- und entertainmentorientiert

Web Mainstream
17,10 Mio. (Anteil 48%)

eher weiblich und älter, niedrige bis mittlere Bildung, seltene Internet-Nutzung, angepasst

Basis: Pers. Nutzung Internet/Online-Dienste (35,71 Mio.)

Weitere Beispiele:

Nutzenerwartungen:	Qualität, umfassende Bedienung, niedriger Preis etc.
Nutzerstatus:	Nichtkäufer, frühere Käufer, Erstkäufer, regelmäßiger Käufer
Loyalität:	Keine, durchschnittliche, starke, absolute Treue zum Produkt

Ein Beispiel für die Segmentierung auf Basis von verhaltensorientierten Ansätzen stellt eine Studie vom Focus dar. Die Studie trägt den Namen CN 13 (CN = Communication Networks) und analysiert unterschiedliche Ansätze der Kommunikation im Hinblick auf die Informationsverarbeitung, die Mediennutzung, die Einstellung zur Werbung sowie die Produkt- und Markenakzeptanz. Die obige Abbildung zeigt Ausschnitte dieser Studie. Sichtbar ist das unterschiedliche Verhalten von Personen im Internet. Die entstandene Typologie ist eine Segmentierung nach Web-Typen.

2. Anforderungen an Segmentierungskriterien

Für das Unternehmen ist es von Bedeutung, die „richtigen" Variablen als Segmentierungskriterium auszuwählen. Während zum Beispiel bei einer Segmentierung für den Hersteller von Kinderspielzeug (z.B. Ravensburger), dem Alter eine zentrale Bedeutung bei der Konzeption der Segmentierung zukommt, sind in einem anderen Markt möglicherweise ganz andere Kriterien von Relevanz.

Je nach Markt kann es ferner sinnvoll sein, zwei oder mehrere Kriterien gleichzeitig für die Segmentierung zu nutzen, um den Konsumenten umfangreicher abbilden. Mehrstufige Segmentierungen unterteilen die Märkte in verschiedenen Stufen. Zu Beginn ist zum Beispiel eine Segmentierung nach geografischen Kriterien, evtl. Ländern, möglich. In der nächsten Stufe wäre eine Segmentierung nach verhaltensorientierten Kriterien denkbar.

Ein typischer Prozess bei der Ermittlung von Marktsegmenten verläuft in fünf Schritten: Er beginnt häufig mit der qualitativen Forschung. Dabei wird mit Hilfe eines explorativen Ansatzes, ein Grundverständnis über die Funktionsweise des Marktes ermittelt. Im zweiten Schritt werden die qualitativ gewonnenen Erkenntnisse quantitativ überprüft. In dieser Phase werden die zentralen Dimensionen zur Differenzierung des Marktes bestätigt. In der Analysephase werden mit Hilfe der ermittelten Dimensionen konkrete Marktsegmente herausgearbeitet. Abschließend werden die gewonnenen Segmente hinsichtlich Plausibilität überprüft. Sobald diese Überprüfung stattgefunden hat, werden die einzelnen Segmente dann benannt. Wichtige Anforderungen an eine effiziente Segmentierung sind u.a.:

- Möglichkeit zur Messbarkeit der Kriterien: Das bedeutet, die Kriterien zur Segmentierung müssen sich mit entsprechenden Methoden der Marktforschung auch abbilden lassen.

- Segmente müssen zugänglich sein: Die Bildung von Marktsegmenten ist nur dann sinnvoll, wenn die spätere Bearbeitung der Segmente durch einen Marketing-Mix möglich ist.

- Relevante Größe für die Bearbeitung der Segmente: Damit Unternehmen die Segmente auch wirtschaftlich bearbeiten können, müssen die Segmente eine angemessene Größe besitzen.

- Kaufverhaltensrelevanz und zeitliche Stabilität: Letztendlich müssen die Segmente für das Marketing eine Verlässlichkeit hinsichtlich ihrer Kaufverhaltensrelevanz und ihrer Stabilität über einen gewissen Zeitraum ermöglichen. Hinsichtlich der zeitlichen Stabilität sind zwei Jahre oft die Mindestanforderung.

Fallstudie NOKIA: Ein weiteres Beispiel für ein mögliches Ergebnis einer Segmentierung stammt von Nokia. Das Unternehmen war eines der ersten Anbieter von Mobiltelefonen, das eine Segmentierung für diesen Markt entwickelt hat. Dabei wurden unter anderen vier zentrale Telefon-Typen ermittelt.

Highflyer: männlich, Geschäftsleute
Trendsetter: männlich, technisch orientiert, trendfixiert
Poser: männlich & weiblich, statusbewusst, Lifestyle orientiert
Social Contact Seeker: weiblich, auf Familie und Freunde fixiert, sozialer Touch

Neben demografischen Merkmalen zur Beschreibung der Segmente sind auch verhaltenswissenschaftliche Merkmale von Bedeutung. So nutzen die „Poser" ihr Telefon ganz bewusst, um sich „Lifestyle orientiert" zu präsentieren. Aus jedem Typen lassen sich konkrete Annahmen über die Größe des Marktes ableiten.

(Quelle: Vgl. Göttert J.-M. (2001))

5.3 Segmentauswahl und Segmentbearbeitungsstrategie

Sobald die einzelnen Marktsegmente definiert sind, ist zu klären, wie Unternehmen die relevanten Segmente auswählen. Das geschieht im Rahmen der Segmentauswahl bzw. der Segmentbearbeitungsstrategie. Dazu beurteilen Unternehmen die Segmente auf Basis ihrer Attraktivität und entwickeln dann eine Marktbearbeitungsstrategie. Zunächst gilt es aber die einzelnen Segmente aus Perspektive des Unternehmens zu bewerten.

1. Segmentauswahl

Die folgende Aufzählung skizziert zunächst mögliche Kriterien zur Bewertung sowie beispielhafte Fragen für die Kriterien:

Wachstum:	Wie entwickeln sich die einzelnen Segmente? Ist das Segment rückläufig, stagniert es oder existieren hohe Wachstumsraten?
Gewinnspannen:	Welche Gewinnspannen lassen sich in den Segmenten realisieren? Wie entwickeln sich die Gewinnspannen langfristig?
Wettbewerb:	Wie ist die Wettbewerbssituation in den einzelnen Segmenten? Ist in dem relevanten Markt ein Polypol, Oligopol oder ein Monopol anzufinden?
Lieferanten:	Wie lässt sich die Machtsituation der Lieferanten pro Segment charakterisieren? Wie viele Lieferanten gibt es pro Segment?
Stärken:	Besitzt das eigene Unternehmen ausreichend Stärken, um in einem ausgewählten Marktsegment erfolgreich zu agieren? Was müsste ggfs. verändert werden, um erfolgreich zu sein?

> **Fallstudie NOKIA:** Als sich Nokia vor ca. 20 Jahren entschloss, das Segment der Mobiltelefone intensiver zu bearbeiten, hatte kaum ein Konsument ein mobiles Telefon. Das lag zum einen daran, dass die Telefone zu diesem Zeitpunkt noch sehr teuer waren.
>
> Zum anderen waren die Geräte noch sehr groß und wenig komfortabel. Aufgrund der hohen Zukunftschancen für dieses Segment, entschied sich das Unternehmen jedoch, intensiv in den Markt einzusteigen.
>
> Daraufhin hat sich der Großteil des Unternehmens auf Mobiltelefone fokussiert. Der Verantwortliche des Segmentes für Mobiletelefone, Jorma Ollila, wurde in die Verantwortung für das ganze Unternehmen berufen. In der Folge hat er die meisten anderen Geschäftsbereiche verkauft. Dazu zählten z.B. Gummistiefel, Toilettenpapier, Gummireifen für Fahrräder und Fernseher. Das waren einige Segmente, mit denen Nokia in der Vergangenheit teils sehr großen Erfolg hatte.

2. Segmentbearbeitungsstrategie

Nachdem sich ein Unternehmen für ein Segment entschieden hat, gilt es die Segmentbearbeitungsstrategie zu definieren. Aus Perspektive des Unternehmens bieten sich bei der Unterteilung des Marktes in immer kleiner werdende Segmente, einige grundsätzliche „Stoßrichtungen" des Marketing an. Diese vier Stoßrichtungen sind durch die beiden Extreme „ein Produkt für alle" (Marketing für den Gesamtmarkt) und „ein Produkt für eine Person" (Marketing für eine Person) geprägt.

- **Marketing für den Gesamtmarkt**

Bei der ersten Stoßrichtung, dem Massenmarketing, wird für alle Kunden ein relativ einheitliches Angebot entwickelt. Die Produktangebote bedienen kaum einzelne Bedürfnisse eines individuellen Kunden. Das Ziel ist es, mit einem standarisierten Produkt möglichst viele Kunden zu erreichen. Ein Produkt mit einem vergleichbaren Ansatz ist der VW Golf als Standardversion.

- **Marketing für ein differenziertes Marktsegment**

Bei der folgenden Abstufungsebene, dem Zielgruppenmarketing für ein differenziertes Marktsegment, wird bereits in Kunden mit unterschiedlichen Bedürfnissen unterteilt. Durch die stärkere Berücksichtigung von individuellen Bedürfnissen wird bewusst auf bestimmte Zielgruppen verzichtet, die diese Bedürfnisse nicht haben. Ein Produkt für eine deutlichere Abgrenzung im Sinne einer Zielgruppe könnte der VW Passat sein. Personen, die dieses Fahrzeug erwerben, sind z.B. Familien oder Personen, die häufig größere Materialien transportieren müssen.

- **Marketing für ein kleines Teilmarktsegment (Nische)**

In der dritten Unterteilungsebene konzentrieren sich die Überlegungen des Unternehmens dann auf kleinere, sogenannte Nischensegmente. Das sind sehr eng definierte Subsegmente im relevanten Markt. Als Beispiel sei an dieser Stelle die Marke Porsche genannt. So wird mit dem Sportwagen Modell Porsche Carrera ein sehr hochwertiges aber auch sehr hochpreisiges Produkt einer kleinen Anzahl an Kunden angeboten.

- **Marketing für eine Person**

In der kleinsten Unterteilungsebene des Marktes, dem One-to-One Marketing, würde jeder Kunde ein individuelles Marketingprogramm erhalten. Diese Situation ist häufig nur im Industriegütermarketing anzufinden. Unternehmen entwickeln dann z.B. individuelle Lösungen (Bau einer besonderen Produktionsmaschine), die extra für den Bedarf eines Kunden angefertigt wird. Mit Hilfe des Internets wurde es für Unternehmen zum Teil auch leichter, das Marketing für einen Endkonsumenten anzubieten. Als weiteres Beispiel aus der Automobilindustrie könnte eine Sonderanfertigung eines Lamborghini sein, der individuell für die Wünsche eines Kunden angefertigt wird.

Beispiel 1 - Marketing für differenzierte Marktsegmente:

Die folgende Tabelle zeigt zwei Beispiele aus der Automobilindustrie für das differenzierte Bearbeiten von Marktsegmenten. Es handelt sich um die Marken Audi und Ford. Anhand der exemplarisch ausgesuchten Fahrzeugmodelle wird deutlich, dass beide Hersteller für unterschiedliche Segmentkategorien unterschiedliche Produkte zur Bearbeitung nutzen. So produziert Ford z.B. für das Kleinwagensegment den Ford Ka.

Für die Mittelklasse wird der Ford Focus angeboten. Im Bereich der Kategorie der „Van's" ist seitens Ford z.B. der Ford Galaxy im Angebot. Für das in der Vergangenheit sehr stark gewachsene Marktsegment der „SUV's" (Sport Utility Vehicles) wurde der Ford Kuga entwickelt.

Tabelle 5.2   Beispiele für differenzierte Segmentangebote von Audi und Ford

Segmentkategorie	Modelle der Marke Audi	Modelle der Marke Ford
Kleinwagen	A2	Ka
Mittelklasse	A3, A4, A6	Focus
„Van"-Klasse		Galaxy
SUV	Q7	Kuga
Oberklasse	A8	

Beispiel 2 - Marketing für eine Person: Folgendes Beispiel MYPARFUEM zeigt exemplarisch ein mögliches Angebot für eine Person. Jeder Kunde kann hier z.B. sein persönliches Parfüm kreieren. Nach der Festlegung eines Dufttyps, der zur Persönlichkeit des Kunden passt, kann der Kunde daraufhin einzelne Duftnoten und später empfohlene Duftakkorde in einer individuellen Gestaltung auswählen. Letztendlich ist auch ein individuelles Flakon am Ende wählbar.

Abbildung 5.5   Internetauftritt von myparfuem
(Quelle: www.myparfuem.de (April 2010))

Fallstudie Nokia: Nokia konzentrierte sich im Folgenden vor allem auf das Segment der Mobiltelefone. Bei der Entwicklung von Produkten setzte das Unternehmen auf die differenzierte Bearbeitung von Marktsegmenten. Nokia entwickelte für unterschiedliche Marktsegmente innerhalb der Mobiltelefone auch einen unterschiedlichen Marketing-Mix. Die folgende Tabelle zeigt exemplarisch verschiedene Nokia Produkte für unterschiedliche Kundensegmente.

Aus der jeweiligen Produktbeschreibung in der Tabelle unten wird jeweils ersichtlich, das mit unterschiedlichen Produktvorteilen auch unterschiedliche Marktsegmente im Mittelpunkt der Marketingplanung stehen.

Während für das moderne Nokia E66 z.B. Business-Nutzer anvisiert werden, stehen beim E71 vor allem Marktsegmente im Vordergrund, dessen Kunden vor allem einen schnellen Internetzugriff und Mitteilungs- sowie Email-Funktionen benötigen. Mit dem das Nokia X3 werden Kunden angesprochen, die gerne Musik hören.

Modell:	Beschreibung:
Nokia X6 32GB	„Ein leistungsstarkes Mobiltelefon mit zahlreichen Entertainment- und Social-Networking-Funktionen: Direktzugriff auf Ihre engsten Freunde und Netzwerke, großer Touchscreen, hochwertige Foto- und Videofunktionen und viel Speicherplatz für Ihre Medien."
Nokia X3	„Das elegante und attraktive Mobiltelefon zum Aufschieben mit Musik-Player bietet Musik und Unterhaltung pur – mit hochwertigen Stereo-Lautsprechern, integrierter UKW-Antenne, 3,2-Megapixel-Kamera und Unterstützung für Nokia Music, Ovi Share und den Ovi Store."
Nokia E72	„Das Nokia E72 ist ein außenordentlich leistungsfähiges Smartphone für die geschäftliche und private Kommunikation."
Nokia E71	„Heutzutage arbeiten wir dort, wo wir gerade sind. Das Nokia E71 wird dieser modernen Art des Arbeitens gerecht. Es bietet umfassende Mitteilungs- und E-Mail-Funktionen, schnellen Internetzugriff und Navigation."
Nokia E66	„Dieses moderne Business-Smartphone mit leistungsfähigen Organizer-Funktionen, Highspeed-Verbindungen via UMTS mit HSFPA und WLAN, E-Mail, Unterstützung für A-GPS, Musik-Player mit Schnellzugriff und einer 3,2-Megapixel-Kamera wurde speziell für anspruchsvolle Business-Nutzer entwickelt."

Tabelle 5.3 Produktangebote für unterschiedliche Marktabdeckungsstrategien
(Quelle: www.nokia.de (April 2010))

5.4 Segmentpositionierung

Wenn Unternehmen Marktsegmente entwickelt und ausgewählt haben, ergeben sich zunächst grundsätzlich zwei Vorteile. Der eine Vorteil ist, dass das Unternehmen die **Information** über ein relevantes Marktsegment besitzt. Auf Basis dieser Informationen lassen sich z.B. Erklärungen für ein mögliches Kaufverhalten der Kunden in diesem Segment ableiten oder das zukünftige Generieren von Informationen für dieses Teilsegment zielgerichteter planen.

Der zweite Vorteil ermöglicht sich durch die **zielgerichtete Bearbeitung** des Marktsegments auf Basis der vorliegenden Informationen. Genau diese vertiefende Bearbeitung ist Inhalt des nun folgenden Abschnitts. Nach dem das Unternehmen ein oder mehrere Marktsegmente ausgewählt hat, geht es im nächsten Schritt darum, für diese Segmente ein konkretes Angebot für die Bearbeitung des Segmentes zu formulieren.

Das bedeutet: Was genau bietet das Unternehmen dem Kunden bzw. dem Segment in Form eines Produktes oder einer Marke? Diese Frage wird zunächst durch die Segmentpositionierung beantwortet. In diesem Abschnitt werden dazu einige Ansatzpunkte für eine differenzierende Marktpositionierung vorgestellt. Daraus wird ersichtlich, wie Unternehmen darauf aufbauend differenzierte Marketing-Strategien anwenden, um größtmögliche Vorteile gegenüber der Konkurrenz im ausgewählten Segment aufzubauen. Doch was ist eine Positionierung? Die Positionierung beantwortet die Frage: „Warum soll der Kunde dieses Produkt kaufen und nicht ein anderes?"

1. Positionierung als einzigartiges Nutzenversprechen

Eine Positionierung wird in Anlehnung an die obige Fragestellung wie folgt definiert: Eine Positionierung ist eine klare, einzigartige und erstrebenswerte Position des Produktes in der Vorstellung des Zielmarktsegmentes im Vergleich zu Konkurrenzprodukten. Erlangt ein Unternehmen mit einem Produkt oder einer Marke eine derartige, erstrebenswerte Position im Markt, wird von einer Unique Selling Proposition (USP) gesprochen. In diesem Moment nimmt der Kunde das Produkt anhand für ihn wichtiger, einzigartiger Eigenschaften idealerweise als beste Alternative am Markt wahr.

Die eigentliche Formulierung der Positionierung geschieht nur über Texte und Bilder. Erst durch den Marketing-Mix wird diese Positionierung im nächsten Schritt in ein konkretes Produkt, mit einem Preis, einer Kommunikation und einem konkretem Ort des Vertriebs real umgesetzt.

Diese operative Umsetzung ist dann die Beweisführung der zuvor schriftlich und visuell formulierten Ausrichtung der Positionierung. Diese wird im Rahmen der Ausführungen zum Marketing-Mix separat nach Produkt, Preis, Kommunikation und Vertrieb vertieft. Jeder Bestandteil des Marketing-Mix muss im Kontext einer konsequenten Anlehnung an die Positionierung später auch die Positionierung widerspiegeln. Auf diese Weise ergeben sich unter anderem folgende Vorteile einer Positionierung für eine Marke beziehungsweise für ein Produkt:

- **Kaufgrund:** Der Konsument erhält einen klaren und dominierenden Grund, warum er das Produkt und nicht das des Wettbewerbers kaufen soll (z.B. die Waschmaschine von Miele hält länger als andere Waschmaschinen). Das ist das konkrete Nutzenversprechen.

- **Vereinfachung:** Eine Positionierung hilft, komplexe Informationen über ein Unternehmen in ein einfaches und fokussiertes Verkaufsargument zu komprimieren (z.B. „Der Joghurt mit der Ecke" von Müller).

- **Verankerung:** Eine einfache und stringent formulierte sowie nachhaltig umgesetzte Positionierung ermöglicht eine langfristige Verankerung in den Köpfen der Konsumenten (z.B. Apple hat ein attraktiveres Design).

- **Effektivität:** Ein klar abgegrenztes und umgesetztes Positionierungskonzept ermöglicht es, in einer kommunikationsüberfluteten Marketinglandschaft noch Gehör zu finden beziehungsweise insgesamt besser durchzudringen (z.B. Red Bull verleiht Flügel).

Fallstudie NOKIA: Der Konzern Nokia entwickelte zu Beginn der Fokussierung auf das Marktsegment der Mobiltelefone eine klare Positionierung. Der damalige CEO, Jorma Ollila, sagte bereits 1995 im Manager Magazin, das Mobiltelefone Modeartikel sind. Aus diesem Statement lässt sich der starke Fokus auf das Design ablesen. Zur Positionierung lässt sich bei Nokia übergreifend weiter ablesen: "We focus on providing consumers with very human technology - technology that is intuitive, a joy to use, and beautiful."
(Quelle: www.nokia.com (2010)).

Abbildung 5.6 iphone und Samsung
(Quelle: www.apple.com & www.samsung.com (April 2010))

Viele Jahre konnte das Unternehmen auf diese Weise stetiges Marktwachstum im Marktsegment der Mobiltelefone erreichen. Diese produktorientierte Marktpositionierung von Nokia wurde in den letzten Jahren zunehmend von den Konzernen Samsung (z.B. *Samsung S5600*) und Apple (z.B. iPhone) angegriffen (siehe dazu die Abbildung zweier erfolgreicher Produkte dieser Unternehmen). Dabei greifen die beiden Konzerne die ursprünglichen Positionierungseigenschaften von Nokia auf, in dem sie zum Beispiel ebenfalls eine leichte Navigation oder ein attraktives Design anbieten.

2. Positionierungsmodelle zur Darstellung einer Positionierung

Zur Darstellung unterschiedlicher Positionierungen eignen sich Positionierungsmodelle. Diese Modelle bauen häufig auf zwei Dimensionen auf. Die Dimensionen, die dabei zum Einsatz kommen, spiegeln die für den Konsumenten relevanten funktionalen oder symbolischen Nutzendimensionen wider. Im folgenden Beispiel des Getränkeherstellers Tränkle GmbH (Biburg) bilden die wahrnehmungsrelevanten Merkmale „Mineralisierung" (Gehalt an Mineralstoffen) und die Spritzigkeit (Kohlensäuregehalt) die beiden Dimensionen.

Abbildung 5.7   Positionierung am Beispiel von Getränken
(Quelle: Vgl. Helm/Gierl, 2005, S. 144)

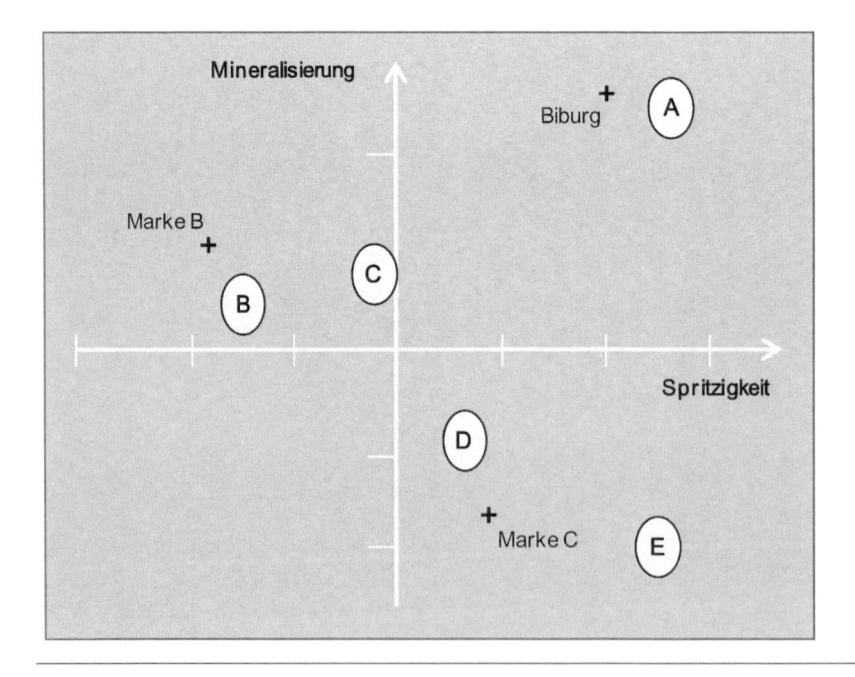

Die Buchstaben A-E spiegeln zusätzlich die fünf unterschiedlichen Vorlieben der Kunden am Markt wider. Ergänzend sind neben der Marke Biburg noch zwei weitere Marken exemplarisch abgebildet. Biburg hat einen Marktanteil von 3 Prozent, die Marke B besitzt 24 Prozent und die Marke C hat einen Marktanteil von 20 Prozent. Die Vorteile von derartigen Positionierungsmodellen liegen zum einen in der gleichzeitigen Abbildung von Wettbewerbern. So lässt sich zum Beispiel ablesen, ob eine Position am Markt durch eine Marke doppelt besetzt ist. Gleichzeitig lassen sich neue, unbesetzte Positionierungen erkennen. Plant ein Unternehmen bewusst eine differenzierte Positionierungsstrategie, wird von „Points of Difference-Positionierung" gesprochen. Möchte das Unternehmen jedoch gezielt die gleiche Positionierung einer anderen Marke kopieren, wird von „Point of Parity-Positionierung" gesprochen (Vgl. Meffert et al, 2008). Die Nachteile der Positionierungsmodelle liegen u.a. in der mangelnden Innovationsfähigkeit. So lassen sich neue Produkte, die gegebenenfalls für andere Dimensionen relevant sind, nur begrenzt abbilden. Insofern bilden existierende Positionierungsmodelle nur den Status Quo eines Marktes ab. Darüber hinaus wird davon ausgegangen, dass Kunden einen Markt ähnlich wahrnehmen und beurteilen. Die Herausforderung für das Unternehmen besteht zum einen in der Identifikation der einzigartigen Positionierungseigenschaften bzw. Wettbewerbsvorteile. Zum anderen gilt es, die richtige Anzahl von Eigenschaften zu bestimmen. Es ist nicht wichtig, möglichst viele einzigartige Eigenschaften anzubieten, sondern die entscheidenden Eigenschaften des Produkts oder der Marke zu definieren. Da in der Regel die Anzahl der Merkmale auch mit Mehrkosten verbunden sind, ist die Anzahl der Eigenschaften für die Profitabilität von besonderer Bedeutung.

3. Ansatzpunkte für eine differenzierende Positionierung

Für Unternehmen würde sich in der Planung insbesondere die Frage stellen, wie sich eine einzigartige, erstrebenswerte und damit differenzierende Positionierung realisieren lässt. Mit Differenzierung ist eine Positionierung gemeint, die für den Kunden attraktiver ist, als die des Wettbewerbs. Dabei kann die Attraktivität auf unterschiedlichen Quellen basieren? Das sind z.B.:

- Produktmerkmale: Die Attraktivität kann z.B. durch die besonderen Merkmale des Produktes hervorgerufen werden. So bietet nur die Marke Nutella die besondere Glasform an, in der die Produkte abgefüllt sind. Oder, nur bei der Marke Leibnitz lässt sich ein *Leibnitzkeks* mit 52 *Ecken* an seinem äußeren Rand erwerben.

- Produktleistung: Ebenso ist eine höhere Leistung des Produktes als relevantes Differenzierungskriterium denkbar. So bietet nur der Akku-Handstaubsauger von ROWENTA eine besonders hohe Saugleistung, im Vergleich mit anderen Produkten, in der Kategorie. Ein weiteres Beispiel ist der Ford GT, der sich 2010 als schnellstes Auto mit Straßenzulassung positionieren konnte.

- Produktaussehen: Ferner könnte die Attraktivität durch ein besseres Aussehen ermöglicht werden. So würde z.B. nur das Laptop von Apple von der relevanten Zielgruppe als „schönster" Computer empfunden.

Die folgenden Beispiele zeigen exemplarisch Möglichkeiten für differenzierende Marktpositionierungen auf. Die genannten Positionierungsbeispiele werden zum Teil aktuell nicht mehr verwendet und dienen daher nur zur Verdeutlichung.

a. Produktpositionierung

Sehr häufig werden Produkte über deren konkrete Produkteigenschaften positioniert. Dazu zählen zum Beispiel der Grund- und Zusatznutzen, die Leistungsklasse, die besondere Qualität, die Ausstattungsoptionen, das Design, das Aussehen, der Stil oder auch der Innovationsgrad eines Produktes.

Als ein klassisches Beispiel sei die Positionierung der Premium Marke Leysieffer genannt. Das Unternehmen aus Osnabrück produziert z.B. besonders hochwertige Pralinen, Schokolade, Baumkuchen oder Lebkuchen. Die Positionierung erfolgt auf Basis der besonders kunstfertigen Handarbeit und der natürlichen Zutaten, mit denen die Produkte hergestellt werden.

Abbildung 5.8 Hochwertige Pralinen von der Firma Leysieffer
(Quelle: www.leysieffer.de (Dez. 2010))

b. Servicepositionierung

Eine differenzierende Positionierung über den Service lässt sich zum Beispiel über die besondere Montage und Inbetriebnahme, Wartungen und Reparaturservice, Schulungen und Beratungen oder die Geschwindigkeit der Leistungserbringung realisieren. Als klassisches Beispiel für eine Dienstleistung ist hier der Service von Lufthansa dargestellt.

Für First Class-Kunden sowie die Business Class-Flieger stehen gesonderte First Class- und Business Class-Schalter zum bequemen „Einchecken" für die Reisenden bereit. Dazu zählt z.B. der Automaten Check-In, bei dem der Kunde sich auch die Bordkarte direkt ausdrucken lassen kann. Weitere Möglichkeiten des Check-in sind z.B. das Online oder das Mobile Check-in.

c. Persönlichkeitspositionierung

Weitere Möglichkeiten für eine differenzierende Positionierung ergeben sich zum Beispiel durch Mitarbeiter eines Unternehmens oder weitere externe Personen. Chancen für Unternehmen ermöglichen sich dabei über die besondere Glaubwürdigkeit oder die Sympathie der ausgesuchten Person(en). In diesem Zusammenhang ist der Einsatz von Testimonials denkbar. Als Beispiel ist hier der langfristige Einsatz von Thomas Gottschalk als Testimonial von HARIBO genannt. Durch die langfristige Integration des Moderators in die Kommunikation ist das Image der Marke HARIBO eng mit der Person verbunden. In einer Vielzahl von TV Spots wirbt Thomas Gottschalk seit vielen Jahren für einzelne Produkte des Unternehmens.

d. Kult-Positionierung

Ein weiterer Ansatz zur differenzierenden Positionierung eines Produktes ist mit Hilfe einer Kult-Positionierung denkbar. Diese Positionierung ist häufig an Produkte geknüpft, die schon sehr lange Zeit am Markt verfügbar sind oder waren. Attraktiv werden diese z.B. über die hohe Attraktivität, die sie in der Vergangenheit gehabt haben. Verwender haben besondere Vorlieben zu dieser Historie. Diese Positionierung erlangte zum Beispiel die Neuauflage des VW Käfers. Auch wenn das Fahrzeug selbst teilweise nur in groben Zügen an den Käfer aus vergangener Zeit erinnerte, so gab es eine eingeschworene Fangemeinde, die den Mythos des Fahrzeugs bevorzugte.

Abbildung 5.9   Der Beetle von VW
(Quelle: Pressemappe VW. (2006))

e. Herkunftspositionierung

Darüber hinaus existiert eine Möglichkeit, ein Produkt durch einen Bezug zur Herkunft des Produktes differenziert zu positionieren. Relevant ist in diesem Kontext, wo das Produkt produziert wird oder in welchem Land das Produkt erfunden wurde? Das dargestellte Beispiel bezieht sich auf das Produkt des Herstellers Russian Standard. In einer Anzeige wird bei diesem Vodka auf die Herkunft des Getränks aus Russland verwiesen. Im Text der Anzeige wird darauf hingewiesen, dass das Nr. 1 Produkt u.a. „aus dem weichem Gletscherwasser des Ladogasees und dem kraftvollen Winterweizen der russischen Steppe" stammt.

Abbildung 5.10 Anzeige des Vodka-Herstellers aus Russland

f. Nutzenorientierte Positionierung

Bei diesem Ansatzpunkt zur Positionierung wird der Nutzen, den ein Anwender von dem Produkt hat, in den Vordergrund gestellt. Häufig werden dadurch auch die unterschiedlichen Möglichkeiten der Anwendung aus Sicht des Kunden sichtbar. Als Beispiel für diesen Ansatz sei die Positionierung von Hornbach genannt. Die Nutzergruppe der Heimhandwerker wird in unterschiedlichen Aktionen beim Bauen dargestellt. Das Nutzen in dem dargestellten Beispiel von Hornbach, wäre danach die konkrete Tätigkeit, mit dem Gerät zu arbeiten.

Abbildung 5.11   Projektbuch von Hornbach
   (Quelle: Presseinformation der Hornbach Holding (Sept. 2011))

g. Wettbewerbsorientierte Positionierung

Bei diesem Ansatz der Positionierung wird ein Bezug zu anderen Produkten, Marken, Unternehmen oder Situationen hergestellt. Durch diesen Bezug wird in der Regel betont, dass das Produkt des Unternehmens auf einer bestimmten Betrachtungsebene besser ist, als das des Wettbewerbs.

Das aufgeführte Beispiel für die Positionierung stammt in diesem Fall von AVIS. Durch den unterstützenden Claim „We try harder" positionierte sich das Unternehmen gegen die anderen Wettbewerber am Markt. Morgan (1998) spricht in dem Kontext von AVIS auch von einer „Herausforderer-Marke" (Challenger Brand). Die Aussage „We try harder" verdeutlicht u.a., wie intensiv sich die Mitarbeiter von AVIS um ihre Kunden bemühen.

h. Positionierung über einen Verwendungsanlass

Eine weitere Möglichkeit, das Produkt differenziert in dem ausgewählten Marktsegment zu positionieren, ergibt sich über den Verwendungsanlass. Dieser Anlass ist ein bestimmter Moment aus dem Leben eines Kunden.

Als Beispiel sei die Marke Knoppers genannt. Knoppers positioniert ein Produkt ganz konkret auf den Verwendungsmoment am Vormittag um halb zehn als kleine Zwischenmahlzeit (das „Frühstückstückchen"). In der Kommunikation werden dazu verschiedene Protagonisten gezeigt, die immer um diese Zeit das Produkt von Knoppers essen.

In Anlehnung an Ries/Trout (1986) ermöglichen sich für Unternehmen drei grundsätzliche Optionen, die Positionierung zu stärken.

- **Stärkung der gegenwärtigen Position!**

Im Rahmen dieser strategischen Positionierungsoption wird die existierende Positionierung beibehalten. Es geht darum, die Ausgangspositionierung im Kern zu stärken. Als exemplarisches Beispiel sei die Marke Apple genannt. Viele Jahre hat das Unternehmen kaum innovative Produkte hervorgebracht.

Als das Unternehmen Apple 1996 wirtschaftlich eine große Krise erlitt, kam der ehemalige Mitgründer Steve Jobs zurück ins Unternehmen und konnte mit neuen innovativen Produkten das Unternehmen zurück in die Gewinnzone führen. Die folgenden Abbildungen zeigen den ersten iMac (links), mit dem Apple 1998 wieder Gewinne erwirtschaften konnte, sowie die Version aus dem Jahr 2009.

Abbildung 5.12 Bildschirme von Apple
(Quelle: u.a. www.apple.com (April 2010))

- **Eine unbesetzte, neue Position finden!**

Als weitere strategische Option bietet es sich für ein Unternehmen an, eine völlig neue Marktpositionierung zu finden. Ausgangsgrundlage dieser Optionen sind häufig Marktanalysen, in denen sich herausstellt, dass bestimmte Bedürfnisse und Wünsche noch nicht durch ein existierendes Produkt am Markt befriedigt werden. Dieser Ansatz wird auch als „market-pull" bezeichnet (nachfrageinduzierte Innovation) und beschreibt die Sogwirkung durch unbefriedigte Bedürfnisse.

Wenn sich ein Unternehmen entschließt, eine neue Positionierung am Markt zu finden, dessen Kundenbedürfnisse noch nicht existieren, wird das als „technology push" bezeichnet. Eine Marke, die eine bisher unbesetzte Positionierung besetzte, trägt den Namen Wii. Die Wii basiert auf einer fernsehgebundenen (stationären) Videospiel-Konsole und wird von dem japanischen Unternehmen Nintendo verkauft. Das Produkt ist seit 2006 auf dem

Markt. Bis zu diesem Zeitpunkt der Einführung gab es keine derart ausgereifte interaktive Spielversion für den Kunden.

Ein weiteres Beispiel, für „eine neue Position finden", ist der Zirkus Cirque du Soleil aus Montréal in Kanada. Während der klassische Zirkus immer weniger Zuschauer begeistern konnte, entwickelte der Cirque du Soleil eine moderne Interpretation.

Der Cirque du Soleil verzichtet in seinen Vorstellungen auf die typischen Aktivitäten mit Tieren usw. und fokussierte sich vielmehr auf die Theaterkunst, in der eine besondere Artistik eingebettet ist. Auf diese Weise konnte eine komplett neue Position besetzt werden. Die folgende Abbildung zeigt drei Plakate, mit denen für die Veranstaltung Allegria geworben wurde.

Abbildung 5.13 Plakate für die Veranstaltung „Allegria" des Cirque du Soleil
(Quelle: Presseinformation des Cirque du Soleil (April 2011))

■ Repositionierung

In einigen Situationen kann es notwendig sein, dass Marken durch eine Repositionierung weiter entwickelt werden. Mögliche Gründe dafür sind z.B. neue Wettbewerber oder andere externe Einflüsse, die die Marktbegebenheiten verändert haben. Ein weiterer Grund für eine Repositionierung kann die Absicht des Unternehmens sein, neue Märkte mit einer Marke zu erschließen, weil die existierende Positionierung möglicherweise nicht alle potentiellen Marktsegmente erreicht.

Ein gutes Beispiel dafür ist die Entwicklungsgeschichte der Marke Wrigley's. In den 90er Jahren war die Marke primär für sehr junge Kunden relevant. Darauf deutet auch die Kommunikation (siehe folgende Abbildung im Jahr 1985), die Wrigley's als klassisches Kaugummi positionierte. 1992 wurde dann mit Wrigley's Extra das erste Zahnpflegekaugummi in Deutschland eingeführt. Mit Hilfe dieser und weiterer Produktinnovationen (z.B. 5 GUM als erstes Lifestyle Kaugummi im Jahre 2009) konnte Wrigley's sukzessive Zielgruppen erschließen die älter als 14 Jahre sind. Mit Hilfe von neuen Produkten konnte das Unternehmen die Marke auf diese Weise repositionieren und so mehr Umsatzwachstum erzielen.

Abbildung 5.14 Repositionierung durch neue Produkte
(Quelle: Presseinformation Wrigley's (April 2011))

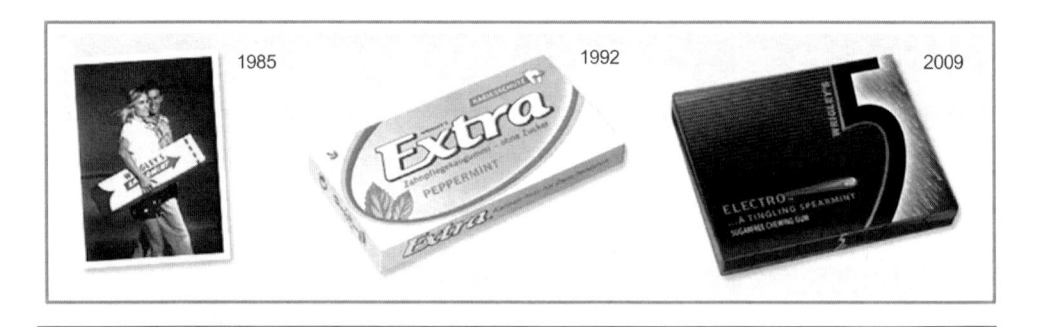

Fallstudie NOKIA: Eine Studie aus dem Jahr 2008 von der tfactory verdeutlicht, dass die Positionierung von Nokia verschiedenen Einflüssen durch den Wettbewerb ausgesetzt ist. In der Trendstudie Scout 2008 beschäftigen sich die Verantwortlichen mit jungen Zielgruppen (15 bis 19 Jahre) und fragen nach deren Einstellungen und Meinungen im Rahmen der Nutzung von mobilen Telefonen.

Da diese jungen Zielgruppen hinsichtlich mobiler Kommunikation häufig gut informiert sind, eignen sich die Erkenntnisse gut, um auch grundsätzliche Trends im Markt besser zu verstehen. Die folgenden Ausführungen skizzieren einige zentrale Ergebnisse.

Content vs. Multimedia-Handy: Nokia hat sich bei der Konzentration auf Contentplattformen (z.B. Ovi) ausgerichtet. Sony Ericsson fokussierte Multi-Media-Features und entwickelte sich so zu einem „Multi-Media-Handy".

Musik: Gerade bei jungen Konsumenten ist Sony Ericsson durch die „Walkmanhandys" gut vertreten. Insbesondere Musik ist bei den jungen Zielgruppen von besonderer Bedeutung.

Design: Das Design von Sony Ericsson scheint sich klar von Nokia abzuheben. Nokia wird von bildungsfernen Zielgruppen (z.B. HipHop-Segment) positiv wahrgenommen. Hingegen ist das Design bei Sony Ericsson gemäß der Studie scheinbar mehr auf eine gehobene soziale Lage ausgerichtet.

Image: Darüber hinaus wird Nokia in der Studie weniger als modernes und trendiges Mobiltelefon, sondern als klassisches und altmodisches Gerät empfunden.

Hochpreisig: Im hochpreisigen Lifestylesegment ist insbesondere die Marktpositionierung des iPhones sehr erfolgreich. Ca. 80 Prozent der Personen, die unter 30 Jahre alt sind, kennen mittlerweile das iPhone. Das ist fast vergleichbar mit den Werten von Nokia und Sony Ericsson.

Nachfolge: Letztendlich scheint Sony-Ericsson an die vom Markt genommene Handymarke von Siemens zu erinnern. Die Design-Kultur, das Handling sowie die Technik scheinen ehemalige Siemenskunden als Folgegerät anzusprechen.

(Quelle: Trendstudie Scout 2008 – tfactory Österreich)

Anregungen zum Nach- und Weiterdenken

Fragen:

1. Erläutern Sie die Vorteile und die Grenzen des differenzierten, des undifferenzierten und des konzentrierten Marketing. Nennen Sie Beispiele von Produkt- oder Dienstleistungsanbietern, die diese Marktabdeckungsstrategien verfolgen.

2. Auch die Anbieter von Finanzdienstleistungen sehen die Notwendigkeit, ihre Märkte wegen der intensiveren Konkurrenz und immer anspruchsvolleren Kunden zu segmentieren. Ist das Konzept der Segmentierung auch auf diese Märkte anwendbar? Machen Sie Vorschläge, wie Anbieter von Finanzdienstleistungen ihre Märkte segmentieren und welche Marketingpositionierungen sie anwenden können.

3. Welche Rolle spielen die Produkteigenschaften und deren Wahrnehmung bei der Positionierung eines Produkts? Ist es möglich, eine Eigenschaft, die mehrere konkurrierende Marken gemeinsam haben, in einer Positionierungsstrategie noch erfolgreich zu verwenden?

Quellenhinweise:

Bruhn, M. (2005): Kommunikationspolitik. Systematischer Einsatz der Kommunikation für Unternehmen, 3. Auflage, München

Dru, J.M. (2002): Beyond Disruption. Changing the rules in the marketplace, Wiley

Freter, H., Diller, H., Köhler, R. (2009): Markt- und Kundensegmentierung: Kundenorientierte Markterfassung und -bearbeitung, 2. Auflage, Stuttgart

Großklaus, R.G.H. (2006): Positionierung und USP: Wie Sie eine Alleinstellung für Ihre Produkte finden und umsetzen, Wiesbaden

Helm, R., Gierl, H. (2005): Marketing Arbeitsbuch. Aufgabenstellungen und Lösungsvorschläge, Stuttgart

Kotler, P., Armstrong, G., Sauders, J., Wong, V. (2007): Grundlagen des Marketing, 4. Auflage, München

Mayer de Groot, R.; Haimerl, E. (2005): Grandioser Erfolg dank eines einzigartigen Produktnutzens, SG Süsswarenhandel, 10/2005, S. 47 ff.

McDonald, M.H.B., Dunbar, I. (2004): Market Segmentation. How to Do It, How to Profit from It, Oxford

Meffert, H., Burmann, C., Kirchgeorg, M. (2009): Marketing Arbeitsbuch. Aufgaben – Fallstudien – Lösungen, 10. Auflage, Wiesbaden

Morgan, A. (1998): Eating the big fish. How challenger brands can compete against brand leaders, Hoboken

Ries, A., Trout, J. (1986): Positionierung. Die neue Werbestrategie, Hamburg

Ries, A., Trout, J. (2001): Positioning: The Battle for Your Mind. How to Be Seen and Heard in the Overcrowded Marketplace, New York

Informationen über Nokia und den Wettbewerb

Göttert, J.M. (2001): Die Nokia Methode. Die 10 Erfolgsgeheimnisse des innovativsten Handy-Herstellers der Welt, Wien, Frankfurt

Grünewalder, A. (2008): Analysis of Nokia's Corporate, business, and marketing strategies, München

Trendstudie Scout (2008): Die junge Trendstudie von heute für morgen, tfactory Österreich

Markt- und Unternehmensinformationen:

> www.apple.com (August 2010)
>
> www.focus.de (April 2010)
>
> www.nokia.de (April 2010)
>
> www.nokia.com (April 2010)
>
> www.samsung.com (August 2010)
>
> www.umweltdialog.de (Februar 2009)

6 Markenmanagement

Fallstudie: NIVEA

Kai-Michael Griese

Lernziele:

Das übergreifende Ziel ist es, die Bedeutung einer Marke sowie die Chancen der Weiterentwicklung für Unternehmen zu verstehen.

6.1 Marken und ihre Funktionen für das Unternehmen 147

6.2 Marken aus Perspektive des Kunden 150

6.3 Markenidentität und Markenimage 151

6.4 Unterschiedliche Markentypen (-eigner) 153

6.5 Strategische Markenentwicklung 155

6.6 Entwicklung der Markenarchitektur 158

Fallstudie: NIVEA (Beiersdorf AG)

Gründung:	1882 (Beiersdorf AG)
Unternehmenssitz:	Hamburg
Umsatz:	ca. 5,7 Mrd. Euro (2009)
Branche:	Konsumgüter
Mitarbeiter:	ca. 20.300 (2009)
Marke:	z.B. NIVEA, Hansaplast

Der Markt: Ein Marktsegment, in dem NIVEA einen großen Teil des Umsatzes erwirtschaftet, heißt Body Care. Dazu zählen zum Beispiel die Anwendungsgebiete Dusche, Schaumbad, Rasur, Flüssigseife, feste Seife.

Dieser Markt wird in Deutschland vor allem durch die Unternehmen Colgate (z.B. Palmolive), Beiersdorf (z.B. NIVEA, Florena), Sara Lee (z.B. Duschdas), Henkel (z.B. Fa), Unilever (z.B. Dove), Lornamead (z.B. Handsan), Sebapharma (z.B. Tensimed) und Reckitt Benkiser (z.B. Sagrotan) dominiert.

Der Konzern Beiersdorf: Die Beiersdorf AG selbst ist ein global ausgerichteter Konzern. Der Fokus liegt auf Haut- und Schönheitspflege-Produkten. Zu dem großen Portfolio an Marken gehören u.a. NIVEA, Labello, Hansaplast, 8x4, Florena, tesa oder Eucerin. Als Gründungstag wird der 28. März 1882 fixiert. An diesem Tag wurde die Patenturkunde des Apothekers Paul C. Beiersdorf veröffentlicht und auf dessen Basis Pflaster hergestellt.

Die Marke NIVEA: NIVEA ist im Unternehmen Beiersdorf die wichtigste Marke. Der Umsatz der Marke bezifferte sich 2009 auf 3,7 Mrd. Euro. Der Gesamtumsatz betrug im gleichem Jahr 5,7 Mrd. Euro. In 149 Ländern ist die Marke NIVEA mit unterschiedlichen Produkten im Segment Men, Deo, Face oder Hair die Nr. 1.

Begonnen hat alles 1911, als das Produkt NIVEA Creme auf dem deutschen Markt eingeführt wurde. Ausgehend von diesem ersten Produkt existieren mittlerweile über 500 verschiedene Produkte unter dem Markendach NIVEA. Einer der Erfolgsfaktoren ist laut Beiersdorf die hohe Innovationsquote von 30 Prozent. Das bedeutet, dass ca. 30 Prozent des Umsatzes durch Produkte erwirtschaftet werden, die nicht älter als fünf Jahre alt sind. Im Hinblick auf den Markenwert zählt die Marke NIVEA zu den 100 wertvollsten Marken der Welt. NIVEA war 2008 die weltweit größte Haut- und Schönheitspflegemarke.

Aufgrund des herausragenden Erfolges der Marke NIVEA in der Vergangenheit, wird die Marke nun als Beispiel für die Einführung in die Grundlagen des Markenmanagements genutzt. Erläutert werden in diesem Kontext u.a. die grundsätzliche Bedeutung der Marke für Unternehmen sowie die Möglichkeit, Marken weiter zu entwickeln.

6.1 Marken und ihre Funktionen für das Unternehmen

Im Abschnitt zur Marktsegmentierung wurde zuletzt die Bedeutung der Positionierung dargestellt. Im nächsten Schritt geht es nun um die Frage, wie ein Unternehmen diese Positionierung mit einem konkreten Angebot in Form einer Marke und einem Marketing-Mix erfüllen kann. Eine wichtige Frage, die sich dabei zunächst stellt, ist, mit welcher Marke soll eine Positionierung „bewiesen" bzw. „erfüllt" werden. Die weiteren Ausführungen beschreiben daher zunächst, was eine Marke ist und welche Vorteile sich für ein Unternehmen ergeben. In Anlehnung an dieses Verständnis wird eine Marke heutzutage in der Regel wirkungsbezogen definiert. Das bedeutet, zum einem ist eine Marke durch unterschiedliche Vorstellungsbilder im Kopf eines Kunden repräsentiert. Diese Vorstellungsbilder geben einer Marke aus Sicht des Kunden ein Image. Gleichzeitig ist dieses Image auch eine Differenzierung gegenüber anderen Marken. Zum anderen „wirken" bzw. beeinflussen diese Vorstellungsbilder das Wahlverhalten beim Kauf. Mit dieser wirkungsbezogenen Definition wird insbesondere der Wirkung auf die Wahrnehmung sowie die Präferenzen eines Konsumenten für eine Marke Rechnung getragen.

Fallstudie NIVEA: Die folgende Abbildung verdeutlicht exemplarisch einige Vorstellungsbilder, die mit der Marke NIVEA in Verbindung gebracht werden. Das sind zum Beispiel die Farbe Blau sowie der Strand und das Meer. Der Name NIVEA lässt sich aus dem lateinischen ableiten und bedeutet „schneeweiß". Auch dieser Farbton findet sich in den Vorstellungsbildern wieder.

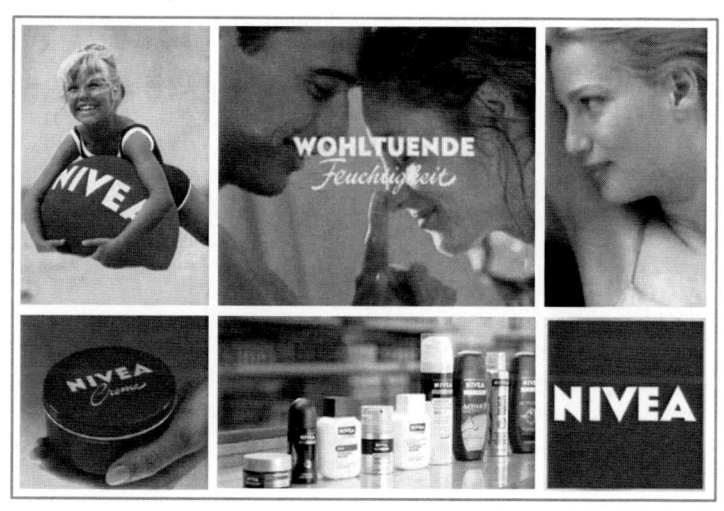

Abbildung 6.1 Vorstellungsbilder von NIVEA
(Quelle: Mediaservice Beiersdorf 2011)

Aus dieser wirkungsbezogenen Definition lassen sich auch die zentralen **Vorteile für ein Unternehmen** ableiten. Das sind die folgenden Funktionen, die auch gleichzeitig die Aufgabenfelder im Kontext der Markenführung skizzieren:

- **Wirkung auf die Kaufpräferenz**

Die Marke repräsentiert danach Vorstellungsbilder bzw. eine bestimmte Wahrnehmung und Gefühle des Konsumenten. Diese beziehen sich auf ein Produkt und dessen konkrete Leistungsfähigkeit.

In der Folge ist die Marke ein sehr wichtiger Parameter bei der Kaufentscheidung sowie der Durchsetzung von Preisen für eine hohe Umsatzrentabilität. Der wichtigste Vorteil einer Marke ist die Wirkung der Vorstellungsbilder auf die Kaufpräferenz des Kunden. Ein bekanntes Beispiel ist eine Präferenzstudie über einen Vergleich eines Coca Cola- mit einem Pepsi Getränk. Mit verbundenen Augen wurde das Getränk von Pepsi Cola seitens des Kunden bevorzugt. Als die Marke jedoch dem Kunden bekannt war, wurde das Produkt von Coca Cola von ihm bevorzugt.

- **Wirkung durch den Markenschutz**

Wenn der Konsument unter anderem Vorstellungsbilder über eine Marke entwickelt und Kaufpräferenz entsteht, lässt sich diese „Macht" der Marke für ein Unternehmen auch schützen. Im Deutschen Markengesetz sind Marken z.B. schutzfähige Zeichen (Status: 06.10.2010). Anerkannt werden „Zeichen, insbesondere Wörter einschließlich Personennamen, Abbildungen, Buchstaben, Zahlen, Hörzeichen, drei-dimensionale Gestaltungen einschließlich der Form einer Ware oder ihrer Verpackung sowie sonstige Aufmachungen einschließlich Farben und Farbzusammenstellungen" mit denen sich Produkte von den Produkten anderer Unternehmen entsprechend unterscheiden lassen. Das Unternehmen Nike hat beispielsweise das Logo der Marke als Wort- und Bildmarke schützen lassen. Das Wort Nike wie auch das Bild darf von keinem anderen Unternehmen verwendet werden.

- **Wirkung auf preispolitische Spielräume eines Unternehmens**

Im Rahmen der Preispolitik ermöglichen erfolgreiche Marken, eine höhere Preisbereitschaft gegenüber dem Kunden durchzusetzen. Der Kunde ist danach eher bereit, für das gleiche Produkt mehr zu zahlen. Damit hat die Marke direkten Einfluss auf die Profitabilität des Unternehmens.

- **Wirkung durch den Markenwert**

Unter anderem aufgrund der genannten Vorteile besitzen Markennamen für Unternehmen einen Markenwert. Dieser Wert ist häufig durchaus höher als der Wert der Gebäude und Grundstücke des Unternehmens sein. Die folgende Tabelle verdeutlicht exemplarisch den Markenwert einiger Weltmarken. Bedingt durch den Wert der Vermögensgegenstandes „Marke", ist die Führung von Marken seitens des Unternehmens von besonderer Bedeutung. Die folgende Aufzählung zeigt die zehn wertvollsten Marken und deren Markenwert aus dem Jahr 2008.

Tabelle 6.1 Best Global Brand
(Quelle: Interbrand Studie 2008 - Best Global Brands)

Marken:	Markenwert:
1. Coca Cola	66,7 Mrd. $
2. IBM	59,0 Mrd. $
3. Microsoft	59,0 Mrd. $
4. GE	53,1 Mrd. $
5. Nokia	35,9 Mrd. $
6. Toyota	34,0 Mrd. $
7. Intel	31,2 Mrd. $
8. McDonald's	31,0 Mrd. $
9. Disney	29,2 Mrd. $
10. Google	25,6 Mrd. $

- **Wirkung auf die Kundenbindung**

Wenn es Unternehmen schaffen, zwischen ihrer Marke und dem Konsumenten eine emotionale Bindung aufzubauen, besteht die Chance, dass die Kunden dauerhaft einer Marke treu bleiben. Längsschnittanalysen bei Konsumgütern zeigen, dass diese Loyalität auch teilweise an weitere Generationen weitergegeben wird. Wenn beispielsweise eine Mutter einer Familie lange Jahre Persil zum Waschen verwendet hat, so ist die Wahrscheinlichkeit hoch, dass die Kinder später auch einmal Persil verwenden werden.

- **Wirkung auf die „Ausdehnung" einer Marke**

Eine erfolgreiche Marke bietet letztendlich eine gute „Plattform", um unter einem „Markendach" neue Produkte zu platzieren. So ist zum Beispiel die Einführung neuer Produktlinien unter dem Dach einer starken Marke denkbar. Die Marken würden auf diese Weise ausgedehnt bzw. erweitert. So hat die Marke MILKA im Laufe der letzten Jahre immer wieder neue Produkte (z.B. Pralinen) auf den Markt gebracht.

Aus Perspektive des Kunden übernimmt die Marke vor allem die Funktion der Risikoreduzierung. Grundlage dafür ist das Vertrauen, dass der Kunde gegenüber einer Marke aufgebaut hat. In diesem Kontext hilft die Marke dem Kunden, die komplexen Rahmenbedingungen der Kaufentscheidung und die verbundenen Risiken zu reduzieren.

6.2 Marken aus Perspektive des Kunden

Während das Produkt ein haptisches Erlebnis für den Kunden bedeuten kann, spiegelt eine Marke eher die Vorstellungsbilder über dieses Produkt und deren Verwendung seitens des Kunden wider. Aktuelle Erkenntnisse der Gehirnforschung zeigen, dass diese Vorstellungsbilder über eine Marke beim Kunden im „Hintergrund" wirken. Daher wird auch von einer impliziten Wirkung von Marken gesprochen. Diese ist hinsichtlich der Kaufentscheidung von großer Bedeutung. So weisen Untersuchungen darauf hin, dass der Großteil aller Kaufentscheidungen des Kunden auf Basis von impliziten Prozessen entsteht. Scheier/Held (2009) sprechen in diesem Kontext auch von einem „Autopiloten", der viele Entscheidungen für den Kunden übernimmt, ohne, dass über die Entscheidung seitens des Kunden bewusst nachgedacht wird. Scheider/Held (2009) unterscheiden insgesamt drei Ebenen des Impliziten beim Kunden. Das sind die neurologische, kulturelle und die individuelle Ebene. Alle drei Ebenen helfen die implizite Wirkung von Marken besser zu verstehen.

Die **neurologische Ebene** wurde in den letzten zehn Jahren in der Neurologie durch die Gehirnforschung vertiefend analysiert. Im Gehirn lassen sich diese impliziten Prozesse konkreten Funktionsbereichen zuordnen. So ist beispielsweise der Funktionsbereich des Lateralen Temporalkortex im Gehirn für die automatische Zuordnung einer Bedeutung von Eindrücken verantwortlich, die ein Kunde über seine Sinne erfährt. So können Marken sehr intensive Gefühle auslösen, wenn eine entsprechende Bedeutung in diesem Funktionsbereich zugewiesen wird. Ein weiterer Funktionsbereich im Gehirn ist der Mandelkern (Amygdala). Dieser Bereich bewertet, vereinfacht formuliert, die eingegangen Signale. Ist eine bestimmte Marke z.B. eher positiv oder negativ?

Die **kulturelle Ebene** beschreibt z.B. Werte und Normen für das soziale Verhalten in einer Kultur. Kunden lernen welche Bedeutung Marken in ihrer jeweiligen Kultur im sozialen Miteinander haben. In diesem Kontext sind Marken häufig auch implizit Botschaften, die eine Haltung des Kunden repräsentieren.

Die **individuelle Ebene** charakterisiert die Persönlichkeit des Kunden. Dazu zählen u.a. seine Motive und Bedürfnisse und sein besonderes Verhalten in unterschiedlichen Situationen. Je nach Persönlichkeit sind die impliziten Wirkungen durch Marken unterschiedlich.

Alle drei Ebenen beeinflussen die Perspektive des Kunden auf die Marke und verzerren individuell seine Wahrnehmung von Produkten. Selbst vermeintlich objektive Eindrücke von Preisen werden durch diese drei Ebenen beeinflusst. Erfolgreiche Marken schaffen es, diese impliziten Ebenen bzw. die Prozesse beim Kunden für sich zu nutzen. Als Beispiel sei die Marke Pantene von Procter & Gamble genannt. Bei der Marke Pantene werden „perfekte" Models in der Markenkommunikation eingesetzt. In einer Untersuchung (Elger, 2009) über die Marke Pantene, wurde herausgefunden, dass diese Frauen in der Pantenewerbung stark den Mandelkern positiv aktivieren und in der Hirnregion des ventralen Striatum positive Empfindungen erzeugen.

6.3 Markenidentität und Markenimage

Um das konkrete Angebot beziehungsweise die Positionierung des Unternehmens in einem Marktsegment zu beschreiben, sind zwei Perspektiven für die Marke von großer Bedeutung. Das sind die Markenidentität und das Markenimage (siehe folgende Abbildung).

Abbildung 6.2 Markenidentität und Markenimage
(Quelle: Vgl. Burmann et al., 2003, S. 6)

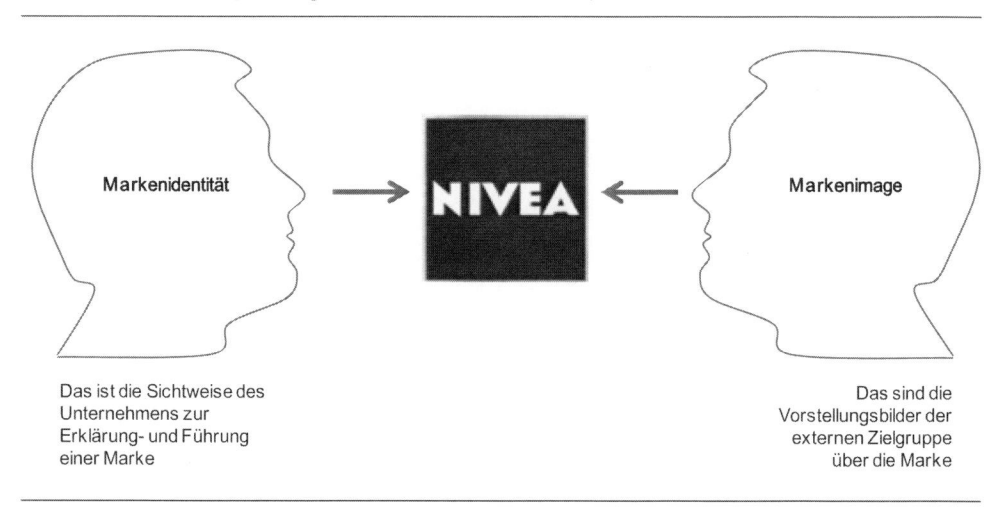

Markenidentität → NIVEA ← Markenimage

Das ist die Sichtweise des Unternehmens zur Erklärung- und Führung einer Marke

Das sind die Vorstellungsbilder der externen Zielgruppe über die Marke

Die **Markenidentität** spiegelt den Anspruch des Unternehmens (interne Zielgruppe) für ein Marktsegment wider. Das ist der Wunsch des Unternehmens wie eine Marke im ausgewählten Marktsegment wahrgenommen werden soll. Im Tagesgeschäft übernimmt diese Identität eine wichtige Rolle für die Erklärung und Führung der Marke. Alle Maßnahmen des Marketing-Mix (z.B. Kommunikationskampagnen) für eine Marke sollten diese Identität widerspiegeln. Das **Markenimage** beschreibt hingegen die Sicht des Konsumenten (externe Zielgruppen), so wie er die Marke in dem Marktsegment tatsächlich sieht (Vorstellungsbilder). Diese Sichtweise stellt gleichzeitig auch die Wirkung des existierenden Marketing-Mix auf den Konsumenten dar. Die obige Abbildung skizziert die beiden Sichtweisen. Die Markenidentität beinhaltet auch die detaillierte Zielbeschreibung einer Positionierung für ein ausgewähltes Marktsegment. Im Kontext der Markenpositionierung wird die Markenidentität schriftlich fixiert bzw. beschrieben. Das bedeutet, dass die Identität in Text und gegebenenfalls in Bildern wiedergegeben wird. Für die Art bzw. das Format der Darstellung einer solchen Markenbeschreibung, finden sich in der Wissenschaft und in der Praxis sehr unterschiedliche Ansätze. Ein sehr bekannter Ansatz ist der des Unternehmens ICON Added Value aus Nürnberg. Das Unternehmen unterteilt die Marke in Markenkompetenz, Markentonalität, Markennutzen und Markeniconographie. Die folgenden Abbildungen zeigen eine Markenpositionierung am Beispiel von Virgin Atlantic anhand von vier Feldern.

Abbildung 6.3 Markensteuerrad von ICON
(Quelle: Vgl. ICON Brand Navigation, Unternehmenspräsentation, 2001, S. 15)

Positionierung der Marke:

Kernaussage der Marke in einem Satz

Markenkompetenz | Markentonalität

Markennutzen | Markenikonographie

Konkrete Vorteile der Marke:

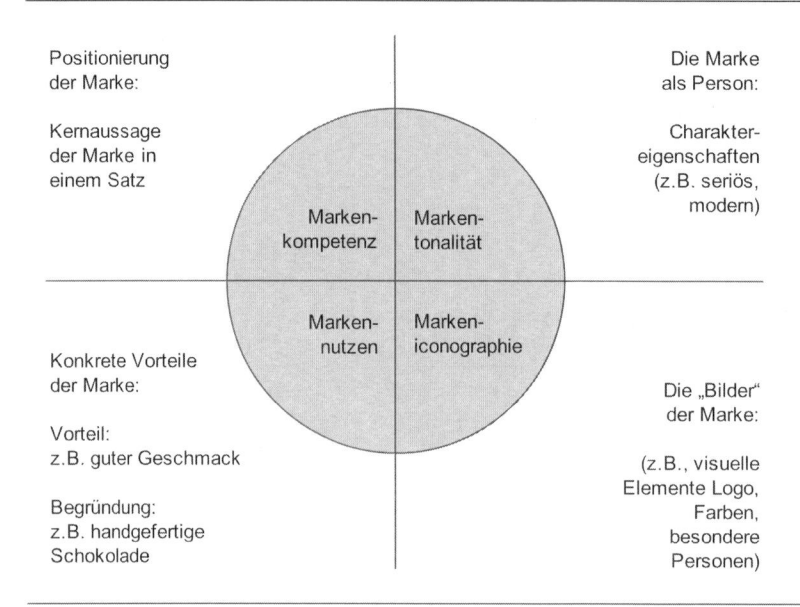

Vorteil:
z.B. guter Geschmack

Begründung:
z.B. handgefertige Schokolade

Die Marke als Person:

Charaktereigenschaften
(z.B. seriös, modern)

Die „Bilder" der Marke:

(z.B., visuelle Elemente Logo, Farben, besondere Personen)

Abbildung 6.4 Positionierungsbeispiel von der Marke VIRGIN Atlantic
(Quelle: Vgl. ICON Brand Navigation, Unternehmenspräsentation, 2001, S. 26)

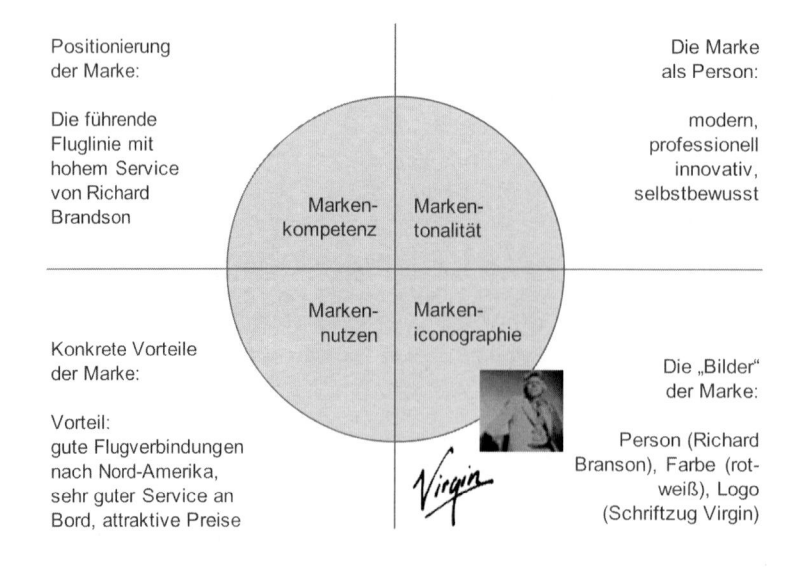

Positionierung der Marke:

Die führende Fluglinie mit hohem Service von Richard Brandson

Markenkompetenz | Markentonalität

Markennutzen | Markenikonographie

Konkrete Vorteile der Marke:

Vorteil:
gute Flugverbindungen nach Nord-Amerika, sehr guter Service an Bord, attraktive Preise

Die Marke als Person:

modern, professionell innovativ, selbstbewusst

Die „Bilder" der Marke:

Person (Richard Branson), Farbe (rot-weiß), Logo (Schriftzug Virgin)

> **Fallstudie NIVEA:** Der ehemalige Vorstandsvorsitzende der Beiersdorf AG, Rolf Kunisch, beschrieb unter dem Stichwort NIVEA die Marke mit Weiß-Blau, dem besonderen Schriftzug, der Creme und dem besonderen Duft. Diese Facetten spiegeln seiner Meinung nach auch die Marke NIVEA in dem Bewusstsein des Konsumenten wider.

6.4 Unterschiedliche Markentypen (-eigner)

Grundsätzlich muss im Umgang mit einer Marke klar sein, wer Eigentümer ist, also die Markenrechte hält. In der Unternehmerischen Praxis existieren verschiedene Modelle. Die folgenden Ausführungen skizzieren fünf mögliche Ansätze. Das sind die Herstellermarke, die Lizenzmarke, die Co-Brand, die Ingredient-Brand und die Handelsmarke.

- **Herstellermarke:** Unternehmen haben zum einen die Möglichkeit, eine Marke als Herstellermarke zu positionieren. Als Beispiel sei hier die Marke Mercedes Benz genannt. Gegenüber dem Endkonsumenten werden die Marken auch als Markenartikel wahrgenommen. In der Regel versucht der Hersteller, seine Marke über Werbung beziehungsweise Unternehmenskommunikation für den Endkonsumenten attraktiv zu gestalten.

- **Lizenzmarke:** Bei einer Lizenzmarke ermöglicht der Eigentümer einer Marke einem anderen Unternehmen, die eigene Marke für Produkte zu verwenden. Für dieses „Ausleihen" zahlt das Unternehmen dem Eigentümer eine Lizenzgebühr. Häufig finden sich Lizenzmarken in der Modeindustrie. Als Beispiel sei hier die Marke Boss genannt, die für ihre Marke Lizenzen vergibt.

- **Co-Brand:** Beim Co-Branding gehen hingegen verschiedene Marken eine Partnerschaft ein. Durch diesen Zusammenschluss lassen sich Vorteile der Marken miteinander verbinden. Für den Kunden entsteht durch diese gegenseitigen Imagetransfers eine Erhöhung des Kaufanreizes. Ein Beispiel für das Co-Branding ist das Speiseeis von LANGNESE in Kombination mit TOBLERONE.

- **Ingredient Brand:** Eine besondere Ausprägungsform des Co-Branding ist das Ingredient Branding. Darunter wird die konkrete Entwicklung einer Marke gemeint, dessen Produkt lediglich ein Bestandteil eines anderen Produktes ist und in der Regel nicht separat käuflich ist. Ein sehr bekanntes Beispiel ist der Intel Prozessor, der nur von Computerherstellern verwendet wird.

- **Handelsmarke:** Im Gegensatz dazu kann ein Unternehmen sich auch für eine Handelsmarke entscheiden. Diese wird auch als Eigenmarke bezeichnet. Handelsmarken gehören zu Handelsunternehmen (z.B. EDEKA) beziehungsweise einer Handelsorganisation. Der Vertrieb dieser Marken beschränkt sich daher auch meist nur auf den Teil des Handels, der Eigentümer der Handelsmarke ist. Die Marken werden häufig in Verbindung mit einem niedrigen Preis für preissensible Kunden angeboten.

Die folgende Abbildung zeigt ein Konkurrenzprodukt der NIVEA Creme. Das Beispiel visualisiert die Ähnlichkeit zwischen dem Aldi und dem NIVEA Produkt. Diese Form der Dose und der Schriftzug sind ähnlich.

Abbildung 6.5 Nivea Creme im Vergleich mit der Eigenmarke ELDENA von Aldi

Fallstudie NIVEA: Ein gutes Beispiel für das Co-Branding ist die Kooperation zwischen Philips und NIVEA (siehe folgende Abbildung). Aus der Produktlinie von NIVEA FOR MEN wird eine Feuchtigkeitsspendende Creme mit einem Rasierer von Philips verbunden. Auf diese Weise soll eine sanftere Rasur ermöglicht werden. In der Ladestation des Rasierers ist darüber hinaus eine Nachfüllstation für das NIVEA Produkt integriert.

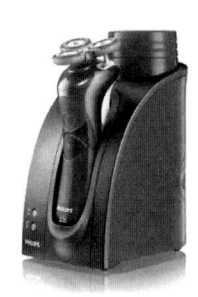

Abbildung 6.6 Co-Branding NIVEA und Philips
(Quelle: www.consumer.philips.com (Mai 2010))

6.5 Strategische Markenentwicklung

Für die zukünftige Entwicklung einer Marke ist es für Unternehmen von Bedeutung, welche strategischen Stoßrichtungen zur Markenentwicklung existieren. Bevor diese möglichen Stoßrichtungen vorgestellt werden, beginnen die Ausführungen zunächst mit der Beschreibung der Begriffe „Produktlinie", „Produktsortiment" und „Programmbreite, -länge und –tiefe".

- **Produktlinie:** Mit der Produktlinie ist eine Gruppe von Produkten gemeint. Diese Gruppe ist durch eine vergleichbare Zielgruppe und vergleichbaren Marketing-Mix gekennzeichnet. Die Länge der Produktlinie beschreibt die Anzahl der Produkte in einer Produktlinie. Bei einer Produktlinienerweiterung („line-extension") werden weitere Produkte mit dem gleichem Markennamen ergänzt. Auf diese Weise lassen sich differenzierte Wünsche der Kunden oder der Händler individueller im Rahmen einer Marke befriedigen.

Fallstudie NIVEA: Ein Beispiel bei NIVEA ist die Produktlinie NIVEA FOR MEN. Zu der Produktlinie gehören beispielsweise die revitalisierende Feuchtigkeitscreme mit Q10, das Sport DEO-Spray mit 48h Schutz, der DEO-Roller Fresh Active mit 24h Schutz, der Rasierschaum Sensitive und das Sensitive After Shave Balsam (siehe Abbildung).

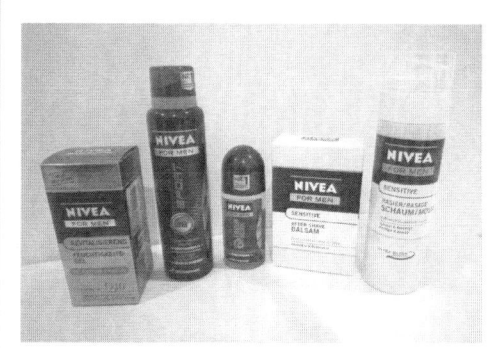

Abbildung 6.7 Produktbeispiele der Produktlinie NIVEA FOR MEN

- **Produktsortiment:** Das Sortiment beschreibt die Gesamtheit aller Produktlinien. Dabei lässt sich das Sortiment in Breite, Länge, Tiefe und Homogenitätsgrad weiter differenzieren.

- **Programmbreite:** Die Breite beschreibt die Anzahl der Produktlinien.

- **Programmlänge:** Die Länge charakterisiert die Anzahl aller Produkte über alle Produktlinien hinweg.

- **Programmtiefe:** Die Tiefe beschreibt die Varianten eines Produkts.

Fallstudie NIVEA: Die Programmbreite des Sortiments lässt sich bei NIVEA im Mai 2010 auf 12 Produktlinien beziffern (Gesichtspflege, Make-Up, NIVEA Creme etc.). Die folgende Abbildung zeigt dazu die Programmbreite bei NIVEA. Das Produktsortiment wird laut Beiersdorf AG weltweit mit über 500 Produkten angegeben. Das ist die grundsätzliche Anzahl unterschiedlicher Produkte bei der Marke NIVEA. Bei der Programmtiefe finden sich bei jeder Produktlinie verschieden Varianten eines Produktes.

So werden in der Produktlinie NIVEA FOR MEN in der Kategorie Rasierschaum zum Beispiel die Varianten Rasierschaum Silver Protect, Rasiergel Silver Protect, Rasierschaum Cool Kick, Rasiergel Cool Kick, Rasierschaum Sensitive, Rasiergel Sensitive, Rasierschaum Mild, Rasiergel Mild, Rasiercreme Mild und Hautpflegendes Rasier-System angeboten. Der Homogenitätsgrad der Produkte ist relativ hoch, da sich bei NIVEA alle Produkte im weiteren Sinne mit dem Thema Schönheit und Pflege der Haut beschäftigen.

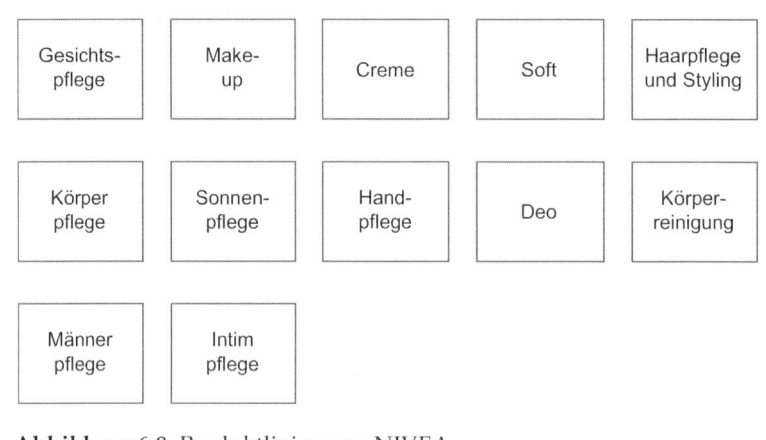

Gesichts-pflege	Make-up	Creme	Soft	Haarpflege und Styling
Körper pflege	Sonnen-pflege	Hand-pflege	Deo	Körper-reinigung
Männer pflege	Intim pflege			

Abbildung 6.8 Produktlinien von NIVEA
(Quelle: www.NIVEA.de (Mai 2010))

Anhand dieser Begriffe lässt sich zunächst der Status Quo eines Markenportfolios beschreiben. Für Unternehmen stellt sich jedoch die Frage, wie sich dieser Status Quo dann weiterentwickeln kann. Dazu finden sich in der Literatur in der Regel vier grundsätzliche Ansätze. Das ist die Produktlinienerweiterung, die Markenausweitung, die Mehrmarkenstrategie oder die Einführung einer neuen Marke. Die folgende Aufzählung skizziert nun diese vier klassischen Ansätze.

- **Produktlinienausweitung**: Im Kontext der Produktlinienausweitung wird mit einem bestehenden Markennamen in einer bestehenden Produktkategorie ein neues Produkt eingeführt. Denkbar ist hier eine komplett neue Produktlinie oder die Erhöhung der Varianten innerhalb einer Produktlinie. Als Beispiel für unterschiedliche Varianten sei die Marke Pringles genannt. Innerhalb der Marke werden Chips u.a. mit den unterschiedlichen Geschmacksvarianten Paprika, Original, Sour Cream und Onion angeboten.

Strategische Markenentwicklung

- **Markenausweitung:** Einen deutlichen größeren Schritt stellt eine Markenausweitung dar. Dabei wird der Markenname für eine völlig neue Produktkategorie genutzt. Beispielhaft sei an dieser Stelle die Marke Apple genannt. So wurden nach einem Fokus auf Computer irgendwann auch mobile Telefone angeboten (z.B. iPhone).

- **Mehrmarkenstrategie:** Eine Mehrmarkenstrategie ist häufig in großen Konzernen anzufinden. Das bedeutet, dass Unternehmen unterschiedliche Marken in einem Produktbereich anbieten. Als Beispiel sei der Konzern Mars.Inc genannt. Der Konzern bearbeitet die Marktsegmente Snacks, Human Food und Petcare. So werden im Segment Snacks zum Beispiel Milky Way, Mars und Snickers angeboten. Im Segment Human Food wird beispielsweise Uncle Benz und Ebly offeriert. Im Segment Pet Food vertreibt das Unternehmen unter anderem Whiskas, Sheba, Kitekat, Pedigree und Cesar. Im Gegensatz dazu wird bei der Einzelmarkenstrategie nur für eine Marke in einem Produktbereich angeboten.

- **Einführung einer neuen Marke:** In einigen Situationen kann es sich als hilfreich erweisen, wenn ein Unternehmen in einem Markt eine komplett neue Marke einführt. Gründe dafür können unter anderem in dem Image einer existierenden Marke liegen. Als Beispiel sei hier die Marke Toyota genannt. Um im Luxussegment gegen die Marke Mercedes Benz erfolgreich zu sein, sah das Unternehmen nur die Chance, eine völlig neue Marke einzuführen (Lexus). Das Image der Marke Toyota war zu sehr mit dem Massenmarkt für Autos verbunden.

Fallstudie NIVEA: Bei der Marke NIVEA lag der Schwerpunkt auf der Ausdehnung der Produktlinien. Die folgende Abbildung zeigt beispielhaft Jahre, in denen neue Produktlinien ergänzt wurden. So wurde 1993 zum Beispiel die Produktlinie NIVEA Visage integriert. 1997 führte das Unternehmen unter der Marke NIVEA die Produktlinie NIVEA Beauté ein.

Nivea Creme 1911 — Nivea Sun 1981 — Nivea for Men 1986 — Nivea Deo 1991 — Nivea Visage 1993 — Nivea Baby 1996 — Nivea Beauté 1997

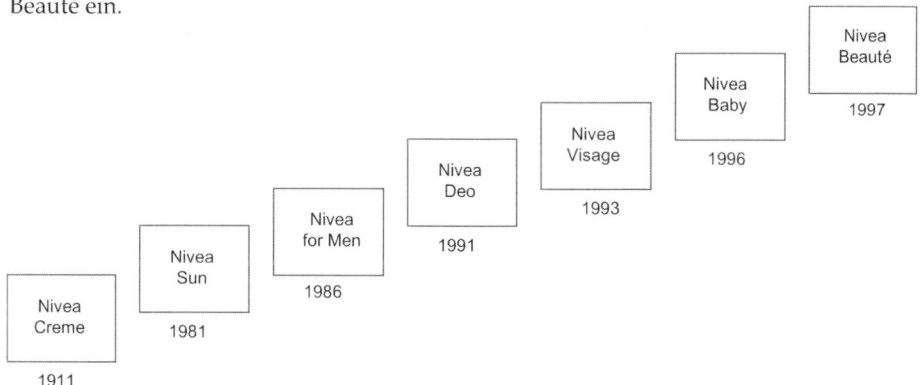

Abbildung 6.9 Ausgewählte Beispiele für die Produktlinienentwicklung bei NIVEA
(Quelle: www.NIVEA.de / www.beiersdorf.de (Mai 2010))

Entscheidung über die Art der Erweiterung neuer Produkte: In Verbindung mit der Einführung neuer Produktlinien muss ein Unternehmen entscheiden, auf welcher preislichen und qualitativen Ebene die neue Produktlinie eingeführt wird. Grundsätzlich existieren drei unterschiedliche Möglichkeiten dazu. Bei der Variante eins ist das neue Produkt preislich und qualitativ unter dem bisherigen Produkt platziert. Bei der Variante zwei ist das genau umgekehrt. Die Qualität und der Preis für das neue Produkt sind dann höher als zuvor. Variante drei beschreibt die Erschließung des Marktes in beide Stoßrichtungen nach „oben" und nach „unten".

Fallstudie NIVEA: Die folgenden Abbildungen stellen ein Beispiel für die Produkterweiterung durch höhere Qualität dar. Links ist die klassische NIVEA CREME abgebildet. Rechts ist das Produkt NIVEA VISAGE Q10 Tagespflege dargestellt. NIVEA Visage stellt danach eine Creme da, die im Vergleich zur Standard NIVEA Creme eine höhere Qualität und einen höheren Preis hat.

Abbildung 6.10 NIVEA Creme Dose und die NIVEA Visage Q10

6.6 Entwicklung der Markenarchitektur

Eine der größten Herausforderungen im Rahmen der Markenführung ist es, die Markenarchitektur in einem Unternehmen zu bestimmen und diese ggfs. weiterzuentwickeln. Das liegt zum einem daran, dass in der Vergangenheit Markenportfolios stetig gewachsen sind. Dadurch ist die existierende Komplexität teils sehr hoch. Zum anderen ist es eine Herausforderung, weil Änderungen in einem Markenportfolio häufig sehr komplexe Auswirkungen mit sich bringen und daher schwer intern durchsetzbar sind.

Die erste Aufgabe einer Markenarchitektur ist aufzuzeigen, wie sich Marken voneinander abgrenzen. Darüber hinaus gilt es darzustellen, an welcher Stelle Beziehungen unter den Marken existieren. Wo finden sich Synergiepotenziale? Wo ereignen sich Kannibalisierungseffekte durch Überschneidungen? Neben der konkreten Beschreibung eines Status und einer Struktur eines Markenportfolios zählt zu der Markenarchitektur auch der

Plan für die Zukunft. Dieser Plan nimmt Stellung zur Markenevolution eines Portfolios. Welche Marken werden ausgebaut? Welche Marken sollten hinsichtlich des Umsatzes gehalten werden? Welche Marken werden mittelfristig reduziert oder gar eliminiert, weil sie kein Potenzial mehr haben?

Vor dem Hintergrund der beiden übergreifenden Unternehmensziele, die im ersten Kapitel angesprochen wurden, existieren zwei grundsätzliche Strategien für das Markenportfolio.

- **Kostenstrategie:** Wie lassen sich durch eine Markenevolution Kosten einsparen? Mögliche Maßnahmen dazu sind zum Beispiel die Reduktion von Komplexität, die Kosten verursachen.

- **Wachstumsstrategie:** Wie lässt sich für ein Unternehmen durch eine Markenevolution der Umsatz erhöhen? Möglichkeiten sind hier beispielsweise die Ausdehnung von einzelnen Marken durch mehr Produktlinien.

Übergreifend lässt sich derzeit ein Konsolidierungstrend beobachten. Das bedeutet, Synergien innerhalb eines Landes sowie länderübergreifend werden seitens des Unternehmens gesucht und Markenportfolios tendenziell harmonisiert. Möglichkeiten zur Harmonisierung bieten sich z.B. durch die länderübergreifende Vereinheitlichung von Produktportfolios innerhalb einer Marke. Durch die Reduzierung von Komplexität kann so z.B. innerhalb der Produktion gespart werden. Z.B. hat der Lebensmittelhersteller Unilever sein Markenportfolio seit 2000 von 1600 auf 400 Marken reduziert. Damit liegt der Fokus stärker auf der Kostenstrategie. Gerade in den gesättigten Märkten in den Industrieländern bieten sich so aktuell scheinbar Optimierungspotenziale.

Abbildung 6.11 Gegenüberstellung von Unternehmens- und Markenhierarchie
(Quelle: Vgl. Meffert et al., 2008; Keller, 2000; Aaker/Joachimsthaler, 2000)

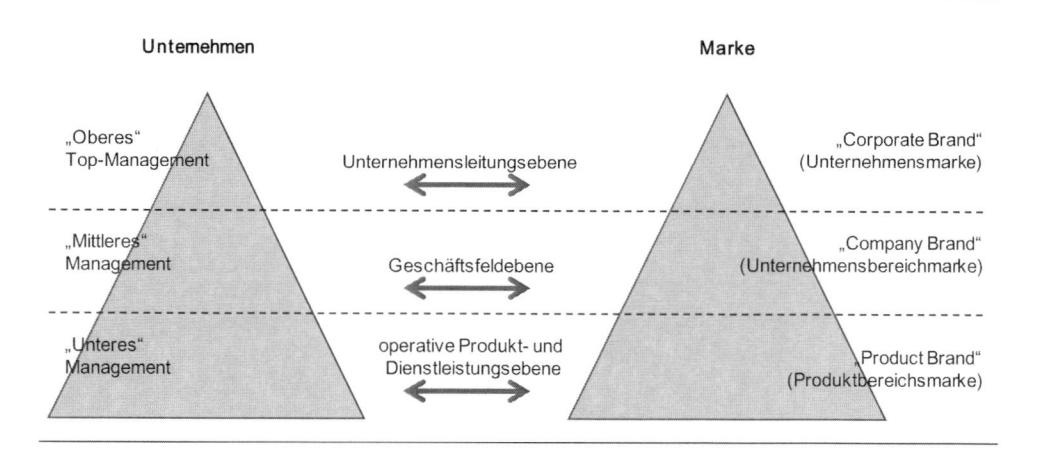

In Literatur und Praxis wird nach aktuellem Verständnis davon ausgegangen, dass die organisatorischen Hierarchieebenen eines Unternehmens auch die Grundlage unterschiedlicher Markenarchitekturen ist. Die obige Grafik verdeutlicht dazu die Unternehmenshierarchie und die Markenhierarchie. Die Unternehmenshierarchie ist unterteilt in die Top Management-Ebene, die Unternehmensebene und die Ebene der Produkte und Dienstleistungen. Dem gegenüber stehen auf oberen Ebene die Unternehmensmarke (Corporate Brand), auf der mittleren Ebene die Unternehmensbereichsmarken (Company Brands oder SBU-Brands) und auf der unteren Ebene der Produkt Marke (Product Brand).

Jede Ebene dieser Markenhierarchien wird auch mit sehr unterschiedlichen Markenassoziationen verbunden. Die Unternehmensmarke (Corporate Brand) Henkel wird mit ganz anderen Assoziationen verknüpft als die Produktmarke Persil, die im Unternehmen von Henkel produziert wird. Trotzdem kann jede Hierarchieebene auch durch Assoziationen mit einander verknüpft sein.

Durch die Abbildung des Logos von Henkel auf der Verpackung von Persil wird dem Kunden beispielsweise deutlich gemacht, dass Henkel und Persil zusammengehört. Das bedeutet auch, dass eine gewisse Abhängigkeit untereinander besteht. Wenn gegenüber der Corporate Brand negative Assoziationen entstehen, kann es auch zu negativen Assoziationen auf der Ebene der Unternehmensbereichsmarken und der Produkt Marken kommen und vice versa.

> **Fallstudie NIVEA:** Bei NIVEA lässt sich die Markenhierarchie über die Namen Beiersdorf und NIVEA beschreiben. NIVEA ist in Anlehnung an die obige Grafik eher eine Unternehmensbereichsmarke mit vielen Produktbereichsmarken. Beiersdorf repräsentiert hingegen die Unternehmensmarke.

Auf Basis der drei Hierarchieebenen der Markenhierarchie, Unternehmensmarke (Corporate Brand), Unternehmensbereichsmarke (Company Brand) und der Produktmarke, lassen sich dann Ansätze zur Beschreibung der Markenarchitektur ableiten. Die Markenarchitektur orientiert sich an der Intensität, mit der eine Marke mit den jeweiligen drei Hierarchieebenen auf vertikaler Ebene verknüpft ist. In Anlehnung an Aaker/Joachimsthaler (2000) lassen sich daraus vier Markenarchitekturoptionen ableiten. Das sind:

- Branded House   (Markenhaus)
- Subbrand   (Submarken)
- Endorsed Brands   (Empfehlungsmarke)
- House of Brands   (Haus der Marken)

Diese vier unterschiedlichen Optionen geben die Antwort auf eine wichtige Frage im Rahmen der Markenplanung: Auf welcher Ebene der Hierarchie im Unternehmen wird eine Marke verwendet? Darüber hinaus ist mit der Verwendung der Marke auf einer Hierarchieebene auch häufig die operationale Verantwortung der Markenführung verbunden.

Das heißt: Wer führt die Marke im Unternehmen im Tagesgeschäft? Wenn also die Marke Persil im Unternehmen Henkel auf der Ebene der Produktmarken angesiedelt ist, wird die operationale Führung in der Unternehmenshierarchie in der Regel auch auf der Ebene der Produkte und Dienstleistungen stattfinden. Die Optionen Branded House und House of Brands bilden die beiden Endpunkte eines Kontinuums. Die Option Subbrand und Endorsed Brands lassen sich als Mischformen bezeichnen.

- **Führung durch ein Branded House (Markenhaus):** Die Verwendung der Marke wird bei dem Ansatz "Branded House" aus Perspektive der Corporate Brand betrachtet. Das bedeutet, bei der operationale Umsetzung im Marketing, wird auf allen Ebenen der Unternehmenshierarchie die Corporate Brand verwendet. Als Beispiel sei hier die Marke McDonald´s genannt.

- **Führung durch Subbrands (Submarken):** Bei der Subbrand wird die Marke ergänzend zum Ansatz Branded House über den Subbrands verwendet. Im Rahmen der operationalen Umsetzung ist es häufig die Unternehmens- oder die Unternehmensbereichsmarke, die den größeren Anteil der Markierung bestimmt. Ergänzt wird das durch Zusätze auf dem Produkt. Als Beispiel sie hier die Marke von Hewlett & Packard genannt. Unter dem Markendach „hp" werden hier auf Produktebene unterschiedliche Produkte geführt (z.B. Deskjet, Officejet oder Laserjet).

- **Führung durch Endorsed Brands (Empfehlungsmarke):** Im Rahmen der Endorsed Brands liegt die Führung der Marken primär bei den Produktmarken. Jedoch erfolgt ein Hinweis in der Kommunikation, dass die Produkt Marken zu einer bestimmten Unternehmensebene oder einem Unternehmensbereich gehört. Als Beispiel sei die Marke Robinson Club angeführt. Auch wenn die Marke eigenständig geführt wird, so wird bei der Kommunikation die Corporate Brand TUI genannt. Auf den verwendeten Materialien der Kommunikation (z.B. Katalog, Anzeigen) wird dort konkret von „World of TUI" gesprochen.

- **Führung durch House of Brands (Haus der Marken):** Bei der Führung durch ein House of Brands stehen die Produkt- der Unternehmensbereichsmarken im Vordergrund. In der operationalen Umsetzung setzt das einen sehr eigenständigen Auftritt der einzelnen Produktmarken voraus. Der Absender bzw. das Unternehmen Besitzer einer Marke wird für den Kunden oft nicht direkt ersichtlich. Als Beispiel für diese Option der Markenarchitektur sei hier der Konzern Unilever mit den Marken RAMA, Viss, Signal, Sunil und Pfanni genannt.

Die folgende Übersicht zeigt in Form einer Matrix weitere Beispiele für die verschiedenen Varianten der Markenverwendung auf den drei Ebenen in der Unternehmenshierarchie.

Abbildung 6.12 Markenbeispiele auf den jeweiligen Unternehmensebenen
(Quelle: *Vgl. Homburg/Krohmer, 2006, S.640*)

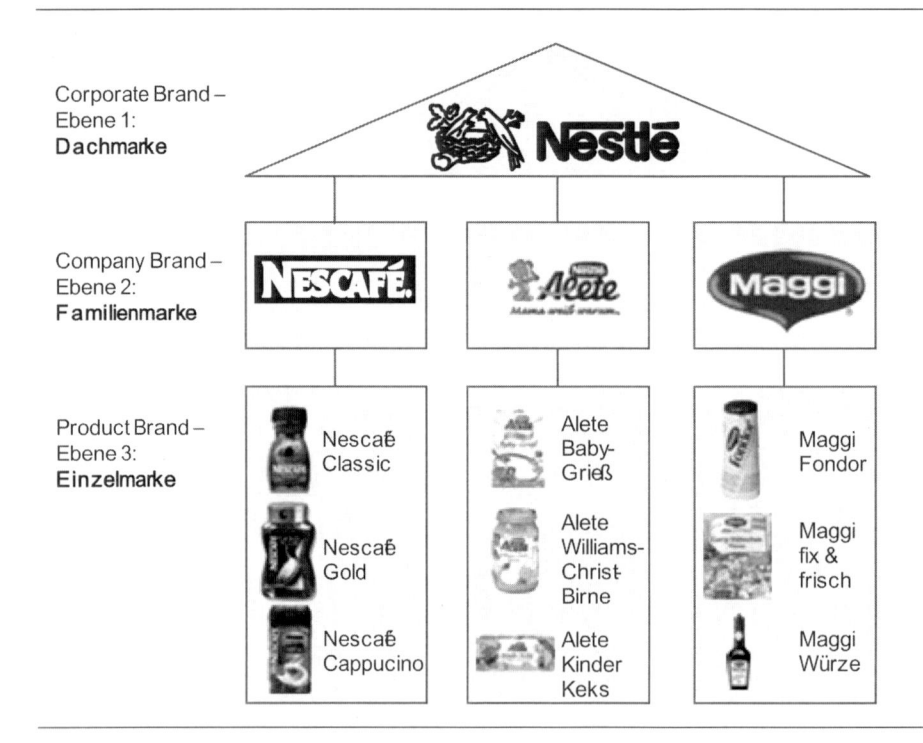

	Nestlé		
Corporate Brand – Ebene 1: **Dachmarke**			
Company Brand – Ebene 2: **Familienmarke**	NESCAFÉ	Alete	Maggi
Product Brand – Ebene 3: **Einzelmarke**	Nescafé Classic	Alete Baby-Grieß	Maggi Fondor
	Nescafé Gold	Alete Williams-Christ-Birne	Maggi fix & frisch
	Nescafé Cappucino	Alete Kinder Keks	Maggi Würze

Diese erläuterten vier Optionen (Branded House etc.) der Markenarchitektur werden häufig auch als Corporate Branding bezeichnet. Damit ist die Absicht des Unternehmens gemeint, mit diesen Architekturen und der grundsätzlichen Verwendung von Marken zwei Ziele zu erreichen. Das ist zum einen der grundsätzliche Aufbau einer Marke. Mit dieser Markierung („Branding") lassen sich die drei genannten Ebenen der Unternehmenshierarchie gegenüber dem Wettbewerb besser profilieren.

Zum anderen soll mit Hilfe dieser Profilierung durch ein Branding neben der Sicherstellung von kurzfristigen Unternehmenszielen insbesondere auch langfristig der Unternehmenswert erhöht werden. Im Hinblick auf das am Anfang erläuterte Grundverständnis einer Marke, dass wirkungsbezogen definiert wurde, unterliegt das Branding durch eine Markenarchitektur vor allem dem Ziel der Abgrenzung. Durch die Abgrenzung können dann die anderen Wirkungen einer Marke erreicht werden (z.B. Kaufpräferenz, Markenschutz, Markenwert).

Unterschiedliche Markenarchitekturoptionen erweisen sich auch bei der Bearbeitung unterschiedlicher Preissegmente von Vorteil. So ist durch eine entsprechende Markenarchitekturstrategie eine Marktbearbeitung mit Preiseinstiegsmarken und Premiummarken denkbar. Beispiel: Das Unternehmen Mars.Inc bearbeitet in Deutschland mit der Marke Sheba das Premiumsegment, mit der Marke Whiskas das Mittelpreissegment und mit der Marke Kitekat das Preiseinstiegssegment im Markt der Tiernahrung für Katzen.

Fallstudie NIVEA: Bei der Marke NIVEA lässt sich primär von einer Führung durch ein House of Brands sprechen. Unter dem Dach der Corporate Brand Beiersdorf sind unterschiedliche Produktmarken im Vordergrund. Das sind zum Beispiel NIVEA, Labello, 8x4 und Hansaplast. Von diesen Marken werden die verschiedenen Produktlinien gesteuert. Innerhalb der Produktmarken finden sich ergänzend aber auch Hinweise auf die Führung durch Submarken. So sind die Produkte NIVEA for MEN, NIVEA VISAGE oder NIVEA Body im Sinne der zuvor erläutern Markenarchitekturbeschreibung als Submarken zu verstehen.

Die Führung der Marke ist im ersten Schritt zunächst eine personelle und organisatorische Fragestellung. Diese gilt es zu beantworten. Im nächsten Schritt stehen je nach Führungsorganisation die Mitarbeiter, die für die Marken arbeiten. Hinter dem Begriff „Brand Citizenship Behaviour" verbirgt sich die Tatsache, dass diese Mitarbeiter durch bestimmte Verhaltensweisen auch die jeweilige Markenidentität stärken oder schwächen können. Wenn das Unternehmen in seinem Markenversprechen für einen hohen Service wirbt, in der Realität die Mitarbeiter diesen Service aber nicht ermöglichen, kann das die Marke unglaubwürdig machen. Seitens der Mitarbeiter sind drei Dimensionen von Bedeutung:

Das ist zum einen die Dimension der **Markenakzeptanz**. Das bedeutet, dass die Mitarbeiter die Verhaltensrichtlinien im Umgang mit der Marke sowie die konkrete Verhaltensweisen. die daraus resultieren, akzeptieren.

Zum anderen ist das die Dimension der **Markenmissionierung**. In der Rolle als Botschafter einer Marke missioniert der Mitarbeiter für eine Marke. Die Mitarbeiter sind in dieser Rolle bemüht, die Marke gegenüber Außenstehenden des Unternehmens angemessen zu repräsentieren.

Die dritte Dimension beschreibt die **Markenentwicklung**. Damit ist der aktive Einfluss des Mitarbeiters auf die Wirkung der Marken beschrieben (z.B. Wirkung hinsichtlich Loyalität, Markenwert). Danach versucht der Mitarbeiter, pro-aktiv auf die Marke einzuwirken und diese zu stärken.

Anregungen zum Nach- und Weiterdenken

Fragen:

1. In den vergangenen Jahren wurde die Marke Jägermeister repositioniert. Wie hat sich die Marke in den letzten 20 Jahren verändert? Warum könnte es notwendig geworden sein, die Positionierung der Marke zu verändern? Welche Produkte werden unter der Marke Jägermeister angeboten?

2. In der Vergangenheit sahen sich die Hersteller von klassischen Markenprodukten (z.B. Nestlé, Mars, Unilever) zunehmend einem Wettbewerb durch Eigenmarken des Handels angesetzt. Warum sind diese Marken für Hersteller gefährlich? Wie können die Unternehmen auf den Wettbewerb durch Eigenmarken langfristig reagieren.

3. Die Marke Pringles ist mit wenigen Produktvarianten im deutschen Markt gestartet. Mittlerweile steht dem Kunden eine Vielzahl von unterschiedlichen Produkten zur Verfügung. Welche Strategie seitens des Unternehmens lässt sich aus dieser Tatsache ableiten? Welche Möglichkeiten hat die Marke Pringles, um sich langfristig weiter zu entwickeln?

Quellenhinweise:

Aaker, D.A., Joachimsthaler, E. (2000): The Brand Relationship Spectrum: The Key to the Brand Architecture Challenge. In: California Management Review; 42, 4, Page 8-23

Aaker, D.A., Joachimsthaler, E. (2000): Brand Leadership, In: Brandweek, Feb. 21, New York, Page 30-38

Aaker, D.A. (2004): Brand Portfolio Strategy – Creating Relevance, Differentiation, Energy, Leverage and Clarity, New York

Baumgarth, C. (2007): Markenpolitik: Markenwirkungen - Markenführung – Markencontrolling, Wiesbaden

Bekmeier-Feuerhahn, S. (2006): Marktorientierte Markenbewertung. Schnittstelle zwischen Marketingmanagement und Marketing-Controlling. In: Handbuch Marketing-Controlling, von Reinecke, S., Tomczak, T. (Hrsg.), 2. Auflage, Wiesbaden, S. 445-458

Esch, F. R. (2010): Strategie und Technik der Markenführung, 6. Auflage, München

Homburg, C., Krohmer, H. (2006): Marketingmanagement, Strategie – Instrumente - Umsetzung – Unternehmensführung, 2. Auflage, Wiesbaden

ICON Brand Navigation (2001): Unternehmenspräsentation, Nürnberg, November

Kotler, P., Armstrong, G., Sauders, J., Wong, V. (2007): Grundlagen des Marketing, 4. Auflage, München

Meffert, H., Burmann, C., Koers, M. (2005): Markenmanagement. Identitätsorientierte Markenführung und praktische Umsetzung, 2. Auflage, Wiesbaden

Meffert, H., Burmann, C., Kirchgeorg, M. (2009): Marketing Arbeitsbuch. Aufgaben – Fallstudien – Lösungen, 10. Auflage, Wiesbaden

Noth, M., Bühler, G., Thouvenin, F. (2009): Markenschutzgesetz, 1. Auflage, Schweiz/Bern

Pförtsch, W., Müller, I. (2006): Die Marke in der Marke - Bedeutung und Macht des Ingredient Branding, 1. Auflage, Berlin

Scheier, C., Held, D. (2009): Was Marken erfolgreich macht. Neuropsychologie in der Markenführung, 2. Auflage, München

Zeplin, S. (2006): Innengerichtetes identitätsbasiertes Markenmanagement. Entwicklung eines integrierten Erklärungsmodells, Wiesbaden

Informationen über NIVEA und den Wettbewerb

Esch, F. R. (2010): Strategie und Technik der Markenführung, 6. Auflage, München

Förder, Y. (2002): Langfristig erfolgreiche Markenpolitik am Beispiel der Marke NIVEA, Hamburg

Pfund, G. (2002): Nationale Produktstärken: NIVEA/Beiersdorf, München

Markt- und Unternehmensinformationen:

    Beiersdorf Geschäftsbericht (2009) und www.beiersdorf.de (Mai 2010)

    Philips: Geschäftsbericht (2009) und www.philips.de (Mai 2010)

    Produktinformationen: www.NIVEA.de (Mai 2010)

Teil C
Marketinginstrumente (Marketing-Mix)

7 Einführung Produktpolitik

Fallstudie: Porsche Automobil Holding SE

Stefanie Bröring

Lernziele:

Das übergreifende Ziel ist es, die grundsätzlichen Entwicklungsmöglichkeiten von Produkten bzw. Produktportfolios zu verstehen.

7.1 Entscheidungsfelder der Produktpolitik 171
7.2 Nutzen und Komponenten eines Produktes 172
7.3 Produktlebenszyklus 175
7.4 Management bestehender Produkte 179
7.5 Management neuer Produkte 182
7.6 Integration von Kunden in die Produktpolitik 193

Grundverständnis der Produktpolitik

Zur Produktpolitik zählen die Fragestellungen und Entscheidungen, die sich mit der Entwicklung und Pflege von Produkten und Dienstleistungen beschäftigen. Dabei wird im Kern das Ziel verfolgt, das Produktangebot so zu gestalten, dass die Wachstums- und Kostenziele des Unternehmens erreicht werden. An folgenden Beispielen ist ersichtlich, welchen Beitrag die Produktpolitik leisten kann:

a. Stärkeres Umsatzwachstum durch eine Innovation am Markt

b. Senkung der Herstellkosten durch ein einheitliches Design der Produktverpackungen.

Fallstudie: Porsche Automobil Holding SE

Gründung:	1931
Unternehmenssitz:	Stuttgart-Zuffenhausen
Umsatz:	ca. 7,5 Mrd. Euro (2007/8)
Branchen:	Automobilindustrie
Mitarbeiter:	ca. 12.000 (2007/8)
Marke:	Porsche

Der Markt: Die Volkswagen AG war 2008 mit 113,8 Mrd. Euro Umsatz der größte deutsche Automobilhersteller. Darauf folgen die Daimler AG (95,9 Mrd. Euro), die BMW Group (53,2 Mrd. Euro), die Audi AG (34,2 Mrd. Euro), die Ford Werke GmbH (19,7 Mrd. Euro), die Adam Opel GmbH (17,7 Mrd. Euro) und die Porsche Automobil Holding SE (7,5 Mrd. Euro).

Bedingt durch u.a. die Wirtschaftskrise 2008/2009 sind die Umsätze von Luxusautos in vielen Ländern zurück gegangen, wobei der Markt in China und Brasilien weitgehend stabil blieb. Porsche verzeichnete in diesem Zeitraum einen Umsatzrückgang von 26 Prozent. Im Jahr 2010 zeigen sich Merkmale für die Erholung des Marktes für Luxusautos.

Das Unternehmen: Die Gründung der Firma Porsche wird auf das Jahr 1931 datiert. Seit diesem Jahr hat sich das Unternehmen von einem nationalen zu einem internationalen Konzern mit einem umfangreichen Produktportfolio entwickelt. Die Herkunft der Marke Porsche stammt aus dem Automotorsport, jedoch baut Porsche heute nicht nur Sportwagen sondern hat ein breiteres Sortiment. Das Unternehmen formuliert insgesamt den Anspruch, „ungewöhnliche Wege" zu gehen.

Das Leistungsportfolio: Im Mittelpunkt der Leistung von Porsche stehen die Modellreihen „Boxter", „Cayman", „911er", „Panamera" und „Cayenne". Die zahlenmäßig erfolgreichste Auslieferung verzeichnete 2008/2009 der Porsche Cayenne. Darüber hinaus bietet das Unternehmen in dem Bereich „Driver's Selection" weiteres Zubehör zum Thema Autofahren an. Weitere Unternehmensbereiche, z.B. Porsche Financial Service, werden aufgrund der Komplexität im Weiteren zunächst ausgeblendet.

7.1 Entscheidungsfelder der Produktpolitik

Die Produktpolitik umfasst alle Handlungsfelder, die sich auf die marktgerechte Gestaltung von Produkten beziehen. Ausgangspunkt dieser Auffassung ist der Grundgedanke, dass das Leistungsangebot des Unternehmens auf eine dauerhafte Befriedigung der Kundenbedürfnisse ausgerichtet werden muss.

Vor dem Hintergrund der grundlegenden Ziele des Unternehmens, Wachstumsziele und Kostenziele, kommt der Produktpolitik innerhalb des Marketing eine wesentliche Rolle zu. Die Produktpolitik muss also so gestaltet werden, dass letztendlich den Unternehmenszielen Rechnung getragen wird. Das Erreichen von Wachstums- und Kostenzielen durch die Produktpolitik lässt sich wie folgt exemplarisch darstellen:

Wachstumsziele: z.B. stärkeres Umsatzwachstum durch eine Innovation am Markt oder qualitativ hochwertigere Produkte im Vergleich zur Konkurrenz.

Kostenziele: z.B. geringere Herstellkosten der Produkte durch die Vereinheitlichung von Produktverpackungen in verschiedenen europäischen Ländern.

Aus diesen Beispielen lassen sich sodann auch die Entscheidungsfelder der Produktpolitik ableiten. Diese umfassen:

- die *Gestaltung des Produktes* inkl. Nutzenaspekte und Qualität,
- das *Management des bestehenden Produktprogramms* (Produktprogrammmanagement),
- das *Management von neuen Produkten* (Innovationsmanagement).

Ein *Produktmanager* hat also verschiedene Aufgaben im Bereich der Produktpolitik „seines" Produktes zu erfüllen, wobei er i.d.R. die gesamte Ergebnisverantwortung für sein Produkt trägt. Dabei bekommt er Unterstützung von den einzelnen Fachfunktionen im Unternehmen (z.B. Produktion, Vertrieb und Controlling). Seine Aufgaben schließen je nach Größe und Organisationsform des Unternehmens das *Management von etablierten Produkten* (des gesamten Sortiments in der Sortimentspolitik) und das *Management neuer Produkte* (Innovationsmanagement) mit ein.

Der Produktmanager bildet dabei eine Schnittstelle zwischen Marketing und Produktentwicklung, dabei arbeitet er eng mit anderen Abteilungen zusammen (z.B. mit der Forschungs- und Entwicklungsabteilung und der Marktforschung bei Produktneuentwicklungen). Im weiteren Verlauf dieses Kapitels werden Nutzen, Komponenten und der Lebenszyklus von Produkten zunächst grundlegend dargestellt, um darauf aufbauend das Management etablierter Produkte sowie das Management neuer Produkte zu erläutern.

7.2 Nutzen und Komponenten eines Produktes

Bevor die einzelnen Entwicklungsmöglichkeiten eines Produktes betrachtet werden, steht zunächst das Produkt und sein Nutzen für den Kunden im Mittelpunkt. Für die weiteren Ausführungen werden physische Produkte und Dienstleistungen zunächst unter dem Produktbegriff zusammengefasst. Dabei geht es um die Frage: Was ist eigentlich ein Produkt? Welchen Nutzen stiftet ein Produkt für den Konsumenten oder Industriekunden und aus welchen Komponenten des Produktes setzt sich der Nutzen zusammen? Diese Fragen können aus verschiedenen Perspektiven beantwortet werden. Zunächst soll die **Wahrnehmung des Nutzens aus Sicht des Kunden** im Vordergrund stehen. Im Anschluss daran werden die physischen **Komponenten des Produktes**, welche den Nutzen stiften, erläutert. Beide Perspektiven sind wichtig für die Gestaltung des Produktangebotes.

1. Wahrnehmung des Nutzens aus Kundensicht

Die Beantwortung der Frage „Welchen Nutzen stiftet ein Produkt?" basiert auf der Annahme, dass Kunden ein bestimmtes Bedürfnis haben, welches durch das Produkt befriedigt wird. In der Konsequenz bietet das Produkt dem Kunden einen speziellen, oftmals sehr individuellen Nutzen. Dabei können verschiedene Nutzenarten unterschieden werden, die im Folgenden dargestellt und anhand der Fallstudie Porsche erläutert werden.

Abbildung 7.1   Wahrnehmung verschiedener Nutzenarten

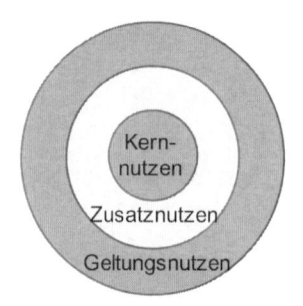

> **Fallstudie Porsche:**
>
> Der *Kernnutzen* eines Produktes wird durch die ursprüngliche Nutzenkomponente bestimmt. Im Fallbeispiel Porsche beschreibt er die grundsätzliche Möglichkeit, Personen von A nach B zu transportieren.
>
> Der *Zusatznutzen* wird durch darüber hinaus gehende Eigenschaften beschrieben. Das sind beim Porsche z.B. besondere Sicherheitsstandards, die das sportliche Fahren sicherer gestalten.

Nutzen und Komponenten eines Produktes 173

> Denkbarer *Geltungsnutzen* wäre beim Porsche die besondere soziale Anerkennung, die ein Porsche Fahrer erfährt. Diese könnte sich z.B. darauf beziehen, dass er finanziell in der Lage ist, einen derart sportlichen und dynamischen Wagen zu fahren.

2. Komponenten eines Produktes

Nun stellt sich die Frage, welche Komponenten des Produktes den Nutzen stiften bzw. erst zur Wahrnehmung des Nutzens durch den Kunden führen. Dazu empfiehlt es sich, das Produkt als Bündel von Eigenschaften zu verstehen. Diese lassen sich ausgehend vom Produktkern in einzelnen „Schalen" darstellen.

Der *Produktkern* setzt sich aus den Kerneigenschaften (Fähigkeit des PKWs, Personen als Fortbewegungsmittel zu dienen) zusammen und bildet die Grundlage für den Kernnutzen (Person kommt von A nach B).

Abbildung 7.2   *Komponenten eines Produktes*
(Quelle: in Anlehnung an Homburg/Krohmer, 2006, S. 564)

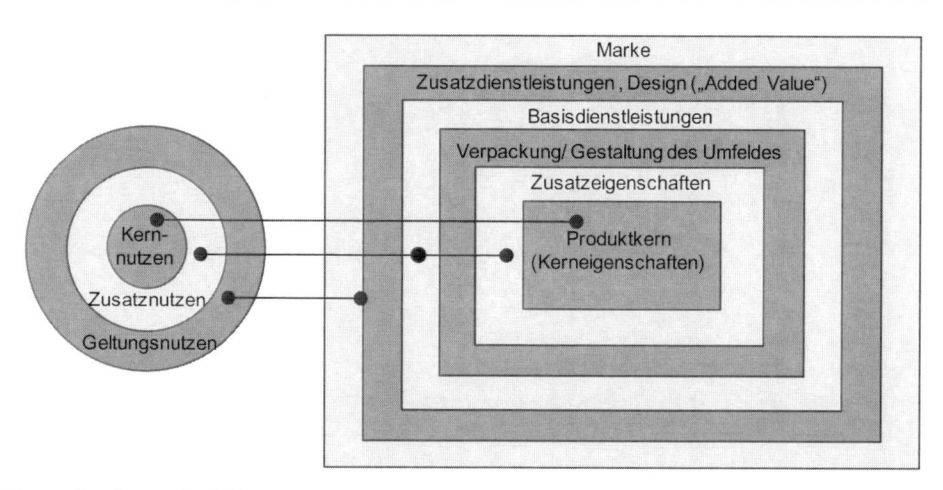

Zusatzeigenschaften tragen zur Generierung von Zusatznutzen des Produktes bei (z.B. die Schnelligkeit eines Sportwagens). Hier sei angemerkt, dass (je nach Kaufverhalten des Zielsegments) eine ästhetische Produktgestaltung einen positiven Einfluss auf die Zahlungsbereitschaft des Kunden hat. Zusatzeigenschaften bilden also die Grundlage für den Zusatznutzen eines Produktes.

Eine weitere wesentliche Komponente für viele Produkttypen ist die *Verpackung* eines Produktes. Dabei kann der Begriff Verpackung einerseits streng physisch (bei physischen

Produkten) ausgelegt werden. Andererseits kann er weiter gefasst werden und auch die Gestaltung des tangiblen Umfeldes (bei Dienstleistungen) mit einbeziehen (z.B. Gestaltung eines Frisörsalons). Insgesamt kommt der klassischen Verpackung eine Reihe an Funktionen zu: Neben dem Schutz des Produktes, der Handhabbarkeit, der Sicherstellung des Produkttransportes, spielt das Design der Verpackung insbesondere bei Konsumgütern eine zentrale Rolle. So wird der Konsument oftmals erst durch die Reize der Verpackung aktiviert (z.B. goldene Verpackung von Ferrero Rocher zur Auslösung eines Impulskaufes am Point of Sale (an der Kasse eines Supermarktes)).

Auch hat die ästhetische Wahrnehmung der Verpackung einen Einfluss auf die wahrgenommene Qualität und somit auf die Zahlungsbereitschaft des Konsumenten. Bezogen auf die Automobilindustrie hat die Gestaltung der Ausstellungsräume einen ähnlichen Einfluss wie die Verpackung (Homburg/Krohmer, 2006).

Bewegt man sich im Schalenmodell weiter weg vom physischen Produktkern zur Peripherie, kommt man zu den *Basisdienstleistungen*, die erforderlich sind, damit es überhaupt zum Kauf kommen kann (z.B. Beratung von Fachkräften beim Autokauf oder Angebot von Probefahrten). Diese stellen noch keinen Begeisterungsfaktor dar.

Davon zu unterscheiden sind die *Zusatzdienstleisungen*, die keine Kaufvoraussetzung darstellen, aber dem Produkt weitere Zusatznutzen („Added Value") verschaffen. Hier bietet auch das Unternehmen Porsche einige Services wie z.B. „Service Checks" an (siehe folgende Tabelle). Dazu zählt auch das Design, das individuell einen Geltungsnutzen für den Konsumenten stiften kann.

Schlussendlich spielt die *Marke* als Produktkomponente eine wichtige Rolle (Vgl. hierzu Kapitel 6), insbesondere in Bezug auf den Geltungsnutzen. So erfüllen sowohl Automobile der der Marke Opel als auch solche der Marke Porsche, die Anforderungen an den Basisnutzen. Eine Prestigewirkung im Sinne der Befriedigung eines speziellen Geltungsnutzens bietet dagegen tendenziell eher die Marke Porsche.

Aufbauend auf den zuvor dargestellten Produktkomponenten unterteilen Kotler et al. (2007) das Produkt weiter in das *reale* und *erweiterte Produkt*. Das reale Produkt wird z.B. durch die Charakteristika Verpackung oder das Design definiert. Das erweiterte Produkt wird durch erweiterte Merkmale beschrieben, die nicht direkt zum konkreten Produkt zählen. Das ist z.B. eine Gewährleistung, die Telefonhotline oder eine kostenlose Schulung, die ergänzend zum Produkt angeboten werden.

> **Fallstudie Porsche**: Das erweiterte Produkt wird bei Porsche z.B. über die Möglichkeiten zur Individualisierung oder zum Service ermöglicht. Dazu zählt die Möglichkeit, den Wagen am Werk abzuholen, besondere Wartungsintervalle in Anspruch zu nehmen, der Airport Service oder ein besonderer Klimaanlagen Service (siehe folgende Tabelle).

Service Leistungen:	Kurzbeschreibung:
Dynamic Repair	„Porsche Dynamic Repair steht für alternative Reparaturmethoden. Dabei helfen wir Ihnen, Ihren Traum und Fahrspaß zu bewahren, indem kleinere Schäden schnell und unkompliziert beseitigt werden."
Saison Checks	„Anhand einer definierte Checkliste, die speziell auf die Bedürfnisse der jeweiligen Jahreszeit abgestimmt wurde, überprüfen wir Ihre Fahrzeug gründlich und bereiten es perfekt auf die nächste Saison vor."
Klimaanlagen Service	„Der Klimaanlagen-Check besteht aus einer Sicht- und Funktionsprüfung aller relevanten Klimaanlagen Komponenten und trägt zu einer langjährig optimalen Funktionsweise und Kühlleistung bei."
Service Classic	„Neben einer Rundum-Diagnose für Ihr Fahrzeug anhand eines 24-Punkte-Check-Programms erhalten Sie auch einen exklusiven Blick hinter die Kulissen unseres Service Bereichs."
Car Cosmetic	„Für alle, die bei der Pflege Ihres Porsche mit speziellen Pflegeprogrammen auch in Zukunft optimale Ergebnisse erzielen möchten."
Komplettpreis Angebote	„Mit den Porsche Komplettpreis-Angeboten bieten wir Ihnen Serviceleistungen zum festen Preis an. So erhalten Sie völlige Kostentransparenz und das zu einem erstklassigem Service."
Airport-Service	„Lassen Sie Ihren Wagen durchchecken, während Sie einchecken. Der Airport Service organisiert für Sie den Flughafentransfer und überführt Ihr Fahrzeug gleichzeitig in die Porsche Werkstatt."

Tabelle 7.1 Ausgewählte Serviceleistungen bei Porsche
(Quelle: www.porsche.de (Juni 2010))

7.3 Produktlebenszyklus

Die produktpolitischen Entscheidungen und Maßnahmen werden wesentlich dadurch bestimmt, in welcher Phase des Lebenszyklus sich das Produkt befindet. Dabei beruht das im Folgenden dargestellte Lebenszyklusmodell (Vgl. folgende Abbildung) auf der Annahme, dass jedes Produkt am Markt einen bestimmten Lebenszyklus durchläuft. Dabei kann sich das Lebenszyklusmodell auf ein Produkt, eine Produktgruppe oder aber auf einen gesamten Markt beziehen. Die Länge des Lebenszyklus einzelner Produkte oder Märkte kann dabei stark variieren. Im Bereich der Konsumgüter sind oftmals kürzere Lebenszyklen zu beobachten (siehe Umschreibung dieser Branche als „Fast Moving Consumer Goods"), wohingegen andere Produkte (wie z.B. Basischemikalien wie Polyethylen als Grundstoff für Plastik) eine nahezu unendliche Reifephase zeigen. Es sei denn, diese Produkte werden durch neue Technologien substituiert. Wichtig ist in diesem Zusammenhang auch, dass der Produktmanager Einfluss auf den Verlauf des Lebenszyklus nehmen kann. So kann er die Reifephase eines Produktes z.B. durch ständiges Verbessern des Produktes und weitere Maßnahmen des Marketing-Mix verlängern. Die folgende Abbildung bezieht sich dabei auf ein Produkt und stellt auch die Aufgaben eines Produktmanagers im Zeitablauf des Lebenszyklus dar. Grundlage der Lebenszyklusbetrachtung ist die Betrachtung der Größen Absatz und Gewinn über einen bestimmten Zeitraum. Aus Sicht des Unternehmens geht es darum zu analysieren, ob mit dem Produkt ein bestimmtes Absatz- Umsatz- oder Ertragsziel erwirtschaftet wird. Auf der Zeitachse lassen sich in einem idealtypischen Verlauf vier Phasen differenzieren.

Abbildung 7.3 Produktlebenszyklusmodell und Ansatzpunkte für die Produktpolitik
(Quelle: Vgl. Homburg/Krohmer, 2006, S. 452)

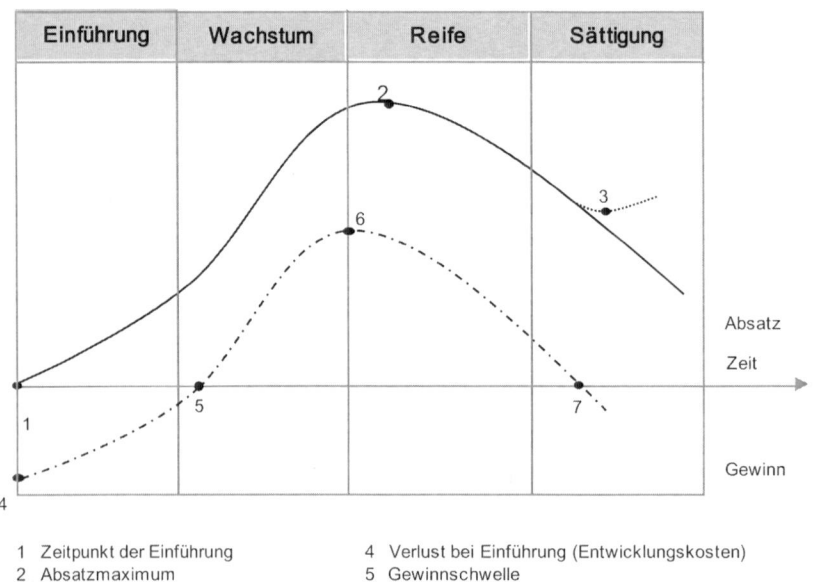

1 Zeitpunkt der Einführung
2 Absatzmaximum
3 Wiederanstieg z.B. durch Verbesserung des Produktes
4 Verlust bei Einführung (Entwicklungskosten)
5 Gewinnschwelle
6 Gewinnmaximum
7 Wiedereintritt in die Verlustzone

1. Markteinführungsphase: Nachdem ein Produkt neu entwickelt wurde, wird es am Markt eingeführt und der Absatz steigt langsam an. Aufgrund der geringen Absatzmenge in dieser Phase werden hier noch überwiegend Verluste erwirtschaftet. Hinzu kommt, dass sich die Entwicklungskosten zu diesem Zeitpunkt noch nicht amortisiert haben.

2. Wachstumsphase: Diese Phase ist durch weiteres Wachstum gekennzeichnet. Mit steigendem Wachstum erreicht das Unternehmen erstmalig auch die Gewinnzone mit dem Verkauf des Produktes.

3. Reifephase: In der Reifephase wird zunächst das Gewinnmaximum und dann das Absatzmaximum des Produktes erreicht. Das Produkt ist somit am Wendepunkt seines Erfolges angekommen.

4. Sättigungsphase: Die letzte Phase beschreibt primär das Sinken von Absatz und Gewinn. Eine Aufgabe des Produktmanagers ist es, den Absatz durch gezielte Maßnahmen (z.B. Verbesserung des Produktes, Einführung eines Relaunches) wieder zu beleben. Gelingt dies nicht, so ist es die Aufgabe des Produktmanagers, das Produkt zu eliminieren, um die Komplexität im gesamten Produktprogramm nicht zu hoch werden zu lassen.

Die folgende Tabelle skizziert wichtige Elemente der Marketingplanung und mögliche Ausprägungen des Marketing-Mix pro Produktlebenszyklusphase.

Tabelle 7.2 Marketingziele und Marketing-Mix Elemente entlang des Lebenszyklus
(Quelle: Vgl. Kotler et al., 2007, S. 702)

	Einführung	Wachstum	Reife	Sättigung
Marketingziele	Produktangebot auf Markt bekannt machen, Erstkäufe generieren	Steigerung von Marktanteil/ Marktdurchdringung	Gewinne maximieren, dabei Marktanteil halten	Ausgaben minimieren, dabei Einnahmen maximieren.
Konkurrenz-Situation	Wenig Konkurrenz	Zunehmende Konkurrenz	Konkurrenz ist etabliert, Marktanteilssteigerung nur noch auf Kosten der Konkurrenz möglich	Konkurrenz zieht sich aus stagnierendem Markt zurück
(1) Produkt	Basisprodukt anbieten	Varianten anbieten, Zusatzdienstleistungen (Service, Beratung) ausbauen	Produktvarianten diversifizieren, überarbeitete Versionen anbieten	Produktprogramm reduzieren
(2) Preis	Tendenziell niedrigeres Preisniveau (Penetrationsstrategie)	Differenziertes Preisniveau	Preissenkung (z.B. Handelsrabatte), wettbewerbsorientierte Preisfindung	Preisreduzierung
(3) Vertrieb	Selektiver Vertrieb	Intensiver Vertriebsaufbau	Weiterer Ausbau des Vertriebs	Selektion: Beschränkung auf leistungsfähige Partner
(4) Kommunikation	Bekanntheit bei Handel u. Zielsegment aufbauen, intensive Verkaufsförderung	Bekanntheit auf Massenmarkt herstellen, Reduktion der Verkaufsförderung	Fokus auf Differenzierung; mehr Verkaufsförderung aufgrund Konkurrenzsituation	Beschränkung auf Loyale Kunden, Verkaufsförderung auf Minimum reduzieren

Für das Marketing ist der Produktlebenszyklus von großer Bedeutung, da die Marketingziele und -strategien in diesen einzelnen Phasen verändert werden müssen. Bezogen auf die Umsetzung der in der Planung festgelegten Marketingziele ist ein genaues Verständnis der vier Phasen ebenfalls sehr wichtig. Denn die Ausgestaltung des Marketing-Mix muss den unterschiedlichen Anforderungen einzelner Lebenszyklusphasen Rechnung tragen, um die Unternehmensziele zu erreichen.

> **Fallstudie Porsche**: In Bezug auf die Fallstudie Porsche lässt sich der Porsche Cayenne, der 2002 in Deutschland eingeführt wurde, als Beispiel für eine Ausweitung des Produktprogrammes anführen. Diese Modellreihe hat Porsche in den letzten Jahren zu sehr viel Wachstum verholfen. Während das Modell in der Einführungsphase nur mit wenigen Wahlmöglichkeiten angeboten wurde, so wurde die Anzahl der Modellvarianten im Rahmen der Wachstumsphase über die Jahre stetig erhöht. Diese Modellvarianten variieren z.B. auf der preislichen oder der Ebene des Produktes. So existiert der Cayenne, der Cayenne Diesel, der Cayenne S, der Cayenne S Hybrid und der Cayenne Turbo.

Trotz seiner Bedeutung für die Ausgestaltung des Marketing-Mix ist das *Lebenszyklusmodell* einer *kritischen Betrachtung* zu unterziehen. Das in obiger Abbildung dargestellte Modell stellt eine extreme Vereinfachung der Realität dar. Denn je nach Kontextfaktoren bezüglich Markt und Produkt können die Phasen einen unterschiedlichen Verlauf nehmen, wobei die einzelnen Phasen in der Realität nicht trennscharf darstellbar sind (Homburg/Krohmer, 2006). Es lassen sich ferner nicht alle Produkte mit diesem idealtypischen Verlauf eines Produktlebenszyklus beschreiben. Ein gänzlich anderer Verlauf des Lebenszyklus, ergibt sich z.B. bei Stil-, Mode- oder Trendprodukten.

Stilprodukte sind Produkte die sich durch die künstlerische oder historische Positionierung über einen längeren Zeitraum hinsichtlich des Umsatzes stabil entwickeln. Das können z.B. besondere Möbel (Jugendstilkommode), Bilder (Abzüge von Picasso) oder eine bestimmte Art von Kleidung sein (z.B. Trachten).

Modeprodukte sind hingegen deutlich kurzlebiger. Oft verläuft der Lebenszyklus eines Modeartikels nur über wenige Monate im Rahmen einer Sommer- oder Wintersaison hinweg. So wird eine Saison eher helle oder buntere Kleider und einige Zeit später wiederum nur dunklere oder puristischere Mode getragen.

Der Lebenszyklus von **Trendprodukten** kann teilweise noch deutlich kürzer verlaufen. So kam es für kurze Zeit zu einer hohen Akzeptanz gegenüber einer kleinen Plastikfigur in Form von Elvis Presley. Dieser „Wackel-Elvis" wurde in einem TV Spot von Audi abgebildet. Innerhalb kürzester Zeit wurde eine Vielzahl von diesen Anhängern gekauft und im Auto am Innenspiegel aufgehängt.

Bezogen auf das Fallbeispiel Porsche ist festzuhalten, dass sich die Absatz- und Gewinnverläufe bei Produkten der Automobilbranche sehr nah am idealtypischen Verlauf des Lebenszykluskonzeptes orientieren. In der Automobilbranche ist also feststellbar, dass das Lebenszyklusmodell oftmals als Leitgedanke für die gesamte Ausrichtung der Marketingaktivitäten Anwendung findet. Dem Produktmanagement kommt daher die Funktion zu, den Verlauf des Lebenszyklus aktiv zu beeinflussen, man spricht in diesem Zusammenhang vom *Life-Cycle-Management* (Lebenszyklusmanagement). Dieses findet auf der Ebene des einzelnen Produktes aber auch für das gesamte Produktprogramm in einer integrierten Sichtweise statt. Dabei ist es wichtig zu erkennen, dass sich die einzelnen Produkte des gesamten Produktprogrammes in unterschiedlichen Phasen befinden. Eine produktübergreifende Integration der Aktivitäten des Marketing-Mix ist daher von besonderer Bedeutung (Homburg/Krohmer, 2006). Für das weitere Verständnis wird im Folgenden daher zunächst auf das gesamte Produktprogrammmanagement eingegangen.

7.4 Management bestehender Produkte

Das Management bestehender Produkte bezeichnet die Planung und Gestaltung des gesamten Produktprogrammes. Das Produktprogramm eines Unternehmens beschreibt dabei die Gesamtheit aller Produkte. In der Produktpolitik ist das Management dieses bestehenden Produktprogrammes neben dem Innovationsmanagement mit dem Ziel der Ausweitung des Produktprogrammes eine sehr wichtige Aufgabe. Es stehen dabei drei wesentliche Entscheidungsoptionen im Fokus (Vgl. Homburg/Krohmer, 2006). Das sind Entscheidungen über:

1. die Ausweitung des Produktprogrammes,
2. die Realisierung von Synergien im Produktprogramm,
3. die Reduktion des Produktprogrammes.

Um diese Entscheidungsfelder weiter zu vertiefen, ist zunächst eine grundlegende Definition der Struktur von Produktprogrammen nötig. Insgesamt lassen sich Produktprogramme anhand der Dimensionen Programmbreite und -tiefe strukturieren.

Die **Programmbreite** fasst die Anzahl der *Produktlinien* im Produktprogramm zusammen, so hat z.B. die Fa. Porsche fünf Produktlinien (911 Carrera, Cayene, Boxter, Cayman, Panamera). Dabei versteht man unter einer **Produktlinie** (auch Produktkategorie oder Produktgruppe genannt) eine Gruppe von ähnlichen Produkten. Diese Ähnlichkeit kann sich extern vom Markt daraus ableiten, dass mit der Produktlinie eine bestimmte Kundengruppe bedient wird. Sie kann aber auch einer internen Logik folgen, z.B. die Nutzung gleicher Ressourcen in der Produktion. Auch weist eine Produktlinie oftmals den gleichen Markennamen auf, der je nach Produktvariante einen Zusatz haben mag (z.B. 911 Carrera Cabriolet innerhalb der Produktlinie 911 Carrera). In einer Produktlinie sind also verschiedene Varianten eines Produktes zusammengefasst.

Die **Programmtiefe** umschreibt eben diese Anzahl an Produktvarianten in einer Produktlinie. Am folgenden Beispiel der Fa. Porsche wird z.B. deutlich, dass sich die Tiefe der einzelnen Produktlinien unterscheidet.

Fallstudie Porsche: Die folgende Abbildung stellt einen Auszug der Modellreihen von Porsche dar und ordnet diese anhand der Dimensionen Programmbreite und -tiefe. Auf der Dimension Produktbreite sind die verschiedenen Modellreihen beispielhaft aufgeführt. Das ist der 911er, der Cayenne, der Boxter und Cayman.

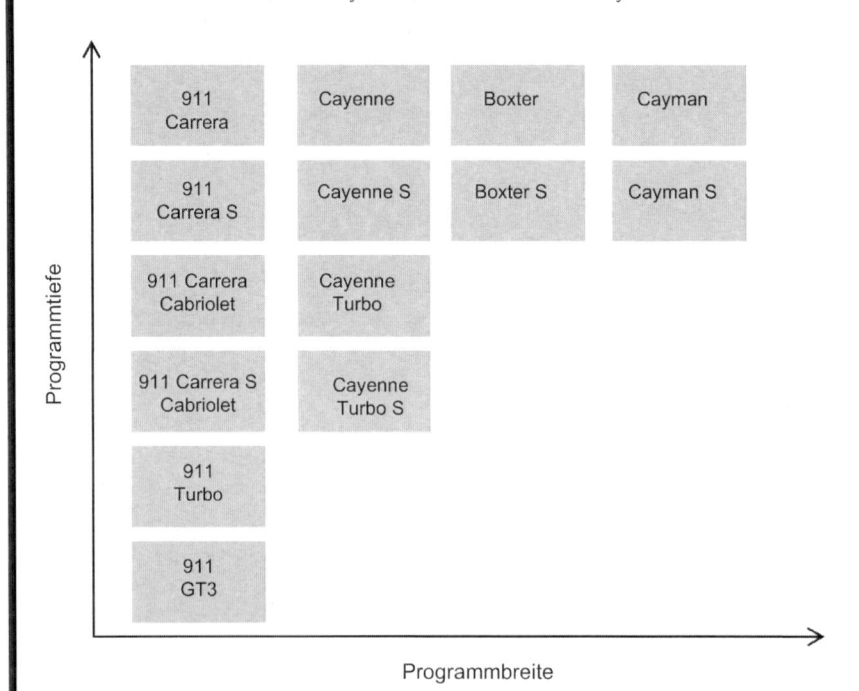

Abbildung 7.4 Beispiel für Produktprogramm (Auszug) der Fa. Porsche
(Quelle: Vgl. Meffert et al., 2008, S. 402)

1. Entscheidungen über die Ausweitung des Produktprogrammes

Bei der Weiterentwicklung eines Produktprogrammes ist das existierende Qualitäts- und Preisniveau eine wichtige Ausgangsgröße. Basierend auf dem bestehenden Niveau gibt es für Unternehmen die Möglichkeit, sich bei der Weiterentwicklung über oder unter die existierende Qualität zu entwickeln. Wird bei der Weiterentwicklung existierender oder neuer Produkte die Qualität besser, wird von einem **trading-up** gesprochen. Wird die Qualität bei der Weiterentwicklung durch neue Produkte oder die Veränderung der existierenden Produkte niedriger, so wird von **trading-down** gesprochen.

Zur Veränderung des Produktportfolios besteht des Weiteren die Möglichkeit, die Anzahl der Produkte zu *verlängern* oder zu *verkürzen*. Das Verlängern, also der Ausbau einer Produktlinie durch eine neue Variante, wird als **line extension** bezeichnet (Vgl. folgende Abbildung). Dabei sei noch angemerkt, dass dem Innovationsmanagement hier eine besondere Funktion zukommt, denn jede Innovation stellt eine direkte oder indirekte Ausweiterung des Produktprogrammes dar. Aufgrund seiner Bedeutung und Komplexität ist diesem Bereich der Produktpolitik ein eigener Abschnitt (siehe Abschnitt 7.5) gewidmet.

Abbildung 7.5 Handlungsoptionen der operativen Programmplanung
(Quelle: Vgl. Meffert et al., 2008, S. 404)

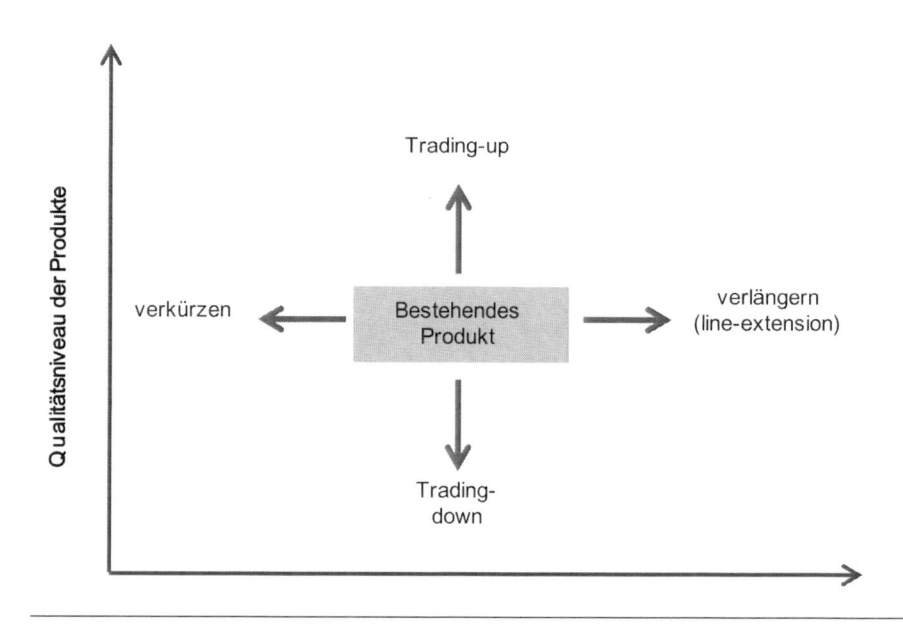

```
                          Trading-up
                              ↑
  verkürzen  ←  Bestehendes  →  verlängern
                Produkt           (line-extension)
                              ↓
                          Trading-
                            down
```
(y-Achse: Qualitätsniveau der Produkte)

2. Entscheidungen über Synergien im Produktprogramm

Bei der Frage nach Synergien im Produktprogramm steht die Verbundenheit einzelner Produkte im Fokus. Im Produktprogrammmanagement gilt es also zu entscheiden, ob Produkte intern in der Produktion bis zur Vermarktung gleiche Ressourcen nutzen sollen. Dazu können **Produktplattformen** definiert werden. Diese umfassen mehrere Einzelprodukte, bei deren Produktion auf standardisierte Produktkomponenten zurückgegriffen wird (z.B. Verwendung identischer Motoren für verschiedene Produktvarianten). Durch diese Maßnahme werden Kostenziele durch die Standardisierung und Komplexitätsreduktion in der Produktion umgesetzt.

Darüber hinaus kann die Verbundenheit zwischen einzelnen Produkten auch nach außen im Produktangebot zum Ausdruck kommen. Ein Anbieter hat also die Möglichkeit, verschiedene Produkte zu einem **Produktbündel** zusammenzufassen und als eine Einheit anzubieten (im Bereich der Automobile kann z.B. ein PKW zusammen mit einem Finanzierungsprodukt erworben werden). Mit dieser Maßnahme können sog. „Cross-selling Potenziale" erschlossen werden (Realisierung von Wachstumszielen).

3. Entscheidungen über Reduktion des Produktprogrammes

Nach einer Phase des Wachstums und der Reife, stellt sich in der Sättigungsphase des Lebenszyklus von Produkten oftmals die Frage, ob das bestehende Produktprogramm ggf. zu komplex geworden ist bzw. ob nicht eine Reduktion des Programmes sinnvoll ist. Somit stellt die *Produktelimination* eine weitere wesentliche Aufgabe im Management des Produktprogrammes dar. Dabei kann sowohl ein einzelnes Produkt innerhalb einer Produktlinie als auch eine gesamte Produktlinie eliminiert werden. Ferner sei angemerkt, dass auch neue Produkte, die nach der Einführungsphase nicht in die Wachstumsphase finden, oftmals Gegenstand einer Elimination sind.

7.5 Management neuer Produkte

Neben dem Management etablierter Produkte und des gesamten Produktprogrammes kommt dem Management neuer Produkte, dem Innovationsmanagement, eine weitere sehr bedeutende Rolle in der Produktpolitik zu. Dies gilt insbesondere für solche Branchen, deren Produkte einen sehr kurzen Lebenszyklus aufweisen. In diesem Zusammenhang spricht man auch von den sog. Fast Moving Consumer Goods (FMCG), bei denen konstante Raten an Produktneueinführungen wie auch Produktelimination zu sehr viel Bewegung im Produktprogramm führen. Dies ist z.B. bei vielen Lebensmittelmarken der Fall.

Aber auch in anderen Branchen, wie auch der Automobilbranche hat das Innovationsmanagement stark an Bedeutung gewonnen und ist essentiell für die Realisierung von Wachstums- (Mehrverkauf durch eine neue Variante) wie auch Kostenzielen (Senkung der Produktionskosten durch einen neuen Prozess) im Unternehmen. Bei der Neuentwicklung von Produkten entstehen sehr hohe Kosten, so dass Unternehmen bereits im Vorfeld bestrebt sind, die Erfolgswahrscheinlichkeit einer Idee eingehend zu betrachten. Dazu ist ein effizienter und stringenter Innovationsprozess nötig.

> **Fallstudie Porsche:** Die Wichtigkeit einer frühen Risikoreduktion zur Vermeidung von Flops wird bei der Betrachtung der Aufwendungen für ein neues Produkt deutlich. So hatten die Firmen Porsche, BMW und VW im Jahr 2006 im Durchschnitt Aufwendungen von 70-80 Mio. Euro für die Entwicklung nur eines neuen Produktes. Daimler hatte mit über 150 Mio. Euro pro neues Produkt sogar noch höhere Aufwendungen (Vgl. Bratzel/Tellermann, 2007).

Insgesamt ist festzuhalten, dass das Innovationsmanagement ein wichtiger Bestandteil der Produktpolitik ist, da sich durch ein effizientes Management von Ideen und Neuprodukten nicht nur die Flopraten, sondern auch die Entwicklungskosten erheblich senken lassen. Denn im Hinblick auf die Risiken bei der Entwicklung von Innovationen sind die Produktentwicklungskosten von zentraler Bedeutung.

Die folgende Tabelle zeigt dazu exemplarisch mögliche Produktentwicklungskosten im Rahmen eines Innovationsprozesses (Ideenauswahl, Konzepterprobung, Produktentwicklung, Markterprobung, Landesweite Markteinführung).

Tabelle 7.3 Entwicklung der Produktentwicklungskosten und der Zeitbedarf

Schritte im Innovationsprozess	Anzahl	Einzelkosten in Euro	Kosten insgesamt in Euro	Möglicher Zeitbedarf (z.B. Konsumgüterindustrie)
1. Ideensammlung	50	1.000 €	50.000 €	6 Monate
2. Konzepttest und Überprüfung des Businessmodell	15	15.000 €	225.000 €	5 Monate
3. Entwicklung des Produktes	4	75.000 €	300.000 €	10 Monate
4. Marktest	2	300.000 €	600.000 €	4 Monate
5. Markteinführung	1	7.500.000 €	7.500.000 €	
		7.891.000 €	8.675.000 €	24 Monate (bis zum Tag der Markteinführung)

Wie obiger Tabelle zu entnehmen ist, nehmen die Kosten in den letzten Schritten des Innovationsprozesses überproportional zu. Daher ist es sehr wichtig, die Erfolgswahrscheinlichkeit einer neuen Produktidee möglichst früh zu prüfen, um den Prozess dann ggf. zu stoppen. Vor dem Hintergrund der Bedeutung von Innovationen für die Erreichung von Unternehmenszielen sollen folgende Inhalte ein Grundverständnis für das Management neuer Produkte im Rahmen der Produktpolitik liefern:

1. Definition Innovationsmanagement und Innovationstypen
2. Innovationsstrategie
3. Phasen des Innovationsprozesses
4. Timingstrategien für den Zeitpunkt des Markteintrittes
5. Adoption und Diffusion neuer Produkte am Markt

1. Definition Innovationsmanagement und Innovationstypen

Zunächst ist der Begriff des Innovationsmanagements näher zu umreißen. Dabei umfasst das Innovationsmanagement im weitesten Sinne alle Stufen der Grundlagenforschung über das Technologiemanagement bis hin zur Markteinführung neuer Produkte. Nicht alle Produkte benötigen dabei neu entwickeltes Grundlagenwissen oder ein eigenes Technologiemanagement (Technologiemanagement beschäftigt sich mit dem Management technologischen Wissens). Im Folgenden wird das Innovationsmanagement im engeren Sinne, welches sich von der konkreten Produktidee bis zur Markteinführung erstreckt, behandelt (zum Technologiemanagement und F&E Management vgl. u.a Strebel, 2007; Specht et al. 2002).

Abbildung 7.6 Abgrenzung von Innovations-, F&E- und Technologiemanagement
(Quelle: Vgl. Vahs/Burmester, 2002, S. 50)

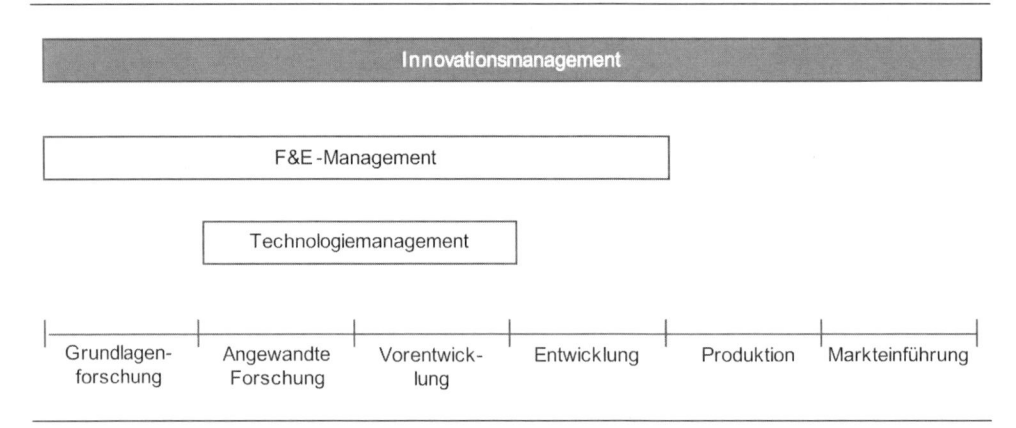

```
                        Innovationsmanagement

              F&E-Management

                 Technologiemanagement

  Grundlagen-  Angewandte  Vorentwick-  Entwicklung  Produktion  Markteinführung
  forschung    Forschung   lung
```

Darüber hinaus ist es wichtig zu erkennen, dass Innovationen nur dann ihren Namen tragen dürfen, wenn sie auch am Markt kommerzialisiert werden. Dabei gilt also folgender Zusammenhang zwischen Invention (Erfindung) und Innovation:

Innovation = kommerzialisierte Invention.

Der Begriff **Innovation** wird im Folgenden in Anlehnung an Hauschildt/Salomo (2007) genutzt. Innovationen sind danach zunächst „... *qualitativ neuartige Produkte oder Verfahren, die sich gegenüber einem Vergleichszustand merklich [...] unterscheiden*" (Vgl. Hauschildt/Salomo, 2007, S.7). Eine weitere Differenzierung der Innovation ermöglicht sich durch die Unterteilung in Produkt- und Prozessinnovationen.

Produktinnovationen erlauben dem Konsumenten eine Leistung bzw. einen konkreten Anwendungszweck in einer neuen Art und Weise zu erfahren, oder komplett neue Anwendungszwecke zu erfahren.

Prozessinnovationen beziehen sich dabei in der Regel auf innerbetriebliche Prozesse. Durch diese neuen Prozesse lässt sich die Produktion eines Produktes qualitativ hochwertiger oder kostengünstiger darstellen (Vgl. Hauschildt/Salomo, 2007, S. 9).

Grundsätzlich muss sich ein Unternehmen entscheiden, ob es ein komplett neues Produkt entwickelt oder ggfs. neue Produkte von einem anderen Unternehmen erwirbt. Diese Entscheidung muss vor den besonderen Risiken bei der Entwicklung von Neuprodukten bewertet werden. Das sind z.B.:

- sehr hohe Kosten, die entstehen können,
- einem großen Zeitbedarf, bei dem unvorhergesehene Verzögerungen entstehen können,
- hohe Flopraten (z.B. bei Konsumgütern ca. 90 Prozent in Europa).

Bei der weiteren Betrachtung von Innovationen fällt auf, dass diese sich in verschiedene Kategorien einteilen lassen (Vgl. Bröring, 2005). Dabei sind Innovationen zunächst nach ihrem Innovationsgrad zu unterscheiden (Vgl. Schlaak, 1999). Der Innovationsgrad befasst sich mit der Frage nach der Neuheit der Innovation. Wie in der Abbildung dargestellt, hat die Höhe des Innovationsgrades verschiedene Implikationen für Hersteller und Abnehmer bzw. Kunde.

Abbildung 7.7 Zunehmender Innovationsgrad und Bedeutung für Hersteller und Kunde
(Quelle: Vgl. Bröring et al., 2006, S. 155)

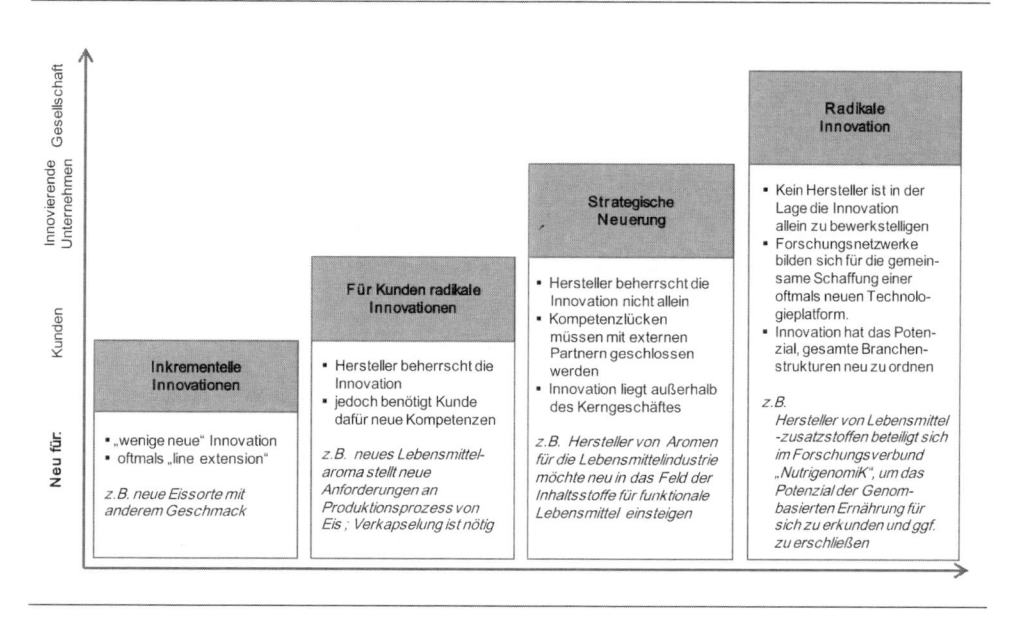

	Inkrementelle Innovationen	Für Kunden radikale Innovationen	Strategische Neuerung	Radikale Innovation
	• „wenige neue" Innovation • oftmals „line extension" z.B. neue Eissorte mit anderem Geschmack	• Hersteller beherrscht die Innovation • jedoch benötigt Kunde dafür neue Kompetenzen z.B. neues Lebensmittelaroma stellt neue Anforderungen an Produktionsprozess von Eis; Verkapselung ist nötig	• Hersteller beherrscht die Innovation nicht allein • Kompetenzlücken müssen mit externen Partnern geschlossen werden • Innovation liegt außerhalb des Kerngeschäftes z.B. Hersteller von Aromen für die Lebensmittelindustrie möchte neu in das Feld der Inhaltsstoffe für funktionale Lebensmittel einsteigen	• Kein Hersteller ist in der Lage die Innovation allein zu bewerkstelligen • Forschungsnetzwerke bilden sich für die gemeinsame Schaffung einer oftmals neuen Technologieplattform. • Innovation hat das Potenzial, gesamte Branchenstrukturen neu zu ordnen z.B. Hersteller von Lebensmittel-zusatzstoffen beteiligt sich im Forschungsverbund „NutrigenomiK", um das Potenzial der Genombasierten Ernährung für sich zu erkunden und ggf. zu erschließen

Y-Achse: Neu für: Kunden / Innovierende Unternehmen / Gesellschaft

Dabei sind Innovationen als **inkrementell** zu bezeichnen, wenn sie einen geringen Innovationsgrad aufweisen („wenig neue Innovationen"). Die Komponenten eines Produktes bzw. das vorliegende Produktkonzept bleibt dabei weitgehend unverändert. Das ist z.B. ein Eis, das mit einer neuen Geschmacksvariante angeboten wird. Viele line-extensions in der Konsumgüterindustrie fallen unter diese Kategorie. Die innerbetrieblichen Konsequenzen für das innovierende Unternehmen sind gering. Auch der Kunde (im Falle B2B) kann die Innovation ohne Umstellungen (z.B. seiner Produktion) einsetzen. Ebenso können Konsumenten (im Falle B2C) das Produkt direkt verbrauchen.

Anders sieht es aus im Bereich der **für Kunden radikalen Innovationen.** Dieser Innovationstyp weist einen höheren Innovationsgrad auf und ist zwar vom Hersteller mit den bestehenden Kompetenzen darstellbar, der Kunde benötigt jedoch teils intensive Unterstützung, um diese Innovation nutzbar zu machen. Damit der Kunde bereit ist, die Innovation zu akzeptieren und zu übernehmen, muss diese ihm einen hohen Nutzen stiften und der Hersteller muss starke Unterstützung bieten. Gerade im B2B Bereich bieten Hersteller daher oftmals sogenannte „Systemlösungen" an. Dabei liefert der Hersteller nicht nur das Produkt, sondern baut für den Kunden Kompetenzen auf, um die Nutzung des Produktes zu ermöglichen. Bspw. liefert ein Aromenhersteller, z.B. die Symrise AG, nicht nur das Produkt „Aroma", sondern bietet auch die gesamte Anwendungstechnik (z.B. Verkapselung des Produktes, damit es problemlos in den Produktionsprozess des Kunden integriert werden kann) mit an.

Wenn nun die Innovation nicht nur für den Kunden, sondern auch für den Hersteller selber radikal im Sinne von „sehr neu" ist, so spricht man von Innovationen als **Strategischen Neuerungen**. Die Innovation liegt dann außerhalb des eigenen Kerngeschäftes eines Unternehmens und kann nicht mit eigenen Ressourcen und Kompetenzen beherrscht werden. Bspw. hat ein Hersteller von Aromen festgestellt, dass ein neuer Aromastoff neben seiner sensorischen Eigenschaften auch noch einen weiteren Gesundheitsnutzen bringt.

Nur hat er keinerlei Kompetenzen in der Vermarktung von gesundheitlich wirksamen, sog. Funktionalen Inhaltsstoffen. Dem Hersteller bleiben also zwei Optionen, entweder er stoppt den Entwicklungsprozess und verwirft das Projekt, oder er versucht es mittels der Einbindung externer Kompetenzen (Kooperationspartner) zu realisieren.

Wie obiger Abbildung zu entnehmen ist, kann eine Innovation auch nicht nur neu für Kunde und Hersteller sein, sondern darüber hinaus für die gesamte Gesellschaft. Erst dann spricht man von einer **radikalen Innovation**, die das Potenzial hat, nicht nur Firmen sondern auch gesamte Branchen nachhaltig zu verändern. Neue Technologien wie z.B. die Digitalisierung von Daten oder aber die Biotechnologie stellen oftmals die Basis für radikale Innovationen dar.

Größere Forschungsnetzwerke oftmals gefördert durch öffentliche Mittel sind nötig, um gemeinsam an der Marktreife von radikalen Innovationen zu arbeiten. So beteiligt sich ein Hersteller von Lebensmittelzusatzstoffen bspw. am Netzwerk „Nutrigenomik", um kommerzielle Möglichkeiten einer genombasierten Ernährung frühzeitig zu erkennen.

2. Innovationsstrategien

Ein Innovationsprozess beschreibt den Arbeitsprozess, mit und in dem Innovationen entwickelt werden. Dieser Prozess ist im Unternehmen in der Regel eingebettet in eine übergreifende Innovationsstrategie (Vgl. Bröring, 2010). Diese Innovationsstrategie beschreibt die unternehmensinternen Rahmenbedingungen für einzelne Innovationsprozesse:

a. Zielvorgaben und Richtlinien

- *Vorgaben für den Anteil neuer Produkte im Produktprogramm:* Dabei wird der Anteil an neuen Produkten im Produktprogramm durch konkrete Ziele festgelegt. Z.B. beschreibt die Höhe von 30 Prozent (als mögliche Zielvorgabe), dass 30 Prozent aller Produkte über einen Zeithorizont von 5 Jahren „neu" sein müssen. Diese Restriktion unterstützt eine Fokussierung der Mitarbeiter auf konkrete Vorgaben.

- *Vorgaben für die Zusammensetzung des Portfolios an Innovationsprojekten:* Ausgehend von einem übergreifenden Portfolio, in welchem alle Innovationsprojekte einer Firma dargestellt werden, wird ein Mindestmaß an Streuung von Innovationsgrad und Entwicklungszeit definiert. Es dürfen nicht nur „inkrementelle" Projekte dabei sein, sondern das Portfolio muss auch „strategische Neuerungen" enthalten.

- *Vorgaben für Innovationsphasen und Auswahlkriterien:* Einige Unternehmen geben eine konkrete Anzahl Phasen vor, mit denen Innovationen entwickelt werden. Auch werden bestimmte Zielgrößen an Mindestumsatz definiert. Dadurch wird der Prozess als solches transparenter und vor allem planbarer.

- *Aufteilung der Arbeitsaufgaben:* Durch eine Aufteilung der konkreten Aufgaben im Innovationsprozess werden die Arbeitsaufgaben für alle Beteiligten im Innovationsprozess deutlicher. So wird z.B. die Koordination der innerbetrieblichen Fachbereiche fixiert.

b. Motivation der Mitarbeiter: Ferner können im Unternehmen Anreize geschaffen werden, um Mitarbeiter und deren pro-aktives Verhalten zur Entwicklung von Innovationen zu fördern. Z.B. werden sogenannte Kooperationspreise vergeben, um die abteilungs- oder firmenübergreifende Kooperation und den damit verbundenen Wissensaustausch zu fördern.

c. Innovationsfelder und Nachhaltigkeit: Manche Unternehmen haben in ihrer Innovationsstrategie ferner bestimmte Technologiefelder definiert, auf denen es seine Kompetenzen weiter ausbauen will (z.B. hat Daimler sich der Entwicklung des Hybridantriebs mit Lithium-Ionen Batterien verschrieben). Andere Firmen haben die langfristige Entwicklung nachhaltiger Technologiesysteme im Fokus, was sich wiederum aus ihrer Gesamtunternehmensstrategie ableitet (z.B. arbeitet der Chemie und Energiekonzern Evonik Industries AG stark an der Entwicklung nachwachsender Rohstoffe, um den Einsatz fossiler Energien zu reduzieren).

d. Technologie- vs. Marktfokus: Darüber hinaus ist für das Unternehmen von Bedeutung, ob eher eine technologie- oder nachfrageorientierte Innovationsstrategie formuliert ist. Im Rahmen der ersten Ausrichtung, auch *„technology-push"* genannt, wird versucht, durch Innovationen neue Wünsche und Bedürfnisse beim Kunden zu wecken. Hingegen gilt es bei der nachfrageorientierten Innovationsstrategie, auch *„market-pull"* genannt, mit neuen Technologien Wünsche und Bedürfnisse zu entdecken, die noch nicht befriedigt wurden.

Hier ist festzuhalten, dass erfolgreiche Innovationen beides nötig haben, denn ohne eine Marktanwendung ist die beste Technologie schwer kommerzialisierbar.

Fallstudie Porsche: Die Automobilhersteller haben sehr unterschiedliche Innovationsstrategien. In der folgenden Tabelle (Vgl. Wymann, 2010) sind Automobilhersteller auf Basis von Innovationsarchetypen differenziert. Porsche zählt demnach zu den High-End-Optimierern. Danach werden Premium-Produkt-Innovation vor allem durch System- und Komponentenverbesserungen erreicht.

	Innovations-Archetyp:	Kundenangebot:	Beispiele:
1	Markenspezialist	Marktorientierte Produktinnovationen, mittelgroße Volumina, obere Kundensegmente	BMW, Mercedes Benz
2	Fast Follower	Verbessert Innovationen und bringt sie in den Massenmarkt	Daewoo, Hyundai
3	Massenmarkt-Anbieter	Adaptiert und verbessert existierende Innovationen	Ford, GM
4	Architektur-Erneuerer	Fokussiert stark auf Prozessinnovationen, tendiert von Massen- zu Nischenmärkten	Toyota, VW
5	High-End-Optimierer	Premium-Produkt-Innovationen durch System- und Komponentenverbesserung	Porsche, Hummer
6	Kosten- und Prozessspezialist	Innovationen basieren auf neuen Fertigungsprozessen, Kundenorientierung	Kia, Dacia

Tabelle 7.4 Unterschiedliche Innovationsarchetypen bei Automobilherstellern
(Quelle: Vgl. Wymann, 2010)

3. Phasen des Innovationsprozesses

In der Literatur sowie in der praktischen Arbeit finden sich sehr unterschiedliche Vorschläge über die Anzahl von Phasen im Innovationsprozess. Weit verbreitet in Theorie und Praxis ist der von Robert G. Cooper begründete „Stage-Gate-Prozess" (Vgl. Cooper, 2002). Dieser Prozess wurde bereits 1986 von R.G. Cooper von der McMaster University in Kanada entwickelt und findet oftmals in abgewandelter Form in vielen Unternehmen Anwendung. Der Stage-Gate Prozess ist ein geschütztes Warenzeichen des Product Development Institutes Inc. Wie in der folgenden Abbildung dargestellt, kann man einen Innovationsprozess zunächst grob folgendermaßen in drei Abschnitte unterteilen: Dabei umfasst die *Frühe Innovationsphase* alle Prozesses bis zur Entscheidung, dass eine Idee entwickelt werden soll. Diese Phase ist sehr wichtig für den späteren Innovationserfolg, da nur hier noch grundlegende Änderungen vorgenommen werden können (vgl. Bröring, 2007). Die nachfolgende *Entwicklungsphase* wird dann gefolgt von der *Kommerzialisierungsphase*. Der Stage-Gate Prozess unterteilt diese drei Hauptphasen nun weiter in jeweils fünf „Stages" bzw. Stadien und „Gates" bzw. Entscheidungspunkten. Jeder **„Stage"** besteht dabei aus bestimmten interdisziplinären Tätigkeiten, an deren Ende ein Ergebnis steht. An jedem **„Gate"** wird die Entscheidung getroffen, ob die Projektidee weiterentwickelt oder verworfen werden soll, weil die Kriterien (z.B. Umsatzpotenzial) nicht erfüllt werden. Die Ergebnisse (auch „Deliverables") aus den Stages werden also an den Gates von einem definierten Gremium aus *„Gatekeepern"* (interne Entscheidungsträger wie Entwicklungsleiter, Produktionsexperte, Produktmanager; denkbar ist auch die Beteiligung bestimmter trendführender Kunden sog. *„lead user"* (Vgl. v. Hippel, 1986)) im Unternehmen begutachtet.

Abbildung 7.8   Stage-Gate Prozess
(Quelle: Vgl. Cooper, 2002, S.45)

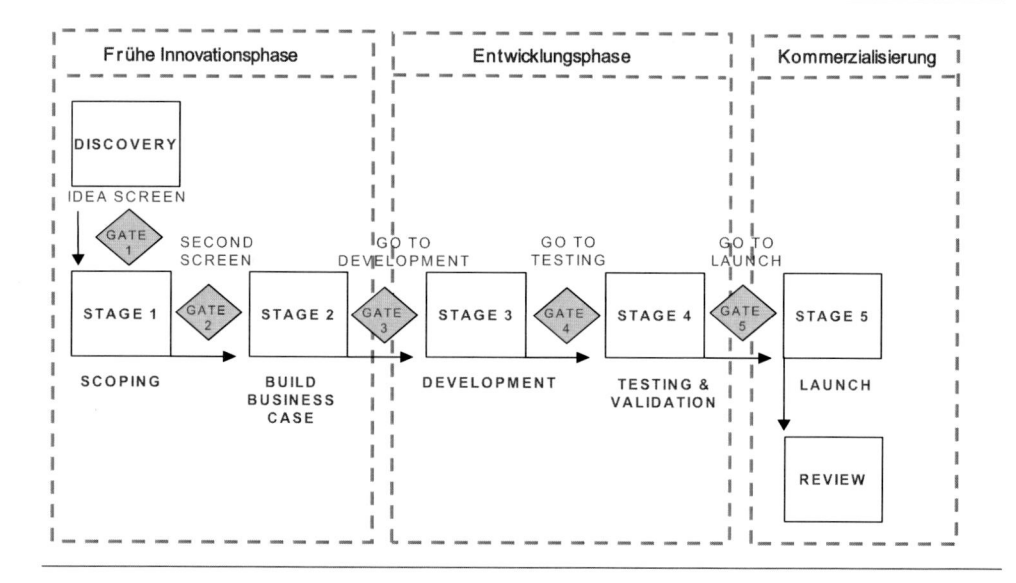

In Anlehnung an obige Abbildung werden die einzelnen Stages und Gates im Folgenden erläutert. Der Frühen Innovationphase kommt eine besondere Bedeutung zu, da ein Produkt nur so gut sein kann, wie das am Anfang festgelegte Design. Auf der anderen Seite, können Firmen hier durch konsequentes Anwenden von Auswahlkriterien spätere Flops vermeiden (Vgl. Bröring, 2005).

- **Discovery:** Dem Stage-Gate Prozess geht ein Entdeckungsstadium voran, in welchem die Vorarbeiten abgebildet werden, um überhaupt eine neue Produktidee zu schaffen. Hier werden über verschiedene *interne* und *externe Quellen* neue Ideen generiert. Interne Quellen können dabei z.B. vom Vertrieb oder aus der F&E-Abteilung sowie der Produktion stammen, wobei externe Ideen sich aus dem Umfeld (z.B. durch Kunden oder Wettbewerbsbeobachtung sowie Mitarbeit in Forschungsnetzen) ableiten.

- **Gate 1 - Idea Screen:** Im Rahmen einer ersten Auswahl (Ideenscreening) werden dann die zukunftsträchtigen Ideen mit dem höchsten Potenzial gefiltert und weiter bearbeitet. Es geht also hier um die Frage, ob die Idee durch tiefergehende Analysen weiterbearbeitet werden soll.

- **Stage 1 – Scoping:** Hier erfolgt eine erste detaillierte Analyse und Umschreibung des Projektes. Output: Resultate hinsichtlich des strategischen „Fits", der Marktattraktivität, Wettbewerbsfähigkeit, nötiger Kompetenzen, sowie Risiko vs. Rendite der Idee.

- **Gate 2 - Second Screen:** Es erfolgt eine tiefergehende Prüfung der Resultate des Scoping: Ist die Idee im Einklang mit Mission und Kompetenzen des Unternehmens? Wie steht es mit der Marktorientierung? Soll ein Geschäftskonzept (Business Case) erstellt werden?

- **Stage 2 - Business Case:** Hier finden eine ausführliche Vorarbeit und Untersuchungen (Marktrecherchen, technische Machbarkeit „Proof- of Principle") statt, was in einem Business Case resultiert. Output: Business Case mit vollständiger Produkt-, Ablauf- sowie Organisationsdefinition, finanzieller Eckdaten, Aktionsplan für kommendes Stages.

- **Gate 3 - Go-to Development:** Dies ist die Entwicklungsentscheidung. Das Geschäftskonzept (Business Case) wird auf Struktur und Substanz überprüft. Soll ein produktionsfähiger Prototyp entwickelt werden?

- **Stage 3 - Development:** Hier geschieht die Entwicklung des neuen Produktes, des Ablaufs oder der Organisation. Zusätzlich werden die Produktion oder operativen Aktivitäten skizziert; das Marketing für Markteinführung und notwendige operative Pläne sind entwickelt und Pläne des nächsten Stages bezüglich des Testens sind definiert. Output: Produktprototyp, Ausarbeitung der Produktions- oder Operationspläne; ausgearbeitete Markteinführungs- oder Rolloutpläne; Aktionsplan für das kommende Stage.

- **Gate 4 - Go-to Testing:** Der Produktprototyp und die Markteinführungspläne werden begutachtet, um zu entscheiden, ob weitere Investitionen in kostenintensive Test erfolgen sollen: Soll ein externes Testing durchgeführt werden?

- **Stage 4 - Testing & Validation:** Im Stadium „Testen und Validieren" findet die Verifikation des neuen Produktes hinsichtlich Marktakzeptanz und Produktion statt. Auf Basis der Konsumentenstudie erfolgt unter Berücksichtigung der Marktsituation, der Wettbewerber und den Stärken des Unternehmens, die Wirtschaftlichkeitsberechnung. Output: Ergebnisse aus den technischen und marktbezogenen Tests (z.B. Verbraucherstudien mit dem Prototypen, Testmärkte, etc) und ökonomischen Analysen; abschließende Anpassung der Markteinführungs- und Rolloutpläne.

- **Gate 5 - Go-to Launch:** Hier werden die Testergebnisse und wirtschaftlichen Analysen begutachtet und die Entscheidung zur Markteinführung wird getroffen: Ist das Produkt wirtschaftlich attraktiv, soll es auf dem Markt eingeführt werden?

- **Stage 5 - Launch:** Hier geht es um die vollständige Kommerzialisierung des Produktes Output: operationale Umsetzung der Innovation, um die entwickelte Leistung am

Markt einzuführen, dabei auch Umsetzung der Kommunikationspläne und Verkaufsförderungsmaßnahmen.

- **Review:** Dem Launch Stage nachgeschaltet ist eine weiteres Prüfungsstadium, in welchem der Verlauf der Adoption und Diffusion, also die Absatzentwicklung des Produktes, begutachtet wird. Stellt sich hier heraus, dass das Produkt die Absatzziele nicht erreicht, so wird es eliminiert.

Wichtig sind bei der Betrachtung des Stage-Gate Prozesses auch die einzelnen Kriterien, die an den Gates hinterlegt sind. Sie werden über den Prozess immer quantitativer und richten sich nach den Zielen der Gesamtunternehmung. Dabei wird primär auf die beiden Aspekte a. Kosten- und b. Wachstumsstrategie fokussiert. Das bedeutet z.B.: a. trägt die ausgewählte Innovation einen Beitrag zur Kostenreduzierung oder b. lässt sich durch die Innovation ein Umsatzwachstum erreichen. Neben den Absatz- und Gewinnprognosen zählt dazu auch die Berechnung von geplanten Marktanteilen. Grundlage dieser Berechnung sind vorab getroffene Annahmen über die Distribution, den Preis sowie die kommunikative Unterstützung der Leistung.

4. Timingstrategien für den Zeitpunkt des Markteintrittes

Für ein Unternehmen stellt sich die Frage, wann der richtige Zeitpunkt ist, mit der entwickelten Innovation in den ausgewählten Absatzmarkt einzutreten. Grundsätzlich ist es möglich, möglichst früh in den Markt oder alternativ sehr spät einzutreten. Für beide Extreme sowie die Zeitpunkte dazwischen finden sich eine Vielzahl von Chancen und Risiken, die es vor dem Hintergrund der individuellen Situation eines Unternehmens abzuwägen gilt. Entscheidet sich ein Unternehmen für einen sehr früheren Markteintritt, wird von einer Pionierstrategie gesprochen. Ein später Eintritt in den Markt wird als Folger-Strategie bezeichnet. Letzteres lässt sich in einen späten Nachfolger in Form einer „Mee-too"- oder einer Nischenanbieterstrategie unterscheiden.

Der **Pionier** hat das Ziel, mit einem frühen Eintritt einem Vorteil gegenüber den Wettbewerber am Markt zu erlangen. Dieser ist aufgrund der Dynamik vieler Märkte in der Regel nur temporär. Ein typisches Beispiel für einen Pionier ist die Marke Apple. Über Jahre hinweg hat das Unternehmen immer wieder als Erster neue Produktideen auf den Markt gebracht, die es zu diesem Zeitpunkt noch nicht gab. Vorteile durch den frühen Eintritt ergeben sich z.B. aus dem Imagegewinn, als Innovator auftreten zu können (Vgl. auch „First Mover Advantages" nach Liebermann/Montgommery, 1988). Darüber hinaus sind auch die preispolitischen Spielräume größer, da noch keine Erfahrung des Konsumenten mit der Innovation existiert und keine direkte Alternative besteht. Die Nachteile basieren primär auf dem hohem Forschungs- und Entwicklungsaufwand. Dieser steht einem hohen Risiko entgegen, dass die Nachfrage möglicherweise nicht groß genug ist und die Innovation nicht erfolgreich ist.

Der **Folger** bevorzugt dagegen das geringere Risiko beim Markteintritt. Durch den späteren Eintritt kann der Folger von den Fehlern und Erfahrungen des Pioniers profitieren. Wenn es sich um einen frühen Folger handelt, besteht auch die Chance, eine starke Wettbewerbspositionierung aufzubauen, da der Markt noch nicht verteilt ist. Ein sehr später Folger könnte sich z.B. als „Mee-too"-Produkt positionieren. Das Produkt des Pioniers wird mehr oder weniger kopiert und am Markt eingeführt.

Da aufgrund dieser Innovationsstrategie sehr wenig Geld in die Forschung und Entwicklung investiert wird, lassen sich hier wichtige Kostenvorteile generieren, die sich in günstigere Angebotspreise gegenüber dem Pionier übersetzen lassen. Eine weitere Form des späten Folgers ist die des **Nischenanbieters**. Das Unternehmen besetzt nur ein Teilmarktsegment des Pioniers. Die Vorteile liegen vor allem in der kompetitiven Positionierung. Das Unternehmen kann das Bedürfnis und die Wünsche der Kunden in diesem Marktsegment gegenüber dem Pionier besser befriedigen. Meist sind diese Marktnischen auch durch eine höhere Profitabilität gekennzeichnet.

5. Adoption und Diffusion neuer Produkte am Markt

Nach Festlegung der „Timingstrategie" stellt sich das Produkt nun den Herausforderungen der Markteinführung und es ist nun für den Hersteller sehr spannend zu sehen, von welchen Kunden das Produkt vom Markt zuerst aufgenommen (Adoption) wird und wie rasch sich das Produkt im gesamt Markt verbreitet (Diffusion).

Abbildung 7.9   Idealtypischer Verlauf der Diffusions- bzw. Adoptionskurve
(Quelle: Vgl. Foscht/Swoboda 2005, S. 134, Rogers, 2003, S. 11 ff.)

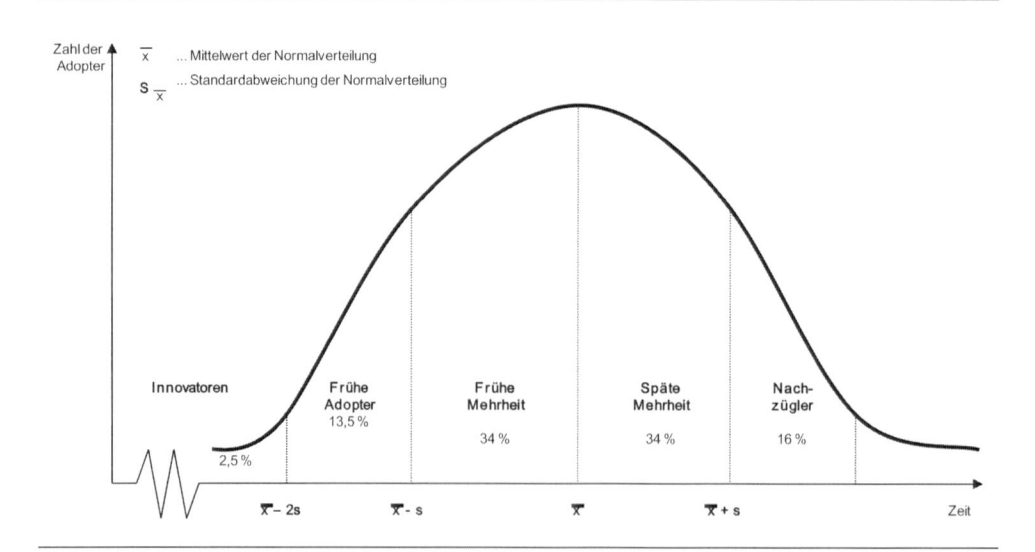

Der „Adoptionsprozess" von neuen Produkten fällt sehr unterschiedlich aus. Je nach Eigenschaften des Kunden werden neue Produkte früher oder später gekauft. Die obige Abbildung zeigt dazu fünf verschiedene Phasen.

In der dargestellten Adoptionskurve sind 2,5 Prozent der Konsumenten „Innovatoren", die das Produkt direkt bei Markteinführung kaufen. Sie sind neugierig und probieren gerne mal neue Produkte aus. 13,5 Prozent sind sogenannte „Frühe Adopter". Als Meinungsführer in ihrer Gruppe partizipieren sie zwar gerne an Neuerungen, sind aber trotzdem entsprechend vorsichtig. 34 Prozent folgen dann als „Frühe Mehrheit". Diese Gruppe ist etwas schneller als der Durchschnitt beim Ausprobieren von neuen Produkten. Die „Späte Mehrheit" mit 34 Prozent reagiert skeptisch auf neue Produkte und probiert deutlich verzögert. Die „Nachzügler" (16 Prozent) lassen sich nur sehr zögerlich auf neue Produkte ein. Für das innovierende Unternehmen ist ein genaues Verständnis des Adoptionsprozesses unerlässlich. Es muss seine „Innovatoren" und „frühe Adoptoren" gut kennen, damit es diese Kunden bei der erstmaligen Markteinführung gezielt ansprechen kann.

7.6 Integration von Kunden in die Produktpolitik

Gestiegene Entwicklungskosten und sinkende Produktumsätze sowie verkürzte Produktlebenszyklen haben in vielen Industrien zu einem Umdenken im Bereich des Innovationsmanagements geführt. Nicht mehr nur interne Entwicklung steht im Vordergrund, sondern es wird zunehmend auf offener Ansätze nach dem Vorbild des von Henry Chesbrough (2003) begründeten *Open Innovation Ansatzes* gestrebt. Auch der frühzeitigen Integration der Kunden kommt in diesem Zusammenhang eine besondere Rolle zu. Entwickelte man früher ein Produkt und präsentierte es dann der Kundschaft, so fängt man heute mit dem Kundenwunsch an.

Dies führt zur *Kundenintegration*, einer Einbindung des Kunden schon in den Prozess der Ideenfindung (Discovery) nach dem Vorbild des „Lead user" Ansatzes von Eric von Hippel (1986). Auch frühzeitige *Produkttests* am Kunden, die parallel zur technischen Vorentwicklung laufen, sind heute ein wichtiger Bestandteil, um die Flopraten neuer Produkte zu reduzieren. Vorliegendes Kapitel stellt diese modernen Ansätze des Innovationsmanagement dar:

1. **Open innovation**
2. **Customer Driven Innovation** und **Lead User Ansatz**
3. **Produkttests**

1. Open Innovation

Open Innovation verfolgt die Grundidee, dass neue Ideen nicht nur intern entwickelt werden müssen, sondern dass externes Wissen oftmals eine gute Quelle darstellt, um die Entwicklungskosten und – zeit zu verkürzen. Viele große Konzerne haben eine eigene Open Innovation Organisation aufgebaut, die als Plattform für gemeinsam mit Externen Quellen entwickelte Projekte dient (z.B. „Connect & Develop" (www.pgconnectdevelop.com) von Procter & Gamble). Auf der anderen Seite haben sich Infobroker-Firmen wie Innocentive (www.innocentive.com) etabliert, bei denen Entwickler aus innovierenden Unternehmen

Problemstellungen über das Internet abgeben können.

Diese Fragestellungen stehen dann der Öffentlichkeit offen. So kann jeder, der sich bei Innocentive registriert hat, einen Lösungsvorschlag einsenden und bekommt im Erfolgsfall eine Prämie (Vgl. Reichwaldt/Piller, 2009). Open Innovation kann somit als Überschrift verstanden werden, um externes Wissen, externe Ideen oder aber bereits entwickelte Produkte und Technologien in den eigenen Prozess zu integrieren. Folgende Abbildung macht deutlich, wie die Unternehmensgrenze beim Open Innovation Ansatz immer durchlässiger wird.

Abbildung 7.10 Open Innovation
(Quelle: Vgl. in Anlehnung an Chesbrough, 2003, S. 44)

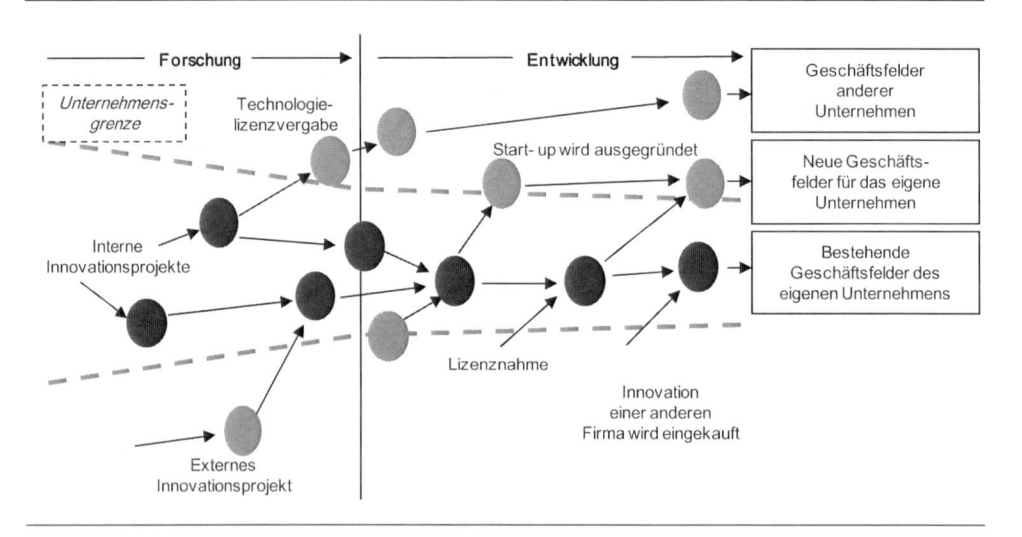

Dabei können externe Ideen in Form von laufenden Innovationsprojekten oder Lizenzen den Einzug in Innovationsprozesse eines Unternehmens finden. Auf der anderen Seite können auch verworfene Ideen, oder solche Ideen, die nicht strategiekonform sind, „auslizensiert" werden. Durch Lizenzvergabe können so sonst verlorene Entwicklungskosten wieder durch Einnahmen kompensiert werden.

Fallstudie Porsche: Auch die Automobilindustrie hat zunehmendes Interesse an dem Open Innovation Ansatz. Voraussetzung ist allerdings eine klare Regelung über den Umgang mit geistigem Eigentum. Nicht alles, was einen Wettbewerbsvorsprung ausmacht, ist patentrechtlich geschützt. Auf der anderen Seite haben bisher wenige Firmen von der Lizenzvergabe von ungenutztem Wissen (Patenten) an Konkurrenten Gebrauch gemacht.

> Porsche kann hier als Vorreiter gesehen werden. Über die Tochterfirmen Porsche Consulting und Porsche Engineering führt Porsche als einziger Automobilhersteller eine Lizenzvergabe ungenutzter Patente durch. Um den Open Innovation Prozess noch klarer zu strukturieren, beschäftigt sich Porsche nicht nur mit dem „Innovation transfer" Schritt, sondern auch mit dem „Innovation impulse" Schritt, um externes Wissen noch effizienter zu nutzen (Vgl. Ili et al. 2010).

2. „Customer-Driven Innovation" und „Lead User Ansatz"

Die frühzeitige Integration von Kunden kann auch als Teil des Open Innovation Ansatzes begriffen werden, wird jedoch häufig auch separat als "**Customer-Driven-Innovation**" bezeichnet. Denn eine Vielzahl von Studien konnte in den letzten Jahren belegen, dass die frühzeitige Integration von Kunden in den Innovationsprozess die Erfolgswahrscheinlichkeit der Innovation deutlich erhöhen kann. Bei der Kundenintegration hat der Kunde Einfluss auf die Leistungserstellung im Innovationsprozess hinsichtlich des gewünschten Leistungsergebnisses (in Anlehnung an Poznanski, 2007, S. 13). Mögliche Merkmale zur Beschreibung der Kundenintegration sind:

- Eingriffstiefe   (z.B. an welcher Stelle in der Wertschöpfungskette)
- Eingriffsintensität   (z.B. aktiver vs. passiver Kunde)
- Eingriffsdauer   (z.B. zwei Wochen)
- Eingriffszeitpunkt   (z.B. wann erfolgen Eingriffe)
- Eingriffshäufigkeit   (z.B. 10 x im Prozess)

> **Fallstudie Porsche**: Kunden werden bei Porsche direkt mit in den Entstehungsprozess eines individuellen Produktes mit einbezogen. So können Kunden über den „Porsche Car Configurator", der auf der Website von Porsche zu finden ist, die einzelnen Produktkomponenten aktiv mit bestimmen. Über diese Plattform erhält Porsche wichtige Informationen über die Kundenwünsche.

Je nach Eingriffsumfang definieren sich auch die Rollen des Konsumenten im Innovationsprozess. Möglich ist z.B. die Rolle als Innovator, in der der Konsument Innovationen mitentwickelt. Geprägt wurde die Kundenintegration wesentlich von Eric von Hippel (1986), der dabei von „**Lead usern**" spricht. Lead User sind also Nutzer mit zukunftsweisenden Bedürfnissen. Durch eine Zusammenarbeit mit ihnen kann ein Unternehmen nicht nur neue teilweise unartikulierte Bedürfnisse im Markt entdecken. Vielmehr zeichnen sich Lead User auch dadurch aus, dass sie in der Lage sind, zusammen mit dem Unternehmen neue Lösungen für diese Bedürfnisse zu entwickeln (Vgl. v. Hippel, 1988).

Sie eilen damit dem Massenmarkt voraus. Sie können sowohl im Geschäftskundenbereich als auch im Bereich der Konsumenten in Innovationsprozesse mit eingebunden werden.

Oftmals treten Lead User selbst als Innovatoren auf und fungieren somit als Ideengeber. Eine erfolgreiche Integration von Lead Usern kann helfen, die Entwicklungszeit von Innovation zu verkürzen. Ferner sind die Reduktion von Kosten und die Steigerung der Marktakzeptanz denkbar. Denn ein Lead User ist immer auch ein erster Referenzkunde.

3. Produkttests

Ergänzend zur Kundenintegration in den Innovationsprozess existiert eine Vielzahl von Produkttests, um den Erfolg der Innovation am Absatzmarkt besser abzusichern. Neben der grundsätzlichen Überprüfung, ob die Akzeptanz für die Innovation vorhanden ist, lassen sich darüber auch Ansatzpunkte zur Optimierung der Idee generieren. Das können Ansatzpunkte für die konkrete Verwendung oder Gestaltung sein. Die folgende Übersicht zeigt eine mögliche Typologie unterschiedlicher Produkttests.

Abbildung 7.11 Beispiel für unterschiedliche Produkttests
(Quelle: Vgl. Brockhoff, 1993; S. 198)

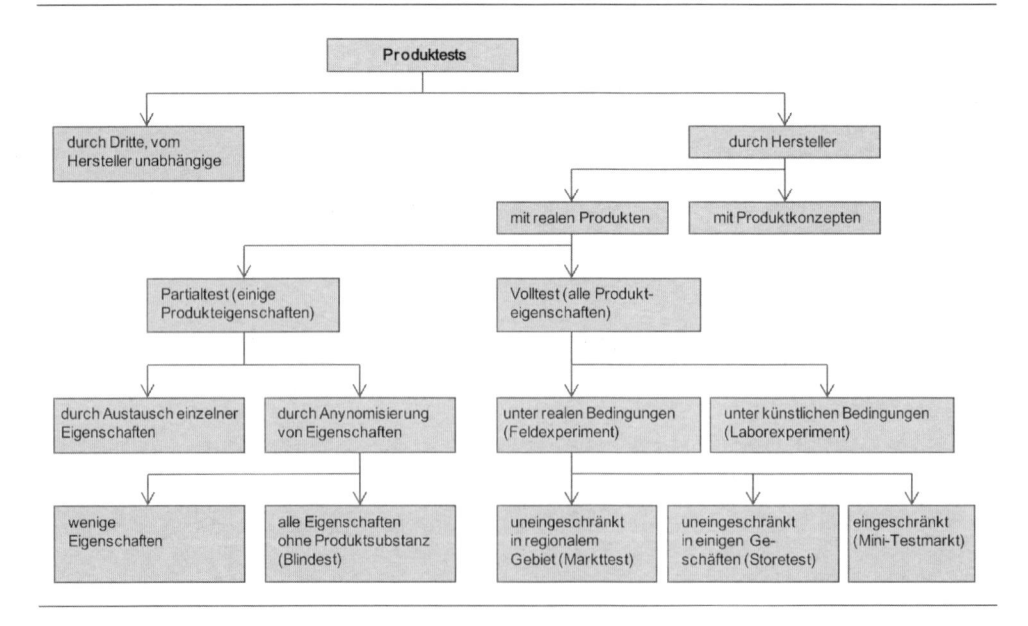

```
                              Produkttests
                            /            \
              durch Dritte, vom          durch Hersteller
              Hersteller unabhängige    /              \
                              mit realen Produkten    mit Produktkonzepten
                             /                \
              Partialtest (einige      Volltest (alle Produkt-
              Produkteigenschaften)    eigenschaften)
             /            \             /              \
   durch Austausch    durch Anonymisierung   unter realen        unter künstlichen
   einzelner          von Eigenschaften      Bedingungen         Bedingungen
   Eigenschaften                             (Feldexperiment)    (Laborexperiment)
        |                  |                  /          \              |
   wenige           alle Eigenschaften   uneingeschränkt  uneingeschränkt  eingeschränkt
   Eigenschaften    ohne Produktsubstanz in regionalem    in einigen Ge-   (Mini-Testmarkt)
                    (Blindest)           Gebiet (Markttest) schäften (Storetest)
```

Grundsätzlich lassen sich Tests von realen Produkten und Konzepttests unterscheiden. Bei realen Produkten werden in der Regel Prototypen entwickelt und den Konsumenten in Tests gezeigt. Bei Konzepttests wird lediglich die Idee der Innovation mündlich vorgestellt. Entsprechend sind auch die Erwartungen der Unternehmen an die Tests sehr unterschiedlich. Während bei den speziell angefertigten Prototypen meist Rückmeldung zu konkreten Produktdetails erwartet wird, stehen bei Konzepttest zunächst die grundsätzliche Akzeptanz der Produktidee im Mittelpunkt.

Das folgende Beispiel zeigt exemplarisch eine Darstellungsmöglichkeit eines Produkttests. In dieser Art und Weise könnte ein Konzept z.B. im Rahmen einer Gruppendiskussion vorgelesen und dann diskutiert werden. Das folgende Beispiel verdeutlicht die kurze Darstellung einer Produktinnovation in Form eines Konzepttest. Der Text in Anführungszeichen würde dem Konsumenten dann entsprechend vorgelesen:

Problemstellung: „Der Beruf stellt an den einzelnen immer höhere geistige und körperliche Herausforderungen. Dabei ist es von besonderer Bedeutung, dass der Mensch gesund und leistungsfähig ist."

Lösungsansatz: „Die Marke X hat ein neues Getränk entwickelt. In diesem Getränk sind besondere probiotische Kulturen enthalten. Dieses Getränk wird einmal am Tag getrunken und stärkt dadurch das körpereigene Immunsystem."

Kernnutzen: „Marke X stärkt die körpereigenen Abwehrkräfte"

Die realen Produkttests lassen sich im nächsten Schritt in Partial- und Volltests unterscheiden. Wie der Name bereits besagt, werden beim **Partialtest** nur einige Produkteigenschaften überprüft, hingegen beim **Volltest** alle Produkteigenschaften im Mittelpunkt der Betrachtung analysiert werden.

Beim **Volltest** wäre je nach Problemstellung dann im nächsten Schritt ein Feldexperiment denkbar. Die Innovation wird dort in einen eingegrenzten realen Rahmen getestet. Möglich z.B. ein Storetest in einem bestimmten Geschäft oder eine bestimmte Anzahl von kleinen Märkten, in dem das Produkt sich präsentieren lässt. Ein sehr bekannter Ort für derartige Feldexperimente ist der Ort Hassloch. Die Einwohner eignen sich gut für repräsentative Markttests, weil sich die Zusammensetzung der Einwohner sehr gut mit Deutschland insgesamt vergleichen lassen. Das bedeutet, der Mittelwert des Ortes Hassloch repräsentiert sehr gut die Grundgesamtheit der Bundesrepublik Deutschland in Ihrer Grundstruktur.

Im Rahmen des **Partialtest** sind zwei Varianten der Überprüfung denkbar. Das ist zum einen die Möglichkeit einzelne Eigenschaften des Produktes auszutauschen (Substitutionsverfahren). So lassen sich einzelne Eigenschaften des Produktes separat betrachten. Bei dem Eliminationsverfahren werden Schritt für Schritt Produkteigenschaften sukzessive herausgenommen bis der Grundnutzen der Produktinnovation verbleibt.

Insgesamt ist hier festzuhalten, dass die Integration des Kunden in die Produktpolitik bzw. in das Innovationsmanagement dem Grundsatz der Kundenorientierung des gesamten Unternehmens folgt. Entwickelte man früher *„für Kunden"*, so sind heute immer weitere Ansätze der Kundenintegration zu beobachten. Es wird also zunehmend *„mit Kunden"* zusammen entwickelt und teilweise sogar *„durch den Kunden"* selbst (vgl. Dahan/Hauser, 2002), so dass die Produkttests immer bessere Ergebnisse liefern und Unternehmen weniger „am Markt vorbei" entwickeln.

Anregungen zum Nach- und Weiterdenken

Fragen:

1. Wählen Sie ein bekanntes Unternehmen und stellen Sie sich vor, Sie seien verantwortlich für die Generierung von Produktideen. Wie würden Sie den Prozess der Neuproduktentwicklung strukturieren? Was wären für Sie die wertvollsten Quellen neuer Produktideen? Wie würden Sie die Entwicklung innovativer Ideen im eigenen Unternehmen fördern?

2. Welche Phase des Produktlebenszyklus halten Sie für die wichtigste? Welches Stadium birgt die größten Risiken? Welche Phase scheint den größten Bedarf an praktischem Handeln zu erfordern? Sie können Praxisbeispiele darstellen, um sich diesen Fragen zu nähern und ihre Gedankengänge zu verdeutlichen.

3. Wie unterscheiden sich die Gestaltungsfelder der Produktpolitik bei unterschiedlichen Wettbewerbsstrategien? Vergleichen Sie die Handlungsfelder der Produktpolitik eines Unternehmens, welches eine Differenzierungsstrategie verfolgt mit einem, welches eine Kostenführerschaft anstrebt.

Quellenhinweise:

Bratzel, S., Tellermann, R. (2007): The innovations of the global automotive firms. Paper no. 2007-07, FHDW Center of Automotive, Bergisch Gladbach

Brockhoff, K. (1993): Produktpolitik, 3. Auflage, Stuttgart

Bröring, S. (2005): The front end of innovation in converging industries – the case of nutraceuticals and functional foods, Wiesbaden

Bröring, S., Leker, J., Rühmer, S. (2006): Radical or not? Assessing innovativeness and its organizational implications for established firms, in: International Journal of Product Development, Vol.3, No. 2, S. 152-166

Bröring, S. (2007): Die frühe Innovationsphase in Industriekonvergenz – Implikationen für das Innovationsmanagement, in: Herstatt/Verworn (Hrsg.) Das Management der frühen Innovationsphase, Wiesbaden, S. 317-338

Bröring, S. (2010): Developing innovation strategies in times of market convergence. International Journal of Technology Management, Special Issue on Technology Convergence, Vol. 49, No. 1/2, S. 272-294

Chesbrough, H. (2003): Open innovation, The New Imperative for Creating and Profiting from Technology, Harvard Business School Press

Cooper, R.G. (1986): Winning at new products, Reading, Mass.: Addison-Wesley

Cooper, R.G. (2002): Top oder Flop in der Produktentwicklung. Erfolgsstrategien: von der Idee zum Launch, Weinheim

Dahan, E., Hauser, J. (2002): The virtual customer, in: Journal of Product Innovation Management, Vol. 5, S. 332-353

Foscht, T. , Swoboda, B. (2007): Käuferverhalten. Grundlagen – Perspektiven – Anwendungen, Wiesbaden

Hauschildt, J., Salomo, S. (2007): Innovationsmanagement, 4. Auflage, München

Homburg, C., Krohmer, H. (2006): Marketingmanagement, 2. Auflage, Wiesbaden

Ili, S., Albers, A. and Miller, S. (2010): Open innovation in the automotive industry. R&D Management, Vol. 40, pp. 246–255

Kotler, P., Armstrong, G., Sauders, J., Wong, V. (2007): Grundlagen des Marketing, 4. Auflage, München

Liebermann, M.B.; Montgomery, D.B. (1988): First-mover advantages, in: Strategic Management Journal, Vol. 9, Summer Special Issue, S. 41-58

Meffert, H., Burmann, C., Kirchgeorg, M. (2008): Marketing – Grundlagen marktorientierter Unternehmensführung. Konzepte – Instrumente – Praxisbeispiele, 10. Auflage, Wiesbaden

Meffert, H., Burmann, C., Koers, M. (2005): Markenmanagement. Identitätsorientierte Markenführung und praktische Umsetzung, 2. Auflage, Wiesbaden

Piller, F.T., Stotko, C.M. (2003): Mass Customization und Kundenintegration. Neue Wege zum innovativen Produkt, Düsseldorf

Poznanski, S. (2007): Wertschöpfung durch Kundenintegration. Eine empirische Untersuchung am Beispiel von Strukturierten Finanzierungen, Wiesbaden

Reichwald, R. /Piller, F. (2009): Interaktive Wertschöpfung, 2. Auflage, Wiesbaden

Rogers, E.M. (2003): The Diffusion of Innovation, New York

Schlaak, T. M. (1999): Der Innovationsgrad als Schlüsselvariable: Perspektiven für das Management von Produktentwicklungen, Wiesbaden

Specht, G., Beckmann, C., Amelingmeyer, J. (2002): F&E Management: Kompetenz im Innovationsmanagement, Stuttgart

Strebel, H. (2007): Innovations- und Technologiemanagement, 2. Auflage, Wien

Vahs, D., Burmester, R. (2002): Innovationsmanagement. Von der Produktidee zur erfolgreichen Vermarktung, Stuttgart

Von Hippel, E. (1986): Lead Users. A Source of novel product concepts, in: Management Science, Vol. 32, S. 791-805

Von Hippel, E. (1988): The Sources of Innovation, New York

Informationen über Porsche und den Wettbewerb

Focusstudie / Medialine (2009): Der Markt der Mobilität. Daten, Fakten, Trends

Markt- und Unternehmensinformationen:

      www.car-innovation.de

      www.porsche-se.com

      www.porsche.de

Vierhöver, U. (2006): Der Porsche-Chef. Wendelin Wiedeking – mit Ecken und Kanten an die Spitze, Frankfurt, New York

8 Einführung Preispolitik

Fallstudie: McDonald's

Kai-Michael Griese

Lernziele:

Das übergreifende Ziel ist es, die Rahmenbedingungen bei der Preisfindung für eine Leistung eines Unternehmens sowie resultierende strategische Entscheidungen in diesem Kontext besser zu verstehen.

8.1 Rahmenbedingungen für die Preisfindung 203

8.2 Drei grundsätzliche Preispositionierungen 210

8.3 Drei Methoden der Preisfindung 211

8.4 Besonderheiten bei Preisstrategien in der operativen Preispolitik 216

Grundverständnis der Preispolitik:

Zur Preispolitik zählen die Fragestellungen und Entscheidungen, die sich mit der Festsetzung von neuen Preisen, der Veränderungen von existierenden Preisen sowie Gestaltung des Preis-Leistungsverhältnisses sowie der Konditionen im Hinblick auf Kosten- und Wachstumszielen im Unternehmen beschäftigen. Beispiele:

a.) Stärkeres Umsatzwachstum durch die Einführung neuer Produkte mit höheren Preisen.

b.) Geringe Kosten durch die Vereinheitlichung von Liefer- und Zahlungsbedingungen.

Fallstudie: McDonald's Corporation

Gründung:	1940
Unternehmenssitz:	USA (Oak Brook, Illinios)
Umsatz:	ca. 22,7 Mrd. US $ (2009)
Branche:	Systemgastronomie (Fast Food)
Restaurants:	32.000 in 117 Ländern
Marke:	McDonald's

Der Markt: Im Bereich der Fast-Food Systemgastronomie konkurrieren weltweit drei große Anbieter: McDonald's, Yum! Brands, zu denen unter anderem Pizza Hut und Kentucky Fried Chicken gehören, und Burger King. Im europäischen Raum zählt außerdem die zu Kamps Food gehörende Nordsee-Kette zu den weiteren Wettbewerbern.

Das Unternehmen: Etwa 32.000 McDonald's-Restaurants verteilen sich weltweit auf 117 verschiedene Länder. Als umsatzstärkste Fast-Food-Kette verzeichnete das Unternehmen 2009 einen Umsatz von 22,7 Mrd. US-$ und eine Steigerung der Umsatzrendite von 2,7 Prozent. Die Marke McDonald's hat einen Wert von rund 32 Mrd. US-$. Sie ist damit im Hinblick auf die wertvollsten Marken der Welt (2009) auf Platz Nr. 6.

Ein Prinzip von McDonald's ist, Filialen von eigenständigen Franchisenehmern betreiben zu lassen. Diese erhalten eine Lizenz für die Nutzung des Markennamens McDonald's. Rund 60 Prozent der gesamten Restaurants sind damit eigenständige Unternehmen, in Deutschland sogar 80 Prozent. So erhält McDonald's neben den Franchisegebühren und einer Gewinnbeteiligung zusätzlich Mieteinnahmen für die langfristige Miete der Restaurants und der Pacht für die Grundstücke. Der Jahresumsatz 2009 betrug in Deutschland rund 2,9 Mrd. Euro. In der Bundesrepublik besuchten 2009 etwa 2,67 Mio. Kunden täglich eines der 1.361 McDonald's Restaurants. Im gesamten Jahr 2009 waren es 973 Mio. Gäste und damit 3,2 Prozent mehr als im Vorjahr. McDonald's Deutschland beschäftigte 2009 durchschnittlich 60.000 Mitarbeiter.

Das Leistungsportfolio: Im Leistungsportfolio von McDonald´s befinden sich vor allem die klassischen Menüangebote (z.B. Getränk, Hamburger, Pommes Frites). Alle Produkte sind auch separat käuflich. Ergänzt werden diese vor allem durch Promotionsangebote, die nur für kurze Zeit angeboten werden, besondere Angebote für Familien, das Frühstück sowie ein Auswahl an Salaten. Dazu ist seit einiger Zeit auch das McCafé in einigen Restaurants integriert. Dort wird hochwertiger Kaffee und Kuchen offeriert.

Die folgenden Überlegungen beschäftigen sich nun mit der Preispolitik und ergänzenden Beispielen des Unternehmens McDonald´s.

8.1 Rahmenbedingungen für die Preisfindung

„Das Produkt war mir einfach zu teuer!" Oder, „es war so günstig, da habe ich es direkt gekauft!". Derartige Äußerungen von Endkonsumenten weisen auf eine besondere Bedeutung des Preises bzw. der Preispolitik für die Kaufentscheidung hin. Im Vergleich zur Kommunikations- und der Produktpolitik ist eine zentrale Besonderheit der Preispolitik die Geschwindigkeit und die Stärke, mit der ein Preis wirkt.

Eine Preisveränderung kann unmittelbar zu Veränderungen im Kaufverhalten führen. Das Produkt wird oder wird nicht gekauft. Eine Vielzahl von Studien unterstützt diese grundsätzliche Bedeutung des Preises. In Anlehnung an Dolan/Simon (1997) wirkt eine Preisveränderung aber auch unmittelbar auf die Profitabilität eines Unternehmens.

Wird der Preis um lediglich 1 Prozent erhöht, bedeutet das z.B. bei Coca Cola eine Steigerung des Nettogewinnes um 6,4 Prozent (bei konstanter Menge). Der Nettogewinn bleibt nach Abzug aller anfallenden Kosten im Unternehmen. Da sich die Kosten bei einer Preiserhöhung kaum verändern, wirkt sich die Preiserhöhung überproportional auf den Nettogewinn aus (unter der Annahme, dass die Menge konstant bleibt).

Um den Gegenstandsbereich Preispolitik genauer zu betrachten, werden zunächst die begrifflichen Grundlagen anhand von Definitionen erläutert. Der Preis eines Gutes ist als die Zahl an Geldeinheiten definiert, die der Nachfrager für eine Mengeneinheit des Gutes entrichten muss. Die Preispolitik betrifft alle Entscheidungen, die der zielorientierten Gestaltung des Preises dienen.

Nach dieser Definition regelt die Preispolitik die erstmalige Festlegung von Preisen und deren spätere Anpassung sowie die Konditionspolitik (Gestaltung der Zahlungsbedingungen, zu denen beispielsweise Rabatte, Skonto und das Zahlungsziel gehören). Zudem befasst sie sich mit der Preisdifferenzierung. Die Finanzierung von Käufen, Gewährung von Krediten oder Leasingkonditionen gehören ebenfalls zum Themenfeld der Preispolitik.

Die eigentliche Preisfindung wird von verschiedenen Rahmenbedingungen beeinflusst, die sich in unternehmensinterne (endogen) und unternehmensexterne (exogen) unterteilen lassen. Endogene Einflussgrößen lassen sich direkt durch das Unternehmen und dessen Handlungen steuern, während exogene Größen nicht durch das Unternehmen selbst, sondern durch die Wettbewerbssituation oder das Käuferverhalten bestimmt werden. Die weiteren Ausführungen erläutern zunächst die drei Einflussarten:

1. Einflüsse durch das Unternehmen (endogene)
2. Einflüsse durch das Konsumentenverhalten (exogene)
3. Einflüsse durch den Markt, Wettbewerb sowie sonstige Umwelteinflüsse (exogene)

1. Einflüsse durch das Unternehmen

Zu den internen Einflussgrößen zählen die Marketingziele des Unternehmens, der Marketing-Mix, die Kostenstruktur sowie die Organisationsstruktur.

a. Marketingziele im Rahmen des Preismanagements

Die Marketingziele des Betriebes legen zunächst die Grundsätze der Preispolitik fest. Dazu zählen beispielsweise die Sicherung des Unternehmens (Liquiditätssicherung), die Gewinnmaximierung, der Ausbau von Marktanteilen oder die Qualitätsführerschaft. Die Gewinnmaximierung zielt darauf ab, bei gegebener Kostenstruktur und Absatzmenge eine Maximierung des Gewinns zu erreichen. Marktanteile auszubauen kann bedeuten, den Preis für ein Produkt zunächst möglichst niedrig (z.B. auf die Höhe der Gesamtkosten) anzusetzen.

Dadurch erhoffen sich Unternehmen, den größten Marktanteil und damit einhergehend durch die hohe Absatzmenge die niedrigsten Kosten zu erlangen, um die Produkte günstig anbieten zu können. Bei der Unternehmenssicherung (Liquiditätssicherung) kann für eine bestimmte Zeit der Preis auf die Höhe der variablen Kosten gesenkt werden, um kurzfristig eine zu geringe oder fehlende Nachfrage auszugleichen. Folglich muss, bei wieder einsetzender Nachfrage, der Produktpreis angehoben werden.

> **Fallstudie McDonald´s:** Am 15. Mai 1940 haben die Brüder Richard und Maurice McDonald das erste Restaurant in San Bernardino (Kalifornien) eröffnet. 1954 sprach der Milchshake-Mixer-Verkäufer Ray Kroc die beiden Brüder an. Kroc war sehr von der Effizienz des Restaurants beeindruckt. Diese effiziente Arbeitsweise trug als endogener Faktor zum Erfolg des Geschäftsmodells von McDonald´s bei. Kroc unterbreitete den Brüdern darauf hin den Vorschlag, mehrere McDonald's-Restaurants zu eröffnen. Im Laufe der folgenden Jahre hat das Unternehmen dann sukzessive den Marktanteil in Amerika und später weltweit ausgebaut.

b. Einflüsse des Marketing-Mix auf die Preispolitik

Die Preisgestaltung muss mit den anderen Instrumenten des Marketing-Mix abgestimmt sein, um ein einheitliches Auftreten zu garantieren. Folglich muss ein hochwertiges Produkt seine Positionierung durch einen angepassten höheren Preis und eine entsprechende hochwertige Kommunikation signalisieren. Ein Beispiel dafür ist die dänische Marke Bang & Olufsen. Die hohen Preise für Produkte dieser Marke werden durch überragende Qualität und eine besonderes Design gerechtfertigt.

c. Kostenstruktur

Die Kostenstruktur ist eine zusätzliche Einflussgröße auf den Preis. Kosten in Unternehmen lassen sich in zwei verschiedene Kategorien gliedern. Zum einen in fixe Kosten, also Kosten, die unabhängig von der produzierten Menge anfallen, und variable Kosten, die von der produzierten Menge abhängen. Zu den fixen Kosten zählen zum Beispiel die Kosten für die Miete eines Restaurants, sowie Stromkosten. Diese fallen an, egal ob und wie viel das Unternehmen produziert und verkauft. Variable Kosten hingegen fallen nur an, wenn das Unternehmen Produkte produziert. So fallen beispielsweise Kosten für das Brötchen sowie das Fleisch eines Hamburgers nur an, wenn dieser auch wirklich produziert wird.

Fallstudie McDonald´s: Die Entwicklung der Kostenstruktur lässt sich z.B. anhand einer Lernkurve bei der Zubereitung von Hamburgern illustrieren. Ein Mitarbeiter beginnt bei McDonald's zu arbeiten und wird zunächst zur Zubereitung von Hamburgern eingeteilt. In seinen ersten Tagen, in denen die Arbeitsschritte noch für ihn neu sind, schafft er beispielsweise zehn Hamburger pro Minute. Einige Wochen später hat er diese Arbeitsschritte verinnerlicht und einige Erfahrungen gesammelt. Aufgrund dieses Lernprozesses ist er nun in der Lage in der gleichen Zeit (eine Minute) 15 anstatt zehn Hamburger zuzubereiten.

d. Organisationsstruktur

Auch die Organisationsstruktur des Unternehmens hat Einfluss auf die Preisfindung. So ist es abhängig von der Größe des Unternehmens, welche Personen oder Abteilungen für die Preisfindung und –gestaltung verantwortlich sind. Während in kleinen- und mittelständischen Unternehmen häufig die Geschäftsleitung selbst die Preisgestaltung bestimmt, übernehmen in Großunternehmen diese Aufgaben die entsprechende Marketing- oder Vertriebsabteilungen.

Ebenfalls von der Organisationsstruktur des Unternehmens ist abhängig, ob Vertriebsmitarbeiter eigenverantwortlich einen Spielraum bei der Preissetzung haben oder sich preisliche Gestaltungen von ihren Vorgesetzten genehmigen lassen müssen. In einigen Branchen spielt der Preis eine extrem große Rolle. In diesen Unternehmen gibt es teilweise eigene Fachabteilungen, die sich mit der Preissetzung und –gestaltung beschäftigen. So existieren bei den Unternehmen EON, Lufthansa oder Deutsche Bahn eigene Bereiche, die sich im Schwerpunkt mit der Preispolitik beschäftigen (z.B. Pricing Manager).

2. Einflüsse durch das Konsumentenverhalten

Die folgenden Ausführungen beschreiben ausgewählte Einflussfaktoren, die durch das Konsumentenverhalten bedingt sind. Das sind das Preisinteresse, die Preiskenntnis, der Referenzpreis, die Preisschwellen und die Preiselastizität der Nachfrage.

a. Preisinteresse: Das Preisinteresse stellt das Bedürfnis der Konsumenten dar, nach Preisinformationen zu suchen. Das ist z.B. die Information, wie hoch der Preis eines Produktes im Vergleich zum Wettbewerb ist. Diese Informationen werden im späteren Kauf berücksichtigt. Je höher das Preisinteresse ist, desto geringer ist die Bereitschaft einen höheren Preis für ein Produkt zu zahlen. Somit lässt sich im Umkehrschluss sagen, dass Kunden mit einem niedrigen Preisinteresse in der Regel auch eine höhere Preisbereitschaft besitzen.

b. Preiskenntnis: Im Gegensatz zum Preisinteresse, also dem Bedürfnis nach Preisinformationen zu suchen, werden unter einer differenzierten Preiskenntnis bereits existierende Informationen verstanden. Das sind die vom Konsumenten in Verbindung mit differenzierten Preisen gespeicherten Informationen hinsichtlich Marke, Produkt, Distribution und Kaufzeitpunkt. Preiskenntnis erlangt ein Kunde durch einen Lernprozess, bei dem er Preisbeobachtungen und –erfahrungen verarbeitet und so Informationen abspeichert. Dabei wird zwischen zwei verschiedenen Arten der Preiskenntnis unterschieden. Das ist zum einen die explizite Preiskenntnis. Hierbei kann sich der Kunde bewusst an Preisinformationen erinnern. Zum anderen ist es die implizite Preiskenntnis. Der Kunde kann sich nicht mehr exakt an alle Details der Preisinformation erinnern, sondern hat eine ungefähre Vorstellung, ob eine ungefähre Preisspanne zu hoch, angemessen oder zu niedrig bemessen ist.

c. Referenzpreis: Beim Referenzpreis wird die Annahme vertreten, dass der Kunde den aktuellen Preis eines Produktes in Relation zu einem sogenannten Referenzpreis setzt. Daher wird der Referenzpreis häufig auch als Vergleichspreis bezeichnet.
Der Preis lässt sich im Gegensatz zu den anderen Werkzeugen des Marketing-Mix sehr kurzfristig verändern. Für eine Modifikation des Preises ist anders als bei den anderen Instrumenten des Marketing-Mix, wie zum Beispiel bei einer Kommunikationskampagne, keine Investition vorab notwendig. Gleichzeitig kann es jedoch schnell passieren, dass der Kunde beispielsweise auf den mehrfach eingeräumten Rabatt nach dessen Auslauf irgendwann nicht mehr verzichten möchte. Er nimmt den wegfallenden Rabatt dann als Preiserhöhung wahr. Der rabattierte Preis wird beim Kunden als Referenzpreis gespeichert. Ist also der Preis eines Produktes durch Rabattaktionen gesenkt, kann es schwer werden, diesen aufgrund des gespeicherten niedrigeren Referenzpreises wieder anzuheben.

d. Preisschwellen: Preisschwellen werden als Preispunkte definiert, an denen sich die Beurteilung der Nachfrager hinsichtlich des Preises sprunghaft verändert. Bei den absoluten Preisschwellen handelt es sich um die absoluten Ober- und Untergrenzen des Preises, die ein Verbraucher bereit ist zu zahlen (z.B. Obergrenze max. 9,99 Euro). Insofern werden Ober- und Untergrenzen auch Reaktionsschwellen bezeichnet, an dem ein Kunde sein Verhalten deutlich ändert. Für Unternehmen ist es wichtig diese subjektiven Kategorien bzw. die Schwellen des Kunden zu kennen, da ein Über- oder Unterschreiten einer Preisschwelle zu enormen Absatzänderungen führt.

e. Preiselastizität: Die Preis-Absatz-Funktion stellt einen Zusammenhang zwischen dem Produktpreis P und der abgesetzten Nachfragemenge N her. Die Preiselastizität der Nachfrage beschreibt wie stark die Nachfrage auf eine Preisänderung reagiert. Exemplarisch wird im Folgenden die elastische und unelastische Elastizität skizziert.

Elastische Nachfrage: In der folgenden Abbildung ist zu sehen, dass bei der elastischen Nachfrage eine Preisänderung von a auf b eine überproportionale Mengenänderung der Nachfrage von N1 auf N2 zur Folge hat. Eine derartige Reaktion ist häufig im Rahmen von Preisveränderungen bei austauschbaren Konsumgütern anzufinden (z.B. Sonderangebote für Fleisch).

Unelastische Nachfrage: Im zweiten Fall geht die Nachfragemenge von N1 auf N2 weniger stark zurück, nachdem der Preis von a auf b erhöht wurde. Eine Preisänderung bewirkt also kaum eine Mengenänderung. Das ist z.B. bei Stromanbietern zu finden. Preiserhöhungen sorgen nur für eine geringe Verhaltensänderung.

Abbildung 8.1   Elastische und unelastische Nachfrage
(Quelle: Vgl. Diller, 2008 / Kotler et al., 2007 / Simon/Dolan, 1997)

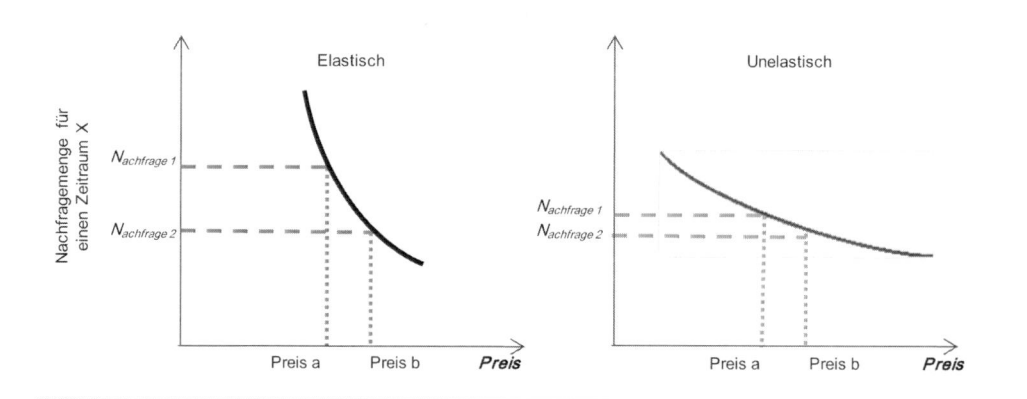

Fallstudie McDonald´s: Gerade mit der 1 Euro Strategie und dem damit verbundenen günstigen Preis war McDonald´s seit 2005 sehr erfolgreich. Aufgrund des Erfolges läßt sich eher von einer elastischen Nachfrage ausgehen.

Beispiel: So stehen die 1 Euro Produkte aus der Aktion „sms" (schnell mal sparen) für günstige Preise (siehe folgende Abbildung). Einige Produkte werden jedoch aus dieser Preisaktion ausgenommen. So kostet der Big Mac, der als eines der hochwertigen Produkte von McDonald's für besonders gute Qualität steht, 3,29 Euro.

Abbildung 8.2 Übersicht schnell-mal-sparen
(Quelle: www.mcdonalds.de (Mai 2010))

3. Einflüsse durch den Markt, Wettbewerb sowie sonstige Umwelteinflüsse

a. Markttypen

Unternehmen haben abhängig von der Marktform unterschiedliche Spielräume und Vorgehensweisen bezüglich der Festsetzung ihrer Produktpreise. In der Regel werden vier Grundtypen von Märkten diskutiert. Das sind die vollkommene Konkurrenz, das Polypol, das Oligopol und das Monopol.

Vollkommene Konkurrenz: Beim Modell der vollkommenen Konkurrenz wird unterstellt, dass eine unendliche Anzahl von Anbietern und Nachfragern existiert, die mit homogenen Gütern handeln. Alle Marktteilnehmer haben alle zur Verfügung stehenden Informationen hinsichtlich der angebotenen Produkte, Preise etc. Einzelne Käufer oder Verkäufer haben keinen Einfluss auf den Marktpreis, da alle Nachfrager beliebig viel zum Marktpreis kaufen und alle Anbieter beliebig viel zum Marktpreis verkaufen können. Es ist neuen Anbietern möglich, auf den Markt zu treten. Die vollkommene Konkurrenz ist z.B. an der Rohstoffbörse anzufinden. Der einzelne Anbieter hat hier in der Regel allerdings keinen Preisspielraum. Häufig werden die Preise an einer Börse fixiert.

Polypol: Ein Polypol lässt sich als nächstverwandtes Modell zur vollkommenen Konkurrenz bezeichnen. Bei dieser Marktform gibt es ebenfalls viele Nachfrager und Anbieter. Die verschiedenen Anbieter können ihr Produktangebot variieren und so z.B. hinsichtlich Preis und Qualität an die Zahlungsbereitschaft des Nachfragers anpassen. Diese Variation nimmt der Käufer wahr und ist bereit, unterschiedliche Preise zu zahlen. Ein Polypol ist z.B. im Konfitürenmarkt anzufinden (Marken: z.B. Schwartau, Zentis etc.).

Oligopol: Kennzeichnend für ein Oligopol ist die Tatsache, dass es nur wenige Anbieter auf dem Markt gibt. So ist es für neue Anbieter schwierig in den Markt einzudringen, da die vorhandenen Anbieter den Markt „überwachen". Dabei werden Maßnahmen von Wettbewerbern genau beobachtet und in der Regel unmittelbar auf Maßnahmen des Wettbewerbers reagiert. So wird Anbieter A wahrscheinlich in kürzester Zeit auf eine Preissenkung des Anbieters B reagieren (zum Beispiel ebenfalls durch eine Preisreduktion), da ansonsten alle Kunden bei Anbieter B kaufen. Ein Oligopol ist z.B. im Energiemarkt anzufinden (Marken: z.B. EON, RWE etc.).

Monopol: Ein Monopol zeichnet sich dadurch aus, dass es nur einen Anbieter gibt. Dieser kann z.B. ein staatliches Monopol, ein reguliertes oder ein „de-facto-Monopol" inne haben. Bei einem staatlichen Monopol kann mittels der Preisfestsetzung zum Beispiel Verbrauchern ein Produkt günstiger angeboten werden, da diese sich das Produkt sonst nicht leisten könnten. Andererseits kann ein höherer Preis festgesetzt werden, um den Konsum dieses Produktes zu verringern. In einem regulierten Monopol können Unternehmen ihre Preise so gestalten, dass sie einen fairen Gewinn zum Erhalt ihres Geschäfts erzielen. Ein „de-facto-Monopol" ist ein Monopol, das sich ein privates Unternehmen erarbeitet hat. Das Monopol ist nicht durch staatliche Eingriffe oder Regulierungen entstanden.

Deshalb sind die Unternehmen auch in ihrer Preisgestaltung frei und können die Preise beliebig festsetzen. Um dem Eindringen neuer Wettbewerber und dem Eingriff der Regierung vorzubeugen, nutzen diese Unternehmen jedoch nicht prinzipiell den vollen Spielraum der Preissetzung im Hinblick auf den Höchstpreis aus. Eher eine Mischform eines staatlich-regulierten Monopol ist z.B. im Schienenverkehr anzufinden (Anbieter: Deutsche Bahn).

b. Wettbewerber

Eine weitere externe Einflussgröße ist der Wettbewerb. Für ein Unternehmen ist es wichtig zu wissen, wie der Wettbewerb auf dem Markt hinsichtlich der Preise einzuordnen ist. Gerade wenn das Produktangebot am Markt vergleichbar ist, besitzen die Preise des Wettbewerbs große Bedeutung. Als Beispiel sei hier das austauschbare Produkt der Stahlnägel im Handwerk angeführt. Alle Produkte am Markt sind insgesamt sehr vergleichbar. Dadurch bekommt dem Preis bei der Kaufentscheidung eine größere Bedeutung zu.

c. Sonstige Einflüsse

Ein Unternehmen hat einige weitere Einflüsse zu beachten, die Auswirkungen auf die Preisfindung haben können. So ist zum Beispiel von Bedeutung, in welcher Phase sich der Konjunkturzyklus einer Volkswirtschaft befindet (z.B. Krise). Wie hoch ist die Inflation oder der Leitzins der EZB aktuell? Schauen die Konsumenten eher positiv oder eher negativ in die Zukunft?

> **Fallstudie McDonald's:** Vor dem Hintergrund des existierenden Wettbewerbs in der Fast-Food Systemgastronomie lässt sich von einem Polypol sprechen. Neben McDonald's positionieren sich u.a. Pizza Hut, Kentucky Fried Chicken, Burger King sowie sehr viel lokale Anbieter von Fast-Food, die aber nur in einer oder weniger Städten

ihre Produkte anbieten. Hinsichtlich der Preiswettbwerbs ist insbesondere die Reaktion von Burger King auffällig. Das Unternehmen reagierte auf die 1 Euro-Aktion mit einer vergleichbaren Promotionstrategie. Einige Zeit nach der Etablierung von diesen Preisaktionen startete Burger King die 99 Cent Aktion, bei der mit McDonald´s vergleichbaren Produkte, für einen Cent weniger als bei McDonald´s angeboten wurde.

8.2 Drei grundsätzliche Preispositionierungen

Die Preispositionierung ist ein wesentlicher Bestandteil der Preisstrategie. Die Entscheidung welche Preispositionierung relevant ist, hat Einfluss auf den gesamten Marketing-Mix. Die verschiedenen Instrumente müssen entsprechend aufeinander abgestimmt sein, sodass ein einheitliches Bild hinsichtlich der Preisstrategie entsteht.

Die Preispositionierung umfasst die kombinierte Betrachtung der Produktleistung und des Produktpreises. Grundsätzlich lassen sich drei verschiedene Positionierungen unterscheiden (siehe auch folgende Abbildung): a. Niedrigpreisstrategie, b. Mittelpreisstrategie und c. die Hochpreisstrategie.

Abbildung 8.3 Unterschiedliche Preispositionierungen
(Quelle: Vgl. Bliemel, 2001, S. 1348)

Qualität \ Preis	Niedrig	Mittel	Hoch
Hoch			Hochpreis-strategie (c)
Mittel		Mittelpreis-strategie (b)	
Niedrig	Niedrigpreis-strategie (a)		
	Niedrig	Mittel	Hoch

Niedrig: Eine Niedrigpreispositionierung meint, dass ein Produkt bei niedrigem Leistungsniveau auch ein niedriges Preisniveau hat. Dies entspricht der vereinfachten Strategie des Kaufverhaltens, nach der Kunden bei niedrigen Preisen auch nur niedrige Qualität erwarten. Als Beispiel sind hier die Eigenmarken von Aldi genannt. Die Discounter Aldi Süd und Aldi Nord bietet ihre Produkte in der Regel zu Niedrigpreisen an. Als weitere Beispiele lassen sich Ryanair oder Quick-Schuh aufzählen.

Mittel: Bei der Mittelpreispositionierung wird eine etwas höhere Qualität zu einem etwas höheren Preis angeboten. Hierbei muss sich die Strategie auch z.B. in der Kommunikation und dem gesamten Erscheinungsbild der Marke widerspiegeln. Im mittleren Preissegment positioniert sich z.B. die Marke TUI Schöne Ferien, der VW Golf oder die NIVEA Creme.

Hoch: Die Hochpreisstrategie stellt nicht den Preis, sondern die hohe Qualität in den Vordergrund. Der Preis bemisst sich an dem Wert, den das Produkt für den Kunden hat und ist dementsprechend höher angesiedelt. Beispielhaft sind hier die Marken Porsche, Calvin Klein und Rolex genannt.

Unabhängig davon kann ein Unternehmen die klassischen Positionierungen durchbrechen und zum Beispiel eine etwas höhere Qualität weiterhin zum gleichen, etwas niedrigeren Preis, anbieten. Das birgt jedoch das Risiko der Preisdynamik. Das bedeutet, auch andere Unternehmen können dieser Strategie folgen und ggfs. Preiskriege auslösen.

> **Fallstudie McDonald's:** Bezogen auf den klassischen Fast-Food Markt positioniert sich McDonald's mit klassischen Fast-Food Produkten eher im Umfeld des mittleren Preissegments. Innovationen wie z.B. die McDonald's McCafé Lounge zeigen aber auch vereinzelnd ein höheres Preisniveau, das sich im obereren Preissegment befindet. Vor dem Hintergrund der gesamten Gastronomie lässt sich hingegen bei den Hauptprodukten eher von einer Niedrigpreisstrategie mit niedrigen Preisen sprechen.

8.3 Drei Methoden der Preisfindung

Um eine Preispositionierung zu bestimmen, müssen seitens des Unternehmens weitere Aspekte in die Diskussion einbezogen werden. Das betrifft z.B. die Wahrnehmung des Kunden. Ist der Preis für ihn zu hoch und überschreitet seine persönliche Obergrenze? Ist das Preisleistungsverhältnis angemessen? Welche Preise werden durch die Kostenstruktur im Unternehmen überhaupt möglich? Wie stark wird die Preisstruktur am Markt durch die Wettbewerber bestimmt? Die folgenden Überlegungen erläutern drei unterschiedliche Methoden, um den Preis für ein Produkt festzulegen.

1. Kostenorientierte Preisfindung
2. Wettbewerbsorientierte Preisfindung
3. Wertorientierte Preisfindung

Abbildung 8.4   Methoden der Preisfindung

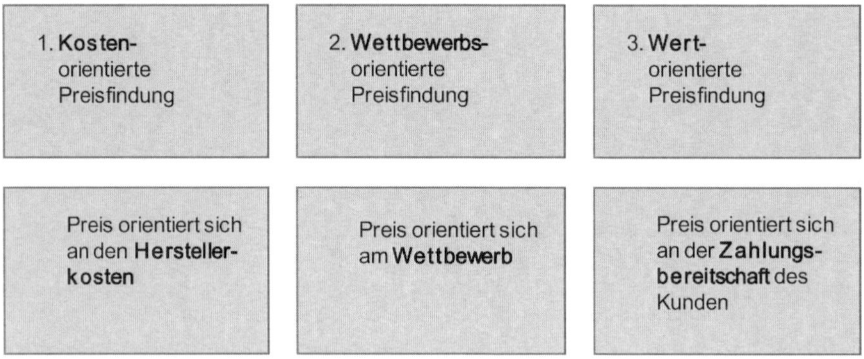

1. Kostenorientierte Preisfindung	2. Wettbewerbsorientierte Preisfindung	3. Wertorientierte Preisfindung
Preis orientiert sich an den **Herstellerkosten**	Preis orientiert sich am **Wettbewerb**	Preis orientiert sich an der **Zahlungsbereitschaft** des Kunden

1. Kostenorientierte Preisfindung

Die Kostenorientierte Preisfindung ist die einfachste Methode, um einen Preis festzulegen. Dabei werden zunächst die gesamten Kosten zur Herstellung eines Produkts berechnet und anschließend ein Gewinnzuschlag hinzugerechnet. Deshalb sollten die Kosten eines Produktes lediglich als Preisuntergrenze definiert werden. Folgendes fiktives Beispiel erläutert die Methode der kostenorientierten Preisfindung:

Variable Kosten:	0,10 Euro/Stück
Fixe Kosten:	10.000 Euro
Erwarteter Absatz:	20.000 Stück

Für einen Hamburger ergeben sich damit folgende Stückkosten:

Stückkosten =   Variable Kosten (Fixe Kosten/ Absatzmenge)
Stückkosten =   0,10 Euro (10.000 Euro/ 20.000) = 0,60 Euro

Auf die Stückkosten von 60 Cent schlägt der Hersteller einen Gewinnaufschlag von 30 Prozent auf: Preis mit Gewinnaufschlag = 0,60 Euro * 1,30 = 0,78 Euro.

2. Wettbewerbsorientierte Preisfindung

Bei der Preisfindung orientiert sich das Unternehmen primär am Wettbewerb. Erst im zweiten Schritt wird die eigene Kostensituation oder der Bedarf des Nachfragers betrachtet. Die Unternehmen orientieren sich vor allem an den Marktpreisen und vertrauen somit auf die Preispolitik der preisbestimmenden Marktführer. Auch wenn sich die eigene Kostenstruktur ändert und eine Anpassung des Preises erforderlich wäre, wird diese nicht oder nur sehr geringfügig vorgenommen. Beispielsweise liegen freie Tankstellen unterhalb des Preises der Marktführer (z.B. ARAL, SHELL). Den Abstand zu diesen ändern sie jedoch nicht. Diese Preisfindung in Anlehnung an den Marktpreis wird häufig von kleinen Firmen eingesetzt. Häufig besitzen diese kleinen Firmen wenige Informationen über die Preiselstizität der Nachfrage und vertrauen deshalb auf die Preissetzung des Marktführers.

3. Wertorientierte Preisfindung

Bei der wertorientierten Preisfindung stehen nicht die Herstellungskosten für ein Produkt oder die Wettbewerbssituation im Vordergrund, sondern der Wert, den ein Kunde einem Produkt beimisst. Damit geht es vor allem darum, die Zahlungsbereitschaft des Kunden zu verstehen und bestmöglich zu nutzen.

Zum Vergleich: Bei der kostenorientierten Preisfindung geht das Unternehmen von einem entwickelten Produkt und dessen Kosten aus. Mittels eines Gewinnzuschlags auf die Stückkosten wird der Preis für ein Produkt bestimmt. Nun muss das Unternehmen den Kunden vom Wert des Produkts und der Angemessenheit des Preises überzeugen. Bei der wertorientierten Preisfindung ist der Ansatz hingegen genau umgekehrt. Das Unternehmen analysiert, wie viel den Kunden ein Produkt wert ist. Abhängig von diesem Wert wird der Preis für das Produkt festgelegt und entsprechend die Kosten kalkuliert. Durch die Methode der wertorientierten Preisfindung kann ein Unternehmen einen optimalen Preis festsetzen, um z.B. einen hohen Gewinn zu erzielen.

Messung der Preisbereitschaft

Um die Preisbereitschaft zu bestimmen, existieren verschiedene Ansätze zur konkreten Messung. Ziel aller Ansätze ist es, eine Preis-Absatz-Funktion herzuleiten und so den optimalen Preis zu bestimmen. Grundsätzlich gibt es drei Ansätze, um die Preisbereitschaft der Nachfrager zu messen:

a) Beobachtung
b) Befragung
c) Bietverfahren

a. Beobachtung: Um die Preisbereitschaft von Kunden zu ermitteln, lassen sich Beobachtungen durchführen. Dazu zählen z.B. Preisexperimente, die in einer künstlichen Laborumgebung oder in einer realen Umgebung (Feldexperiment) durchgeführt werden können. Bei einem Preisexperiment wird der Preis zu verschiedenen Zeitpunkten variiert und die Veränderung der Nachfrager gemessen. So wäre es zum Beispiel denkbar, dass McDonald's an verschiedenen Tagen und Tageszeiten unterschiedliche Preise für einen Hamburger verlangt und daraufhin die Absatzzahlen zu den verschiedenen Preiszeitpunkten gemessen werden. Preisexperimente sind gut geeignet, um die Preisbereitschaft der Kunden zu messen. Nachteile des Preisexperiments sind ein hoher zeitlicher Aufwand und hohe Kosten.

b. Befragung: Neben Preisexperimenten besteht auch die Möglichkeit, Befragungen durchzuführen, um die Preisbereitschaft zu ermitteln. Dazu können beispielsweise Kunden direkt befragt werden. Dazu wird dem Kunden häufig die Frage gestellt, wie viel er maximal bereit wäre für ein bestimmtes Produkt oder Leistung zu zahlen. Aus den Ergebnissen der Befragung wird ein Preisbereich ermittelt, in dem der vom Kunden akzeptierte Produktpreis liegt.

Des Weiteren können aber auch Experten befragt werden, die sowohl unternehmensintern (z.B. Vertriebsmitarbeiter) als auch unternehmensextern (z.B. Branchenexperten) sein können. Diese Experten geben zu unterschiedlichen Preisen ihre geschätzten Absatzmengen an, woraus dann die Preis-Absatz-Funktion erstellt wird.

Beispiel Garbor Grange Methode: Exemplarisch sei an dieser Stelle eine Fragestellung eines international agierenden Unternehmens aus dem Jahr 2005 aufgegriffen. Die Frage lautete damals: Wie viele Kunden würden ein Konsumgut zu einem bestimmten Preis kaufen. Die Ergebnisse einer Befragung von Konsumenten (n = 768) auf Basis der Garbor Grange Methode sind auf der folgenden Abbildung dargestellt.

Das ist eine Methode der direkten Preisbefragung, um Erkenntnisse über die Preissensibilität zu einem bestimmten Produkt zu gewinnen. Mit Hilfe der Ergebnisse lassen sich Aussagen zu einer Preisabsatzfunktion ableiten. Auf diese Weise kann ein Unternehmen des „optimalen" Preis aus Sicht des Kunden ableiten.

Abbildung 8.5   Ergebnis einer Analyse zur Preisakzeptanz

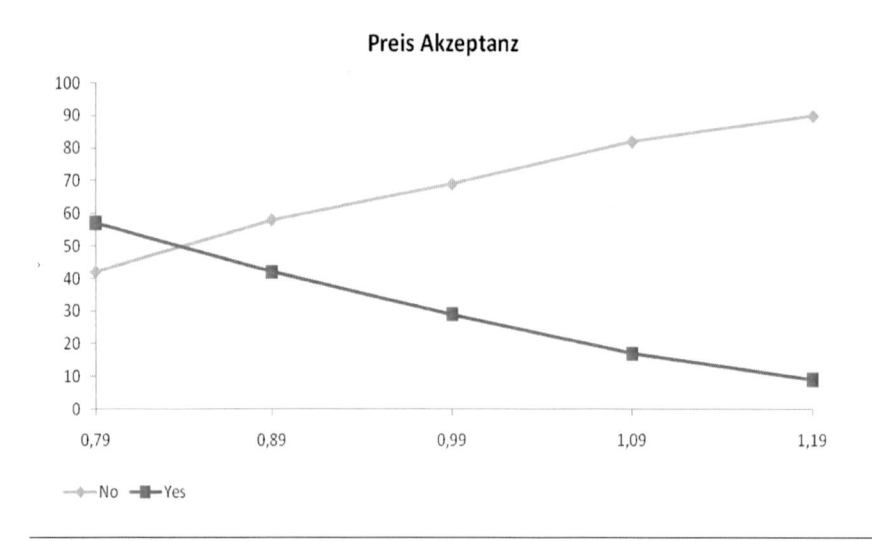

Den Kunden werden bei dieser Methode unterschiedliche Preise vorgestellt. Im Anschluss werden sie gefragt, wie wahrscheinlich es wäre, ob sie das Produkt zu dem angebenden Preis kaufen würden. Auf der linken Achse ist in Prozent abgebildet, wie viele Personen gesagt haben, sie würden zum Preis X das Produkt kaufen (dunkelgraue Linie). Auf der rechten Seite ist in Prozent abgebildet, wie viele Personen zum Preis von X das Produkt nicht kaufen würden (hellgraue Linie). Würde das Unternehmen bei dem existierenden Produkt den Preis um 0,10 Euro erhöhen, würden ca. 10-12 Prozent Kunden das Produkt nicht mehr kaufen.

Anders als bei der direkten Kundenbefragung, wird der Kunde bei der indirekten Kundenbefragung nicht direkt nach dem akzeptierten Preis gefragt. Der Fokus liegt hierbei auf dem Produkt beziehungsweise den charakteristischen Eigenschaften des Produkts. Die Kunden müssen sich hierbei zwischen zwei gegenübergestellten Produkten entscheiden, von denen sie jeweils die Eigenschaften wissen.

Diese Produkteigenschaften werden immer wieder variiert und geändert, sodass am Ende Informationen darüber vorliegen, wie viel dem Kunden welche Eigenschaft wert ist. Der hieraus ermittelte Gesamtnutzenwert gibt an, wie viel dem Kunden bestimmte Produkteigenschaften wert sind und wie viel der Kunde bereit ist dafür zu zahlen.

Beispiel Conjoint Analyse: Eine häufig angewendete Methode für die indirekte Messung ist die Conjoint Analyse. Das Ziel dieser Analyse ist es herauszufinden, in welchem Umfang Produktmerkmale oder Kombinationen von Produktmerkmalen, von einem Kunden präferiert werden. Für einen Hersteller von Computern wäre es z.B. wichtig herauszufinden, wie sich die Merkmale „Design", „Speicher" und „Geschwindigkeit" auf den Kaufentscheidungsprozess auswirken.

Dazu werden in einer Befragung die genannten Merkmale mit weiteren Merkmalen kombiniert. Das ist z.B. „silberner Computer mit 1000 GB" oder „weißer Computer mit 250 GB" usw. Auf Basis dieser Bewertung lassen sich Aussagen zur Präferenz einzelner Merkmale ermitteln. Was ist z.B. das wichtigste Merkmal? Welches ist weniger wichtig? In diesem Kontext ließe sich jetzt auch der Preis als Merkmal abfragen, um dessen Bedeutung einzuschätzen.

c. Bietverfahren: Bei der Messung der Preisbereitschaft mittels Bietverfahren werden Kunden gebeten, kaufverpflichtende Gebote für bestimmte Produkte abzugeben. Danach wird der Preis nach unterschiedlichen Methoden für den Kaufzuschlag ermittelt. Der Gewinner der Auktion ist verpflichtet, das Produkt zum gebotenen Preis zu kaufen, sodass sichergestellt sein soll, dass es sich um reale Kaufgebote handelt, die nicht über der Preisbereitschaft liegen.

8.4 Besonderheiten bei Preisstrategien in der operativen Preispolitik

In der operativen Praxis werden Preise häufig kurzfristig variiert, um gewissen Umständen Rechnung zu tragen. So können Preise beispielsweise an den Produktlebenszyklus des Produkts angepasst werden oder mittels Preisbündelungen Zahlungsbereitschaften abgeschöpft werden. Die folgenden Überlegungen stellen Besonderheiten bei Preisstrategien vor, die vor allem in der operativen Preispolitik von Bedeutung sind.

1. Psychologische Preise
2. Preisdifferenzierungsstrategie
3. Skimming- und Penetrationsstrategie

1. Psychologische Preise:

Der Begriff der psychologischen Preise lässt sich in drei wesentliche Preisarten unterteilen: glatte, runde und gebrochene Preise. Als glatte Preise werden Preise bezeichnet, die auf volle Euro-Beträge enden (z.B. 20 Euro). Runde Preise hingegen enden auf volle 10 Cent (z.B. 5,60 Euro). Als gebrochene Preise werden Preise bezeichnet, die mit der Ziffer 1 bis 9 enden (z.B. 2,99 Euro, 5,98 Euro). Untersuchungen haben ergeben, dass rund 73 Prozent aller Produkte einen gebrochenen Preis haben und mit der Ziffer 9 enden. Von Konsumenten werden gebrochene Preise als Hinweis auf ein Sonderangebot wahrgenommen, während Produkten mit runden Preisen eine höhere Qualität zugeschrieben wird.

> **Fallstudie McDonald's:** Psychologische Preise finden sich auch auf der Preisliste von McDonald's wieder. So sind die Preise vieler Produkte gebrochene Preise, wie beispielsweise der Preis für eine Variante eines McMenü. Es kostet 4,99 Euro (August 2010).

2. Preisdifferenzierung

Bei der Preisdifferenzierung gilt es, die Preisbereitschaft für ein homogenes Produkt in verschiedenen Kundensegmenten bestmöglich abzuschöpfen. Dabei wird davon ausgegangen, dass unterschiedliche Kundensegmente auch unterschiedliche Zahlungsbereitschaften haben. Zwei mögliche Ansätze um Preise zu differenzieren sind z.B. die Preisbündelung oder geografisch differenzierte Preise.

a. Preisbündelung: Bei der Preisbündelung handelt es sich um eine Sonderform der Preisdifferenzierung. Dabei werden verschiedene Produkte in einem Produktbündel zusammengefasst und zu einem Gesamtpreis verkauft. Dieser Gesamtpreis kann unterhalb der Summe der Einzelpreise der Produkte liegen. Das übergreifende Ziel ist es, einen Preis zu bestimmen, mit dem der Umsatz und der Gewinn maximiert werden. Dieser kann aber bzw. sollte nicht zwangsweise mit einer Preissenkung zusammen hängen. So wird ein Anreiz für Kunden geschaffen, das Produktbündel und nicht nur ein Einzelprodukt zu kaufen, um so einen höheren Absatz zu generieren. Gleichzeitig kann mit der Bündelung der Produkte zu einem Gesamtpreis der Preisvergleich für Nachfrager erschwert werden. Die Einzelpreise sind für diesen nicht mehr leicht ersichtlich, und die Bewertung des Bündels und dessen Vergleich mit anderen Produkten weniger nachvollziehbar.

Fallstudie McDonald´s: Die Produktbündelung findet sich auch bei McDonald's im Produktangebot wieder. Dort werden Einzelprodukte wie zum Beispiel ein Burger, eine Portion Pommes und ein Getränk zu einem Produktbündel (McMenü) zusammengefasst und zu einem Gesamtpreis verkauft. Dieser Gesamtpreis liegt unterhalb der Summe der Einzelpreise.

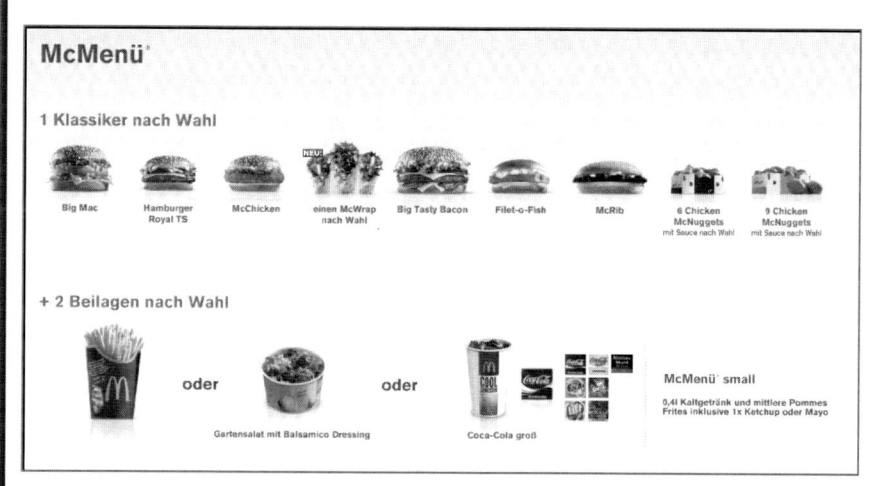

Abbildung 8.6 McMenü-Übersicht bei McDonald´s
(*Quelle: www.mcdonalds.de (Juli 2010)*)

Beispiel: Der Einzelpreis könnte z.B. 4 Euro (Big Mac), 2 Euro (Pommes) und 2 Euro (Getränk) betragen. Die Summe der Einzelpreise würde so 8 Euro betragen. Als Produktbündel (McMenü) beträgt der Gesamtpreis der drei Produkte nur 5 Euro. Der Kunde spart so 3 Euro gegenüber den Einzelprodukten und erfährt damit einen Anreiz beispielsweise nicht nur den Big Mac, sondern noch zwei weitere Produkte zu kaufen, die er zu den Einzelpreisen nicht erworben hätte.

b. Geografisch differenzierte Preise: Die Preise mancher Produkte variieren abhängig vom geografischen Verkaufs- bzw. Lieferort. Gründe dafür können unterschiedliche Kundenpräferenzen oder unterschiedliche Möglichkeiten der Kaufkraft in den verschiedenen geografischen Gebieten sein. Die Kunden sind in manchen Ländern z.B. eher bereit, einen höheren Preis für ein Produkt zu zahlen, als in einem anderen Land. Unternehmen können diese Unterschiede nutzen, um mit einer differenzierten Preispolitik ggfs. höhere Preise in Regionen mit höherer Preisbereitschaft zu verwenden, um darüber ihre Erträge zu erhöhen. So sind bestimmte Automobilmarken in den USA aufgrund der unterschiedlichen Rahmenbedingungen deutlich günstiger als in Deutschland. Durch diese internationale Preisdifferenzierung entstehen Preiskorridore, in denen Produkte hinsichtlich des Preises variieren können. Diese unterschiedliche Kundenpräferenz wird allerdings in einigen Fällen durch unterschiedliche Kostenstrukturen des Unternehmens beeinflusst. Dabei können z.B. höhere Transportkosten oder regionale Präferenzunterschiede von Bedeutung sein. Beliefert ein Unternehmen aus Berlin beispielsweise einen Kunden in Madrid, fallen aufgrund der größeren Entfernung höhere Transportkosten als bei einer Lieferung nach Hamburg an. Das liefernde Unternehmen hat danach mehrere Möglichkeiten, die Preise abhängig vom Lieferort zu variieren. Bei einer Lieferung ab Werk könnte jeder Kunde die Lieferkosten zu seinem Ort selbst tragen usw.

Fallstudie McDonald´s: Wie groß der geografische Unterschied bei den Produkten sein kann, lässt sich u.a. an dem Big-Mac-Index ablesen. Dieser Index wurde 1986 das erste Mal in der Zeitschrift „The Economist" von der Redakteurin Pam Woodall, veröffentlicht und bis heute aktualisiert.

Länder:	Preise:
Australien	3,36 US$
China	1,83 US $
Dänemark	5,95 US $
Kanada	4,08 US $
Norwegen	7,88 US $
Polen	3,45 US $
Russische Föderation	2,54 US $
Schweiz	6,36 US $
Schweden	6,37 US $
Türkei	4,32 US $
Vereinigte Staaten	3,57 US $
Vereinigtes Königreich	4,57 US $

Tabelle 8.1 Das Produkt Big Mac im Ländervergleich
(Quelle: „The Economist"(2007) - www.economist.com)

Diese Nutzung des Index basiert auf der Idee, dass ein Produkt (Big Mac von McDonald's, siehe obige Abbildung) in verschiedenen Ländern zu unterschiedlichen Preisen angeboten wird. Mit Hilfe einer vereinfachten Umrechnung der jeweils inländischen Währung wird so ein länderübergreifender Preisvergleich möglich. Da das Produkt in der Regel standardisiert ist, wird die These vertreten, dass dieser Big-Mac-Index neben dem Preisvergleich auch gleichzeitig ein Indikator für die Kaufkraft und das reale Preisniveau eines Landes ist. Die Länderbeispiele verdeutlichen den unterschiedlichen Preis des Big Mac in unterschiedlichen Ländern.

3. Skimming- und Penetrationsstrategie

Mit der Einführung von neuen Produkten am Markt ergeben sich für Unternehmen besondere Chancen mit temporären Preisstrategien erfolgreich zu sein. Zwei Beispiele dafür sind die Skimming- und die Penetrationsstrategie.

a. Skimmingstrategie (Marktabschöpfungsstrategie): Wenn ein Unternehmen ein neues Produkt auf den Markt platziert, hat es weitreichende Möglichkeiten zur Festsetzung des Preises. Das trifft insbesondere dann zu, wenn das Unternehmen der einzige Anbieter dieses Produktes ist. Um den Markt Schicht für Schicht abzuschöpfen, wird in der Anfangsphase häufig der höchstmögliche Preis festgesetzt.

Damit wird der maximale Gewinn erreicht von denjenigen Kunden, die bereit sind, für den Erwerb des neuen Produktes bereits in der Anfangsphase einen entsprechend hohen Preis zu zahlen. Sobald gleichartige Konkurrenzprodukte auf den Markt kommen, wird der Preis gesenkt. So bleibt das Produkt wettbewerbsfähig und es kaufen nun auch Kunden das Produkt, denen der Anfangspreis zu hoch war. Somit wird eine weitere Schicht des Marktes abgeschöpft. Um diese Strategie realisieren zu können, müssen allerdings einige Voraussetzungen erfüllt sein. Zum einen muss das Produkt eine entsprechende Qualität haben, um den anfangs hohen Preis zu rechtfertigen.

Außerdem muss es trotz des hohen Preises eine hinreichend große Käufergruppe geben, um entsprechende Umsätze und Kostendeckung realisieren zu können. Des Weiteren darf die anfangs relative kleine Absatzmenge in der Kostenkalkulation nicht zu Nachteilen führen (z.B. geringere Rabatte durch geringe Mengen gegenüber dem Handel). Wenn die Umsetzung dieser Skimmingstrategie gelingt, besteht für das Unternehmen die Chance, dass sich Investitionen in Neuprodukte frühzeitig amortisieren.

b. Penetrationstrategie (Marktdurchdringungsstrategie): Im Gegensatz zur Skimmingstrategie setzt die Penetrationstrategie, auch Marktdurchdringungsstrategie genannt, auf niedrige Preise am Anfang eines Produktlebenszyklus. So soll möglichst schnell der Markt durchdrungen und ein hoher Marktanteil erreicht werden. Durch die große Absatzmenge können sinkende Kosten (Fixkostendegression) dazu genutzt werden, weitere Preissenkungen vorzunehmen. Auch hierbei begünstigen einige Voraussetzungen den Erfolg der Strategie: Zum einen sollte eine hohe Preissensibilität auf dem Markt herrschen, sodass der niedrige Preis ein großes Marktwachstum erzeugt. Diese Penetrationsstrategie ist vor allem für die kurzfristige Erschließung von Massenmärkten relevant. Außerdem sollten die Kosten bei steigender Absatzmenge fallen (Erfahrungskurveneffekt), um weitere Preisvorteile zu sichern.

> **Fallstudie McDonald's:** In der Vergangenheit hat McDonald's neue Produkte, die nur kurzfristig verfügbar waren, häufig in Verbindung mit besonderen Preisaktionen angeboten. So vermarketete McDonald's 2010 in der Schweiz z.B. temporär drei spezielle Schweizer Burger: McRomändie, McBärn und McTino. Im Rahmen der „Schwiizer Woche" wurden diese neuen Produkte in Verbindung mit günstigen Aktionspreise dem Kunden präsentiert. Diese Burger wurde mit Premium-Produkten wie z.B. KALTBACH, Le Gruyère, AOC oder Mozzarella von Emmi zubereitet.

Anregungen zum Nach- und Weiterdenken

Fragen:

1. Das Unternehmen Apple hat mit dem iPhone ein Handy entwickelt, mit dem das Telefonieren, das Surfen im Internet sowie weitere Anwendungen komfortabler geworden sind. Das Handy wurde einige Zeit mit einem Preis von 799 Dollar positioniert. Welche Preisstrategie steht möglicherweise hinter diesem Preis? Ist bei diesem mobilen Telefon eine Preiselastizität der Nachfrage am Tag der Einführung zu erwarten? Warum ja bzw. warum nicht?

2. Nehmen Sie eine Konfitüre, die Sie regelmäßig beim Frühstück benutzen. Das Produkt ist ein Premium Produkt und war im Vergleich zu den Produkten des Wettbewerbs deutlich teurer. Welchen konkreten Preis hat das Produkt? Drückt der Preis einen guten Gegenwert aus? Welche Methode zur Preisfestsetzung ist Ihrer Meinung nach für dieses Produkt am besten geeignet?

3. Die Volkswagen Gruppe plant im nächsten Jahr ein innovatives Elektroauto auf den Markt zu bringen. Entwickeln Sie zwei Preisstrategien für den Markteinführungstermin! Nutzen Sie zum einen eine Skimming- und zum anderen eine Penetrationsstrategie.

Quellenhinweise:

Bliemel, F. (2001): Preis-Qualitäts-Strategie, in: Diller, H. (Hrsg.): Vahlens Großes Marketinglexikon, 2. Auflage, S. 1348-1349, München

Diller, H. (2008): Preispolitik, 4. Auflage, Stuttgart

Diller, H., Stamer, H.H., Welsch, C. (2005): Preissegmentierung in Konsumgütermärkten auf Basis von in Verbraucherpanels verfügbaren Informationen, Arbeitspapier 122, Nürnberg

Dolan, R., Simon, H. (1997): Power Pricing, Frankfurt-New York

Kotler, P., Armstrong, G., Saunders, J., Wong, V. (2007): Grundlagen des Marketing, 4. Auflage, München

Meffert, H., Burmann, C., Kirchgeorg, M. (2008): Marketing – Grundlagen marktorientierter Unternehmensführung, Wiesbaden

Nagle, T.T., Holden, R.K. (2006): Strategie und Taktik in der Preispolitik: Profitable Entscheidungen treffen, 4. Auflage, München

Pechtl, H. (2005): Preispolitik, Stuttgart

Siems, F.U. (2008): Preismanagement: Konzepte – Strategien – Instrumente, 1. Auflage, München

Simon, H., Fassnacht, M. (2009): Preismanagement: Strategie - Analyse - Entscheidung – Umsetzung, 3. Auflage, Wiesbaden

Besondere Quellen für McDonald's:

Schneider, W. (2007): McMarketing – Einblicke in die Marketing-Strategie von McDonald's, 1. Auflage, Wiesbaden

Pater, S. (2003): Zum Beispiel McDonald´s, 2. Auflage

Markt- und Unternehmensinformationen:

    Burger Index: www.economist.com (Juni 2010)

    McDonald´s Annual Report 2009 (www.mcdonalds.com)

    McDonald's Deutschland Produktinfo 2009 (www.mcdonalds.de)

    McDonald´s Kinderhilfe 2009 (www.mcdonalds-kinderhilfe.de)

9 Einführung Kommunikationspolitik

Fallstudie: EDEKA

Kai-Michael Griese

Lernziele:

Das übergreifende Ziel ist es, den Prozess der Kommunikationsplanung und -entwicklung zu verstehen

9.1 Kommunikation im Wandel 225

9.2 Planung einer integrierten Kommunikationskampagne 226

9.3 Einflussgrößen der Kommunikation 244

Grundverständnis der Kommunikationspolitik:

Zur Kommunikationspolitik zählen die Fragestellungen und Entscheidungen, die sich mit Entwicklung von Kommunikationsaktivitäten im Hinblick auf Kosten- und Wachstumszielen im Unternehmen beschäftigen. Beispiele für zwei Ziele:

a.) Stärkeres Umsatzwachstum durch eine Kommunikationskampagne, die das Ziel hat, mehr Neukunden zu gewinnen.

b.) Geringe Kosten mit einem Betreuungsprogramm von existierenden Bestandskunden, mit dem Ziel, mit weniger Kunden mehr Erträge zu erwirtschaften.

Fallstudie: Edeka Zentrale AG & Co. KG

Gründung:	1898
Unternehmenssitz:	Hamburg
Umsatz:	ca. 42,1 Mrd. Euro (2009)
Branchen:	Einzelhandel mit ca. 12.000 Geschäften (2009)
Mitarbeiter:	ca. 290.000 (2008)
Marke:	EDEKA (Eigenmarken z.B. Gut&Günstig, Edeka Bio, Edeka Selektion)

Der Markt: Trotz der Wirtschaftskrise konnte die EDEKA-Gruppe 2009 den Umsatz und den Ertrag deutlich verbessern. So erreichte die Gruppe im Jahr 2009 einen Umsatz von rund 42 Mrd. Euro und konnte eine erneut gestiegene Umsatzrendite von vier Prozent präsentieren. Damit ist die EDEKA der größte Lebensmitteleinzelhändler in Deutschland. Danach folgt als Nr. 2 im Markt die Rewe-Gruppe, als Nr. 3 die Schwarz-Gruppe mit Lidl und als Nr. 4 die Aldi-Gruppe.

Das Unternehmen: Die EDEKA-Gruppe besteht aus sieben Regionalgesellschaften bzw. sieben Großhändlern (z.B. EDEKA Nord, EDEKA Südbayern). Eigentümer dieser Gesellschaften sind über 4500 selbstständige Einzelhändler. Sie bilden das Rückgrat der EDEKA. Diese Genossenschaften sind Eigentümer der EDEKA-Zentrale. Die EDEKA-Zentrale AG & Co KG selbst ist ebenfalls Gesellschafter der Regionalgesellschaften. Dieses „Unternehmermodell" der selbstständigen Kaufleute innerhalb der EDEKA wird vom Unternehmen selbst als ein Grund für den Erfolg genannt.

Das Leistungsportfolio: Das Kernangebot der EDEKA fokussiert sich auf das Profil eines Vollsortimenters. Den durchschnittlich höheren Preis gegenüber Discountern kann EDEKA mit einem Fokus auf frische Produkte und exzellentem Service begegnen. 2009 wurden die EDEKA-Geschäfte zum beliebtesten Supermarkt in Deutschland gewählt.

Die folgenden Überlegungen beschäftigen sich nun mit der Kommunikationspolitik und es werden dazu Beispiele des Unternehmens EDEKA integriert. Das Unternehmen wurde u.a. für das Thema Kommunikation ausgewählt, da es mit einer Kommunikationskampagne einen Preis (EFFIE) für besonders effektive Kommunikation gewonnen hat. Anhand dieser erfolgreichen Kampagne wird der Prozess zur Planung einer Kommunikationskampagne erläutert.

9.1 Kommunikation im Wandel

Die Kommunikation in unserer Gesellschaft ist deutlich komplexer und damit schwieriger für Unternehmen geworden. Das liegt zum einen an der Anzahl der Medien. Während es z.B. vor 30 Jahren nur eine kleine Anzahl an Zeitschriften und Magazinen gab, gibt es heute hunderte. Das gilt ebenso für die Anzahl der Fernsehsender sowie den Umfang des Informationsangebotes im Internet. Dadurch ergeben sich besondere Herausforderungen für die Kommunikationspolitik, u.a.:

- hoher Kommunikationswettbewerb mit anderen Unternehmen
- Informationsüberlastung des Konsumenten
- komplexere Planung bei der Entwicklung der Kommunikation durch eine steigende Anzahl an Kommunikationsplattformen

Die Herausforderung für das Unternehmen besteht vor allem darin, in diesem schwierigen Umfeld noch Gehör zu finden. Eine Chance für Unternehmen der Situation zu begegnen, wird als Integrierte Kommunikation bezeichnet. Das ist ein Prozess der primär darauf ausgerichtet ist, aus der Kommunikation eines Unternehmens ein konsistentes Erscheinungsbild zu erzeugen (Bruhn, 2009).

Die Aufgabe für das Unternehmen liegt dabei auf der Koordination und einheitlichen Ausrichtung der geplanten Botschaften im Hinblick auf alle Kommunikationskanäle (z.B. Internet, Öffentlichkeitsarbeit, Fernsehwerbung, Vertriebskommunikation, Print). Bei dieser einheitlichen Ausrichtung wird eine formale (z.B. einheitliche Farbe) und inhaltliche Ebene (z.B. einheitliche Aussage) der Gestaltung berücksichtigt. Vorteile des Unternehmens ergeben sich primär anhand von zwei Argumenten:

- Effiziente Budgetplanung: Durch die einheitliche Gestaltung aller Kommunikationsinstrumente lassen sich Synergieeffekte erzielen, die eine effiziente Nutzung des Kommunikationsbudgets ermöglichen.
- Widerspruchsfreies Gesamtbild: Wenn es einem Unternehmen gelingt, über unterschiedliche Kommunikationsinstrumente ein einheitliches Bild zu erzeugen, wirkt die Gesamtbotschaft stringent und widerspruchsfrei.

Der folgende Abschnitt wird nun auf den Planungsprozess der integrierten Kommunikation eingehen und diesen anhand von konkreten Schritten exemplarisch erläutern.

9.2 Planung einer integrierten Kommunikationskampagne

Das Ziel dieses Abschnittes ist es, die einzelnen Schritte zur Entwicklung und Überprüfung einer integrierten Kommunikationskampagne zu erläutern. Die Entwicklung wird dabei anhand von sechs Schritten dargestellt (siehe folgende Abbildung). Im ersten Schritt muss zunächst das Marketingziel als Ausgangsgrundlage klar formuliert vorliegen. Im zweiten Schritt geht es dann darum, das ausgewählte Marktsegment bzw. die ausgewählte Zielgruppe zu identifizieren und deren Bedürfnisse zu verstehen.

Im nächsten Schritt drei werden die Kommunikationsziele auf Basis des Verständnisses über die Zielgruppe festgelegt. Der Schritt vier konzentriert sich auf die Formulierung der Kernbotschaft und des Key Visuals. Nachdem der Kern der Kampagne definiert wurde, gilt es, die Kommunikationskanäle im Schritt fünf auszuwählen. Nach der Umsetzung der Kommunikation erfolgt die Bestimmung der Kommunikationswirkung.

Die einzelnen Schritte werden im Folgenden auf Basis einer Kampagne aus dem Jahr 2005 erläutert und sind den Unterlagen zur Effie-Preisverleihung (www.gwa.de) entnommen. Die einzelnen Aussagen in dieser Vorstellung wurden den jeweiligen Phasen exemplarisch zugeordnet, um die Logik der einzelnen Planungsphasen zu verdeutlichen. Entwickelt wurde die Kampagne von der Agentur Grabarz & Partner aus Hamburg. Der Effie ist eine Auszeichnung des GWA (Gesamtverband Kommunikationsagenturen GWA e.V.). Der Effie wird an Unternehmen verliehen, die mit ihrer Kommunikationskampagne besonders effizient waren. Damit steht primär der Erfolg durch eine Wirkung der Kampagne im Vordergrund der Preisvergabe. Sechs Schritte der Kampagnenentwicklung:

Abbildung 9.1 Sechs Schritte zur Entwicklung einer Kommunikationskampagne

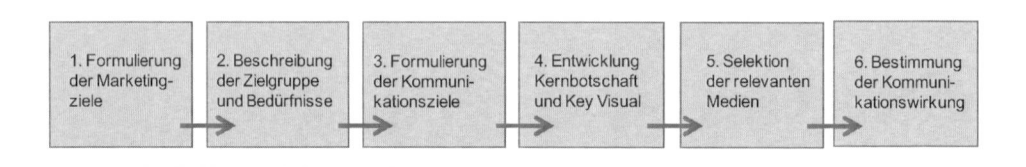

1. Formulierung der Marketingziele → 2. Beschreibung der Zielgruppe und Bedürfnisse → 3. Formulierung der Kommunikationsziele → 4. Entwicklung Kernbotschaft und Key Visual → 5. Selektion der relevanten Medien → 6. Bestimmung der Kommunikationswirkung

Schritt 1: Formulierung der Marketingziele

Bevor die konkrete Kommunikation entwickelt wird, muss der Zusammenhang zwischen Marketing- und Kommunikationsziel deutlich werden. Auf diese Weise wird der Kontext einer Kommunikationsaktivität im Rahmen der übergreifenden Marketingausrichtung herausgearbeitet. Neben dem Zeitraum, auf den sich die Ziele beziehen, sollten vor allem die grundsätzlichen Wachstums- oder Kostenziele integriert sein.

> **Fallstudie EDEKA:** Das Marketingziel bei EDEKA konzentrierte sich damals zu Beginn der Entwicklung auf die grundsätzliche Stoßrichtung „Wachstum". Dieses übergreifende Ziel wurde folgendermaßen konkretisiert.
>
> „Steigerung des Umsatzes im Kampagnenzeitraum 2005"
>
> (GWA Fallstudie EDEKA, 2006, S. 2)

Schritt 2: Beschreibung der Zielgruppe und individuellen Bedürfnisse (Insights)

Der Schritt zwei befasst sich mit der Zielgruppe der Kommunikation. Das sind beispielsweise Kaufinteressenten oder aktueller Benutzer und Käufer. Im Rahmen des Kaufprozesses können es Kaufentscheider sein oder Personen, die den Kaufprozess der Zielgruppe beeinflussen. In der Konsequenz muss die Zielgruppe einer Kampagne nicht eine Einzelperson, sondern kann eine Gruppe oder gar die Öffentlichkeit insgesamt sein.

Von besonderem Interesse ist dabei das **individuelle (besondere) Bedürfnis** der Zielgruppe. Dieses Bedürfnis steht im Rahmen der Kampagnenentwicklung im Mittelpunkt. Die Kommunikation, die später entwickelt wird, sollte genau im Kern dieses Bedürfnisses befriedigen können.

> **Fallstudie EDEKA:** Aufgrund der Tatsache, dass sehr viele Frauen den Einkauf im Haushalt tätigen, richtet sich die Kommunikationskampagne in erster Linie an haushaltsführende Frauen im Alter von 20 – bis 59 Jahren. Das individuelle (besondere) Bedürfnis der Zielgruppe: Die Ernährung ist von zentraler Bedeutung.
>
> In der Konsequenz werden Lebensmittel weniger vor dem Hintergrund des Preises erworben. Dafür legt diese Zielgruppe mehr Wert auf die Frische des jeweiligen Produktes. Letztendlich ist die Zielgruppe sehr qualitätsbewusst, was sich in einer Markenaffinität äußert, ohne das Preis-Leistungsverhältnis zu vernachlässigen (Quelle: GWA – Fallstudie EDEKA, 2006, S. 2/3).

Schritt 3: Formulierung der Kommunikationsziele

Bei der Formulierung der Kommunikationsziele eignet sich zur ersten Orientierung der Moment, in dem sich der Kunde im Kaufprozess befindet. Je nachdem in welcher Phase er sich befindet, müssen auch die Kommunikationsziele sehr unterschiedlich gestaltet sein. Die Kommunikationsziele beziehen sich danach auf eine konkrete Phase des Kaufentscheidungsprozesses.

Die folgende Tabelle zeigt dazu fünf mögliche Stadien der zunehmenden Kaufbereitschaft sowie fünf mögliche Kommunikationsziele, die den unterschiedlichen Stadien Rechnung tragen können.

Kaufbereitschaft:	Mögliches Kommunikationsziel des Unternehmens:
1. Unkenntnis über Leistung:	Schaffung/Erhöhung der Bekanntheit und Aufbau von Marken- bzw. Produktwissen
2. Keine Einstellung:	Schaffung von positiven Gefühlen, Stimmungen und Meinungen hinsichtlich des Angebots (Sympathie)
3. Keine Präferenz:	Schaffung einer Vorliebe für das Produkt bei der Zielgruppe und Aufbau einer Überzeugung, dass das Angebot das Beste auf dem Markt ist (Wettbewerbsprofilierung)
4. Kein Kaufverhalten:	Schaffung der Voraussetzungen für einen Produktkauf (z.B. Kommunikation von Sonderangeboten)
5. Bisher nur einmal gekauft:	Schaffung von Loyalität durch Wiederholungskäufe (z.B. durch die Entwicklung einer Kundenkarte)

Fallstudie EDEKA: Die Kommunikationsziele im Rahmen der Kampagne (siehe Ziel 1-5) waren primär auf die Markenbekanntheit und die Markenpräferenz ausgerichtet. Die Ziele zwei und drei richteten sich dann auf die Kampagnen- und die Werbeerinnerung des Slogans.

„Ziel 1: Deutliche Steigerung der Markenbekanntheit und der Markenpräferenz

Ziel 2: Deutlich überdurchschnittliche Leistungswerte des Kampagnen-Recalls

Ziel 3: Überdurchschnittliche Werbeerinnerung des Slogans

Ziel 4: Herausragende Werbewirkung

Ziel 5: Gezielter Ausbau der gewünschten Image-Dimensionen (z.B. kompetenter und vertrauenswürdiger Lebensmittelmarkt) zum Aufbau einer trennscharfen Positionierung gegenüber dem Wettbewerb"

(Quelle: GWA – Fallstudie EDEKA, 2006, S. 2-3)

Schritt 4: Entwicklung der Kreativstrategie (Kernbotschaft und Key Visual)

Die Entwicklung der Botschaft setzt bei dem individuellen Bedürfnis der Zielgruppe an und versucht, dieses in Einklang mit den Kommunikationszielen und der Positionierung der Marke EDEKA zu bringen. Bei der Entwicklung und Darstellung sind einige grundsätzliche Entscheidungen zu treffen.

Im Vorfeld ist zunächst grundsätzlich zu beantworten, ob das Unternehmen eher informativ (rational), eher emotional (z.B. mit Humor, Angst) oder eher durch die Aktualität die Botschaft kommunizieren möchte. Nach dieser Grundsatzentscheidung wird die Kreativstrategie („Copystrategie") entwickelt. Sie steht im Mittelpunkt der Gestaltung einer Kampagne und beschreibt schriftlich die zentralen Eckpfeiler der Kommunikation. Die Kreativstrategie setzt sich zusammen aus:

a. Benefit
b. Reason Why
c. Tonality

a. Benefit (konkreter Vorteil bzw. Mehrwert des Produktes)

Der Benefit beschreibt den konkreten Nutzen, den ein Kunde durch den Kauf eines Produktes hat. Zur stärkeren Herausstellung der konkreten Produktnutzens stehen dem Unternehmen verschiedene Techniken zur Verfügung.

- Das ist z.B. die „Vorher-Nachher" Demonstration: In einer Kampagne wird gezeigt, dass die Bluse vorher sehr schmutzig war. Danach wird gezeigt, dass nach dem Verwenden des Waschmittels von Persil die Bluse wieder sauber ist.

- Ein weiteres Beispiel ist die vergleichende Demonstration: Der Automobilhersteller Renault stellte im Rahmen einer Kampagne heraus, dass seine Marke im Vergleich zu anderen Automobilherstellern bei Sicherheitstest am besten abgeschnitten hat.

b. Reason Why (Nutzenbegründung)

Der Reason Why begründet, warum das Produkt einen bestimmten Nutzen ermöglichen kann. Zur stärkeren Herausstellung der Begründung des Produktes stehen dem Unternehmen verschiedene Demonstrationstechniken zur Verfügung.

- Nutzung von Testergebnissen (z.B. „Sehr gut" bei Stiftung Warentest)

- Garantieerklärungen (z.B. Car Glass mit 30 Jahren Garantie für die Reparatur der Glasscheibe)

- besondere Auszeichnungen und Kompetenzen des Unternehmens oder der Marke (z.B. Cosmos Direkt ist als Direktversicherer die Nr. 1 im Markt)

c. Tonality (formale Darstellung)

Hierbei geht es vor allem um die Tonalität der Kommunikation (Tonality). Dazu zählt z.B. die Iconographie. Diese ist dargestellt durch Bilder, Farben, Schriftarten oder akustische und haptische Signale. Darüber hinaus charakterisiert die Tonality auch die Art der Kommunikation. Ist die Kampagne eher „jung, trendy und humorvoll" oder eher „bodenständig und traditionell"?

Um die Kreativstrategie als Steuerungsinstrument für die gesamte Integrierte Kommunikation und damit auch für das ganze Unternehmen zu nutzen, ist es hilfreich, die formalen und inhaltlichen Elemente der Kampagne separat zusammenzufassen. Diese Elemente lassen sich auch als übergreifende Orientierungspunkte (Leuchttürme) einer Kreativstrategie beschreiben. Sie stellen quasi die inhaltliche und visuelle Zusammenfassung der Kreativstrategie dar. Visuell lässt sich das durch ein Key Visual (Hauptbild) einer Kampagne realisieren. Inhaltlich ist das die übergreifende Kernbotschaft aller Aktivitäten.

Die Kernbotschaft: Die Kernbotschaft fasst den Grundgedanken der Kommunikationskampagne in einem Satz zusammen. Diese Zusammenfassung ist gerade in der Entwicklungsphase von großer Bedeutung. Dieser Kernsatz hilft die komplexen Vorüberlegungen auf das Wesentliche zu konzentrieren und alle beteiligten Parteien auf ein Ziel auszurichten. Gleichzeitig steht diese Zusammenfassung der Punkte a-c für den Kern der Kreativstrategie der Kommunikationskampagne. Damit ist diese Kernbotschaft vereinfacht das Angebot des Unternehmens, um das Kernbedürfnis des Kunden zu befriedigen.

Abbildung 9.2   Key Visual in einer BMW-Kampagne
(Quelle: www.gwa.de (Effie 2007))

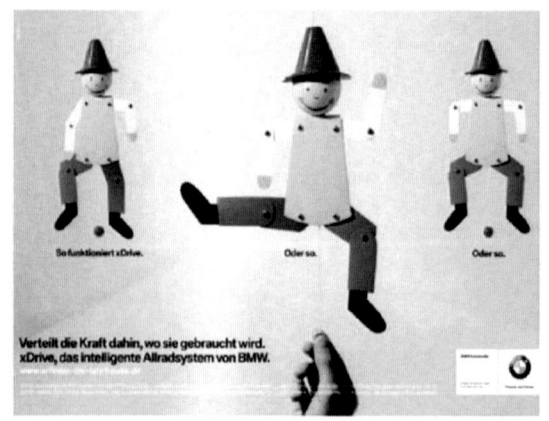

Abbildung 9.3 Anzeigenbeispiel mit dem Key Visual
(Quelle: www.gwa.de (Effie 2007) - Anzeigen in einer Publikumszeitschrift)

Abbildung 9.4 Zentrales Element der EDEDKA-Kampagne
(Quelle: www.gwa.de (Effie 2007))

Das Key Visual: Das Key Visual ist das über alle Kommunikationskanäle wiederkehrende und verbindende, visuelle Element der Kampagne. Eine Verwendung erleichtert es dem Konsumenten die Verbindung zwischen verschiedenen Medien herzustellen.

Die obige Abbildung 9.2 zeigt ein Key Visual von der Marke BMW im Rahmen der X-Drive Kampagne. In diesem Fall wurde das Key Visual durch den Jumping Jack dargestellt (siehe folgende Abbildung). Der Jumping Jack wurde dann in fast allen Kommunikationsmedien als wiederkehrendes Element aufgegriffen (siehe 9.3 der Publikumszeitschriften). Die Kernbotschaft lautete: „xDrive, das intelligente Allradsystem".

> Fallstudie EDEKA: Die Kernbotschaft der EDEKA-Kampagne bezieht sich auf die Zuneigung der Mitarbeiter zu Ihren Lebensmittel und heißt: „Wir lieben Lebensmittel". Diese basiert auf der zentralen Stärke von EDEKA: die Lebensmittel-Expertise. Damit wird als Demonstrationstechnik primär der Reason Why im Mittelpunkt der Kommunikationsaktivitäten genutzt. Die Tonalität ist sehr humorvoll. Die besondere Liebe zu Lebensmitteln stellt auch gleichzeitig das wichtigste Unterscheidungsmerkmal gegenüber dem Wettbewerb (z.B. Discounter) dar. Das oben abgebildete Key Visual (siehe Abbildung 9.4) zeigt die Kernbotschaft der Kampagne und frisches Gemüse. Dabei wechseln die Botschaften auf der Tafel.

Schritt 5: Bestimmung des Budgets, Auswahl der Medien und kreative Umsetzung der Kampagne

Im nächsten Schritt wird die Auswahl der relevanten Kommunikationskanäle beschrieben. Das Unternehmen muss an dieser Stelle entscheiden, wie viel Budget für die Kampagne genutzt wird. Ferner muss das Unternehmen priorisieren, welche Kommunikationskanäle in welchem Umfang genutzt werden.

a. Bestimmung der Budgethöhe: Für die Diskussion der Kommunikationskanäle stellt sich vorab die Frage, wie hoch das Budget sein sollte. Dieses Budget wird in der Regel für zwei Kostenarten benötigt. Das sind zum einen die Buchungskosten für die genötigten Medien. So könnte z.B. die Schaltung eines Banners auf einer Homepage eines Online-Portals für vier Wochen ca. 15.000 Euro kosten. Zum anderen existieren Produktionskosten für die Entwicklung der Kommunikation.

In der Regel benötigt das Unternehmen eine Agentur für die kreative Entwicklung sowie weitere externe Partner, wenn die Kommunikation produziert wird. So kann beispielsweise ein TV Spot mit der Länge von 30 Sekunden 300 – 500 Tsd. Euro in der Produktion kosten. Bei der weiteren Betrachtung werden Buchungs- und Produktionskosten unter dem Begriff Budget subsumiert. Die folgende Tabelle gibt einen Überblick über die Werbeausgaben von 2005 – 2009. Sichtbar sind hier Konsequenzen der Weltwirtschaftskrise in Form von Kürzungen im Budget bei den werbenden Unternehmen (z.B. 2009: -6,0 Prozent).

Abbildung 9.5 Investitionen in Werbung 2005 - 2009
(Quelle: Zentralverband der deutschen Werbewirtschaft ZAW, 2010)

Investitionen in Werbung nominal / in Mrd. Euro / gerundet	2005	2006	2007	2008	2009
Gesamt Honorare, Werbemittelproduktion, Medienkosten	29,60 +1,3%	30,23 +2,1%	30,83 +2,0%	30,67 -0,5%	28,84 -6,0%
Davon Netto-Werbeeinnahmen der Medien	19,83 +1,3%	20,35 +2,6%	20,81 +2,3%	20,37 -2,1%	18,37 -9,8%

Dieses so zusammengefasste Budget lässt sich mit Hilfe von zwei grundsätzlichen Methoden zur Budgetierung planen. Das sind zum einen Methoden, die explizit eine Ursache-Wirkung-Beziehung berücksichtigen. Zum anderen sind das Methoden, die eine direkte Ursache-Wirkung-Beziehung zunächst ausschließen.

Ursache-Wirkungsbezogene Methoden: Bei diesen Methoden wird die Budgethöhe in Verbindung mit der angestrebten Zielgröße gesetzt. Wenn es beispielsweise das Ziel eines Unternehmens ist, den Marktanteil um fünf Prozent zu erhöhen (Zielgröße), dann müsste das Unternehmen das Budget X (z.B. 4 Mio. Euro) in die Kommunikation investieren, um das Ziel zu erreichen. Ein Modell zur Berechnung dieser Zusammenhänge ist das ADBURG-Modell. Im Mittelpunkt dieses Modells steht die Annahme, dass der Marktanteil in Abhängigkeit zu den Werbeausgaben steht.

Nicht Ursache-Wirkungsbezogene Methoden: Methoden, die zu dieser Gattung zählen, basieren vor allem auf Erfahrungen aus der Vergangenheit. Beispiel „percentage of sales"-Methode: Wenn in der Vergangenheit beispielsweise der Marktanteil mit einem Budget stabil gehalten werden konnte, dass ca. 15 Prozent des Netto-Umsatzes entspricht, dann ist dieser Wert in Höhe von 15 Prozent die Planungskennziffer für die Bemessung der Budgethöhe der vergangenen Jahre. Vier Methoden zur Berechnung sind z.B.:

- objective- and task: Die Budgethöhe wird auf Basis eines Zieles festgelegt.
- all-you-can-afford: Die Budgethöhe ergibt sich über die verfügbare Mittel im Unternehmen.
- percentage of sales: Die Budgethöhe wird als prozentualer Anteil vom Netto- oder Bruttoumsatz berechnet.
- competitive-parity: Die Budgethöhe wird in Abhängigkeit zum Budget der Konkurrenz gesetzt.

b. Priorisierung der Kommunikationsinstrumente: Nachdem die Höhe des Budgets abgegrenzt worden ist, beginnt die Planung im Umgang mit den Medien. Das bedeutet, welche Kommunikationsinstrumente sollen vor dem Hintergrund der Zielsetzung zum Einsatz kommen?

Die folgende Abbildung zeigt dazu zunächst die Antwort auf die Frage, auf welche Kommunikationsinstrumente sich die Unternehmen 2009 grundsätzlich fokussiert haben und welche sie 2010 fokussieren werden? Die Abbildung erlaubt zunächst einen allgemeinen Überblick über einige Kommunikationsinstrumente. Die Ergebnisse basieren auf einer Studie vom August/September 2009 des Unternehmens Brandpact. Hier wurden Kommunikationsverantwortliche aus Deutschland, Österreich und der Schweiz befragt. Das Ziel war es, u.a. Aktionsfelder für Krisenzeiten zu ermitteln.

Abbildung 9.6   Mediennutzung 2009 vs. 2010
(Quelle: Vgl. Brandpact, 2009, S.15)

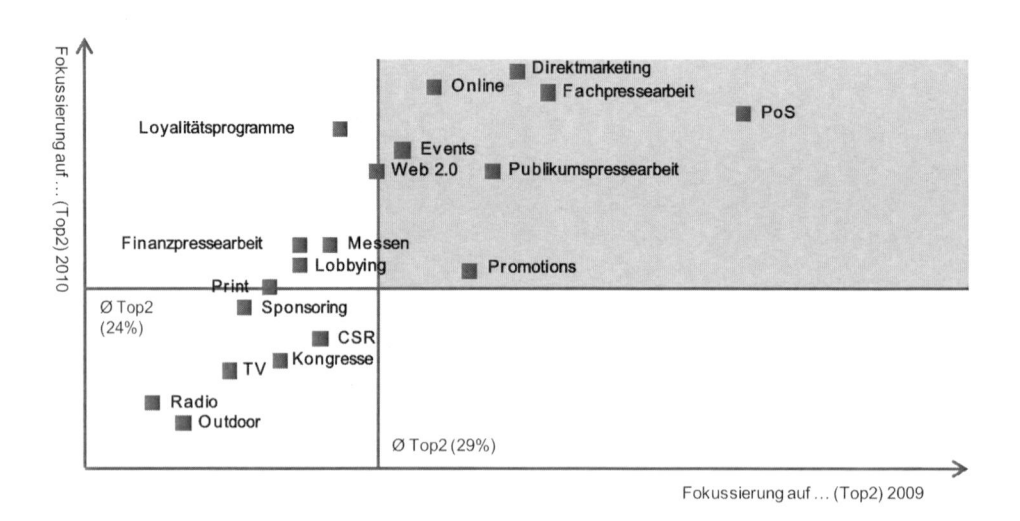

An dieser exemplarischen Übersicht wird ferner ersichtlich, dass Unternehmen in den Jahren 2009 und 2010 die Instrumente unterschiedlich nutzen wollen. Insgesamt erhalten die Medien Online, Direktmarketing, die Fachpressearbeit sowie POS (Point of Sale) den stärksten Zuspruch. Weniger relevant erscheinen Radio und die Outdoor-Kommunikation. Die Abbildung zeigt Unternehmen, die im BtB (Business to Business) oder im BtC (Business to Consumer) tätig sind. Wird die Bedeutung der Instrumente getrennt nach BtB und BtC betrachtet, so zeigen sich deutliche Unterschiede. Während bei der BtC Kommunikation für Konsumgüter eher die klassische Werbung bevorzugt wird, so stehen bei BtB eher das Verkaufsgespräch und die Verkaufsförderung im Vordergrund.

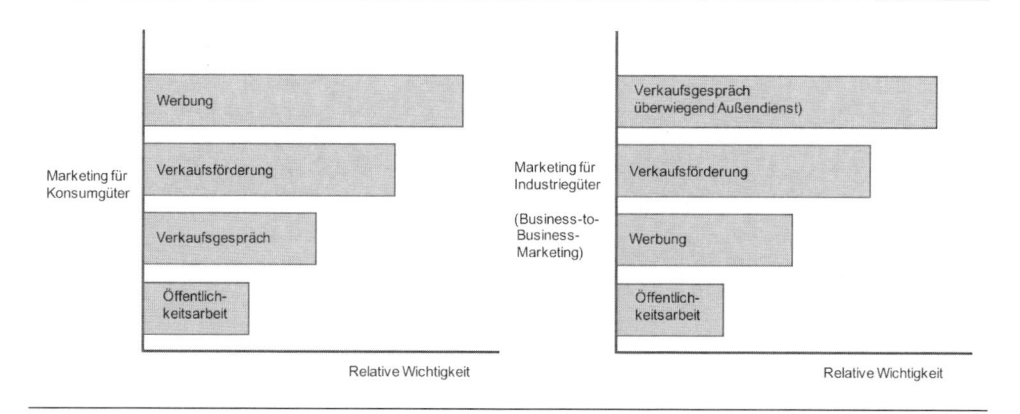

Planung einer integrierten Kommunikationskampagne 235

Abbildung 9.7 Mediennutzung BtC vs. BtB
(Quelle: Kotler et al., 2007, S. 871)

[Balkendiagramm: Marketing für Konsumgüter – Werbung, Verkaufsförderung, Verkaufsgespräch, Öffentlichkeitsarbeit (Relative Wichtigkeit); Marketing für Industriegüter (Business-to-Business-Marketing) – Verkaufsgespräch (überwiegend Außendienst), Verkaufsförderung, Werbung, Öffentlichkeitsarbeit (Relative Wichtigkeit)]

Die folgenden Überlegungen gliedern diese Kommunikationsinstrumente in:

- Klassische Werbung (above the line)
- Nicht-klassische Kommunikation (below the line)
- Persönliche Kommunikation
- Online-Kommunikation
- Öffentlichkeitsarbeit (Public Relation).

Die folgenden Ausführungen skizzieren diese fünf grundsätzlichen Kommunikationsarten, die sich häufig auch in der Organisation eines Unternehmens als separat strukturierte Aufgabenbereiche finden lassen.

Klassische Kommunikation (above the line): Zur Klassischen Kommunikation werden in der Regel die Medientypen TV-, Radio-, Kino- und Print (Anzeigen in Zeitschriften) sowie die Außenwerbung gezählt. Vorteile dieser Medien liegen primär in ihrer hohen Reichweite in der Zielgruppe. Nachteile lassen sich in erster Linie über die hohen Kosten und die geringen Möglichkeiten zur Interaktion mit dem Kunden ableiten.

Nicht-klassische Kommunikation (below the line): Dazu zählen u.a. die Medientypen Verkaufsförderung am POS (z.B. Promotions), Events, Direkt Marketing, Messen/Ausstellungen sowie aktuellere Ansätze der Ambient-Kommunikation. Ambient-Kommunikation beschreibt Medien die im sogenannten „Out-of-Home"-Feld der relevanten Zielgruppen genutzt werden. Ein Beispiel dafür sind die kostenlosen Postkarten, die in Restaurants platziert werden. Die Vorteile dieser Medientypen liegen u.a. in den schnellen und direkten Reaktionsmöglichkeiten des Kunden auf die Kommunikation. Das betrifft insbesondere die Möglichkeit des Unternehmens, direkte Kaufimpulse am POS zu platzieren. Als wichtiger Nachteil ist die teils sehr geringe Reichweite einiger Medientypen zu nennen.

Besonderheiten finden sich beim Event-Marketing, dem Sponsoring und dem Direktmarketing. Beim Event-Marketing besteht neben der Möglichkeit, direkte Impulse beim Kunden zu erzeugen, auch die Chance, durch den besonderen Charakter von Events intensive und nachhaltige Erlebnisse bzw. Emotionen in der Kommunikation zu erzeugen. Die nachhaltige Wirkung betrifft auch das Sponsoring. Gerade im Hinblick auf die langfristige Erhöhung der Bekanntheit eines Unternehmens oder einer Marke kann das Sponsoring eine hohe Breitenwirkung besitzen.

Online-Kommunikation: Ein sehr großes Wachstum hat in den letzten Jahren die Online Kommunikation verzeichnet. Eine häufig anzutreffende Differenzierung ist in Performance- und Online-Marketing.

Zu den Arbeitsinhalten des Performance Marketing zählen u.a. das Suchmaschinenmarketing (z.B. bei Google) sowie die Schaltung von Bannern. Das Online-Marketing beschäftigt sich mit vor allem mit der Gestaltung und Optimierung des Web-Auftritts des Unternehmens oder der jeweiligen Marke (z.B. E-Newsletter, Marken-Website). Besondere Vorteile liegen neben der Schnelligkeit, Informationen bereitzustellen, vor allem in der Möglichkeit, eine Interaktion mit dem Kunden aufzunehmen. Nachteile finden sich aktuell noch in der eingeschränkten Reichweite.

Öffentlichkeitsarbeit (Public Relation): Die Öffentlichkeitsarbeit beschäftigt sich primär mit der Kommunikation des Unternehmens gegenüber Organisation, Behörden und Einzelpersonen. Das Ziel lautet in der Regel, Vertrauen für das Unternehmen aufzubauen. Vorteile ergeben sich für das Unternehmen insbesondere aus Basis eines langfristigen Engagements, um darüber die Glaubwürdigkeit des Unternehmens zu erhöhen. Als Nachteil sind u.a. die hohen Kosten und der schwierige Nachweis zu nennen, die indirekte Wirkung nachzuweisen.

Persönliche Kommunikation: Die persönliche Kommunikation bezieht sich in erster Linie auf den persönlichen Verkauf. Damit sind einerseits die Kommunikation des Außendienstes zum Zwischenhändler und die Kommunikation zum Kunden gemeint. Die Vorteile liegen bei dieser Kommunikation neben der sehr persönlichen bzw. individuelleren Kommunikation vor allem in der Chance, langfristige Beziehungen aufzubauen. Die Nachteile können in erster Linie durch die hohen Kosten entstehen, die eine individuelle Betreuung mit sich bringen.

Eine vertiefende Beschreibung der wichtigsten Medien lässt sich z.B. bei Unger et al (2007) nachlesen.

Kriterien zur Bewertung der Kommunikationsinstrumente:

Nach diesem Überblick über existierende Kommunikationsinstrumente stellt sich für ein Unternehmen die Frage, in welchen Medien soll das Budget investiert werden? Bei dieser Frage geht es in der Planung im Kern um zwei Selektionsphasen. Das sind die Intermediaselektion und die Intramediaselektion.

In der ersten Phase der **Intermediaselektion** werden die verschiedenen Kommunikationsinstrumente gegeneinander bewertet. Eignet sich z.B. TV Werbung eher oder weniger als die Online-Kommunikation, um ein Kommunikationsziel zu erreichen. Zur Bewertung werden qualitative und quantitative Kriterien herangezogen. Die folgende Auflistung zeigt zur Verdeutlichung mögliche Kriterien.

- Wirtschaftlichkeit: Wie hoch ist die Reichweite in der Zielgruppe? Was kostet z.B. eine hohe Reichweite?

- Verwendung: Welche Medien werden von der Zielgruppe am häufigsten verwendet?

- Kontaktqualität: Eignet sich das Medium, um die Kernbotschaft zu transportieren?

- Leitmedium: Welche Rolle spielt das Medium im Vergleich zu anderen Medien? Ist es eher ein Begleit- oder Leitmedium?

In der zweiten Phase der **Intramediaselektion** steht der Vergleich von Medien innerhalb einer Gattung im Vordergrund. Hat sich ein Unternehmen für das Medium Online und die Schaltung von Banner entschieden, so müsste hier z.B. beantwortet werden, welche Online-Portale (z.B. spiegel.de, gmx.de, freenet.de) sich für die Kampagne eignen. Die folgende Auflistung zeigt durch Verdeutlichung mögliche Kriterien zu Bewertung.

Brutto-/Nettoreichweite: Wie viele Kontakte entstehen durch eine bestimmte Kombination an Medien insgesamt? Wie viele Kunden werden durch „Doppelkontakte" netto erreicht?

Preis: Wie hoch ist Preis pro Tausend erreichte Kontakte (TKP)?

Werbedruck: Wie hoch ist der Werbedruck (GRP = Gross Rating Point)? Der GRP-Level beschreibt das Verhältnis von erreichten Kontakten im Verhältnis zur gesamten Zielgruppe.

Die Inter- und Intramediaselektion findet vor dem Hintergrund einer zeitlichen Eingrenzung statt. Dabei ist vor allem die Wiederholung von Kommunikation eine wichtige Fragestellung, die es zu beantworten gilt.

Im Folgenden sind einige Fragen zur Orientierung aufgeführt.

Frequenz: In welcher Frequenz wird die Kommunikation gezeigt? Eher pulsierend, z.B. nur in der Saison oder kontinuierlich, z.B. das ganze Jahr über?

Wear-Out Effekte: An welchem Punkt ist die Kommunikation „verbraucht"? Wie lange kann eine Botschaft gesendet werden, ohne dass negative Effekte (z.B. Reaktanzen „Schon wieder Media Markt-Werbung") gezeigt werden?

> **Fallstudie EDEKA:** Zum Zeitpunkt der Kampagnententwicklung war preisgetriebene Handelswerbung die dominierende Kommununikation im Lebensmitteleinzelhandel (LEH). Zur Darstellung der Botschaften wurden primär Tageszeitungen verwendet.
>
> Die Discounter Lidl und Aldi investierten mit über 260 Mio. Euro Budget den größten Anteil des Budgets im LEH-Markt. EDEKA entschied sich, in diesem Umfeld mit 66 Prozent den größten Anteil des Budgets in das Kommunikationsinstrument TV zu investieren.
>
> Um Streuverluste zu minimieren, wurde weitere 33 Prozent des Budgets in Printmedien investiert (vierfarbige 2/1- und 1/1-Anzeigen). Dazu zählten z.B. Foodmagazine sowie Wellnessszeitschriften. Ergänzend fand eine Kommunikation in den EDEKA-Geschäften am POS statt. Inhaltlich stand der EDEKA Mitarbeiter im Mittelpunkt der TV Kommunikation, um die Aussage „Wir lieben Lebensmittel" zu beweisen (siehe folgende Abbildung).
>
> Kleine Geschichten aus dem Berufsleben des Mitarbeiters verdeutlichten in humorvoller Weise die besondere Leidenschaft, mit der Mitarbeiter ihren Beruf praktizieren. Diese Leidenschaft führt zu der besonderen Kompetenz, die die EDEKA Mitarbeiter besitzen.
>
> Das Kommunikationsinstrument Print galt als Grundlage der Produktkommunikation. Dort standen die Aspekte Frische, Vielfalt und Qualität der Produkte im Vordergrund. Die folgende Abbildung zeigt einen TV Spot zur Verdeutlichung einer kreativen Idee im Medium TV. Der TV Spot trägt den Namen „Tüte". EDEKA investierte im Jahr 2005 insgesamt 26,4 Mio. Euro in Media (exkl. Tageszeitung).
>
> Die Handlung des TV Spots (siehe folgende Abbildung der wichtigsten Szenen): Ein Mitarbeiter von EDEKA stellt einer älteren Dame eine Tüte mit Lebensmitteln in den Wagen. Als er merkt, dass er etwas vergessen hat, läuft er dem Auto hinterher und stoppt es. Danach schnallt er die Tüte im Auto an, damit nichts umfällt. Abschließend wird der Slogan gezeigt: „Wir lieben Lebensmittel".

Abbildung 9.8 TV Spot EDEKA
(Quelle: GWA – Fallstudie EDEKA, 2006, S. 10)

Schritt 6: Überprüfung des Kommunikationserfolges

Im letzten Schritt wird überprüft, inwiefern die Kommunikation hinsichtlich der Kommunikationsziele erfolgreich war. Dazu lassen sich grundsätzlich zwei Ansatzpunkte aufzeigen:

a. Potenzieller Erfolg: Das ist zum einen die Prognose über den potenziellen Erfolg einer Kampagne. Auf Basis ökonomischer Kennzahlen und psychologischer Beeinflussungsziele wird ein Erfolg prognostiziert. Grundlage sind in der Regel Pretests, in denen die Kommunikation vorab vorgestellt und auf Akzeptanz überprüft wird.

b. Tatsächlicher Erfolg: Zum anderen lässt sich die Kommunikation anhand ihrer Wirkung bestimmen. Auch hier lässt sich auf Basis ökonomischer Kennzahlen (z.B. Umsatzerhöhung) und psychologischer Beeinflussungsziele (z.B. positivere Einstellung gegenüber Marke X) ein möglicher Erfolg konkretisieren.

Zu den ökonomischen Kennzahlen zählen insbesondere Veränderungen bei Marktanteilen oder die Erhöhung des Umsatzes. Während sich der Erfolg einer Kommunikationskampagne ggfs. durch einen größeren Umsatz insgesamt darstellen lässt, so sind einzelne Wirkungszusammenhänge häufig aufgrund der Komplexität der Rahmenbedingungen nur sehr schwer nachzuweisen. Als psychologische Beeinflussungsziele sind z.B. Bekanntheit, Verständnis der Botschaft, angemessene Speicherung der Kommunikationsinhalte, die Veränderung des Images und die Markenpräferenz zu nennen.

In Anlehnung an die zuvor dargestellten Stadien der Kaufbereitschaft wäre z.B. eine Orientierung der Erfolgsbewertung an diesen Stadien denkbar.

Ansatzpunkte zur Bewertung:	Mögliche Erfolge:
1. Kenntnis über Leistung:	Wurde die Bekanntheit erhöht? Konnte das Marken- bzw. Produktwissen aufgebaut werden?
2. Einstellung:	Konnten positive Gefühlen und Stimmungen gegenüber der Zielgruppe hinsichtlich des Angebots erreicht werden (Sympathie)?
3. Präferenz:	Ist die Zielgruppe von dem Angebot überzeugt und hat sie eine Präferenz entwickelt? Konnte sich das Unternehmen oder die Marke gegenüber den Wettbewerbern profilieren?
4. Kaufverhalten	Hat die Zielgruppe das Angebot gekauft? Konnte die Kauffrequenz erhöht werden?
5. Nachverkaufsverhalten:	Wurden die Kunden zu loyalen Käufern konvertiert? Wie hoch die ist Wiederkaufsrate?

Fallstudie EDEKA: Der EDEKA Kampagne wurde von der GWA ein Effie für den Erfolg verliehen. Die folgenden Ausführungen erläutern diesen Erfolg anhand der zuvor abgesteckten Ziele.

Marketingziel 1: Steigerung des Umsatzes im Kampagnenzeitraum 2005

Der Umsatz im Jahr 2005 konnte im Kampagnenzeitraum deutlich gesteigert werden. Die Netto-Umsatzsteigerung betrug bei den selbständigen EDEKA-Einzelhändlern +6,7 Prozent gegenüber dem Vorjahr. Das Wachstum der Discounter (exkl. Aldi) betrug +5,4 Prozent. Dabei ist zu erwähnen, dass sich dieser Markt insgesamt in tendenziell strukturschwachen bzw. stagnierenden Zustand befunden hat (siehe Abbildung).

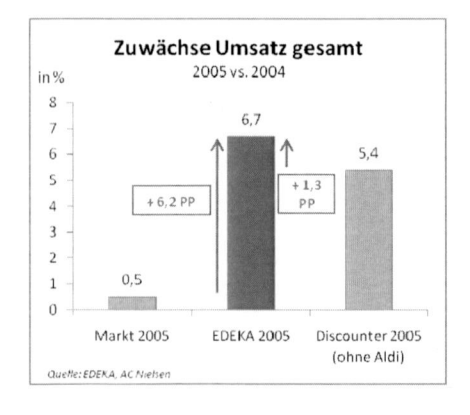

Abbildung 9.9 Umsatzzuwachs
(Quelle: GWA – Fallstudie EDEKA, 2006, S. 5)

Marketingziel 2:

Deutliche Steigerung des Absatzes durch die Kommunikation

Nach sechs Monaten ließ sich ein Zusammenhang von GRP bei der Warenklasse „Weiße Linie", der Molkereiprodukte herstellen. Pro Gross Rating Point TV-Werbedruck wurden 15 Einheiten zusätzlich verkauft. Zum Vergleich: Eine Einheit entspricht einem Liter Milch.

Kommunikationsziel 1:

Deutliche Steigerung der Markenpräferenz und der Markenbekanntheit

Eine positive Entwicklung ließ sich bei der Markenpräferenz identifizieren. Im Zeitraum März bis Dezember 2005 konnte EDEKA im Vergleich zu Aldi, Lidl, Real, Kaufland, Plus und Penny das höchste Wachstum in Prozentpunkten (ppt) erzielen. EDEKA erreichte demnach eine Steigerung des Wertes um +3 Prozent (siehe Abbildung). Der Ausgangswert sechs wurde so auf neun gesteigert.

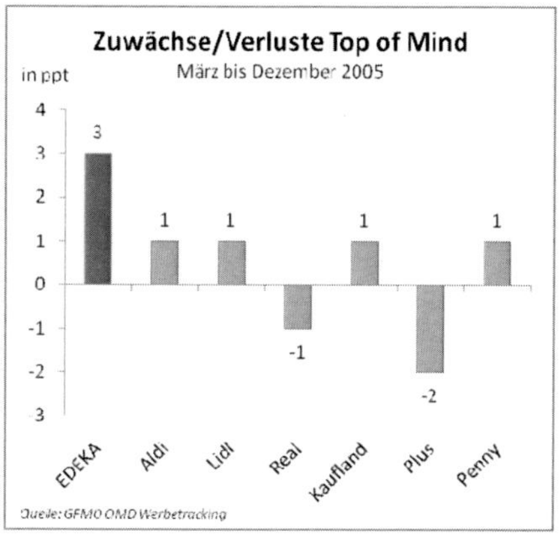

Abbildung 9.10 Top of Mind
(Quelle: GWA – Fallstudie EDEKA, 2006, S. 5)

Ebenfalls gewachsen ist die ungestützte Markenbekanntheit. Im Vergleich zu Aldi, Lidl, Real, Kaufland, Plus und Penny erreicht EDEKA als Marke mit +10 Prozent das höchste Wachstum (siehe Abbildung). Der Ausgangswert 45 wurde so auf 55 Prozent gesteigert.

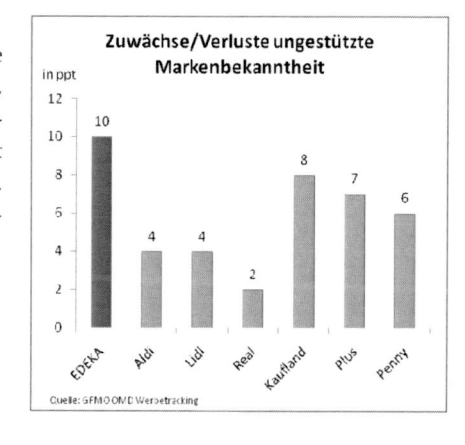

Abbildung 9.11 Markenbekanntheit
(Quelle: GWA – Fallstudie EDEKA, 2006, S. 5)

Kommunikationsziel 2:

Deutlich überdurchschnittliche Leistungswerte der Kampagnen-Erinnerung

Ein positives Ergebnis konnte EDEKA auch hinsichtlich der ungestützten Werbeerinnerung erreichen. Im Vergleich zu Aldi, Lidl, Real, Kaufland, Plus und Penny erreicht EDEKA ein Wachstum von acht Prozentpunkten. Hier zeigte sich ein deutlicher Unterschied zum Wettbewerb (siehe Abbildung). Der Ausgangswert 16 wurde so auf 24 Prozent gesteigert.

Abbildung 9.12 Werbeerinnerung
(Quelle: GWA – Fallstudie EDEKA, 2006, S. 6)

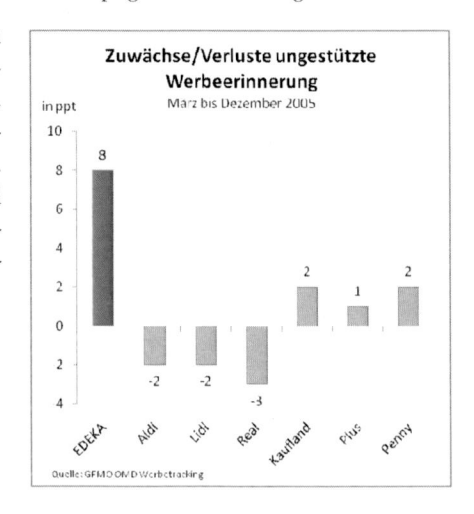

Kommunikationsziel 3:

Überdurchschnittliche Werbeerinnerung des Slogans

Infolge der Kommunikationskampagne wurde die Bekanntheit des EDEKA Slogans „Wie lieben Lebensmittel" gesteigert. Ausgehen von 19 Prozent wurde im Vergleichszeitraum März bis Dezember eine Verbesserung von +36 Prozentpunkten identifiziert. Die Bekanntheit ist damit auf 55 Prozent gestiegen (siehe Abbildung).

Abbildung 9.13 Erinnerung Slogan
(Quelle: GWA – Fallstudie EDEKA, 2006, S. 6

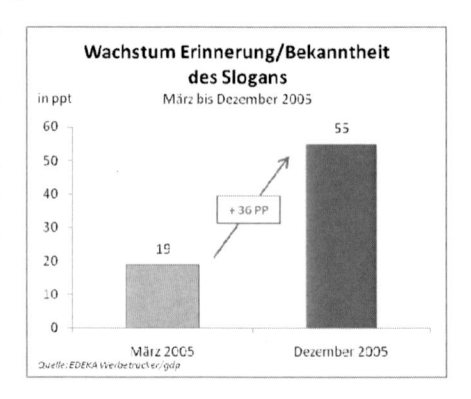

Kommunikationsziel 4:

Herausragende Wirkung

Im Hinblick auf die Beurteilung der Kampagne erzielte die Kommunikationskampagne bei werbewirkungsrelevanter Dimension nach neun Monaten deutliche Veränderungen. Im Zeitraum Juni bis Dezember veränderten sich z.B. die folgenden Werte: verständlich (von 58 auf 66 Prozent), originell (58 auf 61 Prozent), sympathisch (43 auf 51 Prozent), auffällig (48 auf 50 Prozent), modern (40 auf 45 Prozent), passt zu EDEKA (36 auf 42 Prozent), glaubwürdig (16 auf 28 Prozent) und schafft Vertrauen (19 auf 26 Prozent).

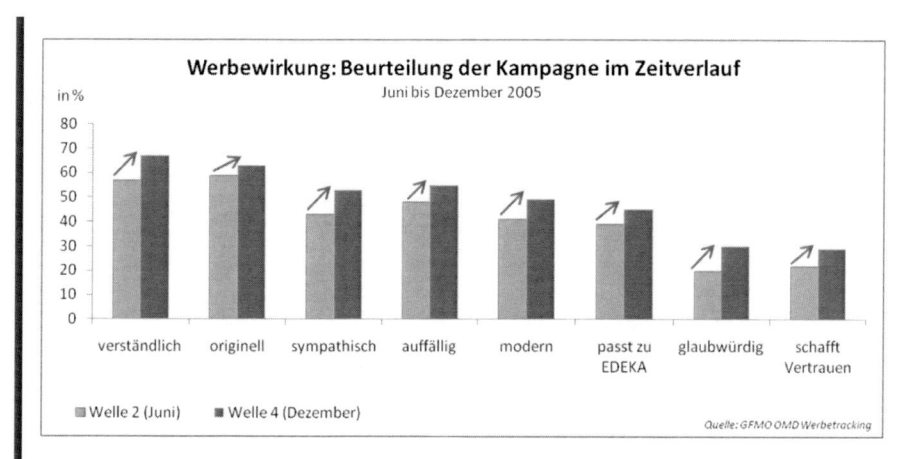

Abbildung 9.14 Werbewirkung der Kampagne
(Quelle: GWA – Fallstudie EDEKA, 2006, S. 7)

Kommunikationsziel 5:

Gezielter Ausbau der gewünschten Image-Dimensionen

Ein weiteres Kommunikationsziel war es, einige Image-Dimensionen auszubauen und darüber die Differenzierung gegenüber dem Wettbewerb zu erhöhen. Die folgende Abbildung verdeutlicht dazu einige Ergebnisse.

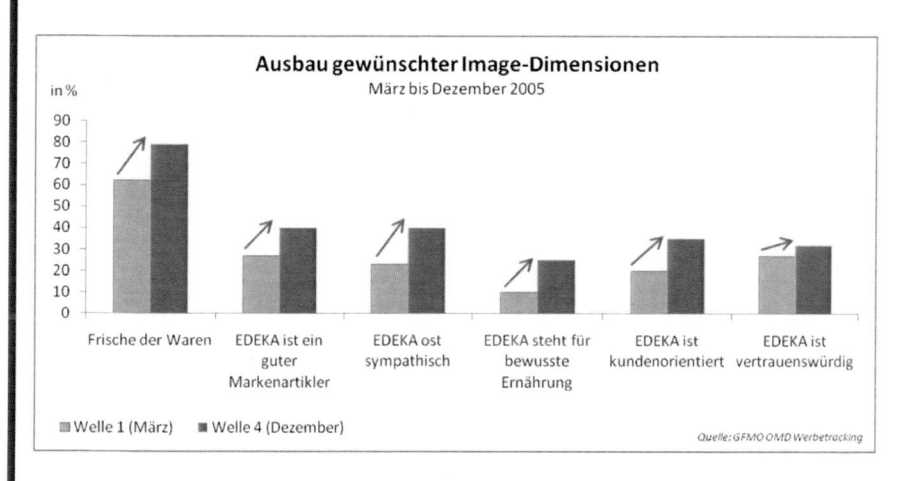

Abbildung 9.15 Ausbau der Imagedimensionen
(Quelle: GWA – Fallstudie EDEKA, 2006, S. 8)

Die folgenden Kennzahlen erreichten „trifft voll und ganz zu": „Frische der Waren" (von 64 auf 79 Prozent); „EDEKA ist so etwas wie ein guter Markenartikler" (26 auf 39 Prozent), „EDEKA ist sympathisch" (23 auf 38 Prozent), „EDEKA steht für bewusste Ernährung" (10 auf 25 Prozent), „EDEKA ist kundenorientiert" (20 auf 32 Prozent) und „ist vertrauenswürdig" (25 auf 33 Prozent). Ein weiterer Erfolg der Kampagne lässt sich im Hinblick auf die Effizienz des Budgets annehmen. Im Vergleich zum Wettbewerb scheint EDEKA letztlich das Kommunikationsbudget effizienter genutzt zu haben. Die Hauptwettbewerber Lidl, Plus und Real erzielen im Hinblick auf die ungestützte Werbeerinnerung und deren Kommunikationsbudget geringere Zuwächse (siehe folgende Abbildungen).

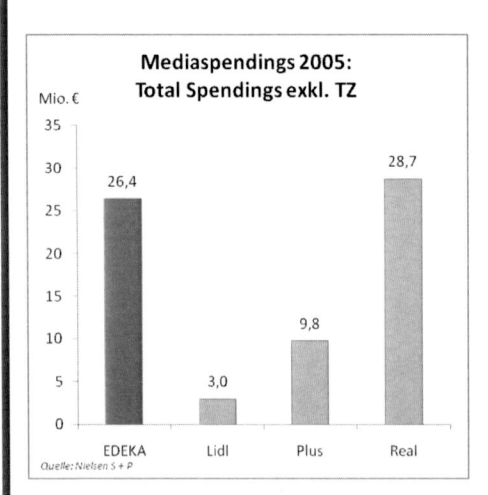

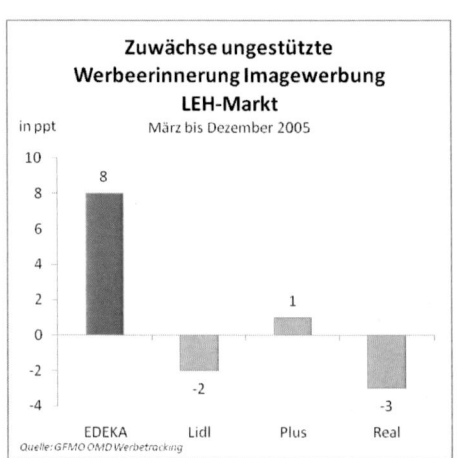

Abbildung 9.16 Mediaspendings/Werbeerinnerung
(Quelle: GWA- Fallstudie EDEKA, 2006, S. 8)

9.3 Einflussgrößen der Kommunikation

Wenn eine Kommunikationskampagne der Zielgruppe präsentiert wird, trifft diese auf besondere Rahmenbedingungen, die je nach Markt und Zielgruppe sehr unterschiedlich sein können. Mögliche Einflussgrößen sind unterschiedliche Situationen hinsichtlich:

1. Zeitpunkt: In welcher Phase des Produktlebenszyklus
                   befindet sich ein Produkt?

2. Markt: Welche Unterschiede existieren bei
                   Konsum- oder Industriegütern?

3. Involvement: Wie hoch ist das Interesse des Kunden am Produkt?

4. Handel: Welche Bedeutung hat der Handel im Kaufprozess?

1. Zeitpunkt: Ein Einflussfaktor ist der Zeitpunkt, zu dem eine Kommunikationskampagne gestartet wird. Das betrifft insbesondere den Zeitpunkt im Produktlebenszyklus, in dem sich das zu bewerbende Produkt befindet. Wenn ein Produkt eine Neuheit am Markt darstellt, muss es ggfs. erst erklärt werden. Befindet sich eine Produkt hingegen am Ende des Produktlebenszyklusses, besteht seitens des Kunden bereits ein Vorwissen, auf dem sich aufbauen lässt.

2. Markt: Des Weiteren hat der Markt, in dem die Kommunikation entwickelt wird, Einfluss auf die Gestaltung der Kampagne. Anbieter von Konsumgütern verwenden bei der Bekanntmachung von Massenprodukten sehr häufig Massenmedien wie TV, Print oder Radio. Darüber lassen sich sehr schnell viele Kunden erreichen. Die hohe Anzahl an Kunden wird häufig gebraucht, um eine kritische Masse an Produkten zu verkaufen. Im Industriegütermarkt ist hingegen häufig nur eine geringe Anzahl von Kunden relevant für ein Produkt. In der Konsequenz sind andere Kommunikationsinstrumente für das Unternehmen von Bedeutung. Insbesondere die vertriebliche Form der direkten Kommunikation spielt häufig eine größere Rolle.

3. Einflussfaktor Involvement: Ein weiterer Einflussfaktor bei der Kommunikation ist das Involvement. Dieser dritte Einflussfaktor beschreibt vor allem das Interesse bzw. den Umfang an persönlichem Engagement („Ich-Beteiligung") der Zielgruppe an Informationen über das Produkt. Für die Entwicklung der Kommunikation ist das grundsätzlich wichtig, weil sich darüber ableiten lässt, ob die Zielgruppe sich sehr intensiv mit den Besonderheiten des Marktes und des Produktes beschäftigt oder ob die Zielgruppe weniger interessiert ist. Je nach Ausprägung des Involvement findet sich entsprechend eine hohe oder geringe Aufmerksamkeit der Zielgruppe für die Kommunikation des Unternehmens.

Die folgende Abbildung verdeutlicht dazu zwei grundsätzliche Konsequenzen. Dort sind zwei Wirkungspfade dargestellt, wie die Kommunikation seitens des Kunden bei unterschiedlichem Involvement verarbeitet wird. Der erste Pfad beschreibt einen Kunden (Nachfrager), der ein hohes Involvement aufweist (Wirkungspfad bei informativer Werbung und hochinvolvierten Nachfrager).

In der Folge findet sich eine hohe Aufmerksamkeit des Kunden. Die Kommunikationskampagne (Werbekontakt) wird dadurch auch eher kognitiv verarbeitet, bevor dann Einstellung und Kaufabsicht beeinflusst wird. Erst aus dieser Beeinflussung der Einstellung und der Kaufabsicht ergibt sich dann ein bestimmtes Verhalten. Der zweite Pfad verdeutlicht hingegen einen Kunden (Nachfrager), der nur wenig involviert ist (Wirkungspfad bei informativer Werbung und wenig involvierten Nachfrager).

Folglich besitzt dieser Kunde auch nur eine schwache Aufmerksamkeit gegenüber Kommunikationskampagnen (Werbekontakten). Anders als beim linken Pfad wird jedoch nach den kognitiven und emotionalen Vorgängen das Verhalten direkt beeinflusst. Entscheidungen, die von Kunden im Rahmen dieses Pfades getroffen werden, sind danach insgesamt weniger reflektiert und eher spontan (siehe dazu auch Kap. 3 Kaufverhalten des Konsumenten).

Abbildung 9.17 Involvierte und weniger involvierte Konsumenten
(Quelle: Vgl. Meffert et al., 2008, Kroeber-Riel et al., 2003)

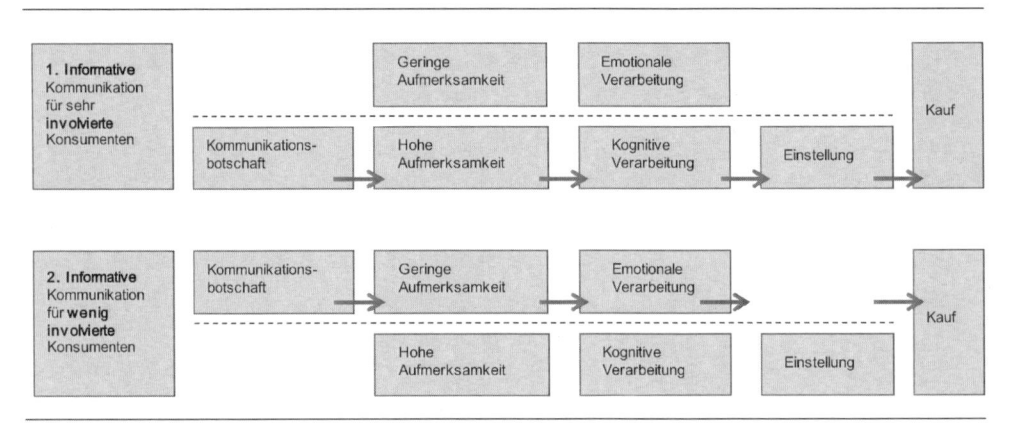

Diese beiden Pfade haben große Konsequenzen für die Entwicklung einer Kommunikationskampagne. Beim Wirkungspfad 1 besitzen kognitive Vorgänge eine größere Bedeutung. Damit ist auch tendenziell die Bedeutung von konkreten Informationen in der Kommunikationskampagne von Bedeutung.

Abbildung 9.18 Anzeige von 1&1

Beim Wirkungspfad 2 besitzen emotionale Vorgänge eine größere Bedeutung. Für die Entwicklung von Kommunikationskampagnen ist es dadurch auch wichtiger diese Emotionen angemessen zu aktivieren. Die beiden Beispiele verdeutlichen exemplarisch die grundsätzlichen Richtungen der Kommunikation (informativ vs. weniger informativ). Am Beispiel 1&1 (siehe oben) ist ein Schwerpunkt auf Information ersichtlich und bei Nike (siehe unten) wird insgesamt mit mehr Emotionen kommuniziert.

Abbildung 9.19   Internetauftritt bei Nike
(Quelle: www.nike.com (September 2010))

Einflussfaktor Handel: Dieser Punkt beschreibt die Bedeutung des Handels für die Kommunikation. Gerade in der Mittlerposition (Gatekeeper) zwischen Hersteller und Endkonsument kommt dem Handel eine große Bedeutung zu. In dieser Funktion kann der Handel entscheiden, ob ein Produkt über seine Vertriebskanäle weitergegeben wird oder nicht.

Für das Unternehmen stellt sich bei der Entwicklung einer Kommunikationskampagne die Frage, wie der Handel integriert wird? Zwei grundsätzliche Stoßrichtungen sind die Push- und die Pull Strategie. Der zentrale Unterschied ist die Zielgruppe. Während bei der Push Strategie der Handel in den Mittelpunkt der Aktivitäten rückt, sind es bei der Pull Strategie die Endkonsumenten.

Push-Strategie: Bei der Push-Strategie werden die Produkte des Herstellers quasi „in den Markt gedrückt". Die Kommunikation des Unternehmens konzentriert sich primär auf den Handel. Das sind Verkaufsaktionen oder besondere werbliche Maßnahmen am POS, die im Unternehmen häufig durch die Abteilung des Trade Marketing geplant und umgesetzt werden.

Pull-Strategie: Bei der Pull-Strategie versucht das Unternehmen die Produkte so attraktiv zu kommunizieren, dass die Konsumenten die Produkte beim Handel verlangen wollen. Diese Nachfrage lässt sich z.B. über Imagewerbung via TV Kommunikation erzeugen.

> **Fallstudie EDEKA:** Emotional vs. informativ: Bei EDEKA wurde die Kommunikation für eine Zielgruppe entwickelt, die weniger preisgetrieben, sondern eher markenaffin ist. Die Kunden sind in diesem Kontext etwas höher involviert. Die Besonderheit der Kommunikationskampagne ist dabei die Tatsache, dass die Kompetenz der Marke sehr emotional bzw. humorvoll dargestellt wird. Mittels dieses Humors werden dann aber wiederum ganz sachlich die faktische Kompetenz der Mitarbeiter sowie die besondere Qualität der Produkte bewiesen.
>
> Push vs. Pull Strategie: Aufgrund der starken Fokussierung auf die TV Kommunikation im Rahmen der klassischen Werbung (Budgetfokus auf TV mit 66 Prozent) und der Tatsache das EDEKA quasi für sich als Händler Werbung macht, lässt sich bei der EDEKA Kampagne eher von einer Pull Strategie sprechen. Den Endkonsumenten wird darüber die besondere Kompetenz der Marke nähergebracht.

Anregungen zum Nach- und Weiterdenken

Fragen:

1. Entwerfen Sie eine integrierte Marketingkampagne für folgende Produzenten beziehungsweise Anbieter:

- einen Bekleidungshersteller, der elegante Kleidung

   für junge Managerinnen herstellt

- einen lokalen Zoo, ein Theater oder ein Museum

- den Anbieter eines Mobiltelefons der neuesten Generation

- ein Beratungsunternehmen für Projektmanagement

- einen Produzenten von Druckmaschinen für Zeitungen

2. Nehmen Sie an, dass in einem Konsumgüterunternehmen das Werbebudget immer einen gewissen Prozentsatz der vorausgeplanten Verkäufe betrug. Überzeugen Sie die Geschäftsleitung von einer anderen Methode. Stellen Sie dazu Ihre bevorzugte Methode vor und begründen Sie Ihre Motive!

Quellenhinweise:

Bruhn, M. (2009): Kommunikationspolitik: Systematischer Einsatz der Kommunikation für Unternehmen, 5. Auflage, München

Fuchs, W. (2003): Management der Business-to-Business-Kommunikation: Instrumente – Maßnahmen – Fallbeispiele, Wiesbaden

Fuchs, W., Unger, F. (2007): Management der Marketing-Kommunikation, Heidelberg

Hofbauer, G., Hohemnleitner, C. (2005): Erfolgreiche Marketingkommunikation: Wertsteigerung durch Prozessmanagement, München

Kotler, P., Armstrong, G., Sauders, J., Wong, V. (2007): Grundlagen des Marketing, 4. Auflage, München

Meffert, H., Burmann, C., Koers, M. (2005): Markenmanagement. Identitätsorientierte Markenführung und praktische Umsetzung, 2. Auflage, Wiesbaden

Mediastudie der Agentur Brandpact: Markenkommunikation – Erfolgsfaktor in und auf dem Weg aus der Krise, Düsseldorf, Oktober 2009 (www.brandpact.com)

Scharf, A., Schubert, B., Hehn, P. (2009): Marketing. Einführung in Theorie und Praxis, Stuttgart

Unger, F., Durante, N.-V., Wailersbacher, R., Koch, R., Gabrys, E. (2007): Mediaplanung: Methodische Grundlagen und praktische Anwendungen, 4. Auflage, Heidelberg

www.zaw.de (Zentralverband der deutschen Werbewirtschaft e.V.)

Quellen über EDEKA und den Wettbewerb:

Markt- und Unternehmensinformationen:

    www.edeka.de

    www.gwa.de (2006 - Vorstellung der Effie-Kampagne von Grabarz & Partner)

    www.grabarzundpartner.de

10 Einführung Vertriebspolitik

Fallstudie: Nike

Kai-Michael Griese

Lernziele:

Das übergreifende Ziel ist es, die Vertriebspolitik und deren Rahmenbedingungen kennenzulernen und zu verstehen.

10.1 Rahmenbedingungen der Vertriebspolitik 253

10.2 Grundsatzentscheidungen im Vertriebssystem 253

10.3 Vertriebsprozess 261

10.4 Ausgewählte Instrumente zur Vertriebssteuerung 265

Grundverständnis der Vertriebspolitik:

Zur Vertriebspolitik zählen die Fragestellungen und Entscheidungen, die sich mit der Verteilung von Produkten und Dienstleistungen im Absatzmarkt im Hinblick auf Kosten- und Wachstumsziele im Unternehmen beschäftigen. Beispiele für zwei Ziele:

f. Stärkeres Umsatzwachstum durch den Ausbau der Distributionsstellen im Absatzmarkt

g. Geringere Kosten durch die Optimierung des Vertriebsprozesses zwischen Hersteller und Handel.

Fallstudie: Nike Inc.

Gründung:	1964
Unternehmenssitz:	Beaverton, Oregon (USA)
Umsatz:	ca. 19,2 Mrd. US $ (2009)
Branche:	Sportartikel
Mitarbeiter:	ca. 30.000
Marke:	Nike, Nike Golf, Converse, Umbro

Der Markt: Im Markt für Sportartikel konkurrieren weltweit vier große Anbieter. Neben der Weltmarktführer Nike sind vor allem Adidas, Reebok und Puma als Wettbewerber zu nennen.

Das Unternehmen: In der Gründerzeit des Unternehmens wurden zunächst Sportschuhe unter dem Namen Blue Ribbon Sports vertrieben. Die Gründer hießen Bill Bowerman und Phil Knight. Erst seit dem Jahr 1972 produzierte das Unternehmen dann unter dem Namen Nike die Sportschuhe.

Der Name des Unternehmens ist an die griechische Sieges-Göttin Nike angelehnt. Das verwendete Logo erinnert an die Flügel der Göttin. Neben dem Logo („Haken") war das Image von Nike durch die Kooperation mit bekannten Sportler und Sportvereinen geprägt. Zu Beginn waren z.B. der Läufer Steve Prefontaine sowie einige Zeit später der Basketballspieler Michael Jordan Testimonials von Nike. Weitere bekannte Testimonials waren später Lance Armstrong, Roger Federer oder auch Tiger Woods. 1989 wurde Nike weltweit die Nr. 1 der Anbieter von Sportartikeln und vertreibt derzeit Produkte in mehr als 160 Ländern.

Das Unternehmen erwirtschaftete 2009 einen Gesamtumsatz von rund 19,2 Mrd. US$ und erreichte eine Eigenkapitalrendite von 18,1 Prozent. Den größten Teil des Umsatzes erwirtschaftet das Unternehmen im Produktbereich Footware mit rund 50 Prozent.

Produktportfolio: Das Produktportfolio von Nike besteht neben innovativen Sportschuhen aus Sportbekleidung und Zubehör für verschiedene Sportarten, wie Fußball, Basketball, Golf, Laufen, Outdoor, Radsport, Rugby, Schwimmen, Tennis und Fitness. Seit einigen Jahren hält Nike eine umfangreiche Kooperation mit dem Unternehmen Apple Inc. Seit 2006 existiert für Kunden die Möglichkeit, Sportschuhe von Nike in Verbindung mit einem iPod Sports Kit zu nutzen. Darüber lassen sich Information beim Sport (z.B. gelaufene Kilometer) aufzeichnen. Die folgenden Überlegungen widmen sich nun der Vertriebspolitik sowie beispielhaft der besonderen Ausprägungsformen des Vertriebs bei Nike.

10.1 Rahmenbedingungen der Vertriebspolitik

Nachdem ein Produkt im Unternehmen entwickelt und produziert wurde, muss der kaufende Kunde mit dem Produkt in Kontakt gebracht werden. Diesen Akt der „Verteilung" der Produkte übernimmt in der Regel der Vertrieb. Das beinhaltet auch die logistische Komponente, um ein Produkt zum Kunden zu liefern. Diese Komponente wird allerdings in diesem Buch nicht vertieft. Dieses ältere Grundverständnis vom reinen Verteilen der Produkte (engl. Distribution) entspricht allerdings nicht mehr dem modernen Verständnis sowie den hohen Ansprüchen der heutigen Vertriebspolitik. Insofern muss der Aspekt der Verteilung erweitert betrachtet werden. So umfasst die Vertriebspolitik:

1. Pflege und Optimierung der Vertriebssysteme: In den letzten Jahren hat die Pflege der existierenden Vertriebssysteme im Marketing-Mix insgesamt an Bedeutung gewonnen. Unter Pflege werden alle Maßnahmen verstanden, die zur Erhaltung und Optimierung des existierenden Vertriebsvolumens notwendig sind. Der Grund für die zunehmende Bedeutung liegt in der Tatsache, dass in der Vergangenheit große Kostenersparnisse durch die Optimierung von Vertriebsprozessen erreicht wurden.

2. Neue Verkaufsaufträge: Dazu zählt ergänzend vor allem das Generieren von neuen Verkaufsaufträgen. Kunden können in diesem Fall z.B. Händler sein, die Produkte weiterverkaufen (z.B. EDEKA als Supermarkt) oder Endkonsumenten, die das Produkt selber konsumieren. Gerade in Märkten in denen Produkte sehr austauschbar sind und keine Alleinstellung mehr besitzen, wird die Erhöhung von Umsatz durch mehr Verkaufsaufträge immer schwieriger. Die professionelle Akquise von neuen Kunden zählt dadurch zu den großen Herausforderungen des Vertriebs.

3. Kundenpflege: Aufgrund des hohen Wettbewerbs in vielen Märkten und einer steigenden Dynamik bei Innovationen ist auch die Kundenpflege von Kunden ein wichtiger Bestandteil der Vertriebspolitik. Dabei geht es darum, Kunden langfristig zu binden und die existieren Beziehungen bestmöglich auszubauen.

Insofern sind die Ansprüche an den Vertrieb, ausgehend von der klassischen Verteilung, in den letzten Jahren insgesamt deutlich gewachsen. Unternehmen begegneten dieser Entwicklung mit einer zunehmenden Professionalisierung einzelner Arbeitsschritte und Prozesse.

10.2 Grundsatzentscheidungen im Vertriebssystem

Aus Sicht des Unternehmens müssen im Rahmen der Vertriebspolitik einige Grundsatzentscheidungen getroffen werden. Diese Entscheidungen haben zentrale Bedeutung für den Aufbau des Vertriebssystems und betreffen u.a. die vier Fragen:

1. Eigen- vs. Fremdvertrieb?
2. Direkter vs. indirekter Vertrieb?

3. Ein- vs. Mehrkanalvertrieb?
4. Feste vs. lose vertragliche Bindung mit Vertriebspartnern?

1. Eigen- vs. Fremdvertrieb

Für das Unternehmen ergeben sich unterschiedliche Möglichkeiten, ein Produkt zu verkaufen. Die folgende Abbildung stellt unterschiedliche Typologien von Verkaufsformen dar. Zu den ältesten Formen zählt der persönliche Verkauf („face-to-face"). Darunter fallen z.B. der Ladenverkauf, der Messeverkauf oder der Verkauf auf Events. Neben dem persönlichen Verkauf ist auch ein „mediengestützter" Verkauf möglich. Dieser wird nur durch entsprechende Medien möglich. Das zählt neben dem Telefonverkauf auch der Videokonferenzverkauf. Darüber hinaus ist ein unpersönlicher Verkauf möglich. Dazu lässt sich z.B. der Versandhandel, der Commerce, der mobile Verkauf, Internet-Aktionsverkäufe, TV-Shopping oder der Coupon-Verkauf zuordnen.

Abbildung 10.1 Typologie der Verkaufsformen
(Quelle: Vgl. Winkelmann, 2010, S. 292)

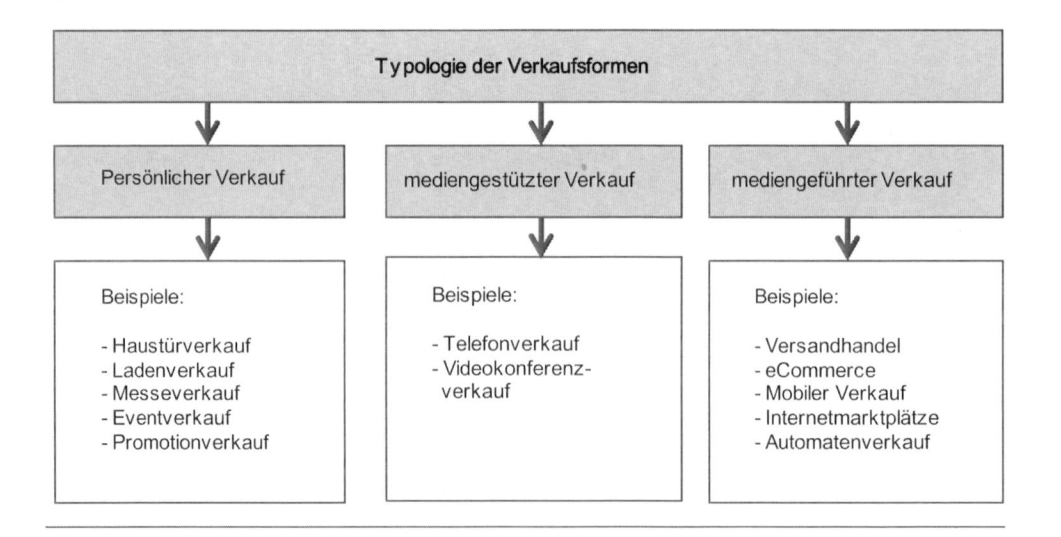

Typologie der Verkaufsformen

Persönlicher Verkauf	mediengestützter Verkauf	mediengeführter Verkauf
Beispiele: - Haustürverkauf - Ladenverkauf - Messeverkauf - Eventverkauf - Promotionverkauf	Beispiele: - Telefonverkauf - Videokonferenz- verkauf	Beispiele: - Versandhandel - eCommerce - Mobiler Verkauf - Internetmarktplätze - Automatenverkauf

Das Unternehmen muss zunächst grundsätzlich entscheiden, ob für diese Verkaufsformen ein Eigenvertrieb betriebswirtschaftlich Sinn bringt, oder ob es vorteilhaft ist, einen ausgegliederten Fremdvertrieb zu führen.

Der **Eigenvertrieb** wird in der Regel als eigener Funktionsbereich neben der Logistik, dem Marketing oder dem Controlling im Unternehmen angesiedelt. Bestandteil des Eigenvertriebs sind häufig auch ein Außen- und Innendienst, die nach Verkaufsgebieten strukturiert sind (z.B. Raum Süddeutschland in Baden Württemberg, Bayern, Saarland).

Beim **Fremdvertrieb** ist der Vertrieb aus dem Unternehmen ausgegliedert. Externe Absatzmittler, die wirtschaftlich und rechtlich unabhängig sind, übernehmen die Aufgaben des Vertriebs. Das können z.B. Franchisenehmer sein die vertraglich an das Unternehmen gebunden sind (z.B. TUI, McDonalds).

Bedeutung der Intermediäre: Sowohl bei Eigen- als auch bei dem Fremdvertrieb greift das Unternehmen häufig auf Vermittler zu. Diese werden auch als Intermediäre bezeichnet. Ein Intermediär ist ein Vermittler, der im Vertriebsprozess zwischen Hersteller und Kunde auftritt. Seine zentrale Aufgabe ist es, den Bedarf der Angebotsseite und den Bedarf der Nachfrageseite zusammen zu bringen. Dabei werden die Produktsortimente des Unternehmens in konkrete Kaufsortimente für den Kunden umgewandelt. Intermediäre können zum Beispiel Einzel- oder Großhändler sein. Ein Intermediär, wie beispielsweise ein Großhändler, bietet dem produzierenden Unternehmen den Vorteil, dass dieser seine Aufgabe am Markt effizienter löst als der Hersteller selbst. So haben Großhändler häufig besseren Kontakt zum Endkunden, mehr Kontakte am Markt und können durch ihre Spezialisierung und Mengenvorteile kostengünstiger agieren. Dabei können z.B. Großhändlern verschiedene Produkte mehrerer Hersteller anbieten und so ein breites Produktsortiment aufbauen.

Fallstudie Nike: Auch Nike verzichtet bei seiner Vertriebspolitik nicht auf Intermediäre. Beispielhaft kann hierfür die Warenhauskette Karstadt genannt werden, die als Einzelhändler gegenüber dem Endkonsumenten auftritt. Karstadt und andere Einzelhändler bieten dem Kunden die Produktangebote verschiedener Hersteller, etwa von Nike, Adidas und Puma an. Der Kunde hat dadurch die Auswahl aus einer breiten Produktpalette verschiedener Anbieter, um so seine Bedürfnisse zu stillen.

2. Direkter und indirekter Vertrieb

Eine weitere wichtige Grundsatzentscheidung betrifft die Frage nach dem direkten oder indirekten Vertrieb. Diese Entscheidung betrifft die vertikale Absatzstruktur. Die vertikale Absatzstruktur bestimmt die Länge des Absatzkanals und damit wie viele Intermediäre zwischen dem Hersteller und dem Endkunden eines Kanals integriert sind. Mit der Festlegung der vertikalen Absatzstruktur entscheidet sich der Hersteller gleichzeitig für einen direkten oder indirekten Vertriebsweg.

Indirekter Vertrieb: Ein indirekter Vertrieb liegt vor, wenn ein Hersteller rechtlich und wirtschaftlich selbständige Intermediäre in den Absatzkanal einbindet. Damit steht der Hersteller nicht mehr in direktem Kontakt zum Endkunden, sondern lässt die Verteilung durch Partner sicherstellen.

Direkter Vertrieb: Direkter Vertrieb bedeutet, dass Hersteller und Endkonsument in unmittelbarem Kontakt stehen. Bei dieser Form des Vertriebs ist kein Intermediär zwischengeschaltet, so dass der Hersteller alle Aufgaben und Funktionen im Absatzkanal wahrnimmt. Auf diese Weise hat der Hersteller einen direkten Einfluss und eine bessere Steuerungsfunktion. Durch die stetige Weiterentwicklung der Informationstechnologie haben sich die Möglichkeiten des Direktvertriebs durch Nutzung des Internets stark verbessert. Was bedeutet das für den Vertrieb? Insbesondere die Entwicklung des Internets kann als Grund dafür angesehen werden, dass sich die klassischen Vertriebsstrategien mit der Nutzung von verschiedenen Intermediären grundsätzlich ändern.

So versuchen Hersteller „näher" an ihre Kunden zu rücken. Das erreichen sie, in dem sie ihren direkten Vertrieb ausbauen. Die beschriebene Entwicklung wird auch als Vertikalisierung des Absatzkanals bezeichnet und lässt sich in zwei verschiedene Formen unterteilen. Das ist zum einen eine durch den Händler vorangetriebene und zum anderen, eine durch den Hersteller vorange-triebene Vertikalisierung (siehe folgende Abbildung).

Abbildung 10.2 Händler tritt selbst als Hersteller auf bzw. übernimmt seine Aufgaben

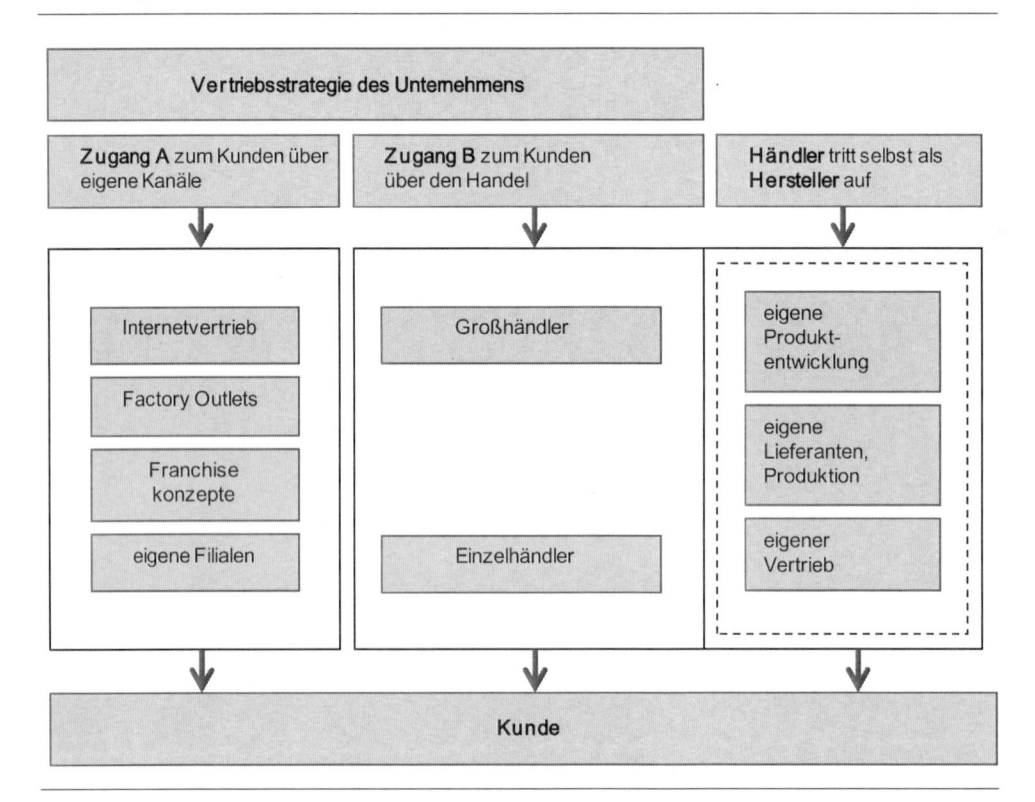

Händler übernehmen Aufgaben von Herstellern: Wie in der obigen Abbildung dargestellt, versuchen sich einige Händler im Absatzkanal näher am Kunden zu positionieren. Der Händler übernimmt dann die Aufgaben und Funktionen eines Herstellers. Dazu zählt z.B. eine eigene Produktentwicklung, eigene Lieferanten, Aufbau eigener Produktion und ein eigener Vertrieb. Ein klassisches Beispiel dafür ist der Verkauf von Eigenmarken durch den Handel. So bietet die dm-Gruppe als Drogeriemarkt z.B. die Eigenmarken Expedition Genuss, REWE, REWE BIO oder JA! An (siehe auch die folgende Abbildung). Damit übernimmt der Handel (z.B. REWE) in der klassischen Absatzstruktur nachgelagerte Funktionen des Herstellers wahr, so dass von einer Rückwärtsintegration gesprochen wird.

Abbildung 10.3 Auswahl von Eigenmarken von REWE

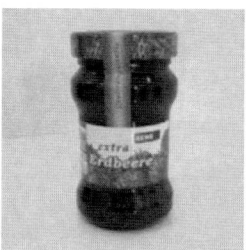

Hersteller übernehmen Aufgaben von Händlern: In der Vergangenheit haben die Hersteller in der Regel den klassischen Weg über den Handel genutzt („Zugang B"). Dabei verwendeten die Hersteller die Infrastruktur der Groß- oder Einzelhändler. Dabei können auch Hersteller, die im Absatzkanal weiter vom Kunden weg positioniert sind, vertriebspolitische Aufgaben des Handels übernehmen. Das ist dann möglich, wenn Hersteller Ihren direkten Vertrieb ausbauen (siehe Abbildung oben „Zugang A" links).

Fallstudie Nike: Ein Beispiel für die Vorwärtsintegration ist das Geschäft NikeTown in Berlin. In dieser Filiale verkauft Nike eigeständig seine Produkte. Dadurch verlegt Nike die Absatzstruktur weiter nach „vorne" und gelangt damit näher an ihre Kunden. Ein weiteres Beispiel könnte der Aufbau von Werksverkäufen sein.

Abbildung 10.4 Geschäft NikeTown in Berlin
(Quelle: www.store.nike.com (August 2010))

3. Ein- vs. Mehrkanalvertrieb

Hat ein Unternehmen mehrere Zielsegmente mit unterschiedlichen Anforderungen hinsichtlich des Vertriebs, reicht ein einzelner direkter oder indirekter Absatzkanal häufig nicht aus. Insbesondere durch das Internet hat die Nutzung mehrerer Absatzkanäle zugenommen. Verwendet ein Unternehmen mehr als nur einen Absatzkanal wird von einem **Mehrkanalvertrieb** gesprochen. Beim Einsatz eines Mehrkanalvertriebs ist es besonders wichtig, die verschiedenen Absatzkanäle aufeinander abzustimmen. Erfolgt dies nicht in hinreichendem Maße, kann sich zum Beispiel durch unterschiedliche Preise oder Botschaften ein inkonsistentes Markenimage für den Kunden ergeben. Dies kann im schlimmsten Fall dazu führen, dass der Kunde sich von der Marke abwendet und ein klarer positioniertes Angebot kauft. Die Kunden haben beim Mehrkanalvertrieb die Möglichkeit, bei diesem einen Anbieter sehr unterschiedliche Produkte zu erwerben. Ferner ergibt sich für die Hersteller der Vorteil, dass sie große Stückzahlen produzieren können und die Intermediäre diese in kleine, an den Kunden angepasste, Mengen umwandeln. Die folgende Abbildung verdeutlicht exemplarisch den Mehrkanalvertrieb anhand von drei Vertriebskanälen ausgehend von der Perspektive des Unternehmens (Hersteller von Parfüm). Beim Vertriebskanal 1 ist zwischen dem Hersteller und dem Endverbraucher kein Intermediär dazwischen geschaltet. Der Hersteller von Parfüm würde hier z.B. über Internet seine Produkte direkt vertreiben. Beim Vertriebskanal 2 ist ein Intermediär in Form des Einzelhandels integriert. Das könnte eine Drogeriekette (z.B. Douglas) sein, die für Hersteller die Produkte in den verschiedenen Geschäften verkauft. Der Vertriebskanal 3 zeichnet sich durch zwei unterschiedliche Intermediäre aus. Hier ist ebenfalls ein Einzelhändler integriert. Jedoch wird im

Vorfeld ein Großhandel dazwischen geschaltet, der dann wiederum die Produkte an den Einzelhandel weiterverkauft. Das ist z.B. in der Lebensmittelindustrie anzutreffen. Einige Großhändler kaufen in großen Mengen ein und verkaufen diese dann weiter an den Einzelhandel (z.B. Metro).

Abbildung 10.5   Unterschiedliche Vertriebskanäle

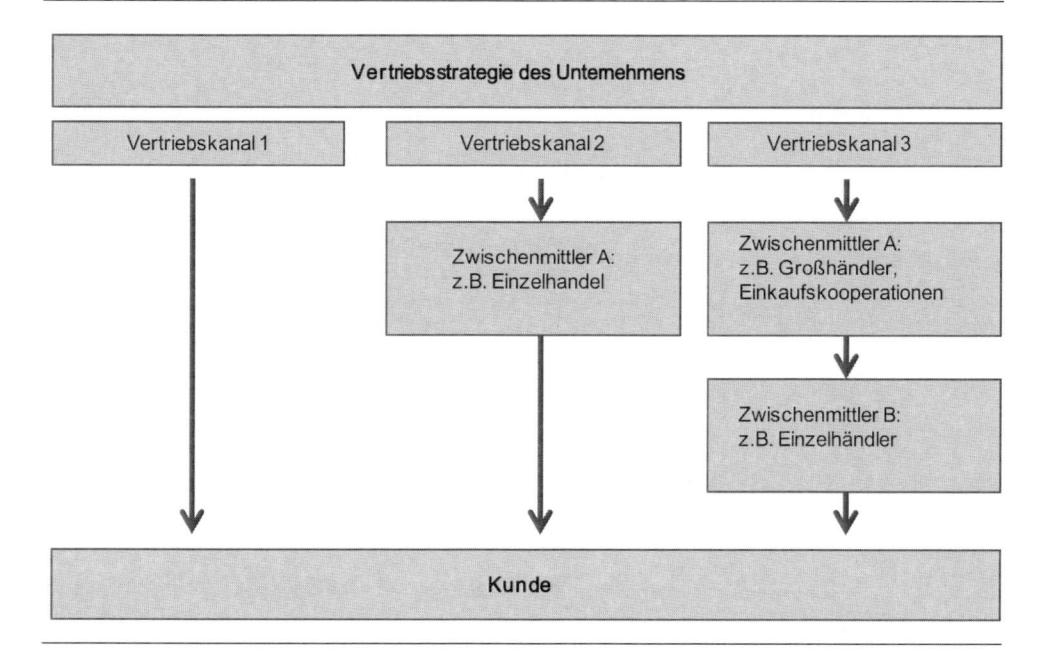

[Diagramm: Vertriebsstrategie des Unternehmens → Vertriebskanal 1, Vertriebskanal 2, Vertriebskanal 3. Vertriebskanal 2 führt über Zwischenmittler A: z.B. Einzelhandel. Vertriebskanal 3 führt über Zwischenmittler A: z.B. Großhändler, Einkaufskooperationen und dann Zwischenmittler B: z.B. Einzelhändler. Alle drei Kanäle münden beim Kunde.]

4. Feste vs. lose vertragliche Bindung mit Vertriebspartnern

Eine weitere wichtige Frage betrifft die vertraglichen Beziehungen zu den einzelnen Intermediären. Um einen Absatzkanal gemäß den eigenen Vorstellungen und Strategien steuern zu können, setzen die Hersteller auf eine einflussreiche Position gegenüber ihren Intermediären. Um diese zu erlangen, wurden mit der Zeit zahlreiche Formen sogenannter vertraglicher Vertriebssysteme kreiert. Diese Vertriebssysteme stellen jeweils Kooperationsformen zwischen Hersteller und Intermediär dar. Beispielhaft werden im Folgenden zwei Systeme vorgestellt: Vertriebsbindungs- und Alleinvertriebssysteme sowie Vertragshändler- und Franchisesysteme.

a. Vertriebsbindungs- und Alleinvertriebssystem: Unter Vertriebsbindung wird die genaue Definition des Absatzkanals durch den Hersteller verstanden, den ein Vertriebspartner nutzen darf. Es gibt zahlreiche Ausprägungen der Vertriebsbindung, weshalb folgend drei verschiedene Arten von Vertriebsbindungen vorgestellt werden:

- Vertriebsbindung räumlicher Art
- Vertriebsbindung personeller Art
- Vertriebsbindung zeitlicher Art

Vertriebsbindung räumlicher Art: Mit Hilfe von räumlichen Vertriebsbindungen wollen Hersteller das geographische Absatzgebiet eines Vertriebspartners beschränken. Dadurch erhofft man sich unter anderem ein optimiertes Vertriebsnetz.

Vertriebsbindungen personeller Art: Bei der Vertriebsbindung personeller Art wird der Abnehmerkreis genau definiert und somit begrenzt. Dadurch ist der Hersteller in der Lage, auf allen Ebenen des Absatzkanals die zu beliefernde Abnehmergruppe zu definieren und so ungewollten Wettbewerb zwischen einzelnen Vertriebspartner zu unterbinden.

Vertriebsbindung zeitlicher Art: Die zeitliche Vertriebsbindung schreibt eine maximale Lagerdauer (zum Beispiel bei verderblichen Waren) oder einen Vertriebszeitraum vor. So kann der Hersteller beispielsweise neue bzw. auslaufende Produktmodelle aufeinander abstimmen. Die Vertriebsbindungssysteme beschränken sich auf die qualitative Auswahl von Vertriebspartnern im Absatzkanal. Diese werden entsprechend dem Marketingkonzept des Herstellers ausgewählt.

Beim Alleinvertriebssystem wird neben der qualitativen Auswahl der Intermediäre zusätzlich eine quantitative Selektion vorgenommen. Mit dieser kann ein Hersteller genaue räumliche Grenzen für Händler setzen und so einen Exklusiv-Vertrieb aufbauen. Dieser ist jedoch häufig ausschließlich an die Produkte des einen Herstellers gebunden.

b. Vertragshändler- und Franchisesysteme: Bei Vertragshändler- und Franchisesystemen sind die Vertriebspartner an noch stärkere Vorgaben und Begrenzungen seitens des Herstellers gebunden. Dieser möchte mit diesem System ein breites Netz von Filialen aufbauen und dessen Vorteile gegenüber seiner Kundengruppe nutzen. Gleichzeitig werden Nachteile und Risiken, wie zum Beispiel der hohe Kapitalbedarf, auf die Vertragspartner übertragen. Der Vertragshändler verkauft für den Hersteller auf eigene Rechnung und Namen. Dabei hat dieser häufig einige Bedingungen zu erfüllen.

Hierbei sind unter anderem zu nennen: Abnahme von Mindestmengen, Kunden- und Reparaturdienst, Absatzförderung. Franchisesysteme stellen die engste Form vertraglicher Vertriebsbindungen dar. Der Franchisegeber erlaubt dem Franchisenehmer den Markennamen, Warenzeichen und Produkte zu führen und zu verkaufen. Im Gegenzug dafür hat der Franchisenehmer eine Franchisegebühr und häufig auch eine Gewinnabgabe an den Franchisegeber zu zahlen.

> **Fallstudie Nike:** Auch das Unternehmen Nike setzt bei seiner Vertriebspolitik auf einen Mehrkanalvertrieb. Dabei kombiniert Nike sowohl den direkten als auch den indirekten Vertriebsweg. Die folgende Abbildung ermöglicht hier einen Überblick.

So vertreibt Nike die Produkte sowohl direkt über die firmeneigene Internetseite (store.nike.com) als auch indirekt über andere Onlinehändler wie zum Beispiel Amazon oder Neckermann. Des Weiteren betreibt das Unternehmen Werksverkäufe und eigene Filialen in großen Städten (NikeTown), neben den traditionellen Einzelhändlern wie beispielsweise Karstadt oder Foot Locker. Hier wird deutlich, dass Nike durch die Kombination sowohl von direkten als auch indirekten Vertriebswegen eine Mehrkanalvertriebsstrategie verfolgt. Dies kann jedoch auch Risiken bergen.

So könnten identische Produkte bei unterschiedlichen Anbietern zu unterschiedlichen Preisen angeboten werden und so ein ungewollter preispolitischer Wettbewerb entstehen. Ebenfalls könnten indirekte Onlinehändler das direkte Angebot von Nike als Konkurrenz und weniger als Partner ansehen. Gleiches gilt für die eigenen Nike-Filialen (NikeTown) in Großstädten parallel zu traditionellen Einzelhändlern. Gleichzeitig bietet der Einsatz verschiedener Absatzkanäle aber auch Chancen für Nike, unter anderem die Erschließung neuer Nachfragegruppen.

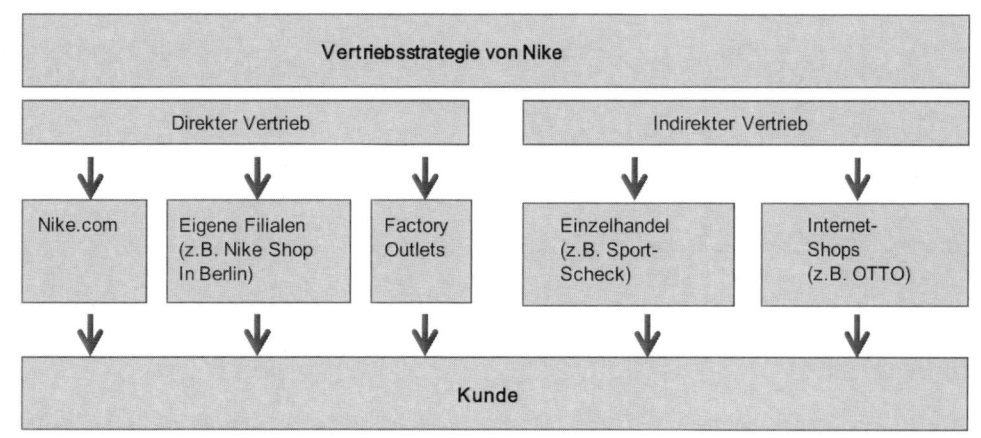

Abbildung 10.6 Beispiele für direkten und indirekten Vertrieb bei Nike
(Quelle: Vgl. Mohammed et al., 2004, S. 464)

10.3 Vertriebsprozess

Der Vertriebsprozess beschreibt die zentralen Arbeitsprozesse, die im Vertrieb von Bedeutung sind. Diese bauen auf dem Input (Kapazitäten des Vertriebs) auf, mit dem ein Vertrieb als Ausgangsbasis startet. Die Arbeitsprozesse beschreiben dann die einzelnen Prozesse, die zu einem bestimmten Output (Vertriebsergebnis) führen. In Anlehnung an das Grundverständnis der Vertriebspolitik sind das:

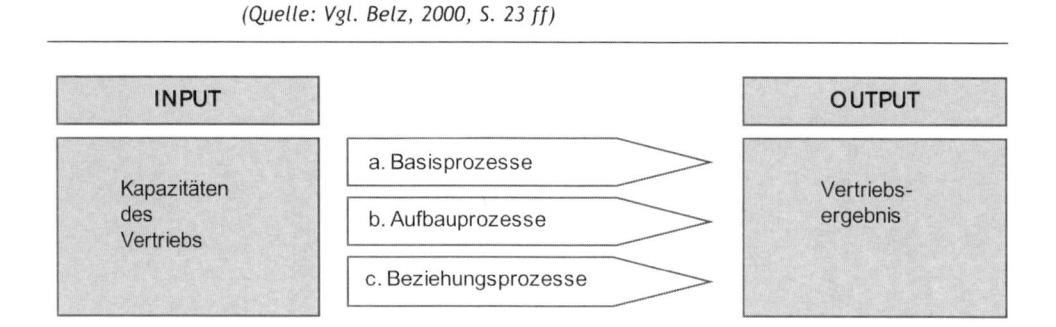

1. Basisprozess (Erhaltung und Optimierung der Vertriebssysteme)
2. Aufbauprozess (neue Aufträge durch Kundenakquise)
3. Beziehungsprozess (Kundenpflege und- bindung)

Abbildung 10.7 Vertriebsprozesse
(Quelle: Vgl. Belz, 2000, S. 23 ff)

INPUT		OUTPUT
Kapazitäten des Vertriebs	a. Basisprozesse b. Aufbauprozesse c. Beziehungsprozesse	Vertriebs-ergebnis

1. Basisprozesse

Im Rahmen des Basisprozesses geht es primär um die Erhaltung der existierenden Geschäftsbindungen. Dazu zählen insbesondere Betreuungsmaßnahmen (z.B. regelmäßige Besuche). Zum anderen geht es um die Optimierung der Prozesse zwischen Unternehmen und Kunde, um neben einem guten Service vor allem ein aufeinander abgestimmtes Marketing-Management zu gewährleisten.

2. Aufbauprozesse

Das Ziel der Aufbauprozesse ist es, neue Kunden zu gewinnen und existierende Kundenbeziehungen auszubauen. Die folgende Abbildung skizziert exemplarisch einen möglichen Prozess der Neukundengewinnung (siehe folgende Abbildung). Alle Phasen bauen auf den Vertriebszielen auf. Aufbauend auf diesen Zielen wird eine Zielgruppenauswahl an potenziellen Kunden getroffen. Das können z.B. Kunden sein, die eine bestimmte Mindestmenge an Produkten abnimmt. Die ausgewählten Kunden werden weiter qualifiziert. Danach erfolgt die Aufnahme des Kontaktes (z.B. durch ein Mailing).

Im Folgenden entsteht ein Kontakt mit dem potenziellen Neukunden in Form einer Terminvereinbarung. Beim Erstgespräch erfolgt eine Vorstellung der Produkte (z.B. durch einen Salesfolder). In einem weiteren Zwiegespräch werden die gegenseitigen Erwartungen weiter vertieft. Verlaufen diese Gespräche erfolgreiche kommt es zum Abschluss. Der Umsatz, der mit dem neuen Kunden gemacht wurde, fließt dann in das Vertriebsergebnis ein.

Abbildung 10.8 Prozess der Neukundengewinnung
(Quelle: Vgl. Belz et al., 2000, S. 26)

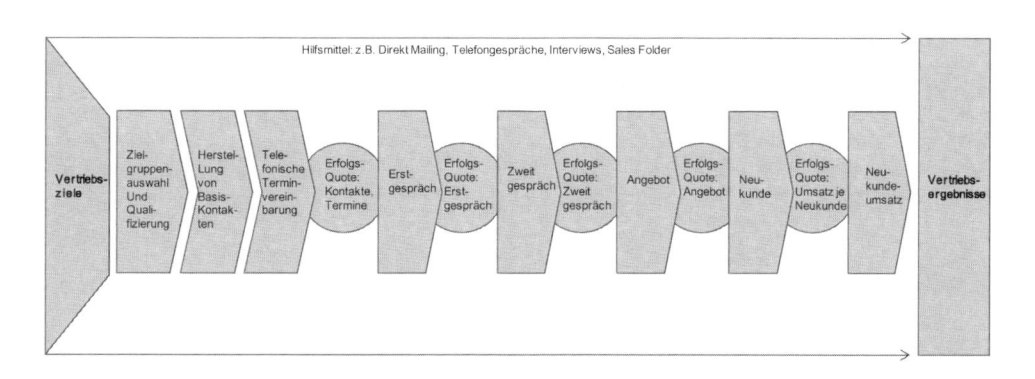

[Abbildung: Prozessdiagramm von Vertriebsziele über Zielgruppenauswahl und Qualifizierung, Herstellung von Basiskontakten, Telefonische Terminvereinbarung, Erfolgsquote: Kontakte, Termine, Erstgespräch, Erfolgsquote: Erstgespräch, Zweitgespräch, Erfolgsquote: Zweitgespräch, Angebot, Erfolgsquote: Angebot, Neukunde, Erfolgsquote: Umsatz je Neukunde, Neukundeumsatz bis Vertriebsergebnisse; Hilfsmittel: z.B. Direkt Mailing, Telefongespräche, Interviews, Sales Folder]

Beim Ausbau der Kundenbeziehungen ist es das Ziel, die Geschäftsbeziehung zu intensivieren. Ansätze, diese Intensivierung voranzutreiben, sind z.B. Cross-Selling Maßnahmen, eine Erhöhung der Verwendungshäufigkeit sowie die Erhöhung des Lieferanteils. Am Beispiel des Unternehmens Mars, ein Hersteller von Schokolade (z.B. Milky Way, Snickers, Mars, Balisto), werden die drei Ansätze kurz skizziert.

Der Kunde ist exemplarisch der Händler EDEKA, der die Produkte von Mars weiterverkauft. Cross-Selling bedeutet aus Perspektive von Mars, den Händler EDEKA zu motivieren, dass er weitere Produkte aus dem Produktsortiment von Mars anbietet und verkauft. Hat beispielsweise Mars vorher nur die Marke Snickers an den EDEKA geliefert, könnten in Folge des Cross-Selling jetzt auch Milky Way und Balisto angeboten werden.

Bei der Erhöhung des Lieferanteils sollen bei gleichbleibender Marktgröße die Aufträge, die aktuell Wettbewerber bedienen, gewonnen werden. Der Ausbau funktioniert damit über eine Verdrängungsstrategie. Am Beispiel von Mars könnte hier das Ziel sein, dass der Lieferanteil bei EDEKA zu Lasten von den Wettbewerber Nestlé und Ferrero ausgebaut wird.

Bei der Erhöhung der Verwendungshäufigkeit unterstützt der Lieferant den Kunden z.B. mit Vermarktungsaktivitäten. Als Beispiel sei eine Verkaufsaktion des Unternehmens Mars genannt. Das Unternehmen könnte eine konkrete Promotion für EDEKA entwickeln, die es ermöglicht, den Schokoriegel Snickers besser zu verkaufen.

3. Beziehungsprozesse

Die Beziehungsprozesse umfassen das Kundenbeziehungsmanagement (Customer Relationship Marketing). Das Management der Kundenbeziehung erstreckt sich über den gesamten Lebenszyklus des Kunden; von der Aquise bis zum Abwandern. Insofern geht der Aufbauprozess direkt in den Beziehungsprozess über.

Dabei stehen vor allem Vertriebsmitarbeiter im Fokus der Kundenmanagement, die täglichen Kontakt zum Kunden haben. Die Mitarbeiter verwenden dazu verschiedene Medien, über die eine Beziehung zum Kunden gepflegt werden kann. Dazu zählen z.B. Messen, Call-Center oder das Internet. Ebenfalls zum Kundenbeziehungsmanagement zählen die zur Kundenbindung eingesetzten Instrumente, wie Kundenkarten oder –clubs.

Die Beziehungsprozesse gewinnen vor allem in gesättigten Märkten an Bedeutung. Hier ist Wachstum durch Neukundengewinnung kaum noch möglich. Der Umsatz wird dann primär durch bestehende Geschäftsbeziehungen erwirtschaftet (siehe dazu auch Kapitel 1).

Fallstudie Nike: Eine Möglichkeit, den Basisprozess mit dem Kunden zu optimieren, lässt sich bei Nike im Direktvertrieb konstatieren. Über die Homepage von Nike kann der Endkonsument individuell seinen Schuh beim Einkauf konfektionieren. Unter dem Namen NikeID wird dem Kunden die Möglichkeit gegeben, seinen Schuh zu personalisieren. Dazu kann er die Produkteigenschaften nach eigenen Vorstellungen zusammenstellen.

Dadurch wird der Kunde nicht mit einem fertigen Produkt im Sportgeschäft konfrontiert, sondern kann in die Produktentwicklung im Vertriebsprozess eingreifen. Die folgende Abbildung zeigt eine Internetseite auf der Homepage www.nike.de, auf der sich Produkte individuell gestalten lassen.

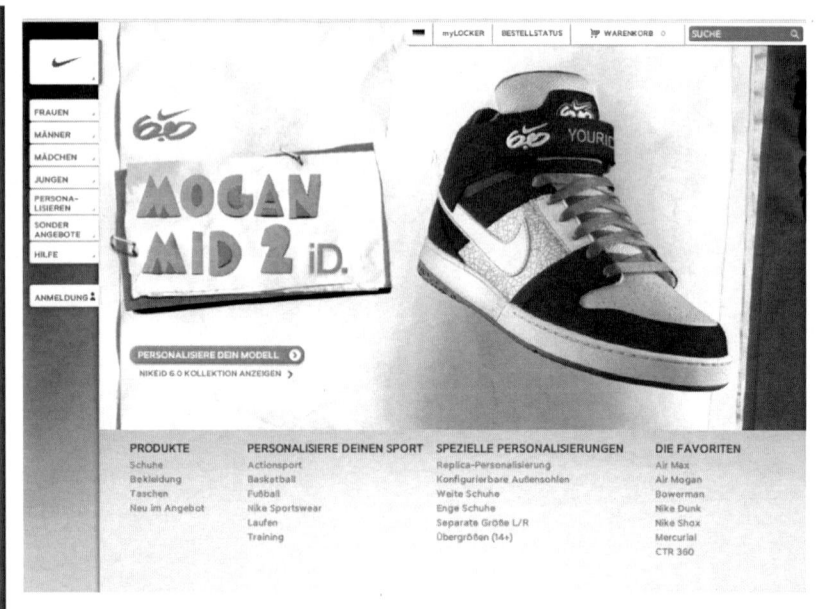

Abbildung 10.9 Integration des Kunden bei Nike im Internet
(Quelle: www.nike.de (August 2010))

10.4 Ausgewählte Instrumente zur Vertriebssteuerung

Abschließend werden in diesem Abschnitt drei ausgewählte Instrumente zur Vertriebssteuerung erläutert. Das sind:

1. Supply Chain Management
2. Efficient Consumer Response Management
3. Steuerung der Außendienstmitarbeiter (ADM)-Steuerung.

1. Supply Chain Management (SCM)

Das Supply Chain Management beschreibt den gesamten Wertschöpfungsprozess eines Gutes, vom Materiallieferanten bis zum Endkunden. Supply Chain wird mit dem Begriff der Lieferkette übersetzt. Diese Bezeichnung ist jedoch irreführend, als das er die Bedeutung des Kunden vernachlässigt. Betrachtet wird die Supply Chain vom Kunden aus. Dies bedeutet, dass ein Kunde mit einer Bestellung den Wertschöpfungsprozess anstößt und nicht der Lieferant, wie die Bezeichnung „Lieferkette" vermuten lässt.

Abbildung 10.10 Supply Chain Management
(Quelle: Vgl. Meffert, 2008, S. 598)

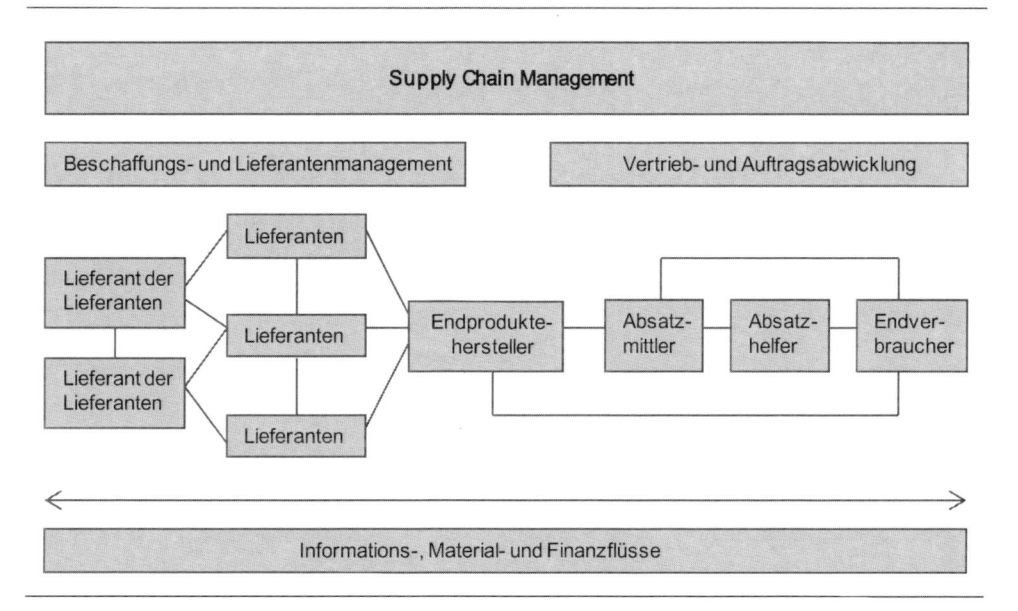

Die Aufgabe des Supply Chain Management (SCM) ist die ganzheitliche, unternehmensübergreifende Optimierung der Supply Chain. Besonderer Fokus wird dabei nicht auf die innerbetrieblichen Prozesse, sondern auf die Schnittstellen zwischen den Unternehmen gelegt. Oberste Ziele des SCM sind die Bedürfnisse der Nachfrager zufriedenstellend zu erfüllen und dabei einen effizienten Einsatz der Ressourcen zu gewährleisten. Die obige Abbildung stellt die Supply Chain vereinfacht vor. Die Supply Chain betrachtet nicht nur den Materialfluss, also das physische Gut, sondern auch Informations- und Finanzmittelflüsse.

Diese Flüsse werden korrekter Weise in beide Richtungen, also zum Endverbraucher hin als auch vom Verbraucher weg dargestellt. Neben der Belieferung des Endkunden mit dem Produkt ist es nämlich genauso gut vorstellbar, dass ein Kunde sein Produkt an den Händler oder Hersteller zurück schickt, zum Beispiel weil es defekt ist oder weil er grundsätzlich nicht mit dem Produkt zufrieden ist.

Des Weiteren werden neben mehreren Lieferanten und Vorlieferanten auch auf der Absatzseite mehrere Absatzmittler und –helfer eingebunden, um den Endverbraucher zu erreichen. Man sollte bei der Supply Chain also mehr von einem Netzwerk von Partnern als von einer Kette sprechen, um der Komplexität gerecht zu werden.

Um die erwähnte Komplexität möglichst gut zu managen, werden unter anderem IT-Systeme eingesetzt, um das Gesamtbild Supply Chain abzubilden. So können Unternehmen beispielsweise den Ressourcenbedarf mit der zur Verfügung stehenden Kapazität der Supply Chain abgleichen und so frühzeitig mögliche Engpässe identifizieren.

Supply Chain Management ist besonders im anfänglichen Aufbau mit hohen Investitionen verbunden. Deshalb sollte jede Investition in ein SCM, wie zum Beispiel der beschriebene Einsatz eines IT-Systems, genau geprüft und mögliche Erfolgspotenziale ermittelt werden.

2. Efficient Consumer Response Management

Efficient Consumer Response Management (ECR) ist ein Managementkonzept, das dem des Supply Chain Management ähnelt. Jedoch betrachtet ECR weniger die vom SCM detaillierte betrachteten logistischen Prozesse über die gesamte Supply Chain, sondern konzentriert sich mehr auf die nachfragegerichteten Prozesse zwischen Hersteller und Händler. ECR lässt sich dabei in vier Module unterteilen, wobei sich nur das erste auf die Logistik, die anderen drei auf die Nachfrager beziehen:

a. Efficient Replenishment
b. Efficient Store Assortment
c. Efficient Product Introduction
d. Efficient Promotion

a. Efficient Replenishment: Efficient Replenishment betrachtet die Logistikebene und soll einen zeit- und mengengerechten Warennachschub sicherstellen. Dazu werden die Prozesse zwischen Hersteller und Händler optimiert. Ziel ist es, weniger Ressourcen zu verwenden (zum Beispiel Reduzierung der Lagerbestände) und gleichzeitig die Bedürfnisse der Endkunden besser zu berücksichtigten (frischere Lebensmittel durch kürze Lieferzeiten).

b. Efficient Store Assortment: Efficient Store Assortment betrifft eine effiziente Gestaltung des Produktsortiments. Dies bedeutet, dass der Handel von den Herstellern dabei unterstützt wird die Produktsortimente hinsichtlich Produktbreite und –tiefe an die Bedürfnisse der Kunden anzupassen und auch die Platzierung und Präsentation der Sortimentswaren zu optimieren.

c. Efficient Product Introduction: Efficient Product Introduction beschäftigt sich mit der Entwicklung und Einführung neuer Produkte. Ziel von Hersteller und Handel ist es, durch den Austausch von Informationen Trends zu erkennen und neben einer kostengünstigen Herstellung insbesondere die „Flop-Rate" zu senken. Insbesondere die Hersteller können durch die Informationen der Händler (zum Beispiel durch Scanner-Kassen) hinsichtlich Verkaufszahlen und Verbundkäufe profitieren.

d. Efficient Promotion: Das vierte Modul Efficient Promotion hat zur Aufgabe, Promotionsmaßnahmen von Handel und Hersteller besser zu koordinieren und aufeinander abzustimmen. So können durch miteinander abgesprochene Sonderaktionen Engpässe in der Supply Chain durch Nachfragespitzen vermieden werden.

3. Außendienstmitarbeiter (ADM)-Steuerung

Häufig ist ein direkter Kontakt mit dem Kunden durch den Vertrieb notwendig. Das ist z.B. bei beratungsintensiven Produkten der Fall. In solchen Fällen wird beim Eigenvertrieb oft ein Außendienst beschäftigt. Bei der Steuerung der ADM sind insbesondere folgende Aspekte wichtig für Planung:

a. Kosten- und Zeitanalyse
b. Steuerung durch Umsatzvorgaben und finanzielle Reize
c. Personal- und Besuchsplanung

a. Kosten- und Zeitanalyse: Die Kosten- und Zeitanalyse beschreibt zum einen die verfügbaren Besuchstage für den Außendienst. Zum anderen werden die Besuchstage den Kosten gegenübergestellt. Darüber lassen sich z.B. Kosten pro Besuch oder die Kosten pro Besuchsstunde berechnen. Die folgende Übersicht stellt dazu exemplarisch eine Zeit- und Kostenanalyse für einen technischen Außendienst dar.

Tabelle 10.1 Zeit- und Kostenanalyse für Außendienstmitarbeiter
(Quelle: Vgl. Winkelmann, 2010, S. 301)

Vorgaben:	
Besuchsvorgabe pro Tag	3,0 Besuche
Arbeitsleistung pro Reisetag	10 Std.
Fahrleistung p.a.	40.000 km p.a.
Durchschnittsgeschwindigkeit	60 km/h
KFZ-Kostenersatz	0,50 € / km
Sozialkostensatz	42 %
Tage:	**365**
Wochenenden	-104
Urlaub und Feiertage	-38
Sonderurlaub, Krankheit	-3
Stammhaus	-6
Regeionalbüro	-20
Tagungen	-2
Sonstiges, Semimare	-2
Besuchstage:	190 Gesamtzahl Besuche gemäß Vorgabe
Arbeitszeit p.a.	1.900 Stunden
Reisezeit p.a.	-667 Stunden
Personen, Staus, Ausfälle	-200 Stunden
Verkaufsaktive Zeit	**1.033 Stunden**
AD-Einkommen fix + variabel	75.000 €
Sozialkosten	31.500 €
KFZ - Kosten	20.000 €
Speisen, Kommunikation	24.000 €
Sonstiges	12.000 €
Bruttokosten gesamt::	162.500 €
	Kosten pro Reisetag: 855,26 €
	Kosten pro Besuch: 285,09 €
	Kosten pro Besuchsstunde: 157,26 €

Ausgewählte Instrumente zur Vertriebssteuerung

b. Personal- und Besuchsplanung: Die Personal- und Besuchsplanung definiert welche Kunden mit welcher Frequenz vom Unternehmen besucht werden. In der Regel sind die Frequenzen in Form von Soll-Besuchen vorgeben. Zu den Soll-Vorgaben zählt auch die Besuchsdauer. Je nach Kundenrelevanz (z.B. A-Kunde vs. C-Kunde) ist die Anzahl entsprechend unterschiedlich hoch (siehe folgende Tabelle als Beispiel).

Tabelle 10.2 Personal- und Besuchsplanung für Außendienstmitarbeiter
(Quelle: Vgl. Winkelmann, 2010, S. 300)

Kunden-gruppe	Anzahl	Besuchs-frequenz	Soll-Besuche	Besuchs-dauer	Soll-Stunden
A-Kunden	285	12	3.420	2,5	8.550
B-Kunden	450	12	5.400	1,5	8.100
C-Kunden	920	4	3.680	1,0	3.680
D-Kunden	60	1	60	0,5	30
Ziel-Kunden	90	3	270	1	270
Neukunden	88	18	1.584	1,5	2.376
Händler	24	6	144	2,5	360
	1.917 (Summe Kontakte)		14.588 (Summe Besuche)		23.366 (Summe Stunden)
100 % = 1 ADM	Arbeitslast nach Besuchsvorgaben: Arbeitslast nach verkaufsaktiver Zeit		2.426,3 %		2.062,3 %

c. Steuerung durch Umsatzvorgaben und finanzielle Reize: Die Steuerung des Außendienst erfolgt in der Regel durch konkrete Zielvorgaben. Das bedeutet, der Außendienstmitarbeiter erhält konkrete Umsatz-Soll-Vorgaben, Das Erreichen der Ziele schlägt sich im variablen Anteil der Vergütung des ADM nieder. Möglich sind z.B. besondere Provisionen, die der Außendienstmitarbeiter erhält, wenn er die Ziele erreicht.

Diese Provision kann auch gestaffelt sein und sich nach Zielerreichungsgrad unterscheiden. Eine weitere Konsequenz kann die Leistungsbeurteilung sein. Diese regelmäßige Bewertung hat Einfluss auf die Steigerung des Basisgehalts bzw. die Karriere insgesamt. Provision und Leistungsbeurteilung haben das Ziel, die maximale Motivation des Außendienstmitarbeiters zu erzielen.

Fallstudie Nike: Nike hat sich in den letzten Jahren verstärkt dem Thema Supply Chain Management angenommen. Dazu wurde u.a. die Wertschöpfungskette von der Produktion bis hin zum Vertrieb ausführlich analysiert. Das Ziel von Nike war es, im Sinne der Umwelt nachhaltiger zu produzieren und zu verkaufen. Energieintensive Abschnitte in der Wertschöpfungskette wurden identifiziert und auf Einsparungen überprüft. In der Logistik von Nike wurden z.B. alternative Kraftstoffe getestet. Das ermöglichte dem Unternehmen zwei Vorteile:

Zum einen stellt Nike im Sinne der Umwelt auf eine nachhaltigere Wertschöpfungskette um und kann so teilweise intern Kosten sparen. Zum anderen kann das Unternehmen diese Strategie nutzen, um das Markenimage gegenüber den Wettbewerbern stärker zu differenzieren. U.a. unter dem Namen „THEGREENXCHANGE" werden Teile dieser Initiative beschrieben.

Abbildung 10.11 „THEGREENXCHANGE" von Nike
(Quelle: www.nike.com (August 2010))

Anregungen zum Nach- und Weiterdenken

Fragen:

1. Beschreiben Sie die Entscheidung für den direkten oder indirekten Vertrieb exemplarisch am Beispiel der Computer-Branche und der Musikbranche.

2. Welche Konsequenzen hat die Vertikalisierungsstrategie des Herstellers von Produkten auf die Beziehung von Hersteller und Handel?

3. Zeigen Sie drei Möglichkeiten auf, wie der Online-Handel den klassischen Offline Handel verändern kann. Was bedeutet das für die vertraglichen Bindungen? Was bedeutet das für die Entscheidung eines Unternehmens für Eigen- und Fremdvertrieb? Das bedeutet das für direkten und indirekten Vertrieb?

Quellenhinweise:

Ackerschott, H. (2001): Strategische Vertriebssteuerung. Instrumente zur Absatzförderung und Kundenbindung, 2. Auflage, Wiesbaden

Ahlert, D. (1996): Distributionspolitik. Das Management des Absatzkanals, 3. Auflage, Stuttgart

Behle, C., von Hofe, R. (2006): Handbuch Außendienst: Kundengewinnung und Kundenbindung, Gebietsmanagement und Key-Account-Management, Verkaufspsychologie und Preisgespräche, Landsberg am Lech

Belz, C., Bussmann, W. u.a. (2000): Vertriebsszenarien 2005 – Verkaufen im 21. Jahrhundert, St. Gallen/Wien

Hofbauer, G., Hellwig, C. (2009): Professionelles Vertriebsmanagement: Der prozessorientierte Ansatz aus Anbieter- und Beschaffersicht, 2. Auflage, Erlangen

Homburg, C., Schäfer, H., Schneider, J. (2008): Sales Excellence. 5. Auflage. Wiesbaden

Kotler, P., Armstrong, G., Saunders, J., Wong, V. (2007): Grundlagen des Marketing. 4. Auflage, München

Meffert, H., Burmann, C., Kirchgeorg, M. (2008): Marketing – Grundlagen marktorientierter Unternehmensführung. Wiesbaden

Rixen, M. (2006): CRM und Vertriebssteuerung: Potenziale, Konzeption und Umsetzung eines mehrdimensionalen Systems der Kundenbewertung, Bochum

Winkelmann, P. (2008): Vertriebskonzeption und Vertriebssteuerung: Die Instrumente des integrierten Kundenmanagements (CRM), München

Winkelmann, P. (2010): Marketing und Vertrieb. Fundamente für die Marktorientierte Unternehmensführung, 7. Auflage, München

Besondere Quellen zu Nike und dem Wettbewerb:

Hollister, G. (2008): Nikes Weg zum Erfolg: Die Inside-Story - Wie Nike die Kultur des Laufens schuf, Aachen

Keller, K.L. (2008): Lessons from the World's Strongest Brands. Best Practise Cases in Branding, Third Edition, New Jersey

Markt- und Unternehmensinformationen:

    Nike: Annual Report 2009 (nikebiz.com)

    Nike: 2007 to 2009 Corporate Responsibility report

    www.focus.de (Juni 2010)

Teil D
Klausurübungen

11 Übungen zur Klausur

Klausurübungen: Philadelphia, Becks, Aspirin, Tempo, NIVEA

Kai-Michael Griese

Lernziele:

Mit Hilfe von konkreten Übungsaufgaben soll die Erreichung der Lernziele des Buches geprüft werden.

11.1 Aufgabe der Klausuren 276

11.2 Klausurbeispiele mit Übungen 277

11.1 Aufgabe der Klausuren

Im letzten Kapitel dieses Buches wird die Vorbereitung für die Klausuren vertieft. Gemeint ist damit eine schriftliche Prüfungsarbeit. Diese erfolgt als Leistungskontrolle in der Regel am Ende des Semesters. Im Rahmen einer Prüfungszeit von 60 oder 120 Minuten werden verschiedene Fachthemen unter Aufsicht abgefragt. Die weiteren Ausführungen zeigen anhand von konkreten Klausuren auf, wie eine solche schriftliche Arbeit, die vom Studenten zu erbringen ist, ausschauen kann.

Grundsätzlich haben die unterschiedlichen Aufgabenstellungen das Ziel, die folgenden vier Fähigkeiten seitens der Studenten abzufragen:

1. Kenntnisse: Das bedeutet, kennt der Student z.B. konkrete Methoden, Theorie oder allgemeine Sachverhalten. Beispiel: Kennen Sie die drei Methoden der Preisfindung?

2. Anwendung: Ist der Student in der Lage dieses Wissen in einer konkreten Problemstellung auch anzuwenden? Beispiel: Beschreiben Sie die aktuelle Kommunikation der Marke X mit Hilfe einer „Copy-Strategie"!

3. Übergreifend: Ist es dem Studenten möglich auch den Zusammenhang zwischen zwei Phänomenen herzustellen. Beispiel: Wie ist der Zusammenhang von der Veränderung einer Positionierung einer Marke und der Preispolitik?

4. Interpretation: Hierbei wird der Student veranlasst, eine Situation zu beurteilen und seine Meinung zu einem Thema zu äußern. Beispiel: Die Aufgabe startet mit einer kontroversen Aussage. „Die Massenkommunikation wird in der Zukunft durch das Direktmarketing ersetzt!". Der Student soll den Sachverhalt lesen, interpretieren und am Ende zu einer eigenständigen Auffassung hinsichtlich dieser Aussage kommen.

11.2 Klausurbeispiele mit Übungen

Übungsklausur 1: „Philadelphia"

Der Teil besteht aus 5 Aufgaben. Alle fünf Aufgaben sind zu bearbeiten. Bitte in vollständigen Sätzen antworten.

TV-Werbung spielt in der Werbestrategie der Frischkäsemarken Philadelphia, Exquisa und Buko eine tragende Rolle. In den kommenden Wochen laufen neue Spots im TV an. Exquisa kündigt die größte Kommunikationsstrategie seit 40 Jahren an. Geplant sind unter anderem Anzeigen in der Fachpresse, POS (Point-of-Sale)-Aktivitäten und Internetmaßnahmen. Im Zentrum der TV-Werbung steht eine verbesserte Rezeptur. Auch Low-Fat-Produkte und ausgefallene Geschmacksrichtungen sind gefragt. Gerade Ernährung verbunden mit Geschmack und Genuss ist ein wichtiges Thema für die Verbraucher. Buko präsentiert sich als natürliche Marke, die auf künstliche Zusatzstoffe verzichtet. Philadelphia hat gerade ein neues Packungsdesign präsentiert, die mit ca. 20 Millionen Euro größte Markeninvestition in der Geschichte dieser Marke, da das Werk umgerüstet werden musste. 25 europäische Länder werden mit dem jetzt ovalen Becher (siehe Abbildung) beliefert. In der Werbekampagne wird die neue Verpackung inszeniert. Den TV-Auftritt begleiten Verköstigungen am POS, PR-Maßnahmen sowie Internetwerbung. Um den mit 100.000 Tonnen schweren und europaweit größten Frischkäsemarkt Deutschland streiten sich neben den drei genannten Marken auch preisaggressive Handelsmarken, die ebenfalls eine gute Produktqualität bieten.

Aufgabe 1: (10 Punkte)

Auch Philadelphia setzt auf unterschiedliche Kommunikationsinstrumente wie beispielsweise Werbung (TV-Werbung) und Verkaufsförderung (POS-Aktivitäten). Erläutern Sie zwei Vorteile der TV-Werbung und zwei Vorteile der Verkaufsförderung am Bsp. Philadelphia!

1. Vorteil der TV-Werbung, am Bsp. Philadelphia erläutert: (2,5 Punkte)

2. Vorteil der TV-Werbung, am Bsp. Philadelphia erläutert: (2,5 Punkte)

1. Vorteil der Verkaufsförderung, am Bsp. Philadelphia erläutert: (2,5 Punkte)

2. Vorteil der Verkaufsförderung, am Bsp. Philadelphia erläutert: (2,5 Punkte)

Aufgabe 2: (10 Punkte)

Erläutern Sie allgemein drei unterschiedliche Produktdimensionen! Wodurch differenziert sich Philadelphia vom Wettbewerb? Kurze Begründung!

1. Erläuterung der drei Produktdimensionen: (6 Punkte)

1. Produktdimension:

2. Produktdimension:

3. Produktdimension:

2. Philadelphia differenziert sich vom Wettbewerb durch (inkl. Begründung): (4 Punkte)

Aufgabe 3: (10 Punkte)

Segmentierungsmerkmale lassen sich gruppieren in geografische, demografische, psychografische und verhaltensbezogene Merkmale. Finden Sie jeweils ein gutes Argument, warum Philadelphia bei der Segmentierung auf diese Merkmalsgruppe zurückgreifen sollte!

1. Ein gutes Argument, warum Philadelphia bei der Segmentierung auf geografische Merkmale zurückgreifen sollte: (2,5 Punkte)

2. Ein gutes Argument, warum Philadelphia bei der Segmentierung auf demografische Merkmale zurückgreifen sollte: (2,5 Punkte)

3. Ein gutes Argument, warum Philadelphia bei der Segmentierung auf psychografische

4. Ein gutes Argument, warum Philadelphia bei der Segmentierung auf verhaltensbezogene Merkmale zurückgreifen sollte: (2,5 Punkte)

Aufgabe 4: (10 Punkte)

Nennen Sie zwei Verpackungsfunktionen und begründen Sie, warum diese beiden Funktionen bei Philadelphia gut umgesetzt sind!

1. Verpackungsfunktion, die bei Philadelphia gut umgesetzt ist, und Begründung:

(5 Punkte)

2. Verpackungsfunktion, die bei Philadelphia gut umgesetzt ist, und Begründung:

(5 Punkte)

Aufgabe 5: (10 Punkte)

Philadelphia ist wie andere Frischkäsemarken auch ein Gut des täglichen Bedarfs (convenience good) mit einem bestimmten Käuferverhalten. Begründen Sie, warum diese Produkte des täglichen Bedarfs in der Regel „breit" distribuiert sind (intensive Distribution)!

Übungsklausur 2: „Aspirin"

Der Teil besteht aus 5 Aufgaben. Alle fünf Aufgaben sind zu bearbeiten.

Bitte in vollständigen Sätzen antworten.

Am 6. März 1899 nahm das Kaiserliche Patentamt Aspirin in die Warenzeichenrolle auf. Heute hält das Unternehmen Bayer in über 90 Ländern die Rechte an Aspirin. Neben den Aspirin Tabletten gibt es Aspirin Plus C, Aspirin Complex (gegen Erkältungsbeschwerden), Aspirin Effekt (Granulat, ohne Wasser einzunehmen), Aspirin Direkt (Kautablette, auch ohne Wasser einzunehmen), Aspirin Migräne, Aspirin Forte (bei Entzündungen) und Aspirin Protect (zur Vorbeugung von Herz-Kreislauf-Erkrankungen). Im Jahr 2008 bekam Aspirin eine neue Verpackung, die moderner und handlicher ist. Am auffälligsten ist die neue Packungsöffnung, die nun an der Front zu öffnen und wieder zu verschließen ist. Die Marke genießt das Vertrauen der Patienten. Doch andere Marken wollen dem Marktführer Anteile abjagen. Mit 5,2 Millionen Euro (im wesentlichen TV-Werbung) lag Aspirin im 1. Halbjahr 2008 noch an der Spitze der am stärksten beworbenen Produkte in diesem Markt, gefolgt von Voltaren mit 5 Millionen, Dolormin mit 4,6 Millionen und Formigran mit 3,9 Millionen. Um die Markenwelt von Aspirin hochwertiger darzustellen, wurde auch die Homepage überarbeitet.

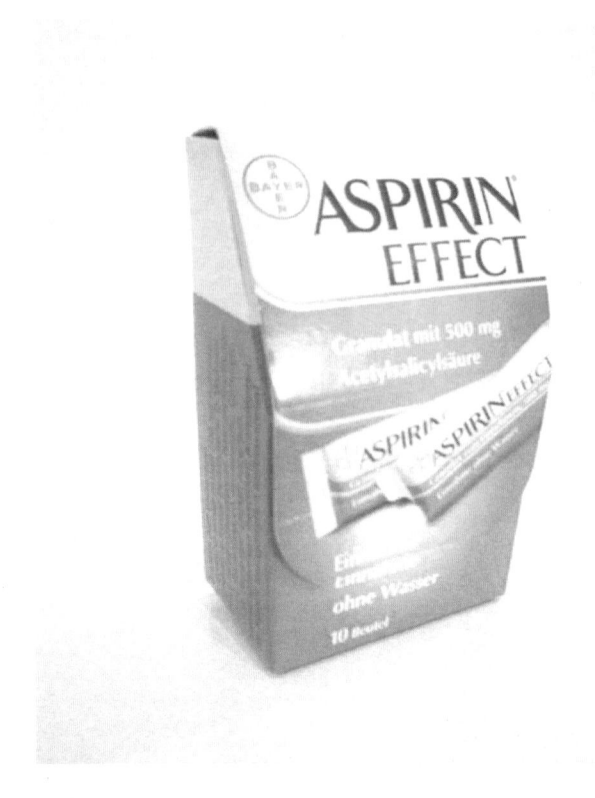

Aufgabe 1: (10 Punkte)

Was versteht man unter Marketingorientierung im Unterschied zur Verkaufsorientierung? Ist Aspirin Ihrer Meinung nach ein gutes Beispiel für die Marketingorientierung? Bitte begründen!

1. Marketingorientierung im Unterschied zur Verkaufsorientierung: (6 Punkte)

2. Begründung, inwiefern Aspirin ein gutes Beispiel für die Marketingorientierung ist:

(4 Punkte)

Aufgabe 2: (10 Punkte)

Im Konsumgüterbereich unterscheidet man vier Ausprägungen von Kaufentscheidungen: komplexes Kaufverhalten, dissonanz reduzierendes Kaufverhalten, Variety Seeking (nach Abwechslung suchen) und habitualisiertes Kaufverhalten, die unter anderem abhängig vom Grad des Involvements gebildet werden.

1. Was versteht man unter „Involvement"? (4 Punkte)

2. Welche (*nur eine!*) der vier Ausprägungen passt am besten zum Kauf von Aspirin? Bitte begründen! (6 Punkte)

Aufgabe 3: (10 Punkte)

Wenn man sich mit Produkten beschäftigt, unterscheidet man gern Dimensionen wie Kernnutzen, Zusatznutzen und Geltungsnutzen.

1. Bitte erläutern Sie die drei Begriffe Kernnutzen, Zusatznutzen und Geltungsnutzen (6 Punkte)

2. In welcher Dimension und wie differenziert sich Aspirin vom Wettbewerb? Bitte kurz begründen! (4 Punkte)

Aufgabe 4: (10 Punkte)

Gemäß Aufgabentext gab Aspirin im 1. Halbjahr 2008 5,2 Millionen Euro für Werbung aus. Ist es Ihrer Meinung nach sinnvoll, sich bei der Festlegung des Kommunikationsbudgets an der Konkurrenz zu orientieren? Welche andere Methode zur Festlegung des Kommunikationsbudgets finden Sie hier geeignet? Bitte begründen!

1. Aspirin sollte sich an der Konkurrenz orientieren, weil ...: (5 Punkte)

2. Eine andere geeignete Methode zur Festlegung des Kommunikationsbudgets für Aspirin wäre ...: (5 Punkte)

Aufgabe 5: (10 Punkte)

Auch Aspirin gilt als Gattungsbegriff, d.h. der Markenname Aspirin wird mit der Produktgattung Schmerzmittel gleichgesetzt („Hast Du mal ein Aspirin" bedeutet vielfach „Hast Du ein Schmerzmittel für mich"). Warum ist das für Markenartikler problematisch? Bitte berücksichtigen Sie bei der Beantwortung Ihr Wissen über Positionierung/Differenzierung und Marken!

Übungsklausur 3: „Beck's Ice"

Der Teil besteht aus 5 Aufgaben. Alle fünf Aufgaben sind zu bearbeiten.

Bitte in vollständigen Sätzen antworten.

In Deutschland stand Ende 2007 bei Beck's ein Absatz-Minus. Neben dem Pilsbier (minus 3,5 Prozent) schwächelte auch das einstige Erfolgsprodukt „Beck's Gold" (minus 18,5 Prozent). Selbst bei den Biermixgetränken „Green Lemon" „Chilled Orange" und „Level 7" sah es schlecht aus (minus 5 Prozent). Konkurrent Veltins hatte bereits angekündigt, mit seiner fünften Mixsorte Beck's die Marktführerschaft streitig zu machen.

Mit „Ice" (Limette-Minze-Mix) will Beck's die Marktführerschaft bei den Biermischgetränken verteidigen. Dem schwerpunktmäßig auf TV ausgelegten Werbeauftritt liegt ein Etat in hoch einstelliger Millionenhöhe zugrunde. Neben dem Markenfilm gibt es Anzeigen, eine Reihe von Publikumsveranstaltungen in deutschen Großstädten und Verkaufsförderung. Zum Vergleich:

Im Jahr 2007 investierte Beck's insgesamt rund 29 Millionen Euro in klassische Werbung. Bei Beck's ist man sich sicher, dass „Ice" ein großes Potenzial hat. Die einzelnen Marken sollen zudem wieder trennschärfer geführt werden.

Die TV-Spots für Beck's Grün (das klassische Pilsbier), Beck's Gold (die helle Variante) sowie Beck's Ice zeigen nicht nur in der Optik ein unterschiedliches Bild.

Auch der Song „Sail Away" wird anders interpretiert. Entsprechend den Markenbildern klingen im Gold-Spot eher leisere, instrumentalere Töne an, während die Ice-Version mit House-Klängen daherkommt.

Aufgabe 1: (10 Punkte)

Grundlegende Konzepte der Markenentwicklung sind a) Erweiterung der Produktlinie, b) Markenerweiterung, c) Mehrmarkenstrategie und d) Vollständig neue Marke.

1. Wodurch unterscheiden sich diese vier Konzepte? Bitte kurze Erläuterung! (6 Punkte)

2. Konzept verfolgt Beck´s mit Beck´s Ice? Bitte nur *ein* Konzept benennen und begründen! (4 Punkte)

Aufgabe 2: (10 Punkte)

Warum gilt die Wahl des Markennamens als eine der wichtigsten Entscheidungen im Marketing-Prozess? Ist „Ice" ein Ihrer Meinung nach gelungener Markenname? Bitte erläutern Sie *drei* Anforderungen an einen Markennamen, die im Hinblick auf Beck´s Ice gut umgesetzt sind!

1. Begründung, warum die Wahl des Markennamens eine wichtige Entscheidung ist: (4 Punkte)

2. Drei Anforderungen an einen Markennamen und gute Umsetzung bei Beck´s Ice: (3x2 Punkte)

1.

2.

3.

Aufgabe 3: (10 Punkte)

Eignen sich die Sinus-Milieus als Segmentierungsansatz für Beck´s? Bitte begründen!

Aufgabe 4: (10 Punkte)

Offensichtlich konzentriert sich Beck´s in der Kommunikation auf Massenmedien und macht viel Werbung im Fernsehen. Nennen Sie *zwei* Vorteile und *zwei* Nachteile, die Sie mit Werbung (hier Fernsehwerbung) verbinden und begründen Sie im Hinblick auf Beck´s Ice!

Zwei Vorteile/Vorzüge der Werbung (Fernsehwerbung): (5 Punkte)

1.

2.

Zwei Nachteile/Grenzen/Einschränkungen der Werbung (Fernsehwerbung): (5 Punkte)

1.

2.

Aufgabe 5: (10 Punkte)

Welche Art der Differenzierung nutzt Beck´s bei Ice, um sein Angebot von dem der Konkurrenz abzuheben? Welche Positionierung (Positionierung über Produkteigenschaften *oder* den Produktnutzen *oder* den Verwendungsanlass *oder* über eine Nutzergruppe) lässt sich hierauf aufbauend vornehmen? Bitte begründen!

1. Art der Differenzierung, die Beck´s bei Ice nutzt, und Begründung: (6 Punkte)

2. Positionierung, die sich bei Beck´s für Ice vornehmen lässt, und Begründung: (4 Punkte)

Übungsklausur 4: „Tempo"

Der Teil besteht aus 5 Aufgaben. Alle fünf Aufgaben sind zu bearbeiten.

Wer in Deutschland ein Papiertaschentuch braucht, fragt schon mal „Hast du ein Tempo?" Der Name ist den meisten ein Begriff, ist aber eine Last für den Hersteller. Wenn eh jedes Papiertaschentuch Tempo heißt, muss man ja nicht unbedingt das teure Original kaufen.

Mit diesem Problem schlug sich das Unternehmen Procter & Gamble (P&G) herum, das 1994 die Marke erwarb und Anfang des Jahres 2007 wieder verkaufte. Um den Marktanteil zu halten, suchte Procter unablässig nach Innovationen und Trends. Tempos gibt es in zahlreichen Varianten, mit Aloe und Kamille oder mit dem „Aromatherapieduft" für Leute, die schnell mal zwischendurch entspannen und abschalten wollen. Die Version für Kinder heißt Tempo Kids, Tempos lassen sich auch aus Pappboxen herausziehen. Dank der neuen Produktionstechnik sind sie reißfest.

Die Pflegezusätze und moderne Verpackungen haben das schnöde Schnäuztuch der Fünfzigerjahre („Auf Schnupfen-Nächten liegt ein Fluch – da hilft das Tempo-Taschentuch") in ein schickes Accessoire verwandelt. Der Vorsprung, den Markenhersteller erreichen, hält allerdings nie lang. Der Handel holt mit Eigenmarken meist schnell auf. „Solo"-Tücher von Aldi etwa schneiden bei der Stiftung Warentest gut ab. Jedes zweite verkaufte Taschentuchpaket ist mittlerweile eine Handelsmarke.

Klausurbeispiele mit Übungen

Aufgabe 1: (10 Punkte)

Das Kaufverhalten variiert mit dem Typ der Kaufentscheidung. Im Konsumgüterbereich unterscheidet man vier Ausprägungen des Kaufverhaltens.

1. Erläutern Sie kurz diese vier Ausprägungen des Kaufverhaltens. Wenn Sie eine Abbildung nutzen, bitte alles aussagekräftig beschreiben! (8 Punkte)

2. Welches Kaufverhalten liegt dem Kauf von Papiertaschentüchern zugrunde? Kurze Begründung! (2 Punkte)

Aufgabe 2: (10 Punkte)

Wenn man sich mit Produkten beschäftigt, unterscheidet man gern Produktebenen wie Kernprodukt, Regelprodukt und erweitertes Produkt.

1. Bitte erläutern Sie kurz die drei Begriffe Kernnutzen, Zusatznutzen und Geltungsnutzen! (6 Punkte)

2. Auf welcher Ebene und wie differenziert sich Tempo vom Wettbewerb? Kurze Begründung! (4 Punkte)

Aufgabe 3: (10 Punkte)

Tempo ist nach der Einteilung der Konsumgüter nach Kaufgewohnheiten ein Gut für den täglichen Bedarf.

1. Erläutern Sie kurz den Begriff „Gut des täglichen Bedarfs" in Abgrenzung zu dem Begriff „Gut des Such- und Vergleichskaufs"! (6 Punkte)

2. Worauf müssen Marketingleute bei einem Gut des täglichen Bedarfs wie Tempo besonders achten? Bitte nur eine Empfehlung mit kurzer Begründung! (4 Punkte)

Aufgabe 4: (10 Punkte)

Eine Verpackung erfüllt unterschiedliche Funktionen. Was sollten die Marketingleute von Tempo im Zusammenhang mit der Verpackung auf jeden Fall beachten? Bitte sprechen Sie zwei Ihrer Meinung nach zentrale Empfehlungen zur Verpackung von Tempo aus und begründen Sie kurz!

1. Empfehlung zur Verpackung von Tempo und Begründung (5 Punkte):

2. Empfehlung zur Verpackung von Tempo und Begründung (5 Punkte):

Aufgabe 5: (10 Punkte)

Warum ist es für einen Markenartikler problematisch, wenn ein Markenname wie Tempo mit der Bezeichnung der Warengruppe (Tempo = Papiertaschentuch) gleichgesetzt wird? Berücksichtigen Sie bei der Beantwortung idealerweise Ihr Wissen über Positionierung und den Markenbegriff!

Übungsklausur 5: „NIVEA"

NIVEA bietet seit einiger Zeit Produkte für Männer an. Am 22. April 2010 ging nun begleitend die neue NIVEA FOR MEN TV-Spot mit Jogi Löw „on air". Der Start der neuen Kampagne zur Fußballweltmeisterschaft war für die Nummer 1 der deutschen Männerpflege gleichzeitig der Anpfiff für den Dialog mit den Verbrauchern im Handel.

Mit „Jogis 11" setzt NIVEA FOR MEN auf das Thema Fußball und das magische Dreieck der Partnerschaft mit dem Bundestrainer Joachim Löw und dem Deutschen Fußballbund. Zudem ist NIVEA FOR MEN seit Juli 2009 als offizieller Partner des Deutschen Fußball-Bund (DFB) exklusiver Pflegeausstatter der Männer-Nationalmannschaften. Mit dieser weiteren Partnerschaft hat NIVEA FOR MEN das Engagement im Fußball weiter ausgeweitet und kann seine männlichen Verbraucher noch besser erreichen. Die Konkurrenz kommt u.a. von Dove Men + Care (Unilever), die ein ähnliches Preisniveau bearbeiten.

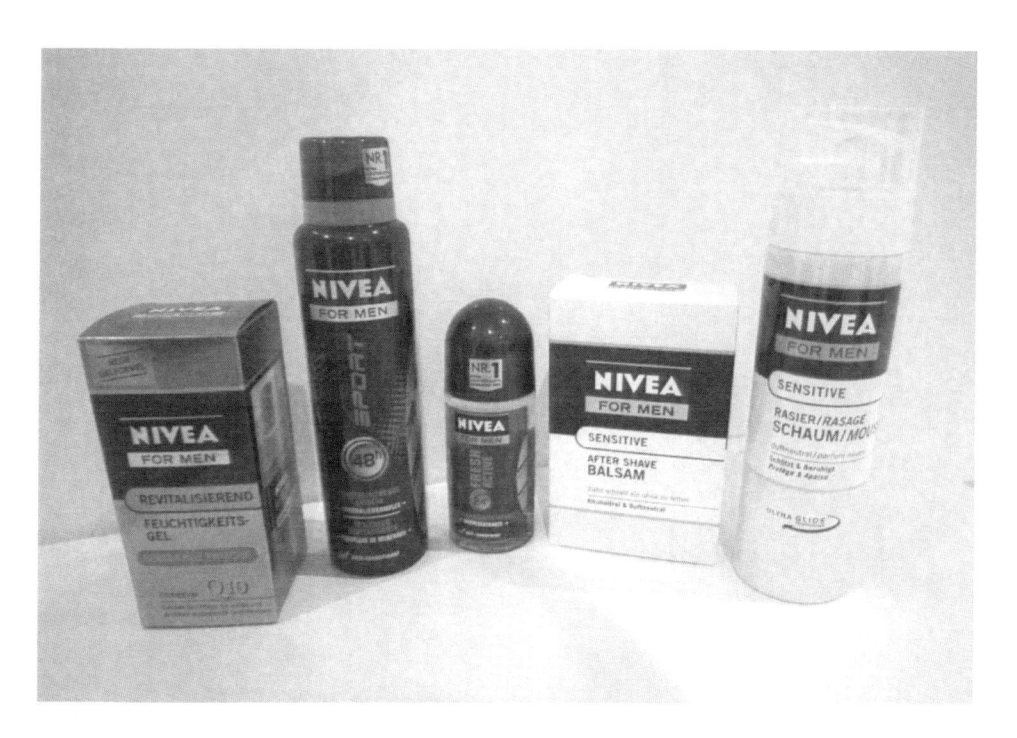

Aufgabe 1: (10 Punkte)

Das Unternehmen Beiersdorf verfolgt hier eine Produktlinienausweitung. Was verstehen Sie darunter? Welchen Vorteil, welchen möglichen Nachteil hat eine Produktlinienausweitung aus Sicht von Beiersdorf? Bitte begründen Sie die Antwort!

Unter „Produktlinienausweitung" versteht man: (2 Punkte)

Vorteil einer Produktlinienausweitung aus Sicht von Beiersdorf inkl.

Begründung: (4 Punkte)

Möglicher Nachteil einer Produktlinienausweitung aus Sicht von

Beiersdorf inkl. Begründung: (4 Punkte)

Aufgabe 2: (10 Punkte)

Beiersdorf plant weitere Produkte für Männer einzuführen. Erläutern Sie einen Grund, warum voraussichtlich keine Sekundärdaten (sondern Primärdaten) Verwendung fanden! Finden Sie *zwei* gute Argumente (mit Begründung), warum die Primärdaten in diesem Beispiel voraussichtlich durch persönliche Interviews erhoben wurden!

Grund, warum voraussichtlich keine Sekundärdaten Verwendung fanden: (2 Punkte)

1. Argument für die Datenerhebung durch persönliche Interviews in diesem Beispiel inkl. Begründung: (4 Punkte)

2. Argument für die Datenerhebung durch persönliche Interviews in diesem Beispiel inkl. Begründung: (4 Punkte)

Klausurbeispiele mit Übungen

Aufgabe 3: (10 Punkte)

Warum ist es grundsätzlich wichtig zu segmentieren? Warum ist eine Kombination demografischer, psychografischer und ggf. verhaltensorientierter Segmentierungsmerkmale sinnvoll? Bitte mit Bezug zum Beispiel NIVEA FOR MEN begründen!

Es ist grundsätzlich wichtig zu segmentieren, weil …: (4 Punkte)

Die Kombination der Segmentierungsmerkmale ist mit Blick auf NIVEA FOR MEN sinnvoll, weil …: (6 Punkte)

Aufgabe 4: (10 Punkte)

Erläutern Sie mit Bezug zu „NIVEA FOR MEN" *zwei* unterschiedliche Anforderungen, die an einen Markennamen gestellt werden und begründen Sie jeweils aussagekräftig, warum diese beiden Anforderungen gut umgesetzt wurden!

1. Anforderung an einen Markennamen inkl. Begründung für gute Umsetzung bei „NIVEA FOR MEN": (5 Punkte)

2. Anforderung an einen Markennamen inkl. Begründung für gute Umsetzung bei „NIVEA FOR MEN": (5 Punkte)

Aufgabe 5: (10 Punkte)

Die Marke NIVEA ist im mittleren Preissegment positioniert.

1. Beschreiben Sie drei unterschiedliche Methoden zur Preisfindung. Welche dieser Methoden wurde wahrscheinlich bei NIVEA FOR MEN genutzt? Begründen Sie die Antwort: (6 Punkte)

2. Beschreiben Sie ferner die Preiselastizität für die Produktlinie. Ist diese im Fall von NIVEA FOR MEN wahrscheinlich eher elastisch oder unelastisch? Begründen Sie die Antwort: (4 Punkte)

Anregungen zum Nach- und Weiterdenken

Quellenhinweise:

Euler, D., Hahn, A. (2007): Wirtschaftsdidaktik, 2. Auflage, Bern

Herrmann, U. (2009): Neurodidaktik – Grundlagen und Vorschläge für gehirngerechtes Lehren und Lernen, 2. Auflage, Weinheim und Basel

Petry, K. (1979): Anleitung zur Anfertigung einer wissenschaftlichen Themenklausur, in: WiSt, 8. Jg., S. 339-342

Rahn, H.J. (2002): Lösungsvorschläge zur Anfertigung von Aufgabenklausuren, in: WiSt, 31. Jg., S. 351-354

Rahn, H.J. (2009): Bearbeitungsverfahren zur Lösung von Klausuraufgaben für Studierende, in: WiSt - Wirtschaftswissenschaftliches Studium, 38. J., S. 384-388

Spitzer, M. (2008): Geist im Netz: Modelle für Lernen, Denken und Handeln, Heidelberg

Klausurbeispiele:

In Anlehnung an Prof. Dr. Sabine Eggers, Hochschule Osnabrück, (Philadelphia, Becks, Aspirin, Tempo)

In Anlehnung an Prof. Dr. Kai-Michael Griese, Hochschule Osnabrück (NIVEA)

Stichwortverzeichnis

A
Absatzprognose 107
AMA (American Marketing Association) 9, 21
Ansoff 47

B
Beck's 283
Branchenstrukturanalyse 37

C
Copy-Strategie 229

D
Deutscher Werberat 22
Dienstleistungen 18

E
EDEKA 224 ff.

F
Fünf-Kräfte-Modell von Porter 38

G
Gratifikationsprinzip 6
Güterarten 16 ff.

H
Henkel 62ff

I
Innovationsarchetypen 184 ff.
Innovationsprozess 188
Intermediäre 255
Investitionsgüter 17

K
Käuferverhalten 63 ff.
Kaufentscheidungen 64
Kaufprozess 66
Kapazitätsprinzip 6
Kompetenzanalyse 40
Klausurbeispiele 275ff
Kundenintegration 195
Kommunikationskampagne 226
Kostenziele 11

L
Leitideen des Marketing 5
Lizenzmarke 153

M
Marktauswahl 125
Markenarchitektur 158
Markeneigner 153
Markenentwicklung 155
Markenidentität 151
Markenimage 151
Markenmanagement 146ff
Marketingethik 20ff
Marketingplanung 32 ff.
Marktsegmentierung 116 ff.
Marktforschung 92ff
Marktpositionierung 130
Marktwachstum-/Marktanteils-Matrix 42
McDonald's 201 ff.
Mehrkanalstrategie 258 ff.
Mission 44

N
Nestlé 3ff
Nike 252 ff.
NIVEA 145 ff.

O
Open Innovation 193

P
Penetrationsstrategie 219
Philadelphia 277
Portfolioanalyse 40
Porsche 169 ff.
Preispositionierung 210
Produktlebenszyklus 175
Produktlinien 155
Produktnutzen 172
Produktprogramm 179 ff.
Produkttests 196
Push- und Pull-Strategie 248

R
Relationship Marketing 14

S
Sinus Milieus 84 ff.
Skimmingstrategie 219
S-O-R-Modell 69

Sparkasse 91 ff.
Stage-Gate-Prozess 188 ff.
Stichprobe 102
Supply Chain Management 265
SWOT-Analyse 43

T
Terra 62ff
Transaktions Marketing 14
TUI 31ff

U
Unternehmenshierarchie 33
Unternehmensplanung 36

V
Verkaufsformen 254
Vertriebsprozess 261
Vertriebssteuerung 265
VIRGIN 152

W
Wachstumsziele 10
Wettbewerbsstrategien 46

Autorenprofile

Prof. Dr. Kai-Michael Griese
Professur für Betriebswirtschaftslehre, insb. Marketing
Hochschule Osnabrück
Fakultät Wirtschafts- und Sozialwissenschaften
Caprivistr. 30 a
49076 Osnabrück

Prof. Dr. Kai-Michael Griese ist seit 2009 Professor für Betriebswirtschaftslehre, insb. Marketing an der Hochschule Osnabrück und vertritt in der Lehre das Thema Marketingmanagement mit einem Fokus auf Internationalem Management. Er studierte in Pforzheim, Den Haag und Hamburg und promovierte bei Prof. Dr. Cornelia Zanger am Lehrstuhl für Marketing und Handelsbetriebslehre. Vor seiner Tätigkeit als Hochschullehrer war er über 10 Jahre in verschiedenen führenden Positionen in der Industrie (u.a. Leiter Marketingführung und Kommunikation der TUI Deutschland) sowie auf Dienstleistungsseite in der Beratung (u. a. für Ravensburger, Mercedes Benz, Postbank) tätig. Seine im Gabler-Verlag erschiene Doktorarbeit beschäftigt sich mit der Bedeutung von Emotionen im Customer Relationship Management. Sein Forschungsinteresse liegt vor allem im Bereich der Markenführung und -positionierung, der Konsumentenverhaltensforschung und des Marketing-Controlling.

Prof. Dr. Stefanie Bröring
Professur für Food Chain Management
Hochschule Osnabrück
Fakultät Agrarwissenschaften und Landschaftsarchitektur
Oldenburger Landstr. 24
49090 Osnabrück

Prof. Dr. Stefanie Bröring ist seit 2009 Professorin für Food Chain Management an der Hochschule Osnabrück und vertritt in der Lehre neben dem Marketingmanagement auch das Technologie- und Innovationsmanagement mit einem starken Fokus auf die Lebensmittelkette. Sie promovierte bei Prof. Dr. Jens Leker am Institut für betriebswirtschaftliches Management im Fachbereich Chemie und Pharmazie der Westfälischen Wilhelms-Universität Münster. Vor ihrer Tätigkeit als Hochschullehrerin war sie in verschiedenen Positionen im Bereich des Corporate Developments und des Marketings in der agrarnahen Spezialchemie (u.a. Degussa GmbH) und in einer Unternehmensberatung tätig. Ihre ebenfalls im Gabler-Verlag erschienene Doktorarbeit zum Thema „The Front End of Innovation in Converging Industries: The Case of Nutraceuticals and Functional Foods" wurde mehrfach ausgezeichnet (u. a. durch den Deutschen Fachverlag/Agrarzeitung und die European Business School). Das Innovationsmanagement entlang der Lebensmittelkette ist weiterhin Kern ihres Forschungsbereichs (siehe dazu auch www.chainnovation.de).

Masterstudium an der Hochschule Osnabrück

Moderne Studiengänge in Agrarwissenschaften und Landschaftsarchitektur, Wirtschafts- und Sozialwissenschaften.

Informieren Sie sich!

Informationen zum Studium:
Telefon: 0541 969 3635
E-Mail: studieninfo@hs-osnabrueck.de
www.hs-osnabrueck.de/studium1.html
Alle Masterangebote auf einen Blick:
www.hs-osnabrueck.de/master.html

SUCHEN IST WOANDERS.

Wählen Sie aus dem umfassenden und aktuellen Fachprogramm und sparen Sie dabei wertvolle Zeit.

Sie suchen eine Lösung für ein fachliches Problem? Warum im Labyrinth der 1000 Möglichkeiten herumirren? Profitieren Sie von der geballten Kompetenz des führenden Wirtschaftsverlages und sparen Sie Zeit! Leseproben und Autoreninformationen erleichtern Ihnen die richtige Entscheidung. Bestellen Sie direkt und ohne Umwege bei uns. Willkommen bei **gabler.de**

www.gabler.de   Kompetenz in Sachen Wirtschaft   **GABLER**